文化伟人代表作图释书系

An Illustrated Series of Masterpieces of the Great Minds

非凡的阅读

从影响每一代学人的知识名著开始

知识分子阅读，不仅是指其特有的阅读姿态和思考方式，更重要的还包括读物的选择。在众多当代出版物中，哪些读物的知识价值最具引领性，许多人都很难确切判定。

"文化伟人代表作图释书系"所选择的，正是对人类知识体系的构建有着重大影响的伟大人物的代表著作，这些著述不仅从各自不同的角度深刻影响着人类文明的发展进程，而且自面世之日起，便不断改变着我们对世界和自身的认知，不仅给了我们思考的勇气和力量，更让我们实现了对自身的一次次突破。

这些著述大都篇幅宏大，难以适应当代阅读的特有习惯。为此，对其中的一部分著述，我们在凝练编译的基础上，以插图的方式对书中的知识精要进行了必要补述，既突出了原著的伟大之处，又消除了更多人可能存在的阅读障碍。

我们相信，一切尖端的知识都能轻松理解，一切深奥的思想都可以真切领悟。

■ 文化伟人代表作图释书系

Dialogues of Plato

郭雅晴 / 译

柏拉图对话录

〔古希腊〕柏拉图 / 著

重庆出版集团 重庆出版社

图书在版编目（CIP）数据

柏拉图对话录 /（古希腊）柏拉图著；郭雅晴译. — 重庆：重庆出版社，2020.2（2023.6重印）
ISBN 978-7-229-14387-9

Ⅰ.①柏⋯ Ⅱ.①柏⋯ ②郭⋯ Ⅲ.①柏拉图（Platon前427—前347）—语录 Ⅳ.①B502.232

中国版本图书馆CIP数据核字（2019）第190015号

柏拉图对话录
BOLATU DUIHUALU
〔古希腊〕柏拉图 著　郭雅晴 译

策 划 人：刘太亨
责任编辑：陈　冲
责任校对：廖应碧
封面设计：日日新
版式设计：曲　丹

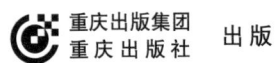

重庆出版集团
重庆出版社　出版

重庆市南岸区南滨路162号1幢　邮编：400061　http://www.cqph.com
重庆市联谊印务有限公司印刷
重庆出版集团图书发行有限公司发行
全国新华书店经销

开本：720mm×1000mm　1/16　印张：21.75　字数：380千
2020年2月第1版　2023年6月第3次印刷
ISBN 978-7-229-14387-9

定价：58.00元

如有印装质量问题，请向本集团图书发行有限公司调换：023-61520678

版权所有　侵权必究

YIZHE QIANYAN | 译者前言

在西方文化和西方哲学，乃至人类文明史中，柏拉图无疑是最伟大的哲学家和思想家之一。他不仅是早期欧洲教育体系的建立者和开拓者，也是西方客观唯心主义哲学体系的创始人。柏拉图哲学思想的形成，是柏拉图对当时各种哲学学派的学说进行研究和吸收的结果。他受到了这之前许多哲学家思想理论的影响和熏陶，其中包括像毕达哥拉斯、阿那克萨哥拉、苏格拉底以及巴门尼德等古希腊著名的哲学家和思想家。他一生著作宏丰，其中的绝大多数作品都是以对话录的文体形式展现的，并罕见地、较为齐全地被整体保留了下来。

柏拉图在他的"对话"中常常以他的老师苏格拉底（古希腊著名的哲学家、思想家、教育家）为主角，通过苏格拉底和一个人或几个人就某个问题展开辩论，并找到解决问题的方法来表达他的思想。苏格拉底一生都没写过任何文章，他的哲学思想都是通过"对话"被记录并传承下来的。柏拉图的"对话"是对苏格拉底哲学思想的继承和发扬。除此之外，柏拉图的"对话"还体现了他独立的哲学思想中有关"知识""理论""伦理""美学"及"政治正义"等方面的内容。

柏拉图不是对话录体的发明者，也不是唯一使用过对话录体的人，但他却是将这种文体发挥到极致，以至于后世几乎无人能超越的一位哲学家。由于他拥有丰富的阅历和广博的知识，因此"对话"录中所涉及的内容十分广泛，包含了哲学、政治、伦理、教育、诗歌、艺术、修辞学、自然科学等诸多领域。几乎在他之前的所有的哲学家、政治家、军事家、艺术家、戏剧家、修辞学家、诗人，甚至古希腊神话中的人物都会出现在他的"对话"录里面或者是被提到。

《柏拉图对话录》是古希腊文明的百科全书，是认知古希腊文化的一扇窗。它既可以被智商最普通的人所理解，也能够让头脑最聪明的人头痛不已。西方有关学术的问题几乎都可以在《柏拉图对话录》中找到原始的话题，而且能得到一个近似的答案，因此将其称为整个西方学术的注脚也不为过。

本书收录了《柏拉图对话录》里的一些篇章，如《申辩篇》《克里托篇》

《普罗塔戈拉篇》《斐多篇》《蒂迈欧篇》等都是大家比较熟悉的、脍炙人口的经典。这些篇章在相关问题上进行了多角度的讨论，而这些问题都没有确切的结论，同时，在每个问题的后面都留下了无穷广阔的空间，让后人去回味和探究。读者在阅读的过程中，既能感受到柏拉图优美的文采，又能体味到深刻的哲理，同时还能接受一次希腊文化的洗礼。

柏拉图的生平及著作

1

柏拉图是阿里斯顿和克里提俄涅之子。据亚历山德拉年代的学者考证，他出生于公元前428年—前427年的萨吉理安第88届奥林匹克运动会的第一个赛年，于公元前347年离世，享年80岁（另一说81岁）。上述年份和日期，在著名的亚历山德拉年代的学者埃拉托色尼的著述中有所论及，可信度较高。柏拉图出生的那年，伯罗奔尼撒战争已经进行到第四个年头，他死后第四年爆发了喀罗尼亚战役。经由这些，马其顿的菲利普确立了希腊在世界舞台上的霸权。柏拉图的家族在伯里克利时代十分煊赫，父母皆身世显贵。其父相传是古雅典国王的后代，再往前追溯甚至很可能是波塞冬的后裔；母亲的身世则更为显赫，也更具历史可信度，柏拉图在《蒂迈欧篇》里也有所提及。克里提俄涅是查米德斯的妹妹、克里底亚的堂妹。伯罗奔尼撒战争结束后，雅典的帝国大厦也轰然倒塌，随之而来的是短暂而混乱的"寡头制"统治。克里底亚的外祖父，也就是柏拉图的外曾祖父，也叫做克里底亚，其事迹在《蒂迈欧篇》中有所提及——他的曾祖父德洛皮德斯与伟大的雅典立法者梭伦"既是亲属又是至交"。德洛皮德斯的父亲也叫德洛皮德斯，后者是公元前644年雅典的执政官，同时也是正史所载的皇室第一位成员。除了柏拉图，阿里斯顿和克里提俄涅还育有至少三个孩子，柏拉图的两位哥哥，分别叫做阿迪曼特斯和格劳孔，二人在柏拉图的《理想国》中化身为两名青年男性。柏拉图另有一位姐姐，叫波托尼。阿里斯顿在柏拉图年幼时就过世了；寡母随后改嫁皮里兰佩（伯里克利统治时期的知名人物），从希腊喜剧诗人的笔下，我们得以窥见柏拉图这位继父的一些情况：他既是伯里克利的密友，也是其政策的坚定支持者。皮里兰佩和其前妻所生之子名叫德缪斯，是伯罗奔尼撒战争年代人尽皆知的"美男子"；皮里兰佩在和克里提俄涅结合后又育有一子，名叫安提丰。从《巴曼尼德斯篇》中我们得知，柏拉图的这位幼弟因为驯马而放弃了对哲学的追求。

对于研究柏拉图哲学的人而言，上述这些史实极为重要。若要用一句话来概括柏拉图，最合适的莫过于此——终其一生，柏拉图都坚定地认为，哲学家最为神圣的职责就是以政治家和立法者的身份，为同时代的人充分燃烧自己的光和热，奉献自己的毕生心血——如果时机允许的话。柏拉图不仅仅在《理想国》一书中宣传这一理念，他还亲身践行这一原则。柏拉图之所以会树立这样的信念，很大程度源于他的家族：他是梭伦的后代，有着叱咤国家政治生活的良好遗传基因。毫无疑问，柏拉图对政治生活的远见卓识和他早年的成长环境密不可分：要知道，他们全家可都是"公众人物"。我们还必须时刻谨记——这一点常常被我们忽略——柏拉图幼年时期是在继父家度过的。柏拉图时常被世人诟病的一点，是他对民主制的偏见。如果他确乎持有这种偏见，那也与他早年受到的家庭影响无甚瓜葛，他早年一定接触过伯里克利派的人物。他之所以痛恨这些人，是因为他觉得他们的活动都是"在幕后秘密地进行"的。如果他真的憎恶民主制，那也不是由于无知，而是因为他对那些人的做派太过了解。

柏拉图60岁以前的生平事迹几乎不为人所知。他沉默寡言，在对话录中也很难找到他的身影，唯有在《申辩篇》中他才打破了这一惯例：他化身为苏格拉底众多友人中的一个，劝说后者将罚款的金额从一米那（古代希腊、埃及的货币单位）增加到三十米那，并且请求为苏格拉底作保。在《斐多篇》中，他解释说自己之所以不在苏格拉底去世的现场是因为罹患了疾病。亚里士多德曾经说过柏拉图自"童年时代起就十分熟稔"赫拉克利特派的克拉底鲁，不过这很有可能只是亚里士多德个人的推测。后世撰写柏拉图生平的人增加了更多细节，但是这些都只是轶事趣闻，不足以让人信服。这些故事对于我们获悉柏拉图的生平或性格几乎没有什么借鉴意义，完全可以忽略。我们唯一可以确信的一点是：柏拉图26岁的时候，他和苏格拉底的友谊对他的三观塑造影响最为深厚。在惯于饶舌的亚历山德拉传记学者看来，柏拉图在18岁（另说20岁）的时候"得知了"苏格拉底这位大哲学家。不过这并不等同于柏拉图是在这个年纪被引荐给苏格拉底的。根据柏拉图本人的记载，苏格拉底于公元前431年和柏拉图的叔叔查米德斯走得很近，随后和克里底亚也建立起了亲密的关系。于是我们可以推论，柏拉图便是从这个时候起结识了苏格拉底。按照亚历山德拉传记学者的观点，柏拉图"成年"后才成了苏格拉底的信徒，此处的"成年"指的是18岁至20岁这段时期的某个节点。然而如此解释这个故事依旧不足以让人信服。柏拉图与稍长几岁的同时代人伊苏克拉底都坚定地表示，苏格拉底实际上并没有任何"信徒"可去"指导"。柏拉图在弥留之际写了一封信，里面所记录的内容最为符合历史真相。信中说道：公元前404年—前403年，雅典处于"寡头制"的阴霾统治之下，当时的柏拉图年纪还非常小；即便如此，他已经开始密切关注国家政治生活，而家中的革命者（毫无疑问，此处指的是克里底亚和查米德斯）也开始怂恿他参与国家政治生活。不过，谨慎的柏拉图并不急于开始，他先要弄明白他们想要实行什么样的政策。当他发现这些家庭成员具有废除法律、实行暴力统治的倾向时，他感到很恐惧。此外，他们还试图让柏拉图的"老朋友"苏格拉底参与到对一位市民的非法逮捕和行刑中去，而目的就是为了侵吞这位公民的个人财产。柏拉图的理想彻底幻灭了。而民主修复派领袖的做法更加令人不齿：他们指控苏格拉底犯有渎神之罪（此种指控荒谬至极），从而将苏格拉底"送上了断头台"。在柏拉图看来，他们的行径摧毁了自己的政治热情。在政治舞台上，如果一个人没有任何派系归属，他根本寸步难行，而雅典两个派系对苏格拉底的态度皆表明：当时的雅典根本没有可容纳正直之士的派系。至此，我们可以断定，柏拉图并不认为苏格拉底是自己的老师，他像一名年轻人热爱自己的老朋友一样爱着苏格拉底，并将其视为一名殉道者。但是，苏格拉底之死彻底改变了他的看法，以至于他放弃了参加政治生活的初衷。他原本立志成为一名社会改革家和立法变革者，而不是做一名思想家或科学家。

希罗多德是柏拉图学院（亦即雅典学院）的创立者之一，他表示，苏格拉底死后，他所有的朋友都觉得自己也将大祸临头；这种大难将至的感觉，在柏拉图身上表现得尤为明显，于是他和其他几个人在哲学家欧克利德斯的庇佑下暂时躲在了墨伽拉。苏格拉底死时，欧克利德斯也在场，欧克利德斯还将苏格拉底的某些理念和巴门尼德的埃利亚派信条进行了有机结合。那么柏拉图和他的友人何时才能离开墨伽拉呢？当然是在闹得沸沸扬扬的苏格拉底之死一案被人淡忘之际。据传记学家记载，他们数年来东躲西藏，足迹遍及古利奈、意大利和埃及，直到柏拉图返回雅典后，柏拉图学院才得以建立。和这些人旅居墨伽拉的传闻（该传闻建立在希罗多德的考据之上）一样，整个故事非常令人起疑。

在上述提到的临终书信中，柏拉图未曾提及自己在40岁左右去过西西里岛，也没有说自己因为那里的上流人士声色犬马的生活而愤然离去。据信中所言，在苏格拉底死后、众人踏上逃亡之旅之前的这段时间，他几乎都是在雅典度过的。在对雅典城邦和民众进行了长时间的观察后，柏拉图得出了这样的结论：只有当"真正的哲学家掌握国家政权，或是强势的政治家在神的旨意下皈依哲学时"，一个城邦的政治才能够稳健发展。他未曾提及自己曾去过非洲，尽管《法律篇》对埃及孩童的艺术、音乐、算术和游戏的描述极其真切生动，不像是他人编造或转述。此次"逃亡之旅"最为人乐道之处在于，柏拉图收获了一名忠实的信徒，亦即叙拉古的"暴君"狄俄尼索斯一世的女婿迪昂。

2

创立雅典学院，无疑是柏拉图人生重要的转折点，这也是欧洲科学史上最值得铭记的事件之一。对于柏拉图而言，这一行为意味着：在经历了漫长的等待之后，他终于找到了属于自己天命的事业。雅典学院以原创性手段从事科学探索，虽经历坎坷却始终屹立不倒，而柏拉图正是这所学院的第一任院长。从某种意义上来讲，柏拉图所做的事情并不是史无前例的。比柏拉图年纪稍长一些的伊苏克拉底，也是一所高等教育院校的主事，相传这所学院比柏拉图创立的雅典学院历史更为悠久。雅典学院有一点比较新奇：它是以科学研究为使命的学院。伊苏克拉底和柏拉图一样，都认为训导年轻人参与公共生活意义重大，但和柏拉图不同的地方在于，他向"普罗大众"灌输"科学无用"的思想。正是由于他的盲目自信和自吹自擂，他所创办的学院缺乏严密而抽象的科学根基，而这种科学是摆脱了人为利益干扰的；他宣称自己的学院以传授"观点"为宗旨，目的就在于向国家和政府输送"有见识"而又雄心勃勃的人才，同时训练他们用精美而又雄辩的语言来表达自己的"观点"。这其实正是"新闻学"的目标，而伊苏克拉底实际上成为了"评论家"的精神之父。"评论家"这一职业从诞生之日起，其使命便是通过保持缄默，或是将平凡的言语讲得动人心魄来实现自己的目的。要不是因为伊苏克拉底是位具备出众的政治洞察力并且总能言之有物（这点和阿狄森不同）的人，他很可能就被人们称为"希腊的阿狄森"了。有一点无须细说：传授通识的人文教育，并不能够造就具备行动力的人。柏拉图一以贯之的教育思想则是，教育的实际用途是要让世人明白：整个世界的救赎，取决于政治、权力的统一和科学的进步。这就是为什么纯粹数学——公元前4世纪，这一注重纯粹而专注思维的学科获得了重大发展——构成了所有学科的基础，同时这也解释了为何在公元前4世纪上半叶，雅典学院培养出的精英分为两派：一派是数学家，另一派则是专业的立法者和管理者，这一点我们后续还会论及。也正是因为这样，雅典学院成了中古时期和现代大学的滥觞：大学的宗旨在于为国家培养立法者和管理者，这些人的首要任务就是赤诚追求真理。沧海桑田，这种办学模式却从未改变，一如柏拉图所言，教育的要义是培养"哲学家国王"。其对希腊的社会秩序带来的影响是即时而可感的：在柏拉图出生的年代，有抱负的雅典青年若想接受更高级的教育，不得不依赖行踪不定的外域"诡辩学者"所做的演讲；而50年后，来自世界各地踌躇满志的年轻人纷纷涌入雅典，向伊苏克拉底或柏拉图讨教（有些甚至同时拜两者为师）。至此，云游演讲者让位于有着固定位置和架构的大学或学院。

不幸的是，雅典学院创立的确切时间尚未可知。学院的设置与柏拉图的信念密不可分——40岁的柏拉图游历了意大利西西里岛，正是在那时他坚定了对教育事业的信仰，这让我们自然而然地联想到，雅典学院创建的时间大约就在公元前388年—前387年。此外，在后世传记学家看来，柏拉图的西西里岛之旅是在雅典学院创立之前展开的。倘若柏拉图旅行的真正目的是拜访毕达哥拉斯派学者的这一说法有可信度的话，我们就可以这样设想：正是建立雅典学院的想法，使柏拉图在这个关键时刻发生了转变——他期望自己能够掌握一些有用的提示和建议；但这也仅仅只是一种猜测罢了。

随后二十年，柏拉图主要沉浸于创办和维系学院的诸多相关事务中，"演讲"便是其中重要的一项。从亚里士多德那里我们可以得知：柏拉图在后期，如果不准备演讲稿就无法发表"演说"。然而，演讲仅仅是冰山一角，他要做的其他工作还有很多。柏拉图笃信：任何值得学习的东西，都不可能仅仅通过听别人的"训诫"得到；"学习"科学，唯一且正确的方法是切切实实地动手操练，同时还必须保持灵活的头脑，如此才能发现科学真相。后世学者在整理数学科学史时，几乎未将任何一项"定理的发现"归功于柏拉图；但是，那些在雅典学院修习过或和学院联系密切的人所取得的成就均是当世所有人之中最为光耀的。当此之时，希腊正处于原始的伯罗奔尼撒秩序瓦解（公元前5世纪中叶）、亚历山德拉的特色学校纷纷崛起（公元前3世纪）的时期。在衡量柏拉图为科学所做的贡献时，应首先考虑到的最重要的一点是，柏拉图作为整个天才团体的组织者和主导者所起到的重要作用。毋庸置疑，正是这一点引来了当世第一位数学家、来自尼多斯的欧多克索斯，他协同其他学者不远万里来到雅典，只为和雅典学院同舟共济，为达成共同目标而联合。这二十年间，柏拉图不太可能有时间写作，这应该是他最忙的时候。同时，我们还有充足的理由相信：柏拉图记录的大部分对话（包括目前最广为人知的那些篇章）都是在他40岁之前或是稍晚些时候完成的，而那些只完成了一半的重要著作则毫无疑问是在晚年时期写就的。

3

公元前367年，一件不寻常的事发生了，使得已逾花甲之年的柏拉图迎来了人生中一次华丽的冒险：叙拉古的狄俄尼索斯一世过世了。狄俄尼索斯多年来一直牢牢把握着叙拉古的统治大权，他名义上是公选出的大元帅，实际上则是一名不折不扣的独裁者和"暴君"。他死后，他的儿子继承了王位，史称狄俄尼索斯二世。这位新登基的君王虽然已经到了而立之年，但是，由于长久以来旧君主未曾重视过对他的教育，因此他完全不适合继承其父的王位，不可能完成其父控制迦太基人扩张的遗愿，这使得希腊文化陷入了从西西里岛西部消亡的危机之中。当时，整个叙拉古最强壮的人，当属新一任"暴君"的舅父迪昂，一位二十年前便与柏拉图关系极为亲厚的人。迪昂笃信柏拉图"将政权和科学整合起来"的观点，他想到了一个好办法：将柏拉图带回叙拉古，为新国王传道授业解惑。虽然，柏拉图预感到成功的机会寥寥，但他意识到，如果新国王确乎不适合这个位置，那么迦太基人就会成为雅典的劲敌，如果在这个关键时刻不做出任何努力，不去尝试将理论转化为现实，那么，雅典学院的名誉将永远受损。因此，尽管柏拉图忧虑重重，他依然接受了迪昂的邀请。

如果柏拉图手稿中的《书信篇》是柏拉图的真迹（毫无疑问，其中大部分都是真迹），那它对理解柏拉图随后几年的生平事迹无疑具有重要意义。为此我们必须记住两点：柏拉图的目标，并不像一些人想象的那样，要在整个希腊世界最纸醉金迷的城邦建造起《理想国》中的幻想之都。他的目标比较实际，倒更像一名政治家的想法：第一，让年轻的君王狄俄尼索斯二世尽快肩负起抵御迦太基人的重任，此外，如果可能的话，敦促他将叙拉古改造为一个强大的、能容纳西西里岛西部诸多希腊散邦的君主立宪制国家，从而彻底将迦太基人驱逐出西西里岛；第二，无论君主的秉性如何，都要对其进行严格的科学教育。为此他早早便开始谋划，以迫使狄俄尼索斯二世开始学习艰深的几何学课程。情况一度比较乐观，狄俄尼索斯二世越发离不开柏拉图，几何学几乎成为了宫廷"显学"。但是计划很快就在双重障碍的阻挠下宣告破产。狄俄尼索斯二世的性格太过懦弱，此外，他的教育问题被搁置得太久了，因而，他对实力比自己强、又比自己年长的舅父的嫉妒之情很快就被点燃了。仅仅几个月，情势就变得极为严峻。迪昂不得不铤而走险，将柏拉图接回雅典。虽然，两者的对立已十分明显，但新国王狄俄尼索斯二世和舅父之间的关系尚未完全破裂。狄俄尼索斯二世和柏拉图慢慢熟识起来，前者经常就学业和管理等问题垂询后者，而后者也倾尽所能缓和狄俄尼索斯二世和迪昂之间的关系。但是，狄俄尼索斯二世不但随后查抄了舅父迪昂的财产，而且还以冠冕堂皇的理由逼迫舅母改嫁。于是，柏拉图再次游历至西西里岛，在那里度过了约莫一年的时光（公元前361年—前360年），以等待局势缓解。柏拉图在起草创立希腊城邦联盟体所需的前期文案方面取得了一定的进展，但是旧政党的影响力太过强大。柏拉图的人身安全曾一度面临威胁——狄俄尼索斯二世剽悍的保镖对他怀有强烈的敌意，最终，在来自塔伦特姆的阿尔库塔斯的调解下，柏拉图才得以艰难地回到雅典（公元前360年）。

柏拉图在西西里岛的游历结束时，迪昂和狄俄尼索斯二世之间的斗争仍在继续。正如柏拉图所指出的那样，迪昂最大的不足，在于缺乏适应力和圆滑的处事能力。柏拉图离开之后，迪昂终于下定决心采取铁腕政策，重新夺回属于自己的权力。在伯罗奔尼撒和其他一些地方，征军入伍仍在继续，而其中最活跃的分子当属雅典学院的年轻学子了。公元前357年夏天，迪昂突然发兵涉水而战，成功占领了叙拉古，并昭告天下这片土地的"自由地位"。柏拉图写了一封信庆贺迪昂的胜利，但是同时，也警告他留意专权的危险，告诉他这个世界正在召唤某位"智者"来为世人树立良好的行为典范。不幸的是，迪昂并没有意识到形势的危急并且做出改变。与柏拉图一样，迪昂以严格而公义的准则要求自己，由于拒绝恢复民主制而惹怒了叙拉古的暴徒；而他也没有能力去安抚失望的同僚，此外，他还和赫拉克利德斯将军争吵不休，并最终秘密杀死了后者——至少他参与了这起谋杀案。不久，迪昂也遭遇了手下的变节，被谋杀致死。谋杀他的人叫作卡利普斯，相传是雅典学院的一员——这和柏拉图的看法有所出入，在柏拉图看来，这两者之间的关系并不具有"哲学"意义，只是构成了某种"神秘故事"。柏拉图笃定地认为，迪昂的政治决断既符合公理正义，又通情达理。为此，他还给自己的同僚写了两封信，论证自己和迪昂所要施行的公共政策，并且号召他们对其抱有信仰，同时劝说自己的同僚和迪昂和解——当然，这一切全是徒劳的。正如他在其中一封信中所说的那样，党派的分裂使得西西里岛腹背受敌，成为了迦太基人或南意大利欧斯干人进攻的对象。

在柏拉图停止关注这些事情以后，我们就没有必要再去追问叙拉古发生的那些悲惨的事件了。但值得一提的是，柏拉图对这些事件的预测却是十分合乎情理的。罗马人在两场古迦太基战争中皆取得了胜利，使得"西西里岛最终得以统一"；此外，正如伯内特教授所言，这只不过是一个开始，随后会发生一系列事件，使东西欧之间的裂痕越来越深——东欧的文明与君士坦丁堡一脉相传，而西欧文明则带有罗马化的希腊文明的印记。如果柏拉图当年成功地化解了叙拉古的危机，就不会出现后世的"教会分立"或"东欧问题"了。

关于柏拉图的晚年，虽然我们所知寥寥，但有一两件轶事值得记述。可以确定的是，他仍然像往常一样，时不时地对雅典学院的同僚发表演说，而作为他的倾听者之一的亚里士多德，仅于公元前367年来过一次雅典学院。公元前360年开始，柏拉图便开始埋头创作其在道德和政治哲学史上篇幅最长、最为成熟的作品——《法律篇》，直至去世。其余所有对话篇章也很明显是柏拉图晚年创作的，具体而言，是在他最终从西西里岛回到雅典以后。柏拉图的创作搁浅过数年，导致不同的篇章在风格方面存在较大的差异，甚至是后期创作的最为成熟的作品也显露出不同的风格。需要注意的是，在上述提及的柏拉图生平中重要的年份里，有几个意义尤为重大：公元前388年，这一年罗马被高卢人占领；公元前367年，"利西尼娅祈祷"活动举办，卡米勒斯在阿尔巴打败高卢人；公元前361年，高卢人入侵坎帕尼亚。

4

柏拉图是一位极其多产的作家，其经典著作在历史的长河中被完整地保留了下来，因此今天的我们才能够有幸拜读。后世的论述中并没有提及他的其他尚未进入众人视线的作品。我们关于柏拉图演讲的内容所知寥寥，唯一知道的就是其写给亚里士多德的几则便条，以及亚里士多德同时代人保留下来的、亚里士多德哲学评论家所做的批注。缘何如此？相传是因为柏拉图在讲演的时候，通常不会准备任何底稿。这也很好地解释了为什么亚里士多德称其恩师的授课方式为"非书面教学"。此外，据载，至少有5位旁听生（包括亚里士多德和齐诺克雷蒂在内）整理并出版过柏拉图最著名的关于"美德"一课的讲义。可以想见，柏拉图的对话录旨在吸引所有"受过良好教育的人"，激发他们研究哲学的兴趣；柏拉图在向自己的密友们传授知识时，十分看重彼此心灵间的碰撞，文字则被摆在了最不重要的位置上。我们随后会读到，据亚里士多德称，在论述那些最重要的问题、人们最好奇的问题的时候，柏拉图的论述太过简略，有时候甚至会让人愈发困惑不解——这对我们来说无疑是一种悲剧。

在我们翻阅手上的书稿之前，首先要解决的问题是分清哪些是柏拉图的真迹，哪些是伪造的；哪些是言辞确凿的，哪些是表述模棱两可的。要记住这样一个事实：在先人们首次整理柏拉图手稿的时候，那些伪造的、毫无价值的内容就已经被剔除了。毫无疑问，这种整理工作是在公元元年左右开始的（甚至更早），但具体的年份以及编纂者是谁就无法得知了。拉绪罗通常被认为是和奥古斯都以及提比略同时代的修辞学家。值得注意的是，西塞罗的同时代人、古物研究家特伦修斯·瓦罗曾指出，《斐多篇》应是柏拉图所著第四卷书里的一篇文章，但实际上它是第一部"四部剧"的第四篇对话。因此，《斐多篇》不大可能是瓦罗曾编的，其成书年代要更晚。如果是这样的话，那么这篇对话的编纂者就不可能是拉绪罗，或者说，这种不为后世所接纳的编书方式并不是由他发明的。另一方面，这种分类方式不可能早于公元前2世纪产生，原因就在于：根据戴奥真尼斯·拉尔修的说法，尽管公元前3世纪，著名的拜占庭学者阿里斯多芬尼斯并没有完全采纳这种方式，但早期"三部曲"中确实尝试过这种编排对话的方式。此外，并没有任何证据表明，拉绪罗的"四部曲"借鉴了被阿里斯多芬尼斯判定为伪造柏拉图真迹的作品，或是将真正的原稿排除在外。我们可以得出这样的结论：在公元前3世纪的图书馆员和学者看来，36篇"对话"全部都是柏拉图的真迹。从"四部曲"中略去的对话篇来看，很显然它们是一个整体，并且全部都是伪造的，这一点没有人能够质疑。柏拉图手稿中所作的所有"释义"，也同样都是后人伪造的。总体而言，柏拉图全集中出现的释义年代都甚为久远，散发着浓浓的学院派气息。其中有些是从《柏拉图对话录》中摘取的；其他的则和亚里士多德在《论题篇》中采用或评注的学院派释义不谋而合。人们发现《普罗塔戈拉篇》传授的是人们无法正确理解的、完全不一样的东西，即苏格拉底关于美德和知识具有同一性——美德即知识的哲学观点，我们还将看到，它的哲学目标只不过是表明这个论点是苏格拉底关于全部人生理论的基础，苏格拉底用充满戏剧性的语言毫无遗漏地展现出来。任何刚入门的人，不论具有怎样的才能，如果没有经历过早年的历练和挫折，绝对创作不出这样一部上乘佳作。值得注意的是，亚里士多德一定是把这篇对话录看作是一篇特别成熟而又精致的关于苏格拉底道德学说的讲解文，因为他已经直接从中选取了苏格拉底独特的学说并应用到了他自己的《伦理学》中。但是由于对话录的某些部分和柏拉图思想的直接继承者所给出的释义如出一辙，我们不能将整部全集都视为柏拉图的作品。我们真正棘手的问题是判断36篇对话是否是后人伪造的，其中的一两篇对话从很早的时候起就备受争议。《亚西比德二世篇》在许多人看来是伪作，新柏拉图派哲学家普罗克洛斯则强烈呼吁将《厄庇诺米斯篇》剔除。随着时代的发展，质疑的呼声越来越高。到了19世纪中叶，对柏拉图"对话"进行"去伪存真"成为了学术圈的流行时尚；在阿斯特和蔡勒看来，《法律篇》是一篇伪作，而《巴门尼德篇》《智者篇》和《政治学》也遭到了伯威格和其他人的质疑；极端主义者希望能够将对话录的数量减至9篇。幸运的是，这股风气很快得到了扭转——路易斯·坎贝拉发现了充足的证据证明《智者篇》和《政治学》的真实性。而目前，学术圈达成了如下一致意见：全部36篇对话，无论其长度和可读性如何，都确乎出自柏拉图笔下；对一部分篇幅较短、稍显无聊的篇章的真假性也达成了广泛共识；但仍有一两本书引得人们争论不休。从这个意义上讲，下面几篇毫无疑问皆非出自柏拉图之手：《克里提亚篇》《美诺篇》（《申辩篇》）《泰格斯》《克里托篇》和《米诺斯》。至于《亚西比德一世篇》《伊昂篇》《曼内克森篇》《希庇亚斯篇》《马约尔篇》《厄庇诺米斯篇》和《书信篇》的真伪，评论家们莫衷一是。

至于人们现在普遍质疑的那些篇章，则是因其篇幅太过短小，并且无甚阅读价值。

《蒂迈欧篇》是柏拉图的对话录里专门探讨宇宙论和自然科学的篇章。在经历了黑暗的时期后，该篇的前三分之二文字一直以拉丁文译本的形式，连同查尔西迪尤斯的评注一起被保存了下来。它在13世纪亚里士多德的《形而上学》和自然科学著作发表以前，被欧洲公认为是希腊时期最好的一部哲学著作，它就这样成为了中世纪初期提供自然世界常识的总纲。我们可以把它跟康福德教授后来的评述（《柏拉图的宇宙论》，伦敦，1937年）相互对照。《蒂迈欧篇》的写作年代无法精确认定，而在文体里面的证据就足以证明这篇对话录应该是柏拉图晚期的著作活动，因此我们只能把这一作品放在《智者篇》以后的某一个时期，即公元前360年—前347年之间。就我所能理解的来说，是否应该把《蒂迈欧篇》或《斐里布篇》看作是他末期的作品，这一点无法确定。我们设想的谈话年代，可能会更准确一些。我们应该考虑《蒂迈欧篇》本身内在的证据，以及《理想国》提供的证据。在对话录中参加谈话的是苏格拉底、蒂迈欧、克里提亚（克力锡亚斯）和赫谟克拉底。关于蒂迈欧，我们除了从柏拉图那里得知的以外，对他毫不知晓，我们应该明白，大西洲整个故事是柏拉图自己虚构出来的。《克里提亚篇》中已经非常清楚地告诉我们，那个海岛王国的存在——梭伦曾就这个事情创作了一首诗歌——被强烈认定为一个"民间流传的故事"，我们很容易发现这个故事是怎样被虚构出来的。关于"赫拉克利斯之柱"的传说，外面的浅海以及迦太基的水手们在大西洋岛屿周围的轶事，均是传说中的岛屿消失的根据。对它的毁灭的叙述显然是根据公元前373年那次大地震和蹂躏爱琴海岸的大海啸这些事实写就的。一个弱小的爱国民族被武装起来，在对抗一个拥有巨大物质资源和强大军事工程技术优势的入侵者的战斗中取得胜利，这一重要思想的形成——《克里提亚篇》着重强调的——是受关于雅典抵抗波斯大流士和泽克西斯的种种事实启发的。

一个更加合理的问题是，《蒂迈欧篇》里的神是否完全是我们所谓的"创造者"的意思。整篇对话录始终描述神的行动把秩序强加在先前存在的混乱之上，我们对这种描绘是否要认真对待？柏拉图的意思是否是说，世界是由先前存在的物质构成的？在这一点上，我们发现学院本身的第一代人中出现了不一样的解释。众所周知，亚里士多德坚持认为在《蒂迈欧篇》中的"世界'有一个开端'"的学说是一个错误，他曾对此表达过严厉的谴责。相反，柏拉图主义者绝大部分——新柏拉图主义者也一致地——采取最初由色诺克拉底提出的观点：把世界描绘成有一个开端只不过"为了说明的方便"，正如一个几何学家谈论"正在画一条线"，当时他所做的一切就是指这条线已经在我们原先的假设中暗含着其存在了。因此，根据他们的观点考虑世界，从而形成一种道德教训，即数量上的绝对优势、财富和工程技术战胜不了自由人民的民族精神，即使愚笨的人都会明白这个道理。从严格意义上说，整个叙述与《蒂迈欧篇》的特殊主题没有逻辑上的联系。《克里提亚篇》在故事的结尾讲到，讲话者之间应该计划这样分工：蒂迈欧描述了世界和人类的形成，作为它的收尾工作，苏格拉底已经阐明了人类如何受教育，留给克里提亚去描绘的，是蒂迈欧已经论述过的如何产生出人类的杰出成就。因此这三篇对话录的逻辑顺序应该是《蒂迈欧篇》《理想国》《克里提亚篇》。在这一节里特别提到苏格拉底的贡献，这肯定指的是《理想国》，这是柏拉图的著作中唯一的一篇苏格拉底明确讨论教育方法问题的篇章。除了《克里提亚篇》以外，柏拉图从来没有过什么规划，《克里提亚篇》不需要特别考虑。它公开宣称的目的是详细讲述大西洲国王们战败的故事，关于这些故事，在《蒂迈欧篇》中已经提供过简明的梗概——然而，它还是有不完整的片段。克里提亚按照雅地加和雅典的情况描绘它们的地形和居民幸福的情形。他接着更加冗长地叙述大西洲和国王们——波塞冬神的后裔，讲述他们的制度，并且讲到他们惊人的工程工事。而在他即将讲述他们的情感如何因他们拥有的庞大财富和权势而变得日益骄狂，以及宙斯如何决心使他们受到神的惩罚并即将向聚集在一起的诸神们宣布他的决定时，未完成的片段突然中断了。同时他特别强调大西洲人在造船工程方面惊人的技艺。这一叙述可能是被实际在叙拉古发生的事情唤起的回忆。但是归诸那些虚构的国王们的工事，是完全能够与罗马建筑师和工程师们的伟大的成就媲美的。全部叙事说明柏拉图对工艺技术卓越的知识和他对他们可能会发生的事情的高度估计。我们可以确信，倘若这一传说已经结束，它的主要论点之一就将是爱图主义和健全的道德胜过专门技术。

5

当然，要理解一名伟大的思想家是不可能的，除非我们知道其作品的排列顺序以及他生活的年代。譬如，如果我们不知道《纯粹理性批判》是康德在意气风发的青年时代还是在沉静内敛的中年时期写的，不知道这本书的写作年代是否早于《只可能证明上帝存在或鬼魂的梦想》，我们就无法很好地理解康德。同样的，除非有确凿的证据证明柏拉图的著作（至少其中重要的篇章）是按照什么年代顺序写作的，否则我们就不能对他的思想展开深入的研究。即便是在弄清了这个顺序后，我们仍然要以更加全面的眼光进行分析，如此才能够辨识得清这些对话究竟是在柏拉图生平中的什么年岁写的，是在早年、中年还是晚年，才能明白柏拉图的创作生涯是否从未中断过，还是中途出现了一些延宕和停歇。这是我们现在必须面对的问题。

在看起来言之凿凿的外部论证中，有价值的只有一点。在亚里士多德看来（他的观点几乎不曾遭到质疑），《法律篇》的成书年代要晚于《理想国》。普罗克洛斯以及戴奥真尼斯·拉尔修所写的关于菲利普斯（来自欧普斯）的文章都提到了一种传统，《斐多篇》中的某个隐喻在《美诺篇》中得到了更深刻全面的诠释；《理想国》则提到了这两篇对话。《泰阿泰德篇》和《智者篇》谈论的是年轻的苏格拉底和巴门尼德间的一次会议；《巴门尼德篇》也提到了这次会议，这里一定存在某种联系。但是我们并不能够因此断言，根据这些暗指我们就能够判断《巴门尼德篇》的成书年份是早于《泰阿泰德篇》和《智者篇》，还是晚于二者，还是在二者之间。为了证明《斐德罗篇》中有一些典故只有读过《理想国》的人才能明白，雷德尽心尽力加以阐释；但是他的论证中存在很多疏漏，因此并不能够让柏拉图研究者彻底信服。坦白地说，若想达成任何有价值的结论，我们需要明白这些对话到底是按照什么顺序写成的，这样一来，我们才能够明白书中所涉及的几处隐喻到底是什么意思。

为了搞清这个顺序，从19世纪上半叶以来，人们便前赴后继地展开探索研究，然而结果却不尽如人意。因此，学术界曾经有这样的一种说法：从特定对话的华丽言辞中我们可以找到柏拉图年轻时代的蛛丝马迹，从这个角度而言，《斐德罗篇》很有可能是柏拉图最早期的作品之一。然而，持有这种观点的学者所展开的论证却难以服众，特别是在处理柏拉图这样一位伟大的戏剧艺术家的作品时。例如，从《斐德罗篇》的写作风格中我们可以发现，很多推理都是对修辞学家的拙劣模仿，部分原因在于：书中很大一部分内容都是天马行空的神话故事，这就使得研究者对它的解释极尽夸张。有些人认为，那些颇具诗歌、神话风格的作品无疑是"幼稚的"，这种想法很明显是建立在另一种假设的基础之上，然而对此我们却毫无证据，不知道年轻时代的柏拉图究竟是何心性。对此，我们只能联想歌德的创作顺序，于是我们就能发现，将歌德的《浮士德》或《威廉·麦斯特的漫游时代》第二部分内容视为其少年时代的产物这一想法有多么可笑。另一个荒诞至极的假设来自于E.蒙克。他认为，从苏格拉底在对话发生时的年龄便能引申出当时的年份，并且试图在此基础上对柏拉图的对话录进行年代编纂。有这样一种说法：如果苏格拉底在对话中出现时年纪较轻，那么该对话的写作年份就较早，反之亦然。如果我们接受这种说法，那么《巴门尼德篇》一定是整套对话录中最早写就的（彼时的苏格拉底"特别年轻"），而《泰阿泰德篇》则是最晚写成的（该篇讲述的是苏格拉底接受审判前的一段对话）。

对柏拉图对话的写作年份展开严谨的科学调查实际上从1867年就开始了，这一时期，路易斯·坎贝尔开始针对《智者篇》和《政治学》的真实性搜集哲学证据。后人将这项工作发展壮大，其中最著名的当属德国的迪腾伯尔格和C.李特尔以及我们国家的W.卢托斯拉夫斯基。这种方法的内在原则可以加以简单陈述，如果我们以两部时间间隔较长、风格也迥异的作品为例来探讨这一问题，我们就可以详细地归纳出作者早年至晚年写作风格的变化。可以看到，作者后期的创作风格越发与前期分离，这一点使得我们能够就作品的创作顺序达成确切的结论。如果我们对作品的诸多独立而独特的特征进行研究，并从中发现这些特征越发趋同，那么这一结论就会变得越发有力。鉴于《法律篇》是在柏拉图晚年时创作的（这一事实已得到严格验证），我们可以将这一方法应用到柏拉图的著作中，则《理想国》是在柏拉图早期时代创作的，同一时期创作的其他知名对话还有《普罗塔戈拉篇》《斐多篇》和《会饮篇》，这几篇风格相似，充满着共通的戏剧象征意向——这是处于非鼎盛时期的作者无法写出来的。对几部独立而又具有相似风格的著作展开研究，我们会发现它们的写作风格和《法律篇》越发相似，这有助于研究柏拉图的哪些对话是写于《法律篇》和《理想国》之间的。我们选了其中一些典型的不同特征展开研究。第一，《理想国》和《法律篇》的首要不同就是后者戏剧意味有所下降。第二，《法律篇》大部分内容都符合伊苏克拉底写的阿蒂卡式散文的风格，而《理想国》和其他的戏剧对话则不似前者这么古朴典雅。第三，以卢托斯拉夫斯基为代表的学者研究非常深入，是对整段对话中连接小品词的特殊用法进行探究。我们不用展开过于细致的研究就能够知道：这种集合式的探究是为了让研究柏拉图的语言和用词风格的人明白，我们可以将一系列非常重要的对话归类为"后理想国时代"所完成的著作。这一系列对话包括《泰阿泰德篇》《巴门尼德篇》《智者篇》《政治学》《蒂迈欧篇》《菲利布斯篇》和《法律篇》。将这些对话列为柏拉图的后期作品是有确切的证据支撑的，这些作品不太可能经历过太大的改动。

采用同样的方法是否能让我们更准确地区分柏拉图早期和后期的对话，并且将它们划归为两个不同的阵营就是另外一个问题了，其目的是为了判断《菲利布斯篇》的成书年代是否早于《蒂迈欧篇》，《会饮篇》是否早于《斐多篇》。如果两部作品创作于同一时代，那么两者之间的差异就会相对较小。（因此，在研究《会饮篇》时，我们必须记住，这本书的大半部分都是对柏拉图其他作品的模仿或伪造。）在笔者看来，在积分学的帮助下，卢托斯拉夫斯基提出了一种正确的原则，从"文体学"的角度对全部对话的写作顺序加以细致而确切的整理归纳。这种"文体学"的证据是否能够让我们有效区分柏拉图的早期对话作品（以《理想国》为代表）和晚期对话作品（写于《理想国》完成之后、柏拉图逝世之前）尚未可知，疑窦重重。

然而，一些额外的考虑会将我们的思绪带至更远的地方。柏拉图本人在《泰阿泰德篇》前面的介绍性对话中解释到，他避免使用间接的对话叙述方式，而采用直接的表述方法，其目的就是为了避免繁琐的、陈述式的叙述。早期最伟大的对话都是这种陈述式的对话，包括《普罗塔戈拉篇》《会饮篇》《斐多篇》《理想国》等等，其中，《会饮篇》据说采用的是间接叙事的方式。如伯内特教授所言，《巴门尼德篇》的写作公式相当繁琐，其思路为"安蒂丰转述毕达哥拉斯告诉巴门尼德的话"。人们最开始之所以接受这种对话叙述方式，是由于渴望加入更多的戏剧成分，它允许旁观者加入对故事人物的记录，这使得《斐多篇》更具魅力。但是，维持这种"公式"需要消耗太大的精力，以至于柏拉图最终抛弃了它，《泰阿泰德篇》和其他随后写成的对话都采用了直接对话的形式。在笔者看来，《巴门尼德篇》这类对话所需要的叙述公式太过复杂，导致柏拉图最终抛弃了这种方法。我们可以大胆假设，《巴门尼德篇》要么是和《泰阿泰德篇》同时写成的，要么是在后者之前就写好了。笔者可以引申出的另外一点是，由于年轻的作家不可能在创作第一部作品时就以如此复杂的形式构思出一段对话，因此《普罗塔戈拉篇》是柏拉图早期时候的作品这一看法就立不住脚了。在勾画这些人物时，柏拉图采用了极富激情的戏剧手法，如此可以证明，《普罗塔戈拉篇》和《斐多篇》《会饮篇》以及《理想国》处于相同的创作年代，是和这三本著作一脉相承的第四本能够反映柏拉图卓越的戏剧艺术和文体处理能力的著作。它必然是柏拉图相对晚期的作品（晚于写作风格平淡无奇而又过于分散的《高尔基斯篇》），而这一点与解释《普罗塔戈拉篇》的宗旨和道德教义有关。

6

现在开始探讨下一个话题：在柏拉图的人生中，是否存在着标志早期创作终结的一个确切的日期，抑或象征着进入下一个创作时期的起始点。笔者认为这些困惑有方法可以解决。柏拉图在《厄庇诺米斯》（写于迪昂被谋杀的公元前354年）最后一章中提到，他在41岁那年来到西西里岛，在当时的他看来，人类的救赎只能通过让哲学家当"君王"来完成。字里行间其实是说：柏拉图是在"赞美真正的哲学"，并且是在暗指《理想国》出现的同样的论断。这是《理想国》一书中最具哲学思辨性的部分，它写于公元前388年—前387年。因此，《理想国》和其他早期对话至少是在柏拉图40岁之后、创立雅典学院之前就写好了的。如果我们将目光投向起到前序作用的《泰阿泰德篇》，我们就能够引申出另一个日期了。对话中提到，数学家泰阿泰德在科林斯的一场战役中受到了致命的伤害，而这一战役发生的时间不可能是公元前369年。我们可以笃定地说，泰阿泰德的伤势不可能痊愈，因此，这篇对话是在他死后作为纪念讣文由他人创作出来的。因此，考虑到创作如此体量巨大的著作所需要的时间，我们可以得出这样的结论：这一对话是在柏拉图第一次离开雅典、前往叙拉古展开他人生中崭新的冒险之前创作完成的。因此，正如伯内特教授所言，这似乎是对离群索居的沉思生活的一首文采斐然的赞歌。柏拉图自己也承认，这篇文章就对话的论点而言是无关紧要的，柏拉图所要表达的是对责任和荣耀的坚守——他并不愿意为了政治舞台的动荡和肮脏而离开雅典学院。

我们可以依据《智者篇》的内容对其成书年代做出大体预估。伊苏克拉底在行文时避免出现衔接不当的情况，柏拉图参考了这种写作方式，而这本书则是以这种方法写作的一系列对话的开篇之作。这无疑在暗示我们，在开始写作《智者篇》之前，柏拉图的创作生涯曾经中断过一段时间。公元前367年—前366年，柏拉图最后一次离开叙拉古，回到祖国的怀抱，这段期间很有可能发生过某种突发事件。他和戴奥真尼斯纠葛不断，又卷入了西西里岛复杂的政治旋涡，再加上他作为雅典学院的领袖必须要承担很多责任，这一切都使得他在这段时间内鲜有时间投入创作。

因此，我们可以相当自信地宣布，柏拉图的人生中有两段迥然不同的文学创作时期。第一段开始于苏格拉底逝世后——认为柏拉图将自己所崇拜的活着的人的言行举止"戏剧化"的这一想法十分荒谬，柏拉图创作整套《柏拉图对话录》的原始动机可能是为了将渐行渐远的记忆留存下来。甚至到了40岁或41岁的时候，以及创立雅典学院的时候，柏拉图依然笔耕不辍，其最为新鲜而生机盎然的戏剧构思都展现在这些对话中。他之所以如此兢兢业业，主要是想让恩师苏格拉底的形象能够永垂不朽。在雅典学院创立后的20年间，柏拉图几乎一笔未动，除非我们勉强将《斐德罗篇》这篇极其艰涩难解的对话算在其中，原因大抵在于：雅典学院的领袖在学院创立后太过忙碌，没有时间再投入创作。在踏上西西里岛的冒险旅程之时（彼时柏拉图已经在雅典学院奉献了20年），柏拉图已经是一位花甲老人了，他很难有精力写出《泰阿泰德篇》和《巴门尼德篇》这样的对话；然而，持续创作的机会终究还是到来了：柏拉图最终决定不再参与任何形式的"世界政治"。《智者篇》《政治学》《蒂迈欧篇》《菲利布斯篇》和《法律篇》这五篇对话是在柏拉图67—81岁这段时间内写成的，这实在是一项极其了不起的成就。然而，在进行这一系列创作之时，柏拉图仍未放弃传道事业，向世人讲述他那被亚里士多德称为"柏拉图的哲学"的学说。将最后这段时期归入柏拉图思想的成熟时期是全然错误的行为（教科书常常犯这种错误），此时的柏拉图已经处于创作的"高龄"期——再过一到两年他就要彻底停止写作了。因此《裴德罗篇》必定与"后来"的所有对话篇同时出现；即使死亡已经迫近，柏拉图依然勉力书写着《法律篇》，这样的人无论如何都不可能呈现出"老态龙钟"之貌。

A.E.泰勒

更多信息请参见：

J. 伯内特，《希腊历史》，第1部分第1章，第4部分第12章、15章

J. 伯内特，《柏拉图哲学》（1928年）

P. 弗里德兰德，《柏拉图：理念，教育和对话》（1928年）

G. 格罗特，《柏拉图和苏格拉底的其他友人》，第5章

C. 里特尔，《柏拉图》第2卷（慕尼黑，1914年），第1—5章

U. 维拉莫维茨·默伦多夫，《柏拉图》（第2版，柏林，1920年）

J. 西恩泽尔，《柏拉图·德·厄齐耶尔》（莱比锡，1928年）

柏拉图生活时代的社会历史背景是研究希腊历史的重要组成部分。其中最为经典的当属下面这些：

E. 迈耶，《古代艺术史》，第5卷（斯图加特和柏林，1902年）

L. 罗宾，《柏拉图》，第1—8页

L. 坎贝拉——《柏拉图的〈智者篇〉和〈政治学〉》（1867年），"概要"部分

R. 哈客福斯——《柏拉图智者篇的原作者究竟何人？》（曼彻斯特，1913年）

R. 雷德——《柏拉图哲学发展》（莱比锡，1905年）

W. 卢托斯拉夫斯基——《柏拉图逻辑学的起源和发展》（1897年）

L. 帕尔芒德——《柏拉图对话年表》（布鲁塞尔，1913年）

C. 李特尔——《柏拉图研究》（斯图加特，1882年）；《柏拉图研究新著》（慕尼黑，1910年）

A. 利瓦伊——《柏拉图》（都灵）

P. 肖里——《柏拉图思想全集》（芝加哥，1903年）

P. 肖里——《柏拉图的言论》，第58-73页

L. 罗宾——《柏拉图》，第19-48页

F. 诺沃特尼——《柏拉图智者篇》

J. 哈沃德——《柏拉图智者篇》（简介）

附录：笔者并不怀疑柏拉图的"创作初期"延伸至他创办雅典学院的最初几年。如果《斐多篇》是在《理想国》完成之后写就的，那么上述想法必定为真。对于所谓的"不能将活着的人写入对话"这一柏拉图原则，笔者却表示深深怀疑。卡里阿斯当时还在世，在《普罗塔戈拉篇》写成之后的几年内依然活跃在文坛上。《政治学》成书的时候，"更加年轻的"苏格拉底不太可能已经过世。而如果我们相信《天才苏格拉底》是普鲁塔克所作，那么西米亚斯在公元前379年就一定还健在。当柏拉图书写对话录时，其中的人物原型已经不在这个世界上了，这是为何？在我看来，这是因为柏拉图的对话主要围绕着苏格拉底和其同时代的人展开。

目 录 CONTENTS

译者前言 / 1
柏拉图的生平及著作 / 3

欧绪弗洛篇 ·················· 1
申辩篇 ·················· 24
克里托篇 ·················· 52
斐多篇（论灵魂） ·················· 68
普罗塔戈拉篇 ·················· 134
美诺篇 ·················· 192
蒂迈欧篇 ·················· 231
克里提亚篇 ·················· 300

欧绪弗洛篇

　　故事背景为雅典集市（中央市场）的地方法庭入口处，大法官会将上诉案件记录在册并进行初步调查，以庇护雅典城免于神祇降罪。正是在这里，苏格拉底遇见了欧绪弗洛。彼时，苏格拉底正前往法庭受审——如《申辩篇》所载，三位年轻公民指控其犯有"不虔敬"之罪（古希腊法典中的思想犯罪，傲慢、无神论、误导人们和思想出轨属主观犯罪。设立不虔敬罪是为捍卫古典时期雅典的民主制度采取的极端措施。——译者注），如罪名成立即被判处死刑；而欧绪弗洛才刚结束出庭作证，他指控自己的父亲谋杀了一名家仆。谋杀被视为大不敬，因为它会"玷污"凡间，如若不采取仪式予以净化，将会触怒神明；然而，儿子指控父亲的这一行为同样也被斥为"不虔敬"。欧绪弗洛自称通晓神祇及其意旨，并对"虔敬"一词了然于胸，因此，苏格拉底借机向前者讨教有关虔敬的知识，以期为自身辩护。然而，和柏拉图著作中"苏格拉底"对话篇的其他谈话者一样，欧绪弗洛未能给予苏格拉底满意的答复，他甚至也无法完全说服自己。因此，即便欧绪弗洛坚持认为自己熟稔"虔敬"一词，实际上他并没有将"虔敬"一词的内涵和外延阐释清楚。可以想见，苏格拉底的愿望落空了，但他仍试图鼓励欧绪弗洛阐述自己对"虔敬"一词的认知（如果欧绪弗洛真的掌握这种智慧），然而，欧绪弗洛推脱说还有事在身，便先行告退了。

　　尽管苏格拉底对欧绪弗洛的问诘以失败告终，但是通过阅读和思索本篇中"何为虔敬"以及其他对话中"何为……"这一典型的"苏格拉底式"疑问，身为读者的我们仍受益良多。苏格拉底所追寻的是一种纯粹而单一的"典范"或"准则"，他希望在考察行为和个体是否符合虔敬的要求时，有清晰、一致且明确的判断。他所追寻的，是一种自成一体的独立准则，欧绪弗洛所信奉的"得到神明喜爱即为虔敬"，实则是行不通的，因为由此一来个体毋需预先了解神明的喜好。诚然，虔敬的行为和个体会受到神明的喜爱，但这只是虔敬的附加属性，而非"本质"，因此并不是苏格拉底所要追求的准则。

为求得满意的答案，苏格拉底对欧绪弗洛的声明展开论证，态度之恳切毋庸置疑——然而对种种困惑，苏格拉底自己也没有答案可供检验或援引论辩。但是，这二者的对话是否能为心思细密的读者提供满意的答案呢？欧绪弗洛未能对其最后的观点做出充分论述，未能证明虔敬即表现为对神明的正义，而侍奉、效忠神祇亦能为个体自身带来进益，对此，苏格拉底略感失望。在苏格拉底看来，这个想法颇具吸引力。那么，本书作者柏拉图是否在暗示我们，虔敬无外乎尽其所能恪守美德，一如苏格拉底在《申辩篇》中所阐述那般，恪守美德是神之于人最盛大的希冀？若果真如此，虔敬可否被视为一种独立的美德，其抱有自身独特的行为准则？这些都是二者对话引人深思之处。

J. M. C.

欧绪弗洛：发生了什么事吗，苏格拉底？为何你离开了惯常所居的吕克昂（阿波罗神庙附近的一所学校——译者注），在这宫廷法院处逗留？你总不至于和我一样，要在执政官面前指控何人吧？

苏格拉底：困住我的并非雅典居民通常而言的起诉案，而是一桩刑事诉讼，亲爱的欧绪弗洛。

欧绪弗洛：此话怎讲？一定是有人起诉了你，我决计不会相信是你在指控别人。

苏格拉底：的确不是。

欧绪弗洛：但一定是有人起诉了你，不是吗？

苏格拉底：的确如此。

欧绪弗洛：起诉你的人是谁？

苏格拉底：我对他不甚了解，欧绪弗洛。我未曾听闻过这位年轻人。但我想，那些人叫他美勒托。他来自皮索区（雅典的一个乡区。——译者注），或许你刚好知道他：他蓄着长长的头发，胡须不多的脸上长着一个鹰钩鼻。

欧绪弗洛：我并不认识这个人，苏格拉底。他起诉你什么呢？

苏格拉底：你问他起诉我什么？在我看来此事非同小可，对他这样年纪的人而

□ 雅典学院　拉斐尔·桑西　意大利　文艺复兴后三杰之一　1509年

古希腊哲学家柏拉图所创建的雅典学院，正处在百花齐放、百家争鸣的黄金时代。学院以古希腊"七艺"——语法、修辞、逻辑、数学、几何、音乐、天文为基础，展现的是人类对美好的向往，对真理与智慧的追求。

□ 苏格拉底

苏格拉底（生于公元前469年，卒于公元前399年），是人类历史上最伟大的思想家和哲学家之一，古希腊著名的教育家，西方哲学的奠基人。他和他的学生柏拉图，以及柏拉图的学生亚里士多德并称为"希腊三贤"。

言，思考如此深刻的问题委实不能小觑。他说他深知这一代年轻人是如何被腐蚀的，始作俑者又是谁。他极有可能是个聪明人，当他发现我由于无知而败坏当下青年时，便如孩童向母亲哭诉那般向城邦起诉了我。在我看来，他是绝无仅有的、以正确的方式开始政治生涯的人，因为从政无疑需要从关爱青年一代做起，一如优秀的农夫需要首先照料幼苗再推及其他。同样的，美勒托会首先清理我们这些"害虫"，如他所言，我们是败坏青年的罪魁祸首，紧接着，他便会照料上了年纪的人，从而为全雅典城邦带来福祉。鉴于他良好的政治开端，他的前途想来会是一片光明。

欧绪弗洛：希望如此，苏格拉底，然而我担心事态会向相反的方向发展。在我看来，他对你的曲解和控诉会动摇民心，而使得整个城邦笼罩着阴影。请告诉我，他是如何形容你腐蚀青年的？

苏格拉底：他的话确乎有些匪夷所思了，他说我是造神者，创造新神的同时改变了对过去已有神明的信仰。正因如此，他才起诉我。

欧绪弗洛：我明白这是怎么一回事，苏格拉底，因为你表露出自己拥有通灵的本事[1]。你对宗教事务的革新致使他上书起诉，并在法庭上诽谤你，因为他知道大众是很容易受到蒙蔽和蛊惑的。我也如此。每当我在公民大会上谈及宗教事务、预言未来时，他们就会嘲笑我是个疯子，然而，我曾预测过的事情无一不得到兑现。说到底，凡此种种，皆因他们嫉妒我们。不必为此感到忧愁，还是和他们正面交锋吧。

---

[1] 见本书第48页《申辩篇》。

苏格拉底：我亲爱的欧绪弗洛，被别人嘲笑其实无关紧要，因为在雅典人的眼中，只要那些聪明人不对自己传道解惑，彼此大可相安无事；然而，一旦他们察觉自己正在被改造，他们就会通过嫉妒或其他手段发泄自己的愤怒。

欧绪弗洛：我没有兴趣了解他们在这件事情上对我持什么态度。

苏格拉底：这或许源于你行事谨小慎微，并且无意向他人传授你的智慧，我则不同。我对世人的爱，可能会让他们觉得，我是那种不遗余力传播个人观点的人，不但分文不取，甚至会对倾听者予以嘉奖。如果他们只是想嘲笑我，一如他们对你所做的那般，那么他们在法庭上嘲弄讥讽我并不会造成什么不愉快，但是如果他们对此事是认真的，其结果就难以预料了，只有你等先知才能窥见。

欧绪弗洛：结果很可能是竹篮打水一场空，苏格拉底，可是我们仍要尽全力打好这场官司。

苏格拉底：你要打什么官司，欧绪弗洛？你是被起诉者还是起诉者？

欧绪弗洛：起诉者。

苏格拉底：你起诉的是何人？

欧绪弗洛：一个在别人看来只有疯了才会去起诉的人。

苏格拉底：莫不是此人长着翅膀，可以轻易飞走？

欧绪弗洛：远非如此，因为他年事已高。

苏格拉底：那么他是谁？

欧绪弗洛：我的父亲。

苏格拉底：什么？你的亲生父亲？

欧绪弗洛：是的。

苏格拉底：罪名是什么？所为何事？

欧绪弗洛：杀人罪，我亲爱的朋友。

苏格拉底：天哪！欧绪弗洛，我敢断言，绝大多数人都不会认同你的做法。他们断断不会控告自己的父亲，只有拥有大智之人才会这样做。

欧绪弗洛：是的，我对上天发誓，苏格拉底，事实的确如此。

苏格拉底：被杀的人是你的亲属吗？想来必定如此，如果死者是一名陌生人，你断然不会起诉自己的亲生父亲。

欧绪弗洛：你居然会认为被害者的身份很重要，这简直不可思议，我亲爱的苏格拉底。我们应该关注的，是杀人行为是否正当；如果出于正当理由杀人，

□ 酒神的胜利　尼古拉斯·普桑　法国　1635—1636年

相传酒神狄俄尼索斯首创用葡萄来酿造美酒，并把种植葡萄和采集蜂蜜的技艺传给各地的人们。

我们可以予以谅解，如若不然，则应起诉这个谋杀犯，无论他是否和你生活在同一屋檐下。对犯罪行为缄默不语，窝藏罪犯，不将其诉诸正义的审判，那么彼此皆犯下无法洗清的罪过。被害者和我是旧相识，我们一家在开垦纳克索斯（爱琴海上美丽富饶的岛屿，商业、文化发达，古希腊神话中酒神狄俄尼索斯居住的地方——译者注）时，他曾是我们的家仆。一次醉酒后，他杀死了邻家的一名奴仆，于是我的父亲捆住他的双手双脚，将他扔进了沟渠里，然后命人前去请示巫师接下来该如何行事。在巫师到来之前，父亲将这名被绑的杀人犯完全抛诸脑后，丝毫不在乎其是否会死去。而他真的就一命呜呼了。因为饥寒交迫，再加上手足被束，在派去雅典求问巫师的那名信使回来之前，这名家仆便死掉了。我控告我的父亲犯了谋杀罪，这使得父亲和其他亲属皆盛怒不已，如他们所说，这名家仆并非死于父亲之手；即便父亲真的杀死了他，他也丝毫不值得同情，原因在于他犯谋杀罪在先。在他们看来，身为人子，控告自己的父亲可谓大不敬。可是，苏格拉底，他们对神圣一词以及对虔敬和非虔敬的关系的看法根本就是错误的！

苏格拉底：可是，天哪，欧绪弗洛，你何以认为自己对于神圣和虔敬的看法是最为正确合理的呢，以至于在出现上述谋杀情节时，你丝毫不担心控告自己的父亲的行为是否犯了非虔敬之罪？

欧绪弗洛：我亲爱的苏格拉底，若非对神明和虔敬一事洞若观火，我这个人就一无是处、与常人无异了。

苏格拉底：坦白讲，我亲爱的欧绪弗洛，我非常希望此刻能够拜在你的门下，如此一来，我就有资本对抗美勒托，并且告诉他：我自始至终都认为对神圣事物的认知是最为重要的，尽管我的种种改良和创新的观点在他看来皆为谬论。

如果现在我成为了你的学生，我就会对他说：美勒托，如果你认可欧绪弗洛在这些方面拥有超凡的智慧，那么你也必须承认我拥有正确的信仰，所以你不能起诉我；如果你不这么想，那么你要控告的不应是我，而是我的老师，因为他不但腐蚀老人，还以传道授业为名败坏我的思想，以劝诫和惩罚为由对自己的生身父亲进行荼毒。如果他不听劝告，不放弃对我的诉状或转而控告你，那么我便会以同样的方式在法庭上对他发起猛烈攻击。

欧绪弗洛：对极了！我对天起誓，苏格拉底，如果他试图控告我，我定当找到他的破绽，在庭审时将人们的注意焦点从我身上转移到他那端。

苏格拉底：我正是由于明白这一点，所以才迫切渴望成为你的学生，我亲爱的朋友。包括美勒托在内的其他人似乎都不甚留意你，但是他对我却过分关注，以至于不遗余力地起诉我犯了亵渎神明之罪。那么，你可否以上苍的名义，向我讲述你刚才言及的自己笃定不移、了解入微的事情：你是如何甄别谋杀案和其他事件中的虔敬和不虔敬行为的？虔敬是否在所有行为中都有一致的表现？不虔敬是否作为虔敬的对立面，也始终保持不变呢？虔敬和不虔敬是否仅以一种单一形式或面貌呈现在世人眼前呢？

欧绪弗洛：确乎如此，苏格拉底。

苏格拉底：那么请告诉我，你是如何定义虔敬和不虔敬的？

欧绪弗洛：在我看来，虔敬就是控告违法犯罪者，无论其所犯是杀人罪、盗窃神庙罪或其他任何罪行，也无论这个做了坏事的人是你的父亲、母亲或其他什么人，一如我现在所为；不去起诉那个作奸犯科者则视为不虔敬。请留意听，苏格拉底，我可以举出有力的证据，证明法之精神。我曾对其他人说过，法律是不会容忍任何不虔敬之人的，无论他是谁。在人们心中，宙斯是最完美、最公正无私的神，可人们对其用铁链将父亲（克洛诺斯）捆绑起来的这一行为却予以默认，因为其父做出了吞食儿子的不义之举，也曾出于同样的原因阉割了自己的父亲

□ 宙斯

宙斯是古希腊神话中泰坦神族第二代神王克洛诺斯的儿子，奥林匹斯的众神之王，宇宙万物的统治者，古希腊人心中的"神王和天父"。

□ 克洛诺斯噬子
彼得·保罗·鲁本斯
德国　1616—1638年

克洛诺斯：第一代神王乌拉诺斯和大地之神盖亚的儿子，古希腊神话中的第二代神王，泰坦十二神之一。他娶了同为泰坦十二神的姐姐、掌管时光流逝与风霜的时光女神瑞亚为妻。瑞亚与克洛诺斯结合成为天后后，生了六个孩子，因为乌拉诺斯预言他们的儿子会推翻克洛诺斯并夺取其王位，于是克洛诺斯做出了一个残忍的决定：把生下来的孩子全吃掉。

（乌拉诺斯）。但是，对于我控告自己父亲一事，他们却感到愤怒。由此可见，他们在对待诸神和我的态度上，根本是自相矛盾的。

苏格拉底：毫无疑问，欧绪弗洛，这就是我被起诉的原因，因为我对于谈论诸神表示厌恶，因此那些人坚称我是有罪之人。然而，如果你确乎对这些事情了然于胸，并且和那些人有着同样的信仰，我们就不得不默认他们对我的指控了：既然我们对这些事一无所知，还有什么话好说呢？不过，以最纯洁的友谊的名义，请告诉我，你真的相信这些事情吗？

欧绪弗洛：的确如此，苏格拉底，甚至还有更不可思议的事情，绝大多数人对其一无所知。

苏格拉底：你真的认为诸神之间不但会发生诗歌里所记载的种种战争、憎恶和殴斗，还会像优秀作家和画家所勾勒的那样，上演一出出神话故事，就好比泛雅典娜节上运往雅典卫城的锦袍图案所呈现的那般？这些真的值得我们相信吗，我亲爱的欧绪弗洛？

欧绪弗洛：远非如此，苏格拉底。如我刚才所言，如果你愿意的话，我可以将我知道的其他关于诸神的事都讲给你听，相信你听后定会惊叹不已。

苏格拉底：也许吧，我可能并不会感到多么吃惊，这些就留待往后闲暇时间再叙。此时此刻，请对我刚才所提出的问题给予更为清晰的解答吧，我亲爱的朋友，你尚未告诉我何为虔敬，你只说自己控告父亲犯了谋杀罪是虔敬的一种表现。

欧绪弗洛：我说的都是事实，亲爱的苏格拉底。

苏格拉底：也许吧。然而你也同意虔敬还有很多其他行为表现，不是吗？

欧绪弗洛：的确如此。

苏格拉底：可能你忘了，我并不是要你从诸多虔敬行为中举出一两件来，而是希望你告诉我：这一切虔敬行为背后的构成原型是什么。你也同意所有虔敬和不虔敬的行为都是经由这种原型而定义的，不是吗？难道你不记得了吗？

欧绪弗洛：不，我记得。

苏格拉底：那么请告诉我这个原型是什么，我才好正视它，并以此为依据去衡量你和其他人的行为——凡符合此原型的则为虔敬，否则即为不虔敬。

欧绪弗洛：如果你真的想一探究竟，苏格拉底，那么我会尽我所能作出解答。

苏格拉底：我的确很想知道。

欧绪弗洛：好吧，其实很简单，令诸神愉悦即为虔敬，逆诸神之意则为不虔敬。

苏格拉底：简直精妙绝伦，欧绪弗洛！这个回答正合我意。我暂且无法判断你所说的是否正确，但你会向我证明你的说法是正确的，对吗？

欧绪弗洛：这点毋庸置疑。

苏格拉底：那么现在，让我们审慎考察一下刚才所言。使诸神愉悦的行为或人即视为虔敬，被诸神憎恶的行为或人则为不虔敬。虔敬和不虔敬不是一回事，它们是截然相反的。是否可以这样理解？

欧绪弗洛：是的，没错。

苏格拉底：所以我们已经理顺了这个问题？

欧绪弗洛：在我看来是这样的，苏格拉底。

苏格拉底：我们还提到，诸神处于无休止的混乱、争执和仇视中，欧绪弗洛，是这样的吗？

欧绪弗洛：是的。

□ 智慧女神雅典娜

雅典娜是最聪明的女神，传说她为宙斯与智慧女神墨提斯所生，因盖亚和乌拉诺斯预言墨提斯所生的儿子会推翻宙斯，宙斯惧怕预言成真，遂将墨提斯整个吞入腹中。此后宙斯得了严重的头痛症，他只好要求火神赫淮斯托斯打开他的头颅（一说为普罗米修斯），火神那样做了。令奥林匹斯诸神惊讶的是：一位体态婀娜、披坚执锐的美丽女神从裂开的头颅中跳了出来。她有宙斯一般的力量，是智慧和力量的完美结合。

□ 雅典卫城

雅典卫城，建于公元前580年，古希腊宗教政治文化的中心地，是著名雅典娜神庙和其他宗教建筑群的所在地。整个建筑群精美壮观，面积约有4平方公里，位于雅典市中心的卫城山丘上，亦称为"高丘上的城邦"。

苏格拉底：是什么样的分歧酿成了仇恨和愤怒呢？让我们这样来思考这个问题：如果你我二人要比较数字的大小、指出其中较大的那个，这样的分歧会使得我们彼此仇视和相互为敌，对吗？抑或我们会通过计算来迅速解决可能出现的分歧？

欧绪弗洛：我们诚然会这样做。

苏格拉底：同样的，如果我们在长短问题上出现异议，我们会借助尺子来解决分歧。

欧绪弗洛：你说的对。

苏格拉底：如果在轻重问题上产生分歧，我们会用一杆秤来结束争执。

欧绪弗洛：完全正确。

苏格拉底：当我们不能达成一致时，怎样的分歧会使我们对彼此感到愤怒，进而触发敌意呢？也许你对这个问题还没有答案，那么请听我说，（我们要考虑分歧是否来自于公正与不公、美与丑、善与恶这几类事情）当我们不能对这些事情给出满意的答案时，你、我和其他人便会彼此仇视，难道不是吗？

欧绪弗洛：没错，苏格拉底，我们的分歧恰恰来自于这些问题。

苏格拉底：那么诸神又如何呢，欧绪弗洛？诸神之间存在的种种矛盾分歧是否亦源于上述这些问题呢？

欧绪弗洛：这点毋庸置疑。

苏格拉底：那么在你看来，我亲爱的欧绪弗洛，不同的神眼中的公平、美丽、丑陋、正义与邪恶具有不同的化身，如果他们在这些问题上不存在分歧，他们彼此之间也就没有什么差异了，是这样吗？

欧绪弗洛：所言极是。

苏格拉底：如此一来，凡是他们认为美丽、正义和公平的事物便受到他们的喜爱；而相反，他们认为丑陋、不公和邪恶的事物则只会引发憎恶？

欧绪弗洛：正是这样。

苏格拉底：但你也说过，同样的事物，在一部分神看来是公平的，在其他神祇眼中则象征着不公，而一旦他们在类似事情上出现分歧时，便会彼此争吵不休从而引发战乱，是这样吗？

欧绪弗洛：是的。

苏格拉底：同样的事物既受神喜爱又同时被憎恶，那么它们便具有了愉悦神明和触怒神明这两种属性。

欧绪弗洛：所言非虚。

苏格拉底：如此一来，同样的事情既可以是虔敬的，又可能被认作是不虔敬的，对吗？

欧绪弗洛：想来如此。

苏格拉底：那么你仍未回答我的问题，我亲爱的朋友。我并非要你告诉我，什么事情同时具有虔敬和不虔敬两种属性，但是看来似乎使诸神愉悦的有些事物又是他们所憎恶的。如此说来，你控告自己父亲的这一举动，在使得宙斯、赫淮斯托斯（火神）和其他持相同观点的神明感到愉悦的同时，会触怒克洛诺斯、乌拉诺斯、赫拉（宙斯之妻）和另外那些神明，也就丝毫不足为奇了。

欧绪弗洛：并非如此，苏格拉底，在这个问题上，我想所有的神都会秉持一致的看法，亦即：错杀他人者必须付出代价。

□ 赫淮斯托斯为宙斯铸造霹雳
彼得·保罗·鲁本斯
德国　1636年

赫淮斯托斯是奥林匹斯十二主神之一，也是火神、冶炼之神、铁匠之神，因相貌异常丑陋，加上腿瘸，生下来就被母亲天后赫拉扔进了海里，海中女神欧律诺墨和忒提斯将其救起并抚养长大。他拥有高超非凡的技艺，在奥林匹斯山上为诸神建造了金碧辉煌的宫殿和很多不可思议的神器。他用斧头劈开了宙斯的头，让雅典娜从里面诞生出来。

苏格拉底：好吧，欧绪弗洛，你难道没有听到过这种说法：错杀他人者或无心对别人行不义之事者可免受罪责？

欧绪弗洛：关于这个问题的争论从来就没有断过，法庭内外皆是如此，原因就在于那些作恶多端的人会极尽所能为自己奔走呼号，以逃避责罚。

苏格拉底：他们会承认自己做了坏事吗，欧绪弗洛？他们是否不但不承认自己有错，还会拒不抵罪？

欧绪弗洛：是的，他们绝不会认为自己有错。

苏格拉底：所以他们并非无所不言，无所不做。原因就在于：当他们做了错事的时候，他们不敢开口、不敢争辩说自己不必为所犯的错误负责。但是在我看来，他们拒不承认自己做了错事，是这样的吗？

欧绪弗洛：没错，是这样。

苏格拉底：他们也不会争辩做了错事是否应当抵罪，但是他们会争论做错事的人是谁、这个人犯了什么错以及何时犯的错。

欧绪弗洛：你说的没错。

苏格拉底：诸神之间不也是如此吗？如果他们像你所说的那般，在公正与否这类问题上争论不休，有些神会指责另一些神做了错事，而被指控的神则会予以否认；但是无论如何，没有任何一位神明或凡人胆敢说做了错事不必抵罪。

欧绪弗洛：的确是这样，苏格拉底，你切中问题要害了。

苏格拉底：如果诸神之间确实存在争论，那么参与其中的神和人所争论的则是每个个体的行为。他们中的一部分人认为某件事合乎情理，另一部分人则认为这件事是不公正的，是这样吗？

欧绪弗洛：没错，是这样的。

苏格拉底：那么现在，我亲爱的欧绪弗洛，开导开导我，让我也能变得像你那般睿智：你有何证据证明诸神皆认为你的奴仆之死是不公正的，他杀人在先，而后被雇主——也就是你的父亲——捆绑起来，在你父亲得到巫师的口谕，知道如何处置他之前，他就已经死去；你又如何证明为这样一位犯有杀人罪的奴仆去谴责和控告你的父亲的行为是正义之举？来吧，请告诉我，为什么诸神应当支持你的这一举动？如果你能对此做出准确合理的说明，我会不遗余力地向世人歌颂你的智慧。

欧绪弗洛：这解释起来绝非易事，苏格拉底，但是我会尽我所能让你明白。

苏格拉底：在你看来，那些法官们定不似我这般蠢钝，因为你会向他们证明那些行为是不公正的、受到诸神憎恶的。

欧绪弗洛：如果他们愿意倾听我的意见，我绝对可以向他们证明，苏格拉底。

□ 赫拉

赫拉是古希腊神话中第二代众神之王克洛诺斯和王后瑞亚的女儿，宙斯的姐姐和第七位妻子。她是主司婚姻与生育的女神和第三代天后，和宙斯共同执掌宇宙的统治权。

苏格拉底：如果你的解释足够可信，他们自当聆听。然而刚刚在听你说话的时候，我突然涌现出一个想法，让我不禁扪心自问：如果欧绪弗洛能够清楚无疑地向我证明诸神皆认为其父的做法是不公正的，我是否可以认为自己已经掌握了虔敬和不虔敬的真谛呢？我们现在的这种行为也可能遭到诸神的厌恶，但是虔敬与否却不该由此被定义，因为令神明憎恶的行为也同时有可能被他们喜爱，所以我不会再执着于此。而如果你愿意的话，我们是否可以假设，所有神明都认为你父亲的行为是不公正的、该当谴责的？然而，这是否就是我们所要纠正的看法，也就是说，凡神憎恶的即为不虔敬，令他们愉悦的则为虔敬，而被某些神喜爱、另一部分神憎厌的则为既非虔敬亦非不虔敬，或既有虔敬同时又有不虔敬的属性？我们是否可以这样定义虔敬和不虔敬呢？

欧绪弗洛：有何不可呢，苏格拉底？

苏格拉底：于我确实没有什么不可以，但对于你而言，恐怕要取决于你能否像你所承诺那般对我做出开导，我亲爱的欧绪弗洛。

欧绪弗洛：我必须指出一点，诸神喜爱的即为虔敬，相反，他们厌恶的即为不虔敬。

苏格拉底：让我们再仔细思虑一下这个观点的合理性。抑或我们应该否决这个想法，而去接受我们自己或他人的说法，或许我们应该考察下谈话人说了些什么？

欧绪弗洛：我们诚然应当予以审视，但是在我看来，这个想法已经堪称完美了。

苏格拉底：答案很快就会见分晓。想一想：虔敬的事物之所以受到神的喜爱，是因为它们本身是虔敬的，还是因为它们受到了神的喜爱，才变得虔敬起来？

欧绪弗洛：我没明白你的意思，苏格拉底。

苏格拉底：这样解释是否会更清楚些：我们时常谈及携带者与被携带者、引导者和被引导者以及看者与被看者，你明白这些事物是相互区别的，并且了解区别何在，对吗？

欧绪弗洛：我想我明白。

苏格拉底：同样的，这世间还存在被爱者与爱人者这一对不同的事物。

欧绪弗洛：没错。

苏格拉底：那么请告诉我，被携带的事物之所以被称为被携带者，是因为存在携带者，还是出于其他什么原因？

欧绪弗洛：因为存在携带者。

苏格拉底：那么，之所以有被引导者是因为存在引导者，而被看者这一概念的产生是因为存在看者，是这样的吗？

欧绪弗洛：毋庸置疑。

苏格拉底：并不是先存在被看者才存在被看这一行为，恰恰相反，某物成为被看者是因为有人在看它；同样，某物成为被引导者并不是因为它在被什么引导，而是因为有人在引导它，它才成为被引导者；某物成为被携带者并非是因为它在被什么携带，而是因为有人携带它，它才成为被携带的那一方。你明白我的意思吗，欧绪弗洛？也就是说，如果某物在被什么东西改变或影响着，我们不能说因为它是被改变的事物所以才被改变，而是因为有人在改变它，它才成为被改变的事物；也不是因为有被影响的事物才产生了相应的影响，而是因为有人在对其施加影响，才使它成为被影响的那一方[1]。你同意我的说法吗？

欧绪弗洛：我同意。

苏格拉底：被爱着的事物要么是在被什么东西改变，要么正受什么力量影响。

欧绪弗洛：的确是这样。

苏格拉底：那么在虔敬一事上呢，欧绪弗洛？按照你的观点，虔敬之所以为虔敬，是因为被诸神喜爱？

欧绪弗洛：没错。

苏格拉底：某物受到神明喜爱，是因为它是虔敬的，还是出于其他什么原因呢？

欧绪弗洛：再无其他原因，只因它是虔敬的。

苏格拉底：如此说来，某物由于是虔敬的才受到神明的喜爱，而不是由于神明的喜爱才变得虔敬。

欧绪弗洛：俨然如此。

苏格拉底：是否可以说，某物使人愉悦、被神明喜爱，只因它是受神明喜爱的？

欧绪弗洛：毋庸置疑。

苏格拉底：这样一来，使诸神愉悦的东西和虔敬的东西并不是一回事，欧绪弗洛；虔敬的事物和愉悦神明的事物也并不相同，它们是完全不同的两种事物。

欧绪弗洛：何以见得，我亲爱的苏格拉底？

苏格拉底：我们不是都同意说，某物由于是虔敬的才受到神明的喜爱，而不是由于神明的喜爱才变得虔敬。是这样吧？

---

[1] 在此，苏格拉底提出了一个普遍原理，如他所言，受试的引导者、携带者和看者等词的词性全部降了格。是先有使某物发生改变的力量（例如将其携带至其他地方），才有了被改变的一方；某物发生改变（例如被携带至其他地方），并不是因为它生来就是被改变的事物，而是它被其他事物所改变。同样的道理，对"情感类动词"而言，譬如说某物被某人看见：某物之所以成为被"影响"的一方，是因为有人在对它施加影响，而非因为它是注定要被"影响"的东西（譬如被看到的事物），所以才受到其他事物的"影响"。

欧绪弗洛：是的。

苏格拉底：另一方面，愉悦神明的事物之所以得到神的眷顾是因为诸神明爱它，才使得该事物具有了愉悦神明这一属性，它被神所爱并不是它被爱的原因。

欧绪弗洛：所言极是。

苏格拉底：然而，假设受神明喜爱的事物和虔敬的事物是相同的，我亲爱的欧绪弗洛，这样一来，如果虔敬的事物受到神明的喜爱是因为它是虔敬的，那么被神明喜爱的事物被喜爱也是因为该事物得到诸神的喜爱；进而，如果被神明喜爱的事物被喜爱是因为它得到诸神的喜爱，那么虔敬的事物之所以是虔敬的也是由于它受到神明的喜爱。但是正如你所见，事实恰恰相反，这二者是截然不同的：某一事物因为受到神明的喜爱才成为被喜爱的事物，而另一事物受到神明的喜爱则因为它是神所喜爱的。我亲爱的欧绪弗洛，你似乎并不情愿告诉我虔敬的本质到底是什么，你所回答的只是它某一方面的属性或性质，你仅仅告诉我虔敬的事物具有被诸神喜爱这一属性，却没有告诉我虔敬到底是什么。如果你愿意的话，现在，请不要再对我有所隐瞒，请告诉我：某物是虔敬的是因为它受到诸神明的喜爱，还是由于具有其他什么属性。我不是要和你争吵，我只是热切地想知道虔敬和不虔敬到底是什么。

欧绪弗洛：亲爱的苏格拉底，我不知道该如何表述我的想法，因为我们先前提出的种种假设看起来早已离题甚远，背离了初衷。

苏格拉底：你的论断让我想到了我的祖先代达罗斯（希腊伟大的艺术家、建筑师和雕刻家。苏格拉底称其为自己的祖先。代达罗斯因嫉妒跟自己学习的徒弟在技艺上超过了自己，而将徒弟杀害。其后被雅典法庭处死——译者注）。如果这些论断是我提出来的，你很可能会取笑我，说我讲话就像我的祖先代达罗斯雕刻的作品那般，形态飘忽，远离了问题的出发点。但既然这些假设都是你提出的，我们便可以当作笑谈，因为就如你自己所说的那般，没有什么论断是固定不变的。

欧绪弗洛：我倒觉得我们的讨论也同样好笑，亲爱的苏格拉底，让话题飘忽不定、不肯聚焦于一个方面的并不是我，而是你这位代达罗斯的后代；在我看来，我所提出的种种论断都是确定不移的。

苏格拉底：看起来在运用技巧这方面，我要比我的祖先代达罗斯聪明一些，我亲爱的朋友。他只能够移动他亲手制作的东西，而我不但能移动我自己的东西，也能让别人的东西发生位置上的改变。而我最聪明的地方在于，我不知不觉间就拥有了这种技艺，如果让我在拥有坦塔罗斯（希腊神话中主神宙斯之子，出身高贵，十分富有，开始深得众神的宠爱，获得了极大荣耀：能参观和出席奥林匹斯山众神的集会和宴会。他因此变得骄傲自大，还侮辱众神，最终被打入地狱，永远承受着痛苦的折磨。后比喻受折磨的人，以"坦塔罗斯的苦恼"比喻能够看到目标却永远达不到目标的痛苦——译者注）的财富和代达罗斯的智慧，以及维持你的论断之间做出取舍，我会毅然决然选择前者。不过这些先略过不谈。我认为，我们的谈话遭遇了一些困境，不过我同你一样热切渴望找到一条出路去探索究竟何为虔敬。我不会轻言放弃的。你是否认为凡是虔敬的东西必然也是公正的？

欧绪弗洛：是的，我是这样想的。

苏格拉底：是否所有公正之事皆是虔敬的？还是说凡是虔敬的皆为公正的，而不是所有公正之事皆虔敬——其中有一部分是虔敬的而另一部分不是？

欧绪弗洛：我没明白你的意思，苏格拉底。

苏格拉底：尽管你年纪比我小，却比我聪慧多了。如你所说，你的智慧反使你陷入困境。请重新理顺一下你的思路，我亲爱的朋友。我所说的并不难以理解。曾有位诗人这样写道：伟大的造物者宙斯呵，世人畏惧叫出你的名字，因为有害怕的地方便有敬畏。然而我并不同意他诗里所说的。你想知道为什么吗？

欧绪弗洛：请，但说无妨。

苏格拉底：我并不同意"有害怕的地方便有敬畏"这种说法，因为在我看来，很多惧怕疾病、贫穷和类似不幸之事的人时常会感到害怕，但是对于这些他们害怕的事情却并不敬畏。你同意我的说法吗？

欧绪弗洛：是的，我同意。

苏格拉底：然而有敬畏之处却一定有害怕。对所有事情皆怀有敬畏乃至羞愧之情的人，往往同时对身负邪恶罪名感到惶恐和惴惴不安，难道不是这样吗？

欧绪弗洛：诚然如此。

苏格拉底：如此一来，不是"有害怕的地方便有敬畏"，而是"有敬畏之处一定有害怕"，因为害怕的涵义要比敬畏广。敬畏是害怕的一部分，正如奇数是数的一部分；有数的地方未必有奇数，但是有奇数的地方一定存在数。你明白我现在所说的吗？

欧绪弗洛：我明白。

苏格拉底：这就是我最开始问你的问题：是否凡是虔敬的皆是公正的，而公正之事未必总是虔敬的，因为虔敬是公正的一部分。我们是否可以这样认为，还是你有其他别的想法？

欧绪弗洛：我同意你说的，没有异议，你说的似乎很有道理。

苏格拉底：这么一来，假定虔敬是公正的一部分，我们必须找到它（虔敬）属于公正的那一个部分。刚刚你问我偶数是数的哪一部分、它是什么样的数，我的回答是：偶数是可以被二整除、可以分成两个部分的数。你是这样想的吗？

欧绪弗洛：是的，我是。

苏格拉底：那么请你尝试用同样的方法告诉我虔敬是公正的哪一部分，让美勒托停止作恶，放弃以不虔敬的罪名指控我，因为我已经从你这里汲取了充分的知识，对敬神一事有了深刻的认知，明白何为虔敬、何为不虔敬。

欧绪弗洛：亲爱的苏格拉底，在我看来，敬神和虔敬是与诸神的供养相关联的那部分公正，而剩余部分则和人类的供养相关。

苏格拉底：你讲得似乎很有道理，但是我仍有一些困惑：我不明白你所说的供养是指什么，供奉诸神一定不同于照料马匹等其他事情——并不是所有人都懂得如何照料马匹，只有专业牧马人才擅长此道。

欧绪弗洛：是的，诚然如此。

苏格拉底：那么养马指的就是照料马匹。

欧绪弗洛：没错。

苏格拉底：并不是所有人都知道如何照料猎犬，只有猎人才谙于此道。

欧绪弗洛：毋庸置疑。

苏格拉底：那么狩猎指的就是照料猎犬。

欧绪弗洛：毫无疑问。

苏格拉底：而养牛指的则是照料牛。

欧绪弗洛：没错。

苏格拉底：如此一来，虔敬和敬神指的就是对诸神的供奉，欧绪弗洛，你是这样想的吗？

欧绪弗洛：是的。

苏格拉底：也就是说，上述情形中的奉养行为拥有相同的目标，亦即为被奉养的对象带来福祉，如你所见，马儿在牧马人的精心饲养下会愈发茁壮成长。你是这样想的吗？

欧绪弗洛：是的。

苏格拉底：同样的，在饲养员的照料下，猎犬和牛也会更好地成长，其他事物也是如此。或者你有不同的想法，觉得奉养的目的在于伤害被奉养之物？

欧绪弗洛：我对天起誓，我绝无此念。

苏格拉底：那么，你同意奉养的目的是使被奉养之物得到滋润？

欧绪弗洛：毋庸置疑。

苏格拉底：如此说来，虔敬作为对诸神的供奉，其目的也是使神祇受益、增加他们的福祉，对吗？然而你可以说所做的任何一件虔敬之事都能使诸神受益吗？

欧绪弗洛：我对天发誓，我绝对不会这样说。

苏格拉底：我也认为你不会这样想，但我仍就供奉诸神的涵义对你进行了发问，因为我已料想到你指的不是此种意义上的照料。

欧绪弗洛：完全正确，苏格拉底，我并不是那个意思。

苏格拉底：很好，然而你仍未回答我虔敬指的是何种意义上的侍奉诸神？

欧绪弗洛：对我而言，苏格拉底，那种侍奉就像奴隶侍奉奴隶主。

苏格拉底：我想我懂了。对诸神的侍奉类似于一种服侍。

欧绪弗洛：诚然如此。

苏格拉底：请告诉我：供奉医务人员是为了实现什么目标呢？是为了健康吗？

欧绪弗洛：我觉得是这样的。

苏格拉底：那么对造船者进行供奉该当何解？它是为了实现什么目标呢？

欧绪弗洛：答案显而易见，苏格拉底，那是为了建造船只。

苏格拉底：那么我亲爱的朋友，请告诉我，服侍诸神又是为了什么呢？你显然知道其中深意，因为你说自己是对神圣之事最为通晓的人。

欧绪弗洛：是的，的确是这样，我亲爱的苏格拉底。

苏格拉底：那么，看在天父宙斯的分上，请告诉我：通过享受我们这些凡夫俗子的供奉，诸神可以实现怎样的目标呢？

欧绪弗洛：很多妙不可言之事，苏格拉底。

苏格拉底：如此说来，他们所做的事情就和奋勇杀敌的将军一样，我亲爱的朋友。而我们的答案也就呼之欲出了：将帅的目标就是在战争中取胜，是这样吗？

欧绪弗洛：是的，毫无疑问。

苏格拉底：农民们亦如此，在我看来，他们也做了很多有益的趣事，但是他们的最终目的是种植出粮食。

欧绪弗洛：的确是这样。

苏格拉底：那么诸神所做的种种妙事，其最终目的又是什么呢？

欧绪弗洛：我刚刚告诉过你了，亲爱的苏格拉底，想要精准地总结这件事绝非易事；但是简言之，在祈祷和祭祀等场合知道如何说话和行事才能取悦诸神，这就是虔敬，这样的行为不但于个体家庭有益，还能为整座城邦带来福祉。而与之相反的行为就是不虔敬的，对个人和国家都会造成伤害和倾覆。

苏格拉底：如果你愿意的话，你可以更加简短地回答我的问题，欧绪弗洛。然而现在看来，你并不情愿将你的知识传授给我。你才刚刚触及问题的核心，又匆忙顾左右而言他。如果你肯倾囊相授，我现在早已深刻领会了虔敬的本质。实事求是地讲，好奇心旺盛的人不论被引至何方他们总会顺从内心的召唤。话又说回来，你究竟是如何定义敬神的呢，你认为的虔敬是什么呢？它是一门关于祭祀和祈祷的知识吗？

欧绪弗洛：对，是这样。

苏格拉底：祭祀是向诸神供奉祭品，而祈祷是从诸神那里祈求好运吗？

欧绪弗洛：的确如此，亲爱的苏格拉底。

苏格拉底：从这个角度而言，虔敬就是关于如何供奉并从诸神处乞讨的一门学问。

欧绪弗洛：看来你已完美领会了我的意思，苏格拉底。

苏格拉底：那是因为我无比倾慕你的智慧，并且全神贯注地在思考这个问题，所以你说的每一句话、每一个字我都加以认真思考。然而，侍奉诸神到底是指什么呢？在你看来，它是关于供奉并从诸神处乞讨的一门学问？

欧绪弗洛：没错。

苏格拉底：乞讨指的是从诸神那里得到我们想要的？

欧绪弗洛：否则还能作何解释？

苏格拉底：供奉就是向诸神献上他们所需的东西——赠与他人其所不需要的东西不能称为一种技艺。

欧绪弗洛：确实是这样，苏格拉底。

苏格拉底：如此说来，虔敬就是诸神和凡人之间的一种交易？

欧绪弗洛：是的，如果你喜欢的话，不妨就叫它交易吧。

苏格拉底：如果这是事实的话，我愿意这么理解。但是请告诉我，我们供奉诸神的东西能使他们得到什么好处？他们为我们带来的福祉却是再显而易见不过。假使我们自身不能从这种交易中获利，那这种交易便毫无价值，但是这种交易又能给他们带来什么益处？还是说在这场交易中我们占据更加有利的位置，我们所有的诉求都能得到满足，而他们却从中一无所获？

欧绪弗洛：在你看来，我们供奉诸神的东西能给他们带来好处，是这样吗，苏格拉底？

苏格拉底：我们能为诸神带去什么福禄呢，欧绪弗洛？

欧绪弗洛：荣耀、崇敬，以及我刚刚提到的感恩，除此之外还能有什么呢？

苏格拉底：那么虔敬除了取悦诸神之外毫无他用，既不能带来实际的福祉，也不能得到他们由衷的喜爱，是这样吗，欧绪弗洛？

□ 伤悼伊卡洛斯　赫伯特·詹姆斯·德拉波　英国　1898年

希腊神话中代达罗斯是墨提翁的儿子，一位技艺高超的建筑师和雕刻家，他为克里特岛的国王米诺斯建造了一座设计巧妙的迷宫。米诺斯担心迷宫的秘密被泄露，就将代达罗斯和他的儿子伊卡洛斯关进了迷宫的塔楼。代达罗斯设计制作了飞行翼，父子两人从塔楼飞逃出去。伊卡洛斯因喜悦而越飞越高，阳光融化了蜡翼，伊卡洛斯坠海身亡。画中仙女们正在哀悼死去的伊卡洛斯。

欧绪弗洛：可是在我看来，虔敬是诸神最为热爱的东西。

苏格拉底：如此说来，虔敬之物即为诸神热爱之物。

欧绪弗洛：诚然如此。

苏格拉底：你的想法飘忽不定，缺乏固定的落脚点，对此你难道不感到惊诧吗？你会指责我犯了代达罗斯之过、让对话变得如此游离不定吗？尽管事实上在转移话锋这一方面你比代达罗斯更加在行。还是你没有意识到我们的讨论在游离不定之后再一次回到了原点？我想你还记得，在我们刚才的论断中，虔敬之事和受上帝喜爱之物是相互区别的，并不是同类事物。难道你不记得了吗？

欧绪弗洛：不，我记得。

苏格拉底：然而现在你却说受到诸神热爱和珍视的事物就是虔敬的？这和被

□ 海神的愤怒　赫伯特·詹姆斯·德拉波　英国

普罗透斯是希腊神话中最早出现的海神，《荷马史诗》中的"海洋老人"之一。传说他是海王波塞冬的儿子或者侍从，负责驯牧海上的野兽。他善于变幻为各种各样的事物，具有预言的能力，为捕捉到他的人预言未来。

诸神喜爱即为虔敬不是一个意思吗？难道不是这样吗？

欧绪弗洛：确实是这样。

苏格拉底：或许我们之前都搞错了，也或许我们之前的看法是正确的，可现在却误入了歧途。

欧绪弗洛：似乎是这样。

苏格拉底：所以我们必须从头开始剖析虔敬究竟是什么，我绝不会放弃，定要弄个清楚明白。请不要认为我这样做是徒劳无功，请集中注意力，将真相告知于我吧。你比其他任何人都更加懂得这件事情，所以在听到你的答案之前，我无论如何都不能放你走，就像对普罗透斯所做的一般[1]。若非基于对虔敬和不虔敬的深刻了解，你不会为了一名奴仆起诉你自己的父亲。对诸神的敬畏使得你不

---

[1] 参见《奥德赛》，第四卷。

敢冒险这么做，以免被指责为行为不当，在世人面前颜面尽失，因此现在我敢肯定，你对于虔敬和不虔敬一事有着极为深刻的认知。所以告诉我吧，我亲爱的欧绪弗洛，不要隐藏你的想法。

欧绪弗洛：还是改日再叙吧，亲爱的苏格拉底，我还有要事在身，现在要匆忙赶过去了。

苏格拉底：你怎么可以这么做呢，我的朋友！如果你离开，我向你讨教虔敬和不虔敬的相关知识的愿望就落空了，与此同时，我也无法向美勒托证明我从你身上收获了许多有关神圣事物的智慧，从而使他撤销指控；也无法停止因无知而对神祇之事继续做出鲁莽叛逆之举；非但如此，我开启未来美好生活的愿望也将随着你的离去而化为泡影。

申辩篇

《申辩篇》就是广为流传的《申辩》，乃柏拉图为苏格拉底所著，其译名参考希腊语apologia（源于文本的文章标题）。事实上，apologia这个词并不是"道歉"之意，它指的是庭审过程中的自我辩护，我们因而得以知晓，苏格拉底没有、也根本不必为任何事情致歉！总体而言，这一篇以非对话体形式写成，只有一处采用了典型的苏格拉底对话体格式，即苏格拉底与原告之一进行的答辩，其余部分为苏格拉底在由501名雅典人组成的陪审团面前所作的演讲实录。古稀之年的苏格拉底被指控犯有"不虔敬"之罪，亦即在城邦和其他严肃场合冒犯了奥林匹斯众神（宙斯、阿波罗和其余主神）。从表面上看，这桩控诉的依据在于，苏格拉底多年来不遗余力地在雅典推销他的哲学事业。而实际上，苏格拉底之所以被起诉，是因为他被卷入了一宗"联合犯罪"案中：他的几位朋友在不久前的伯罗奔尼撒之战以及随后的寡头恐怖统治中举止严重失当。尽管在后来的政治大赦中，这几位友人由于做出了正确的政治辩护而被免除了罪责，但他们肆意妄为的不良印象却早已深深烙印在原告和陪审团成员的脑海中。对所有的指控，苏格拉底皆作出了合理的回答，因为这关系到他自身的生死存亡——是会锒铛入狱，还是无罪释放。因此他对自己的哲学天命作出了解释和辩护，同时还阐述了他是如何与几位年轻人及城邦杰出人物进行对话讨论的，一如我们在柏拉图为苏格拉底所著的其他作品中所见到的那般。苏格拉底指出，通过自身的哲学思考对诸神进行挑战并且质疑他们的权威，他实际上是在践行诸神的意旨（尤其是阿波罗颁布的德尔菲神谕。古希腊德尔菲阿波罗太阳神神庙里镌刻着"认识你自己""有所为，有所不为""似我者死，学我者生"三句向世人昭示的箴言。神庙女祭司曾说过，没有人比苏格拉底更具智慧——译者注），以使自己的行为最大程度地趋近正义和美德，并且鼓励（甚至是诱使）其他人仿效。诸神最大的心愿就是众生可以拥有美德，而美德取决于我们对生命中有价值之物的理解程度（亦即智慧），以及所作出的对应的行为举止：在苏格拉底眼中，哲学就是对这种智慧的追求。

诚然，这篇并不是苏格拉底于公元前399年庭审时发表的辩护词实录，而是经柏拉图文学加工后的作品，因此我们无从准确知晓苏格拉底当年究竟说了些什么。基于对恩师苏格拉底的认知，柏拉图以最为贴切严谨的语言，写下了这位智者面对指控时可能会做出的最佳回应。苏格拉底是否犯有被指控之罪？在审视这个问题时，读者应该留意到，在柏拉图笔下，苏格拉底是以多么诚恳的态度证明其哲学事业的正义性；在对与错的问题、在人类该具有何等道德品质等方面，他又是如何披荆斩棘地建立起普遍的人类理性：通过分析德尔菲神谕，他指出他所做的一切都是奉了阿波罗的旨意！从他与欧绪弗洛的对话中，我们也能发现，苏格拉底并非奉了任何神话权威、古代诗人、宗教传统和"占卜术"的意旨，去指引我们思考诸神以及他们对我们的命令和祈愿。

民主时期的雅典，陪审团成员是随机选取组成的小团体，代表全体城邦公民。因此，如苏格拉底所说，他是在向雅典的民主人士发表申辩，而陪审团对苏格拉底有罪、须执行死刑的宣判也是代表了全体雅典公民的意志。这场宣判是否是苏格拉底命中无法逃避的劫数——因为他不肯屈心抑志，说些能使他被无罪开释却言不由衷的话？或许吧。苏格拉底劝诫雅典人民遵从内心深处的哲理感召，诚实而冷静地思考，用理性去判断对其的指控是否属实。这是苏格拉底第一次劝诫世人不仅要追求内心的平和与舒适，更要多关注自己的灵魂、头脑以及理性的力量。如柏拉图向我们所指出的那般，如果目光短浅，结局注定失败。

J. M. C.

□ 德摩斯梯尼

德摩斯梯尼（公元前384年—前322年），古希腊著名的演说家和民主派政治家，他对公元前4世纪古希腊的政治和文化有深刻见解。

亲爱的雅典同胞（由501人组成的陪审团——译者注），我并不清楚状告我的人对你们产生了何等的影响；我自己却是近乎被他们高超的谈话技艺所深深折服了。然而他们说的话没有一个字是真的。他们所散播的诸多谎言中最使我惊诧的莫过于这个——你们要小心别被苏格拉底这个舌灿莲花的演说家所欺骗。在我已经证明自己并非一个善于蛊惑人心的演说家之后，他们仍厚颜无耻地指责我是一个欺世盗名的骗子，这在我看来是他们最令人不齿的行为了，难道在他们的价值观中，讲真话的人反而是长袖善舞的演说者？如果他们真的这么想，那么我不得不承认我的确是一名演说家；然而却不是他们所定义的那般，如我刚刚所说，他们说的话没有一句是真的。先生们，我对天起誓，会将真相和盘托出，尽管我的言辞可能不如他们那般精致有文采，相反的，我的表述可能混沌不清、随性而至，想到什么便说什么，因为我可以担保我所说的每一个字都是不偏不倚、公平公正的，不会让任何人作任何他想。对于年轻人来说，玩文字游戏可能是有趣而易被接纳的，然而对我这样一个垂垂老矣的人而言，这俨然并不合适。

先生们，我有一件要紧事相求：如果我在辩护时所用的言辞和我平素在市肆之所讲话的方式类似，请不要感到惊讶，也不要由此打断我的话。其原因在于：这是我，一位古稀老人，第一次在法庭上露面；因此我就像一名一头雾水的陌生人一样，完全不知道该以怎样的方式讲话。既然我在这里和陌生人无异，如果我用我自幼熟悉的方言讲话，你们无论如何都要原谅我；我现在所提出的请求是如此合情合理，因为你们应该关注的不是我讲话的方式是好是坏，而是我说的内容是否有失公允；这是法官不可推卸的责任，一如讲话者的使命就在于述说事情的真相。

先生们，我会按照时间先后顺序展开论辩：先针对最早对我进行虚假指控的控诉者及其控词，接着处理后来的控诉者和控词。这许多年来，对我进行控诉的人不胜枚举，然而他们的控词无一属实。我对于散播这类虚假控词之人的恐惧尤胜阿尼图斯（追随美勒托诬陷苏格拉底的人——译者注）和他的朋友们，这两者无一不让人胆战心惊。然而，先生们，最早对我进行攻讦的这些人更加难以对付；你们中大多数人自孩提时代起就深受他们的影响，听他们言辞激烈地控诉我，称当世有一个叫作苏格拉底的人，他自诩聪慧，上通天文下知地理，还通晓辩术，能在辩论中以弱胜强。先生们，最为致命的控诉者就是那些散播谣言的人，因为他们使得大众相信：钻研上述学问的人无疑是在挑战诸神的权威。更为糟糕的是，这些控诉者人数众多，而且多年来不遗余力地对我进行攻击；除此之外，他们狡猾地选择在你们不具备自我辨识力、容易相信别人的年纪迷惑你们，彼时，你们中有些人刚刚成年，而有些人仍处在孩童时期。而因为没有辩护人在场，结局自然不言而喻——他们骗取了你们的信任。

最为荒谬的是，没有人确切知道或曾经提起过他们的名字，除非他们中有人是喜剧作家[1]。那些恶意散播谣言的人在被他人洗脑后，又转而对他人进行蛊惑，委实难以对付：因为你既不能将他们告上法庭，又不能对其予以驳斥；你只能孤军奋战，以语言为械，和黑暗势力做斗争、喊出内心深处的诘问，即便没有人应答。我希望你们明白，控诉我的人分为两种：一种是最近才对我展开指控的，另外一种是早些年便开始了造谣中伤的，如前所述。我必须同第二种人进行不懈抗辩，因为他们对我的恶意诽谤由来已久，其严重程度尤胜前者。

很好，很好，亲爱的雅典同胞们。我现在必须开始为自己辩护了，我要努力向你们证明：长久以来强加在我身上的诽谤皆是无中生有。我希望能消除你们对我的不良印象，因为这对彼此都有好处，我也希望能够辩诉成功，但是我预感到这绝非易事，对于所要面对的困难我也做好了充分的心理准备。无论如何，最终的决定权掌握在宙斯手中，而依据法律我现在必须要为自己进行辩护了。

---

[1] 指的是阿里斯托芬（Aristophanes）。他在作品《云》（*Clouds*，于公元前423年首次出版）中刻画了苏格拉底的形象，苏格拉底在下文有提到此人。

我们不妨从头开始审视这件事。美勒托究竟以何罪名起诉我，他对我进行中伤的阴谋是如何得逞的？他们在诽谤我的时候又到底说了些什么？倘若那些起诉者向法庭递送宣誓书，我想它会是这样写的：苏格拉底行为不端，整日琢磨天上地下那些玄妙之事；他依凭那张三寸不烂之舌可以在辩论时以弱胜强，他还将这种诡辩之术灌输给他人。阿里斯托芬（古希腊早期喜剧代表作家，雅典三大喜剧诗人之一，雅典公民，同哲学家苏格拉底、柏拉图有交往。在阿里斯托芬之前的喜剧被称为旧喜剧，以后的则被称为中喜剧和新喜剧。相传他写有四十四部喜剧，现存《阿哈奈人》《骑士》《和平》《鸟》《蛙》等十一部。他被称为"喜剧之父"——译者注）的喜剧作品中不乏对其形象的精妙刻画——他终日四处游荡，飘然自得，对自己其实根本不了解的事情夸夸其谈，高谈阔论。我没有任何轻视这类知识的意思，如果真的有人精通这种知识的话，我担心美勒托会更加肆无忌惮地控诉我。然而先生们，我对这类知识根本毫无兴趣，因此，此时此刻，我真切地期盼你们中的大多数人能为我作证。我相信你们中的大多数人都听过我的演说，你们确乎应该问问彼此，是否曾听过我论及上述那些话题，哪怕只是简单提起。这样一来你们就会明白，关于我的其他传闻也同样是谬论。

事实上，那些全部是无稽之谈。如果任何人跟你们说我通过兜售自己的才学牟取暴利，也请不要相信，因为那也是假的。不过在我看来，如果我能够将我的知识传授给莱昂蒂尼的高尔吉亚（古希腊哲学家和修辞学家，著名的智者——译者注）、凯奥斯的普罗狄克斯和伊利斯的希庇亚斯[1]等人，确实不失为美事一桩。如此一来，他们便可前往其他城邦，劝说那里的年轻人离开同乡、加入自己的小团体，以付费的方式获取知识，并在做这些的同时保持一颗感恩的心，而原本他们不费吹灰之力、不掷一文便可与自己的同乡打成一片。事实上，我听闻有一位来自帕洛斯的智者即将来到我们中间；就在不久之前，我碰到了一个人，其在诡辩学者身上的花费多过其他任何人，这个人就是希波尼库斯之子，卡里阿斯。下面是我和这位有两个儿子的父亲的对话："卡里阿斯，"我问道，"如果

---

[1] 高尔吉亚、普罗狄克斯和希庇亚斯都是赫赫有名的诡辩论者。高尔吉亚和希庇亚斯的生平事迹请参见柏拉图所撰的同名对话录，希庇亚斯和普罗狄克斯的形象在《普罗塔戈拉篇》中有所刻画。

你的两个儿子变作两头小马驹或两只小牛犊，我们可以雇佣一位驯兽师来最大限度地发挥它们的长处，这位驯兽师既可以是一名驯马师，也可以是一名农夫。然而鉴于他们是活生生的人，什么样的人有资格成为他们的老师呢？这位能够锤炼他们的品格、提高他们社会地位的人究竟是谁呢？对这个问题，你一定深思熟虑过，因为你是两个儿子的父亲。你找到这个人了吗？还是这世间没有这样的人？""当然有。""他是谁？"我又问道，"他叫什么名字，来自何方？他是怎么收费的？""他叫欧维诺斯，来自帕洛斯，收费五个米那（雅典钱币的名称——译者注），我亲爱的苏格拉底。"如果这位叫欧维诺斯的人真的具有这般技艺，并且仅仅收取五个米那，那实在不失为一件幸事。如果我也精通此道，我会感到自豪，并乐于将我的知识传授给他人，但是很遗憾，我并没有这种天分。

你们中有人可能会打断我："苏格拉底，你的本职工作到底是什么呢？这些流言蜚语究竟因何而来？如果你不做那些出格的事，这些诽谤和谣言也不会闹得满城风雨，你一定是做了一些大多数人做不出来的事。如果你不想我们对你妄加非议的话，请告诉我们那到底是什么。"这在我看来并不是一个过分的请求，所以我将向你们解释这一切的罪名究竟是如何产生的。请注意听好。也许你们中的一些人认为我在开玩笑，但是我敢对天发誓，我所说的句句属实。使我蒙此罪名的无外乎某种智慧。什么样的智慧？不妨将其理解为人类的智慧吧。在某种程度上，我或许拥有这种智慧，然而我刚刚提到的那些人所拥有的智慧却并不局限于普遍的人类智慧；除此之外我不知道还有其他什么解释，因为我的确不具备这种智慧，那些说我精于此道的人无疑在说谎，目的就是中伤我。先生们，即便你们认为我在自吹自擂，也请不要打断我，因为我接下来要讲的故事并不是发生在我自己身上的，不过别担心，我会给你们提供切实可信的消息源。如果有必要的话，我会召唤德尔菲的神灵来为我的智慧正名。你们应该都听过凯勒丰，他不但是我幼时的玩伴，也是你们忠诚的朋友，他既和你们共度流放的艰苦岁月，也一同经历过归程。你们当然知道他是什么样的人——一个热情高涨的行动派。他曾经去往德尔菲问询神谕——麻烦了，先生们，请不要打断我——他问是否有人比我聪明，皮提亚（德尔菲阿波罗神殿的女祭司）回答说没有。凯勒丰固然已逝，但是他的兄弟会向你们证明这一点。

我之所以告诉你们这一点，是因为我希望你们可以好好想一下流言究竟从何而来。当我听到这个回复的时候我问自己："神究竟是什么意思呢？神为何要和

□ 德尔菲神庙

德尔菲由阿波罗太阳神庙、雅典女神庙、剧场、体育训练场和运动场组成，是阿波罗晓示神谕的地方。古希腊人认为，德尔菲是地球的中心，是"地球的肚脐"。

我们兜圈子？我很清楚自己并不聪明，那神为什么说我是世界上最聪明的人呢？神当然不会撒谎，神没有理由这样做。"因顿许久之后，我做出了一个艰难的决定——查探神谕究竟作何解释。我去拜访了一位德高望重的智者，冥冥之中我感到可以驳倒神谕，跟神说："这个人分明比我聪明，但是你却说我是世界上最聪明的人。"这个人是颇负盛名的政治家，其名字我不说你们也知道，我对他的考察大致经历了这样一个过程：在许多人看来，他头脑睿智，他本人对此尤为洋洋自得，然而事实并非如此。我试图说服他，让他认清自己并不聪明这个事实，由此招致了他本人和其他旁观者的憎恨。我悻然离去，心里默念着："我比这个人聪明。事实上，我们两个都没有什么值得炫耀的知识或学问，但是，他明明不清楚某事却自认为对其了如指掌，我则不同，不知为不知。因此，在某种程度上，我比他要聪明，因为我不会佯装知道自己其实不知道的东西。"随后，我拜访了一位在众人看来更为聪明的人，却发现这不过是另一位自以为是之辈，于是我又一次被当事人和旁观者所憎恶。

在那之后，我开始系统地观察我身边所谓的智者。令我悲伤并且忧虑的是，我发现自己变得越发不受欢迎，但是由于我始终把神谕置于重中之重的位置，所以我强迫自己去拜访那些学识渊博之人，以理解神谕。亲爱的雅典同胞，我对着神犬起誓，我必须实话实说，我经历过类似的事情：在我遵循神的意旨展开调查的过程中，我发现那些德高望重之人往往名不副实，而那些声望不如他们的人反而知识更为渊博。我必须对我此番冒险历程做出解释，以此证明神谕的不容侵犯性。在拜访了政治家之后，我将关注重点转移到诗人、悲剧文学家、喜剧作家和其他人身上，试图找出自己比他们无知的证据。因此我搜集到那些诗人们煞费苦心创作出来的诗篇，问他们此诗作何解，以期从他们身上学习到些什么。先生们，我很不情愿告诉你们真相，但是我必须这么做。似乎所有旁观者都比作者本人更明白诗中真意。我很快就意识到,诗人并非借助知识进行创作,而是依靠某种天赋和灵感,就好比预言家和先知常能道出很多天机,而其本人却丝毫没有意识到自己在说些什么。我认为诗人的创作过程大抵相同。由于在诗歌创作方面小有造诣,他们认为自己在其他事情上也颇富智慧,而事实并非如此。因此我再一次感到失望,在我看来,他们和政治家一样,自以为智慧超群,实际上却还没有我聪明。

最后,我去拜访了匠人,因为我意识到长久以来自己都在纸上谈兵,欠缺实用技术,而他们身上可能刚好有我需要的东西。果不其然,他们的确知道很多我不知道的事情,从这个意义上讲,他们比我要聪明。但是,先生们,这些能工巧匠和诗人有着相同的致命缺陷——由于拥有一技之长,他们自认为在其他领域也智慧过人,而这种自我认知偏差掩盖了他们原本的才干,于是乎,我以神的名义拷问自己,我究竟应该坚守本心、做那个既不十分睿智也不鲁莽自大的我,还是应该两者兼而有之。思忖良久后,我决定坚持做我自己。

□ 女祭司与丘比特
让·莱昂·杰罗姆　法国　1897年

传说,德尔菲阿波罗神殿的女祭司皮提亚具有通神的能力,能代表阿波罗神传达预言和智慧(神谕),回答人们提出的任何问题。在神庙里,女祭司皮提亚在进入一种类似昏迷的催眠状态后与神沟通,对未来作出预测。据记载,苏格拉底的一位朋友曾前往德尔菲向皮提亚询问谁是最有智慧的人。

先生们,随着我的造访愈加深入,我遭致的唾弃也与日俱增,这让我很是头痛,我感到负担沉重。我所拜访的人不遗余力地对我进行诽谤,但同时他们也不得不承认我的智慧,因为每次我和这些所谓的智者交谈的时候,旁观者都认为和我对话的人并不如我聪明。先生们,或许神才是那个真正睿智的人,他的神谕其实是说人类的智慧并没有多少价值,甚至根本一文不值,他用我的名字来警醒世人,仿佛在告诉你们:"你们中间最聪明的人莫过于苏格拉底了,而他之所以睿智正在于他明白自己的智慧其实毫无价值。"在神的召唤下,我未敢懈怠探寻的脚步。我四处寻访我看来睿智的人,无论他是当地居民还是外埠人员。如果我认为他并不聪明,我就会借助神的力量指出他的不聪明之处。由于忙于侍奉神明，我并没有任何闲暇时间参与公共事务，甚至也无暇顾及个人生活，而这使我越发穷困潦倒。

此外，那些无怨无悔追随我的年轻人，亦即那些拥有大把悠闲时光和家族财产的男青年，十分喜欢看到别人被盘问；他们于是常常模仿我的样子也去盘问别人。他们找到了很多自诩学识渊博然而实际上所知甚少或根本一无所知之人。结局自然是被盘问的人感到十分愠怒，而他们的怒火并非发向盘问他们的富家子弟，而是针对我。他们四处大放厥词："那个叫苏格拉底的家伙是个毒瘤一样的人，他会严重教坏年轻人。"如果有人问他们，这个叫苏格拉底的人是做什么工作的、如何腐蚀年轻人的，他们只会沉默示人，因为他们自己也没有答案，但是为了不显得自己呆若木鸡，他们会展开对我的控诉，而他们所说的无非是"研究天上地下玄妙之事""不敬神"和"强词夺理、在辩论中颠倒黑白"等可以用来抨击所有哲学家的泛泛之词。有一点我很确定，那就是他们不敢说出真相——他们明明头脑空空如也，却假装所知良多。他们野心勃勃，充满攻击性，而且人多势众；他们不遗余力、言辞咄咄地对我展开攻击；许多年来，他们从未停止对我进行恶意诽谤。正是在此基础上，美勒托、阿尼图斯和莱孔对我展开攻击，其中，美勒托代表曾被我诘问过的诗人，阿尼图斯代表工匠和政客，而莱孔则代表演说家，他们的声讨如此有力，以至于我在开头便对你们说过，如果我能在短时间内消弭这一切谣言，那反倒使人惊讶了。亲爱的雅典人啊，这就是事实的真相。我没有一丝一毫的隐瞒或伪装。我很清楚，这种行为让我丧失民心，而这也恰好证明了我说的都是实话，所有针对我的控诉都是无中生有的诽谤，其原因也不言而喻。无论现在还是以后，只要你们稍加思索就会发现我所言非虚。

上述所言足够用来反驳那些率先对我发起攻击的人。随后我会全力拆穿美勒托这位自诩正义热血的政治家以及后来的控诉者的谎言。控诉者人数众多，我们必须重新审视他们的控词。他们是这样说的：苏格拉底犯有腐蚀年轻人以及亵渎神明之罪，他不相信其他市民所信仰的神祇，而是热衷其他新创的神灵。这就是他们全部的控词。让我们逐一进行审视吧。

美勒托说我犯有腐蚀年轻人之罪，然而我要说的是，他才是那个玩世不恭的人，他不但毫无责任感地将他人诉至法庭，还假意为他根本未曾留意过的事奔走呼号，我会向你们证明这一点的。

"美勒托，到我这儿来，告诉我：你认为教导当下的年轻人好好做人是非常有意义的,是这样吗?"

"我是这样想的。"

"那么请你告诉这些人,究竟是谁在扮演这样的救世主般的角色。想来你对此早已了然于胸,因为这正是你所忧虑的事情之一。然而你说你发现有人,也就是我,在腐蚀年轻人的思想,于是你把我带来这里,当着众人的面谴责我。来吧,告诉他们那个帮助年轻人树立正确价值观的人是谁。先生们,你们看到了吧?美勒托默不作声,不知从何说起此事。这难道不令你们感到汗颜吗!这也能充分证明我说的话是真的——美勒托其实根本未曾将教化年轻人这等事置于心上。亲爱的美勒托先生,请告诉我,究竟是谁在助益年轻人的成长?"

"是法律。"

"你答非所问,我的问题是:拥有专业法律知识的人是哪些人?"

"是陪审团成员,苏格拉底。"

"此话怎讲,亲爱的美勒托?光靠在座的陪审团成员们就能教导年轻人、净化他们的思想吗?"

"当然如此。"

"你指的是所有陪审团成员,还是其中的特定人员?"

"全体成员。"

"宙斯作证,你说的好极了。原来在你看来世上竟有如此多的施恩者。那么观众又如何呢?他们会帮助年轻人成长,还是会对他们进行腐蚀?"

"他们也扮演着积极有利的角色。"

"那么议会成员呢?"

"议会议员们也发挥着正面力量。"

"公民大会的成员又如何呢,我亲爱的美勒托?他们是会腐蚀青年,还是会帮助他们茁壮成长?"

"他们是有利于年轻人健康成长的因子。"

"这样看来,全雅典公民除了我以外皆是青年一代成长道路上的良师益友,我却只能荼毒他们。你是这样想的吗?"

"没错,这正是我要表达的意思。"

"你对我的指控让我陷入了万丈深渊。告诉我,你所谓的真理也适用于马儿吗?设若他们家中饲养有并且常年使用马匹,你真的认为当其他人都对饲马起到积极作用时，一个人可以凭借一己之力去破坏马儿的生长轨迹吗？抑或事实恰好相反——一个或少数几个饲马者就可以使得马儿茁壮成长，而剩下的大多数人却只能伤害马匹？对马儿和其他动物而言，情况不都是相同的吗，亲爱的美勒托？没错，事实就是这样，无论你和阿尼图斯如何狡辩。如果全城上下只有一个人对青年的成长起到腐蚀作用，而其他人都在发挥积极影响，倒也是整座城邦的一大幸事。

"美勒托，你从未真正关心过青年一代，这点你早已经表露无遗了；你的冷漠昭然若揭；你以诸多罪名把我告上法庭，自己却从未真正思量过那些问题。

"看在上天的分上，美勒托，在你看来，是生活在好人中间更有利于一个人的成长，还是被坏人围绕更能让他获益呢？请给我一个答复，我的好好先生，这个问题并不难。凡接触过坏人的人皆会受到伤害，而好人对一个人的成长裨益良多，难道不是这样吗？"

"诚然如此。"

"比起从同伴处获益，他更愿意受到腐蚀或伤害，世界上有这样的人吗？请回答我，亲爱的美勒托，法律在召唤你回应这个问题。会有任何一个人甘愿被这样对待吗？"

"当然没有。"

"你控告我腐蚀年轻人、让他们堕落，那么在你看来，我是有意这样做还是受到了胁迫不得已而为之？"

"我认为是有意为之。"

"然后呢？你是否认为自己比我当年聪明得多，所以只有你才明白坏人总是会侵蚀他们最亲近的人，而好人则百利而无一害，而我由于过分无知无法意识到这一点，换言之，如果我身边的伙伴因为我而变坏，我也会陷入被他伤害的风险，而这种恶劣行径竟是我有意为之，你是这样想的吗？不，美勒托，我不相信你或其他任何人会这样想。我也没有腐蚀任何年轻人，即便有，那也是不得已而为之，而不论从哪个角度看，你都在说谎。如果我是被迫腐蚀年轻人，你也没有任何法律义务以非自愿不当行为罪将我起诉至法庭，在这种情况下，你正常的做法应是私下里找到我，对我进行引导和劝诫；但凡聪明一些的人都会停止其当下的非自愿行为。然而你避开我的同伴，拒绝对我进行教化，而是把我带到这里，这个对犯错者进行惩罚而非劝导的地方。

"亲爱的雅典同胞,我所说的俨然都是事实:美勒托从未真正关心过这些事情。告诉我们吧,美勒托,你怎么可以说是我腐蚀了年轻人?按照你的说法,我通过教导他们背弃其他人皆信仰的奥林匹斯诸神、转而相信其他新的精神偶像,以对其进行荼毒,是这样没错吧?你说我教导他们的过程亦是腐蚀他们的过程,对吗?"

"没错,我是这样说的。"

"那么,亲爱的美勒托,看在所谈及的诸神的分上,请将一切向我和在座各位做出更加清晰的解释吧。我不知道你究竟是什么意思,如果说我教唆人们相信某些神明,那就意味着我本人相信世界上存在神明,因此我就不可能是一名无神论者,所以也不必为此承担任何罪责,而你对我进行控诉的依据是我信奉的神和其他公民信奉的有所不同?还是说我根本不相信任何神明的存在,并且教唆他人也这样做?"

□ 阿波罗

古希腊神话中宙斯和勒托之子,月亮神阿尔忒弥斯的孪生弟弟,奥林匹斯十二主神之一。他掌管光明、预言、音乐,是消灾解难和医药之神,也是人类迁徙和航海中的保护神。在《荷马史诗》中,阿波罗被称为银弓之王、远射神、金箭王。

"我的意思是你不相信任何神明的存在。"

"你这个人好生奇怪,美勒托。你为什么要那么说呢?难道我不像其他人那般,相信太阳和月亮都是神明的化身吗?"

"对着宙斯起誓,亲爱的陪审团成员,我面前的这个人和其他人迥然不同,在他眼中,太阳是一块石头,而月亮是一抔土。"

"天啊,我亲爱的美勒托,难道你认为你在控诉阿那克萨哥拉(古希腊哲学家、原子唯物论的思想先驱,克拉左门尼人。他是雅典奴隶主民主派领袖伯里克利的朋友、老师和政治上的积极支持者。他是把哲学从海外殖民地带到希腊的第一人,是著名的自然科学家,著有《论自然》,他的许多主张都违反了传统宗教和神话,后来被以"不敬神"的罪名驱逐出雅典——译者注)吗?你是否认为他们胸无点墨,连克拉佐门尼(古希腊在小亚细亚上美丽而繁荣的城邦——译者注)的阿那克萨哥拉的著作中通篇所写的这些理论都不晓得?年轻人只消花费一德拉克玛(雅典的钱币,一米那等于一百德拉克玛——译者注)

□ 月亮女神阿尔忒弥斯　伦勃朗·梵·莱茵　荷兰　1634年

阿尔忒弥斯是宙斯和勒托之女，奥林匹斯十二主神之一。她掌管狩猎，照顾妇女分娩，保护反抗和蔑视爱神的青年男女。她曾与孪生兄阿波罗一起杀死迫害其母的巨蟒皮同以及羞辱其母的尼俄柏及其子女。

便能在市肆买到这些书，而他们却大费周章地向苏格拉底学习那些知识，而如果苏格拉底声称这些近乎荒谬的思想是他自己的，难道不会遭到冷嘲热讽？看在宙斯的分上，美勒托，难道我在你眼里就是一个不信任何神明的人吗？"

"没错，在我看来，你全然不信神明的存在。"

"在我看来，你甚至都不能完全说服自己，美勒托。亲爱的雅典同胞，美勒托这个人甚是倨傲无礼、难以控制。他对我的控诉完全出自他傲慢、狂躁、幼稚的个性。他自导自演，制造了一个谜题，而后自己给出答案：聪明的苏格拉底能否发现我的玩世不恭和自相矛盾，我是否应该欺骗他和世人？这种自相矛盾在宣誓书中表露无遗，它仿佛在叫嚣着：苏格拉底犯有不敬神之罪，而实际上他是相信神明的存在的。这简直无异于开玩笑！

"先生们，请和我一道拆穿他矛盾的骗局。来吧，美勒托，回答我们。先生们，请千万记得我一开始说过的话——在我用我惯常的方式陈述观点时请不要打断我。

"肯定人类活动的客观性却不相信人类的存在，世界上会有这样的人吗，亲爱的美勒托？先生们，请让美勒托自己回答这个问题，不要一再打断我的话。相信饲马活动却不相信马的存在，世界上会有这样的人吗？同样的，会有人相信世界上存在器乐表演却不相信乐师的存在吗？先生们，答案显而易见是否定的，没有人会这样想。美勒托，如果你不愿回答这个问题，我来代替你回答好了，可是下个问题你务必要作答。相信存在超自然活动却不相信存在超自然，世界上有这样的人吗？"

"没有这样的人。"

"谢天谢地，在法律和正义的驱使下你终于说了一句实话。按照你的说法，我相信超自然活动，并且教唆他人也这样做。新旧一概不论，但凡是超自然活动我皆奉若神明,你在宣誓书中如是写道。但是如果我相信超自然活动,我必然无可避免地相信超自然的存在。难道不是这样吗?让我们暂且假设是这样,鉴于你没有回答,我就默认你同意了。超自然指的是诸神或诸神的子女,是这样吗?"

"没错,是这样。"

"既然你也承认我相信超自然的存在,假设超自然指的便是诸神,你在兜圈子、开玩笑这点就可以得到很好的解释了,因为你先是说我不相信诸神而后又指出我其实是相信神明的,原因就在于我相信超自然的存在。一方面,如果超自然的存在是由于诸神与仙女或其他人母私通了,又有谁会不相信世界上存在诸神而相信诸神子女的存在呢?相信这点就如同相信马和驴交媾会生出骡子而不相信马和驴的存在一样荒谬。亲爱的美勒托,你之所以给出这么荒谬的证词,若非为了考验我们的智力,便是由于你找不到可以用来指控我的其他证据了。你无法说服任何人相信这个世界上存在相信超自然却不相信神圣事物的人,即便你的倾诉对象智力再低微,你也无法向任何人证明这个世界上存在既不相信超自然又不相信神明或英雄人物的人。"

□ 森林之神与仙女们　阿道夫·威廉·布格罗
法国　1876年

　　萨堤是希腊神话中的森林之神,一个长有公羊角、腿和尾巴的半人半羊的怪物,它贪色好淫,喜欢玩乐。"四位仙女"代表着人因诱惑而产生的各种各样的欲望,譬如金钱、自由、权利和性等等。

亲爱的雅典同胞,我认为我不需要再发表长篇大论去推翻美勒托指控我犯有不敬神之罪的证词,单单这一点就足够了。另外,想来你们已经发现了我先前所说的都是真的:我被大部分人所忌恨。这种仇恨很可能置我于死地,如果我发生任何不测,那么陷我于悲剧的既不是美勒托也不是阿尼图斯,而是那些人的诽谤和妒忌。很多忠义之士正是死于这种莫须有的中伤和忌恨,而我能预感到另外一出悲剧正在上演。他们对我的丑化没有任何停止的趋势。

可能有人会说:"苏格拉底,你先前的所作所为导致你如今面临着死亡的威胁,对此你难道不感到羞愧吗?"但我会义正辞严地回答他:"先生,如果你认

□ 特洛伊战争

在《荷马史诗·伊利亚特》中，为了争夺当时世上最漂亮的女人海伦，以阿伽门农及阿喀琉斯为首的希腊军队，与以帕里斯及赫克托尔为首的特洛伊城军队进行了长达十年之久的战争。

为男子汉大丈夫会将个人安危置于其所肩负的使命之上，那你便大错特错了；他在履行自己的天命时只会考虑一件事，那就是他做的事情是否正义，他的行为举止是好是坏。"在你们看来，特洛伊之战中死去的英雄都是不足挂齿的小人物，特别是忒提斯的儿子，那个将荣耀看得比自身安危更重的人[1]。在他向赫克托尔复仇前，他的母亲曾劝说过他，言犹在耳："我亲爱的孩子，如果你要为你的战友普特洛克勒斯复仇而杀死赫克托尔，你自己紧接着也会身亡。"听到这话，他的心中沸腾起对死亡和危险的恐惧，而比起自身安危，他更害怕苟活于世却不能为朋友复仇，"那就让我立刻死去吧，"他回答道，"如果我不能让仇家血债血偿，我宁愿去死，也不要徒然坐在这里，成为众人的笑柄、大地之母的负担。"你认为他曾片刻将死亡和危险放在心上过吗？

亲爱的雅典同胞，这就是事情的真相：当一个人处于战略高地或者服从军令安排时，他必须直面敌情，将死亡等风险置之度外，誓死捍卫自身名节。先生们，多年前派来指挥我的将军命我去波提狄亚、安菲波利斯（马其顿斯特里蒙河畔的古希腊城市，靠近爱琴海。作为战略运输中心，安菲波利斯是从爱琴海进入巴尔干半岛东南部的要冲——译者注）和代立昂等地执行军务，尽管危机重重，我却没有弃守阵地；后来，神又召唤我去过一种哲学家的生活，以期对自我和他人进行省察（我相信此神谕是真的），在这种种情境下，如果我由于惧怕死亡或其他危险而背弃使命，那将会被人所深为不齿。如果如此，我被指控犯有不敬神之罪、违抗神谕、惧怕死

---

[1] 参见《伊利亚特》第十八章。

亡、自认为比别人聪明而被带来这里就是一件正义之举了。坦白讲，先生们，惧怕死亡无异于明明不聪明而自诩为聪明、明明不知道某事而假装知道。死亡是否是上天最大的恩赐，这一点没有人可以肯定，而人们对它惧怕至极，仿佛它是世界上最邪恶可憎之事。但是有一点可以肯定，那就是最深切的无知莫过于自认为了解自己并不了解的事。先生们，我很可能正是在这一点上、在这一方面有别于大多数人。如果硬要说我在某一方面比其他所有人都聪明，想来是在于我对死后之事一无所知，我也意识到自己并不具备这种知识。然而，我清楚地知道，做坏事、违抗上级是罪恶而可耻的，对于神明和人类来说皆是如此。对于我不了解的事情，我永远不会惧怕或逃避，不论其为一桩幸事还是一件恶事。假设你们现在推翻阿尼图斯对我的诉状、判我无罪，如阿尼图斯刚才所说，我原本不应该出现在这里，但鉴于我

□ 朱庇特和西蒂斯
让·奥古斯特·多米尼克·安格尔
1811年

《朱庇特和西蒂斯》取材于《荷马史诗·伊利亚特》——一部记述特洛伊战争的希腊史诗。朱庇特即希腊神话中的众神之王宙斯。画中海仙女西蒂斯正在请求宙斯出面干预战争，帮助她的儿子——骁勇善战的阿喀琉斯。

已经在法庭上了，你们就必须对我判刑，因为如果我被判无罪，你们的儿子就会践行我所传授的知识，陷入万劫不复的深渊；如果你们对我说"苏格拉底，我们不相信阿尼图斯；我们宣布你无罪，但前提是你停止查访、不再推行你的哲学假说，如果你冥顽不化、不改前非，等待你的只有一死"，如果必须停止我的哲学事业你们才肯宣布我无罪，我会对你们说："敬爱的雅典市民，我对你们始终心怀感激，并且是你们永远的朋友，但是我所追随的只有宙斯，而非你们中任何一个人，所以，只要我还有一口气在，我就不会停止我的哲学天命，我会继续劝诫世人，对每一个出现在我生命里的人进行教诲：先生，你是一名雅典公民，这座极负盛名的智慧和权力之都的骄子；你们不舍昼夜地追逐财富、名誉和荣耀，却未曾用片刻闲暇的光阴思考该如何拥抱智慧和真理，如何保持灵魂的最佳状态，对此你们难道就不感到羞愧难当么？"如果有人反驳我，称他确乎有思虑过这些事，我会当即留住他不让他离去，然后对他展开问询、考察和测试，一旦我发现

他并不具备他所说的那种美德，我会毫不留情地斥责他，因为他对这世界上最重要的事漠不关心，却对那些微不足道之事费心费力。我会以相同的方式对待所有我遇到的人，不论他是青年人还是老年人，是本地市民还是外地人。而如果我遇到的是你们，我敬爱的雅典市民，我会更加细致谨慎，因为我们的关系更为亲厚。你们须得明白这一点：我所做的都是尊奉上帝的意旨，在我看来，没有比我尽心尽力侍奉神明更能为整座城邦带来福祉的了。我之所以四处游荡，劝说你们所有人放弃对身体或财富的过分关注、转而追寻灵魂的最佳状态，是因为我曾对你们说过："财富并不能够生成美德，而美德却能带来财富及其他方面的幸福，这种幸福不光能够关照个人，还能惠及整个集体[1]。"

如果我这样说会腐蚀年轻一代，那么我的教导必然是有害的，但是如果有人说我的教导不是这样的，他无疑是在胡说八道。亲爱的雅典同胞，这一刻我要对你们说："不论你们是否相信阿尼图斯，是否会判我无罪释放，请听凭你们内心真正的意愿，而我决然不会改变自己的行为，即便我将为此万劫不复。"先生们，请不要打断我，不论我说了什么都请不要感到惊讶，静静聆听就好，这对你们是有好处的，而我下面所要说的事情可能会使你们深感惊诧。但请务必保持冷静。我希望你们能够明白，如果你们将我处死，对你们造成的损失将远远超出对我自己的。美勒托和阿尼图斯都不能对我造成伤害；他们无法伤害我，因为在我看来，一个品行高尚之人不应当被品行恶劣的人所伤害；他们很可能会杀了我，或者将我驱逐、剥夺我的公民权利，在他们和其他人眼中，我这样的人葆有公民身份是极为有害的，而我却不这么认为。在我看来，他们现在的做法无疑会给他们招致更大的祸患，他们竟然会试图不公正地处死别人。雅典同胞们，听我说一句肺腑之言：不论你们怎么想，我现在所做的一切申辩都不是为了我自己，而是为了你们，对我进行惩罚无异于践踏神灵的恩泽，酿成大错；因为如果你们杀了我，你们再也不会找到任何一个像我这样的人。是神指派我来到雅典这座城市的，我知道这听上去有些荒谬，但是不妨让我用一个比喻来解释这一切：雅典就像一匹

---

［1］这句话还可译为："财富并不能够带来美德，而美德却能生成财富，并且为公众和私人皆带来福祉。"

高贵的种马，但它的身形让它稍显迟钝，所以需要一种牛虻来给以刺激。在我看来，神之所以把我派到这座城市，正是为了让我发挥这种效用。这些年来，我都矢志不渝地对你们进行激励、劝诫甚至责骂，而不论你们出现在何时何地。

　　先生们，你们不会再遇到一个像我这样的人，所以如果你们相信我，就一定会宽恕我。由于我总是搅乱人们的清梦，你们很容易对我感到愠怒并开始攻击我；如果你们相信阿尼图斯的话，你们可以很容易就杀死我，而后继续沉睡，直到上天派出另外一位督察员对你们进行关照。许多年来，我蒙受着不被理解的痛苦，抛下一己私事，用尽心血为你们谋利益，像一名父亲或兄长那样关照你们，敦促你们对美德进行思考，你们觉得这符合人的本性吗？如果你们对于我是否是上天赐予这座城市的礼物仍有所怀疑，不妨好好思考下这一点。如果说我通过给世人提供建议获取什么好处，那么我的行为还有一丝合理性，但正如你们亲眼所见，不论控告我的人厚颜无耻地说我犯有何种罪行，有一件事他们决计不敢提：我曾经勒索或收取过报酬，因为他们没有任何证据。然而我却有确凿的证据证明我的清白，那就是——贫穷。

　　我四处游荡，苦口婆心地劝诫世人，帮人们处理私事，然而我却从不参与公民大会或就国家大事向你们提出建议，对此，你们可能会觉得颇为奇怪。事实上，我曾经在很多场合解释过此事，想必你们也有所耳闻。坦白说，我和神及超自然力量存在某种联系，这在美勒托的证词中也有所提及。这从我孩提时代就开始了，它通常以声音的形式出现，每当它出现，我就会忘掉我本来打算做的事，但是它从未怂恿我做过任何事。这就是为何我从不参与公共事务——这个声音适时阻止了我。亲爱的雅典同胞们，请务必明白这一点：如果我很久以前就开始参与国家政务，我可能早就已经夭亡，这对于你我皆是祸患一桩。不要因我道出了真相而愤怒，那些敢于质疑你们及其他群体、竭力消除世间一切不公和违纪德行之士，都几乎无法保全性命。如果想要活下来，哪怕只有短短一瞬，那些忠义之士都必须把自己限制在私人领域中，尽可能远离政治。

　　言语总是苍白的，我会用实际行动向你们证明这一点。仔细听我身上发生的故事，你们就会知道我不会由于惧怕死亡而向任何不法分子妥协，即便我顷刻就会死亡。我要告诉你们的事情再平凡不过，和你们在法庭上无数次耳闻的那些故事并无二致，但是它们是绝对真实的。我除了曾短时间做过议会议员之外，在这座城邦未担任过任何公职。曾几何时，当我们安提尼斯部落掌权的时候，你们提议要就未收回海战阵亡将士的遗体对十位将军进行集体审理[1]，而你们后来也都意识到，这样做是违法的。在当时的执行委员会中，我是唯一一个反对你们进行违法操作的人，并且投下了坚决的反对票。主流势力试图起诉并逮捕我，而你们的声讨使得局势更为恶劣，即便如此，我仍决定坚守使命，依照法律和正义处理这件事，而不能由于惧怕锒铛入狱甚或被判处死刑而姑息你们的不义之举。

当此之时，雅典仍处于民主制政治时期。寡头政治建立后[2]，"三十巨头"召集我和其他四个人去圆厅，指派我们去萨拉米的勒翁家中把他抓来，而后将其处以死刑。他们还向其他许多人发出过此类手谕，目的就在于让尽可能多的人由于负罪感而卷入他们的势力网中。然而，我再一次以实际行动证明，死亡对我来说无足轻重，这样说可能稍显造作，但对我来说，最基本而重要的人生信条乃是绝不犯错或作恶，生死根本不在我的考虑范围之内。无论当局势力多么强悍，我绝不会被胁迫而作恶。离开圆厅以后，被召集的其他四个人径直去往萨拉米捉勒翁，而我却溜回了家。若非这个邪恶政府不久便倒台了，我可能已经为此命丧黄泉。这件事有很多人皆可作证。

设若我多年来忙于公共事务，借助正义的力量伪装出一副好人的面孔，并将其看作最重要的事，我有可能活到现在吗？亲爱的雅典同胞们，这根本毫无可能，对我、对其他人来说都不可能。终我一生，不论是参加公共活动，还是自娱自乐，我都坚守本心，始终如一。我从未支持过任何人作恶，包括那些被恶意称为我的学生的人。我从来没有当过任何人的老师。如果有人在我发表意见时流露出渴慕的神情，不论长幼，我都会毫不吝惜地向其倾诉，但是一旦有人想要付费听我的看法，我则只会沉默不语；我在和别人谈话、交流思想时分文不取。如果有人心甘情愿回答我的问题并且倾听我的看法，我也会毫不畏惧地展开诘问，不论被问的对象是腰缠万贯还是穷困潦倒。而考察这些人行为举止是否端正并不在我的职责范围之内，因为我从未许诺过任何人要教会他们世间的一切，我也没有

---

〔1〕指的是公元前406年发生的阿吉纽西（位于莱斯博斯岛南端）战役，伯罗奔尼撒战争中雅典取得的最后一次胜利之战。暴风使得雅典大将无法对幸存者展开营救。

〔2〕指的是公元前404年雅典被斯巴达彻底击败后建立的残暴的寡头统治。在公元前403年民主制恢复之前，该寡头政治横行9个月之久。

这样做过。如果有人声称他从我这里学到了一些东西，或私下里听到了别人未曾听到过的事情，请务必保持谨慎：这个人在说谎。

为什么有些人喜欢花费大把时光和我待在一起呢？原因想必你们都清楚，我亲爱的雅典同胞，我早已将真相和盘托出。他们喜欢看那些自认为聪明其实头脑并不灵光的人接受盘问，这不失为一件乐事。我方才说过，为了遵循以神谕、托梦和其他神圣天命形式出现的神的旨意，我接受了这项义务。先生们，这个说法是真的，很容易得到证明。

如果说我正在腐蚀某些青年人，并且已对其他人的思想造成了毒害，那在时隔已久的今天，那些随着年龄增长慢慢意识到我当年给出的全是负面建议的人此刻就会出现在这里，对我进行控诉，以期为自己被耽误的青春正名。如果他们不愿意自己抛头露面，他们的父亲、兄弟或其他亲人也一定会记得这些事，就如同他们自己被我伤害过一样。他们中的很多人今天都到场了，首先是克里托，我的伙伴和近邻、克里托布卢的父亲；接下来我看到了斯费图的吕珊尼亚斯，他是埃斯基涅的父亲；凯非索的安提丰，伊壁琴尼的父亲；我的同伴的兄弟也全部在这里；赛奥佐提德之子、赛奥多图的兄弟——尼克斯特拉图也在这里，但是由于赛奥多图已经离世，就没有人会站出来为尼克斯特拉图说话了；得摩多克斯的儿子、赛亚格斯的兄弟帕拉鲁斯也在这儿；此外，我还看到了阿里斯通之子、柏拉图的兄弟阿德曼图；还有阿波罗多洛的兄弟埃安托多鲁也在这里。

到场者人数众多，我无法一一列举，其中很多人，想必美勒托在他的控词中也有所提及。如果他尚未这么做，不妨让他现在放手去做；我有大把的时间可以让他慢慢回忆，提供证据。然而先生们，你们会发现他做不到。这些人来到此处，竟是为了帮助那个腐蚀了他们家人的恶魔洗脱罪嫌——美勒托和阿尼图斯如是说。那些被腐蚀的人前来帮助我尚且说得过去，但是我的魔爪未曾覆盖的人，亦即那些年纪稍长的人，却似乎没有理由对我施以任何援手，除非他们说他们已查清

□ 柏拉图

柏拉图（公元前427年—前347年），人类历史上最伟大的哲学家之一，是所有西方哲学家乃至整个西方文化中最杰出的思想先驱之一。

他和老师苏格拉底、学生亚里士多德并称为"希腊三贤"。他创造和发展了许多经典的概念，包括：柏拉图思想、柏拉图主义、柏拉图式爱情等，他的主要作品为《柏拉图对话录》。

□ 荷马礼赞　让·奥古斯特·多米尼克·安格尔
法国　1827年

古希腊盲人诗人荷马，生于公元前873年。相传记述了古希腊特洛伊战争以及有关海上冒险故事的长篇叙事史诗《伊利亚特》和《奥德赛》是荷马根据民间流传的短歌编写而成。在很长的时间里，《荷马史诗》对整个西方世界的宗教、文化和伦理都产生了极其深远的影响。

美勒托在说谎，我说的才是实话。

很好，先生们。上述这些肺腑之言，以及其他未曾说出口的类似的话，就是我的全部辩词。你们中的某些人可能会回忆起自己的过往——尽管受到的指控不如我的这么严重，但他们在法官面前涕泗横流，哀哀欲绝地恳求，希望能把自己的幼子和其他许多亲朋好友也带到法庭上来，以此换取最大程度的同情和怜悯，然而我却恰好相反，即便生命垂危，我也决计不肯做这种事，念及此处，你们可能会生出对我的深重憎恶。怨愤不已、怒火中烧的你们很可能在投票时感情用事。倘或你们中有这样的人，即便这是我所不愿看到的，但是如果确乎有这样的人，我觉得是时候说出下面这些话了：我亲爱的同胞们，我也有家有室，用荷马的话来说，我不是"橡树中结出的果子或岩石中蹦出的石块"，我的生身父母也只是普通人；亲爱的雅典同胞，我也有家人，我有三个儿子，其中一个已至弱冠之年，而另外两个只是黄口小儿。即便如此，我也不会祈求你们允许我把他们带到法庭上来，从而获得你们的宽恕。为什么我宁死也不愿这么做呢？先生们，这并不是因为我傲慢，或是不够尊敬你们。在死亡面前我是否足够勇敢无畏是另外一回事，但是考虑到我们彼此的声誉以及整座城邦的名誉，我就没有任何理由这样去做了，特别是考虑到我的年岁及声望。且不论其真假与否，人们通常都认为苏格拉底在某些方面比绝大多数人都要优秀。换位思考一下吧，如果你们中公认智力、勇气或其他品德突出的那些人向他人摇尾乞怜，该是多么难堪的一件事啊。然而，我却常常目睹那些还算有头有脸之辈在法庭之上做出这等不可思议之事，仿佛死亡是生命中无法承受之重，又仿佛如果他们被判无罪就能永生不死。我认为这种做法使得这座城邦蒙羞，让其他城邦的人误认为那些才智过人、经历千挑万选才得以挥斥方遒、在其他方面也颇负盛名的雅典人，其实连妇人都不如。我的同胞们啊，但凡你们还有一丝一毫的荣誉感，就决计不可以这样做，而如果我们这样做了，你们也不可以饶恕我们。你们一定要明白，无论是谁在这里上演这一幕幕丑剧，使我们的城邦蒙羞，他都比那些沉默不语的人更容易被定罪。

抛开名誉一事不提，先生们，我不认为通过向法官求情获得无罪释放是正当之举，在这种情况下，应当通过教化和劝诫的手段来为自己正名。之所以设立法庭，并不是为了让法官按照私人关系的亲疏远近来施舍正义，而是要依法做出公正的裁决。我们不会允许你们养成发假誓的习惯，你们当然也不会允许自己这样做。否则的话，我们双方都将成为历史和法律的罪人。

亲爱的雅典同胞们，千万不要指望我以某种非正义、非道德或非虔诚的方式对待你们，尤其是当美勒托在这里控告我不敬神的时候；如果我哀求你们违抗自己神圣的誓言，由此取得你们的信任和谅解，那么我俨然是在教唆你们放弃对诸神的信仰，而我则应在申辩中指责自己犯有不敬神之罪。但是先生们，事实绝非如此，我比那些控诉者们拥有更为虔诚的信仰。这件事就交给你们和神来判断吧，于你们、于我都是最有利的。

法官着手量刑，美勒托请求判处苏格拉底死刑。

亲爱的同胞们，我还有很多证据可以证明我对于你们起诉我一事并不感到愠怒，而发生的一切也并非意料之外。令我颇感惊讶的是双方的票数，我从未料想到，这样一个生死攸关的判决竟可以经由如此之少的票数来作出。按照现在的形势，如果再筹集三十张否决票，我就可以被判无罪了。我想，如果只有美勒托的单方控诉，我现在已经被判无罪了，非但如此，所有人应该都看出来了，如果阿尼图斯和莱孔没有对我进行联名指控，美勒托就得为他没能获得五分之一的赞成票而支付一千德拉克玛的罚款。

美勒托提出用缴纳罚款来代替死刑。来吧，亲爱的同胞们，我应当缴多少罚款呢？很显然，罚款的数量，或者说我要付出的代价应在我的承受范围之内。这些年来，我没有过过一天平静的生活，大多数人所热衷的事，譬如挣钱、成家、官居高位以及结党营私、进行派系斗争等其他政治活动，统统不在我的考虑范围之内。如果我累于这些事，想必早已经命丧黄泉，因为我实在太过耿直。我不想让自己的人生过得于人于己都毫无价值，于是我抓紧一切时间拜访你们，告诉你们如何让人生变得有意义：我劝说你们不要过分看重身外之物，而是应当追寻美德和智慧；不要无休止地聚财敛财，而应当多关注我们所生活的这座城市本身，以及其他有内在价值的事情。我的付出应当得到怎样的回报呢？先生们，如果一定要衡量这种回报，我想我需要某种丰厚而不失体面的奖励。对于一个用尽毕生心血对世人进行劝诫而自身过着穷困潦倒生活的施恩者，什么样的回报才是恰当的呢？我觉得没有比由城市公共会堂[1]（引申为城邦）包办他的生活更合适的了，比起驾两匹马或四匹马所拉的赛车在奥林匹亚赛会上拔得头筹的胜利者来说，他更值得这种恩典。赛会胜利者给你们带来的快乐流于表面；而我为你们谋得的福祉却是实实在在的。此外，他们并不用为生计发愁，我却连下一顿吃什么都没有着落。因此，如果要我衡量何等样的回报才是公正恰当的，我会说：不妨由国家出钱养我、包办我的人生吧。

我这样说可能会让你们觉得我倨傲无礼，就像我曾说过，我决计不会用眼泪和哀求来博取任何人的同情；但是我亲爱的同胞啊，事实并非如此，我如何会是个刚愎自用的傲慢之人呢。我可以很确定地说，我从来没有故意伤害过任何人，然而我无法保证你们会相信这一点，因为留给我们交谈的时间捉襟见肘。如果你们能多花费数日时光来思索对我的审判，一如其他地方那样，你们就会相信我了，然而在短时间内消弭对我的流言蜚语却并非易事。既然我很确定我从来没有害过任何人，我也绝无可能加害我自己，说自己活该罹难这样的浑话或是认为自己该当受罚，那么我还有什么好害怕的呢？害怕美勒托建议的那种惩罚吗？我说过，我不知道死亡究竟是好事还是坏事。要我选择另外一件恶事来代替被处死吗？监禁？我为什么要在牢狱中度过我的余生，忍受十一门徒般凶神恶煞的狱卒对我指手画脚？罚款加监禁，直至我交清罚款？那对我来说并没有什么不同，因为我连一个铜子都拿不出来。被流放？你们也许会接受这种偿债方式吧。

先生们，由于热爱生活，我必定会竭力提出这样的建议。我的同胞们，我眼睛并不瞎，还不至于看不到你们对我的讨论和谈话的容忍度已经到了极限。你们

---

[1] 城市公共会堂指的是执政者的会堂或是市政厅，通常在那里会举办公共娱乐活动，其中最为引人注目的莫过于为庆祝奥林匹亚盛会得胜者凯旋所举行的盛典。

认为这种事情太令人厌恶和恼火，你们正在试图把它消灭掉。还有其他人能比较容易地容忍这种事吗？好像不太会有了，先生们。对于我这把年纪的人来说，被流放、过着居无定所的生活其实是很快乐的，因为我非常清楚，不论我去哪儿，都会有不计其数的年轻人追随我、倾听我，一如这儿的雅典青年所做的那般。如果我撵走他们，他们就会劝说他们的长辈驱逐我；而如果我不赶他们走，他们的父亲和其他亲人就会为了这些青年而撵走我。

也许有人会说：苏格拉底啊，难道你离开了我们就不能平静地生活、不再四处游说了吗？想劝说你们所有人都相信这一点对我来说最为困难。如果我说我不可能保持缄默，因为那是对神明的背弃，想来你们是不会相信的，反而会认为我在对你们冷嘲热讽。另一方面，如果我说一个人最佳的生活方式就是每天都讨论美德，以及我常年挂在嘴边并用以自省、思他的事情，你们更加不会相信了。

先生们，我说的句句属实，然而要你们相信却没那么容易。还有一事不得不说，那就是我认为我不应该缴纳任何罚款。但凡我有任何积蓄，我都会好好估量我能承担得起的罚款的数额，以使自己免受伤害；但不幸的是，我身无分文，除非你们同意将罚款的金额定在我能支付得起的额度内，我或许可以支付一米那[1]。我提议缴纳一米那作为处罚。

亲爱的雅典同胞，柏拉图、克里托、克里托多洛和阿波罗多洛提议我支付三十米那作为罚金，并由他们来为我做担保。就是这样了，我提议将罚金定为三十米那，并由这些好好先生为我做担保。

法官进行新一轮投票，宣判苏格拉底死刑。

同胞们，过不了多久你们就会因为处死了智者苏格拉底而背上骂名，并遭受内心的谴责，因为那些居心叵测之人会说我是个绝顶聪明的人，即便我实际上并不聪明。倘若你们有耐性再等待片刻，就不难看到这种景象了。这把年纪的我，早已垂垂老矣，濒临死亡。我这话并非说给你们所有人听，而是说给那些投票判

---

[1] 一米那相当于一百德拉克玛。在公元5世纪末，工人的日均收入约为一德拉克玛。一米那是一笔不小的金额。

处我死刑的人听，我还有话要对这些人说：你们或许认为我因为没有提供足够的证据才被处死，而我本来可以尽我所能把能说的都说出来、能做的都兑现，以求得你们的无罪宣判。但是真相远非如此。我之所以被判刑，不是因为我的言辞不够有力，而是因为我做不到那么厚颜无耻，说不出那些你们渴望从我这里听到的话。我也不会痛哭流涕、苦苦哀求你们给我一条生路，或是说一些、做一些你们喜闻乐见可是在我看来却毫无意义的事情。即便危机当头，我也不允许自己做此等卑劣之事，我也不后悔做出这种申辩。我宁可为我的诚实去死，也不愿做出虚假的辩护以求苟活于世。不论是在法庭上还是在战场上，一个人都不应当做出不知廉耻之事，在这世上苟延残喘。诚然，在战场上，一个人可以通过丢盔弃甲、缴械投降来免于一死，在面临其他险境时，他也可以用尽手段保全性命，只要他敢说敢做。先生们，逃避死亡并不难；真正难的是逃避罪恶，因为它比死亡来得更为迅猛。尽管我年事已高，行动迟缓，我却只消承受死亡的痛苦，而控告我的那些年轻气盛、聪明伶俐之人却将被罪恶所折磨。鉴于你们判处了我死刑，我一离开这个法庭就将受死，但是他们离开时要接受的却是正义和真理的审判——因为他们犯了邪恶、不公之罪。因此，我对这个判决坦然接受，一如他们安心接受对自身的判决。料想事情会这般发生，也不失为一个好结果。

　　至此，我想为你们这些投票判我死刑的人作些预言，因为我即将奔赴黄泉，而人在将死之时最可感知天命。你们中投票判我死刑的人，请听好：在我死后不久，复仇就会应验，你们将承受比杀死我痛苦得多的惩罚。在你们看来，只要处死了我，你们的罪恶就能得到宽恕，但是我要说，结果恰好相反。会有更多人前来拷问你们，而我不能说出这些复仇者是谁，你们也无从发现。他们会更加难以对付，因为他们更加年轻，因而你们对他们的恨会更加强烈。如果你们认为通过滥杀无辜就能免受对自身行为不当的责罚，那就大错特错了。想要逃避这种考验绝无可能，也有失公平，最好也最简便的做法就是保持自身行为举止端正，而非随意怀疑污蔑他人。这就是我对你们所作的最后预言。

　　能够和投票判我无罪的同胞讨论所发生的一切，我感到很快乐，而鉴于法官们此时忙作一团无暇顾及我，我不必急着赶赴刑场。先生们，和我再待一会儿吧，因为没有什么可以阻止我们对彼此倾诉衷肠。我最亲爱的朋友们，我想告诉你们所发生的这一切究竟有何意味。法官大人，有一件不同寻常的事发生了——请允许我这样称呼你们，因为你们配得上这个称号——这么多年来，那种通灵的力量始终伴随在我身边,如果我将要做什么错事,哪怕过失再小,它都会出现,对我加以阻止;但是现在,如你们所见,我陷入了绝大多数人公认的险境,可是那熟悉而神圣的警告却并没有出现,一次都没有,无论是今天早上我离开家的时候,还是我来到这个法庭上的时候,抑或是在我讲话的任何时刻,它都没有现身。以往我讲话时经常会出现这种告诫,但是这一次,它没有对我说的任何一句话、做的任何一件事进行过任何阻拦。对此我该作何解释呢?请听我慢慢道来。我身上发生的事算不得什么坏事,你们中认为死亡是一种罪恶的人终究是错了。对此,我有充足的证据:如果我要做的事情不是一件好事,那熟悉的神谕肯定早就出来对我进行阻挠了。

不妨让我们这样来思考这件事,死亡很可能是神祇的一种恩赐,它是一体两面的:死去的人并不是就此不复存在、对万事万物都没有了任何感应,它不过意味着灵魂从一个地方转移到了另一处所在,不过是一种改变和重置。如果死亡意味着感官的彻底消亡,仿佛陷入无梦的困意中,那么死亡反而是一种奇妙的收获。倘若把一个人一生中睡得最为香甜、梦都未曾做过一个的夜晚挑出来,再将他度过的全部夜晚细算出来,然后加以对比,看看究竟有多少个夜晚会比那个无梦的酣睡之夜更为美好愉悦,我想即便是一国之君也会发现那实在是屈指可数。普通人更为如此。如果这就是死亡,那它实在不失为幸事一桩,因为所谓永恒也不过是短短一夜而已。另一方面,如果死亡就是将灵魂从一个地方转移到另一个地方,如果我们所闻皆是真的,所有死去的人都在同一个地方,那么这世界上还有比死亡更盛大的幸福可言吗,亲爱的法官大人?一个人死后,灵魂进入另一个世界——一个没有伪善的法官的地方,他将在那里见到米诺斯、拉达曼提斯、埃阿克斯、特里普托勒

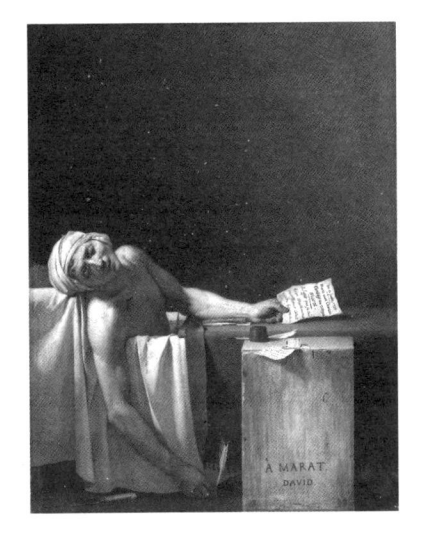

□ 马拉之死　雅克·路易·大卫　法国 1793年

1793年7月13日夜晚,法国大革命激进派的代表人物保尔·马拉遇刺身亡。国民大会上,有人呼吁画家雅克·路易·大卫拿起画笔为马拉报仇,大卫于是接受这一任务,画下了这幅名作——《马拉之死》。画中人物被仁慈、正直和无私的爱国情怀所美化,如同有着耶稣般的感召力,那平静刚毅的神情似乎表明马拉并没有死。画家塑造了一位虽死犹生的英雄。

□ 奥德修斯和塞壬
赫伯特·詹姆斯·德拉波　英国

奥德修斯又名俄底修斯，是古希腊神话中一位智勇双全的国王，巧设木马计攻打下了特洛伊城。在回家的途中，他抵御住了海妖塞壬动人魂魄的歌声，克服了重重阻碍。十年后，他终于回到家乡和亲人团聚。

摩斯以及其他半神等真正的法官，这些人生前皆是正直之士，死后也铁面无私地扮演着判官的角色，这种情景怎不叫人扼腕叹息！如果你们中有人有机会见到奥菲斯和穆塞乌斯、赫西奥德（一位古希腊诗人，代表作：《工作与时日》《赫拉克勒在盾》《神谱》。他的作品是研究希腊神话、古希腊农业技术和天文学的重要文献——译者注）和荷马，又将是何其有幸啊！倘若这是真的，我情愿万死不辞。如果我能见到帕拉莫德斯、忒拉蒙之子埃阿斯以及其他古代人物，想来必定十分有趣，因为这些人都是因为审判不公被处死的。这一定会是一段无比美妙的旅程。更为重要的是，我还可以继续对那里的人进行考察和探索，一如我在这里时所做的那般，以发现谁是他们中真正聪明的，谁又是并不聪明却自诩为机智的。

敬爱的法官大人，如果有机会探访统帅大军征讨特洛伊的首领奥德修斯、西叙福斯或者世人所能想到的其他芸芸众生，会有任何人选择放弃吗？和他们谈话、做伴甚至争论实乃一种无与伦比的幸福。他们无论如何不会因为这样的行为处死一个人。如果人们说的是真的，那么他们在其他很多方面都比我们活着的人要幸福多了，而且他们在死后方获得永生。

尊敬的法官大人，请一定不要把死亡想象成多么可怕的事，同时，也请你们牢记：不论生前还是死后，一个好人都不会受到玷污，他已经取得的功勋和未竟的事业也不会被神明所忽略。我身上发生的种种事情都绝非偶然，而我清楚地明白，死亡对我来说才是最好的选择，如此我才能摆脱尘世的所有烦忧。这就是为什么直至此刻那曾经无比熟悉的神明感应都没有出现。对于判我死刑以及控告我的人，我没有任何怨恨。很显然，他们在控告我、判我死刑的时候并未怀着这样的目的，但是他们无疑知道这对我会是莫大的伤害，为此他们应当遭受谴责。我还有话想要对他们说：我的儿子长大后如果向你们复仇，像我一样给你们带来了伤痛，如果他们是为了钱或其他什么东西而全然不顾道德，或者他们自认为自己很优秀而其实一无所长，请不要犹豫，像我责备他们那样狠狠地斥责他们吧，因为他们不但不明白何为美德正义，而且还狂妄自大、目中无人。如果你们肯这样做，我和我的儿子们也算得到你们公正的对待了。

　　到了该分别的时刻了。我去死，而你们活下去。我们中谁的结局会更幸福呢？我想只有神才知道。

克里托篇

　　如《斐多篇》开篇所提及的,审判结束一个月后苏格拉底才被执行死刑。在他被行刑的前一天,雅典国家美术馆派出船只前往提洛岛(希腊基克拉泽斯群岛上最小的岛屿之一。该岛建立了以雅典为首的提洛同盟,曾为希腊各城邦同盟的总部和财库所在地,古代爱琴海的宗教、政治及商业中心——译者注)执行一年一度的宗教任务,在此期间不得对犯人行刑。克里托(苏格拉底的挚友、学生,雅典城邦里一位有权势的富翁,仰慕和钦佩苏格拉底的学识——译者注)前来告诉苏格拉底船只预计第二天抵达,并试图尽最后一次努力劝说苏格拉底允许自己和朋友们通过贿赂狱卒、将他转移至雅典法律无法管辖的地方来营救他。克里托指出,绝大多数雅典市民都希望他和他的朋友能够挽救苏格拉底的性命,除非他们(不知羞耻地)将生命看得比朋友更重要。然而苏格拉底拒绝了克里托的提议。在苏格拉底看来,通过这种方法得以脱逃是全然不公正的。

　　克里托对其营救计划的叙述以及苏格拉底拒绝的言辞都是十分混乱的——也许这正吻合当时主人公内心的压抑和躁动。克里托劝说苏格拉底,如果他不接受自己和朋友们冒着极大的风险去营救他,克里托自己和朋友们的名誉将受到损害,同时,克里托还小心翼翼地提议苏格拉底将经济损失降至最低。但是令克里托难堪的是,苏格拉底宽慰克里托完全不必担心名誉,也不要去理会经济损失。接着,克里托对苏格拉底说,他待在这里是有违正义的,这会使亲者痛仇者快,使他和他的朋友、儿子受到伤害;如果他选择乖乖受死,他的幼子将承受巨大的丧父之痛;苏格拉底不应该允许他所视若珍宝的东西受到外界的丝毫破坏,包括哲学以及他和他的朋友们(从某种意义上来说)所致力的哲学事业。从他们的对话中,我们听到了希腊第一共和国时期的玻勒马霍斯提出的那句经典名言——正义意味着为朋友两肋插刀、共同抵御并摧残仇敌(但是克里托未曾提及对仇敌进行迫害,他仅仅想推翻审判、救出苏格拉底)。至于幼子,苏格拉底说,比起逃狱、过上流放的生活,他们在他死后会过得一样快乐,或者得到更好的照料。但是颇具讽刺意味的是，在和克里托争论的后期，苏格拉底坦然接受了他的死亡，这就意味着他并未将克里托关于不公正的论述放在心上。究其原因，部分是因为克里托混乱不清的表述。

对家人和朋友们有关公正的看法，苏格拉底不为所动；相反，他表示自己只忠于公民正义的准则，这是他作为一个公民对其他雅典市民和雅典的法律体系所要承担的义务。他声称，在城邦法律的约束下，一个人享受到了法律所带来的诸多福祉，那么作为法律的附属物，他也必须遵循法律，按法律的要求行事，违反法律甚至比违抗自己的父母更不为人所接受。违抗法律无异于复仇——以恶报恶，因为受到了不公正的待遇所以做出同等不法的行为——而复仇无论在何时何境都是不公正的。但是如果他选择逃亡呢，不是出于复仇的不当精神，而是为了避免不公正的审判对他自己、他的朋友和他的家人造成的恶劣后果？苏格拉底仿佛意识到了这个漏洞，因此他还对原有的社会契约的想法做出了补充——在他看来，此等"契约"是法律（或城邦）与公民之间订立的，而不是公民之间私定的——从这个角度来说，在他被雅典法庭宣判死刑、剥夺所有法律诉求之后，他必须遵循法律的判决，接受死刑，以此来完成他对法律的隐性承诺。

苏格拉底的立场是明确的，作为一名为公民道德价值奔走呼号的公众人物，他终生致力于为雅典人民带来光荣和福祉，不论是在他生前还是死后。但是，由于克里托对私人领域内的公正缺乏认知，本段对话旨在启发读者在苏格拉底思想的基础上对公正一事展开更为深度的思考。苏格拉底之所以选择留在原地坦然赴死，是否只因受到了公正的召唤？

J. M. C.

苏格拉底：克里托，你为何此时现身？现在天色甚早。

克里托：的确。

苏格拉底：确切说来是何时呢？

克里托：才刚破晓。

苏格拉底：我没有想到狱卒会放你进来。

克里托：因为经常出入于此，狱卒已颇为了解我，苏格拉底先生。另外，我给了他小小恩惠。

苏格拉底：你是刚刚才到吗？

克里托：不，已经有一会儿了。

苏格拉底：那么你为什么不直接叫醒我，而是坐在那里一言不发呢？

克里托：您问我为什么？先生，我也不想这般清醒而悲伤。但是看到您安然熟睡，我不禁陷入了沉思，所以未曾叫醒您。我希望您免于苦痛的折磨。在我眼里，您平静的性情里总是洋溢着快乐，然而我从未见过任何一个人像您这样，在罹难面前也表现得如此从容而愉悦。

苏格拉底：你为什么会这么想呢，克里托？像我这般年纪的人，对于终将到来的一死不应有任何怨言。

□ 昼 米开朗基罗 意大利

（苏格拉底）好像刚刚从睡梦中惊醒，他的左手在背后支撑着身体，眼睛圆睁着，正越过自己的肩头向前方凝视着。

克里托：然而很多遭受同样不幸的人并未因老之将至而停止抱怨。

苏格拉底：或许吧。你还没有回答我你为何来得这般早。

克里托：我有一则沉重的消息，您及您所有的朋友听后都会感到悲伤，而其中最为悲伤的莫过于您的学生我了。

苏格拉底：什么！莫不是提洛岛已派出行刑的船只？

克里托：不，船只尚未抵达，但我

猜它多半今天就会到，因为索尼昂的人告诉我刽子手已经动身了。所以先生，明天就将是您生命的最后一天。

苏格拉底：很好，我忠诚的克里托。如果这是宙斯的旨意，我会坦然接受。但我认为那艘船会延后一天到。

克里托：您为什么这样想？

苏格拉底：听我慢慢道来。是否那条船一到，我就将被处以死刑？

克里托：是的，执政者们是这样说的。

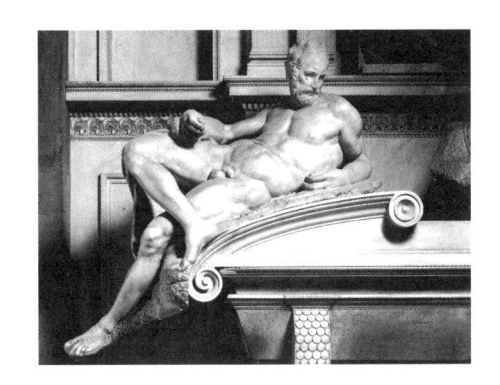

□ 暮　米开朗基罗　意大利

狱中的苏格拉底松弛的肌肉无力地下垂着，平静地思考着，又或许是因苦闷而在发呆。

苏格拉底：可我觉得船明天才会到，而非今天。昨夜，我在梦中得知此事，不，确切说来是在刚刚。你没有叫醒我是对的。

克里托：您梦到了什么？

苏格拉底：我梦到一位身着圣洁白衣的优雅妇人向我走来，告诉我说："苏格拉底，三天后，你将来到乐土弗提亚[1]。"

克里托：这实在难以置信，先生！

苏格拉底：可我想这其中的意味不言而喻，克里托。

克里托：是的，其含义再明显不过。但是，哦，伟大的神明！我挚爱的苏格拉底先生，请允许我再次恳求您接受我的建议，逃离此地吧。如果您死去，我不但会痛失一位无可取替的朋友，还会成为千古罪人：不熟识你我的人会认为倘或我肯出钱，我是可以挽救您的性命的，而我却见死不救。将金钱看得比朋友的生

---

〔1〕引用自《伊利亚特》。为了让阿喀琉斯重返战场，阿伽门农献上了厚礼，然而阿喀琉斯全部予以拒绝并且扬言要回家。他说他的船只早上就会出发，假若天气良好的话，第三天就能抵达"富饶的乐土弗提亚"（他的家乡）。这个梦意味着在苏格拉底死后，他的灵魂将在第三天归至他的故土（根据雅典历法，该季度的最初和最后一天皆算在内）。

命还要重要，还有什么比这更可鄙的呢？大部分人肯定不会相信我曾不遗余力地劝你离开，只是你拒绝逃离。

苏格拉底：天啊，我亲爱的克里托，我们为什么要过分在意大多数人想什么呢？我们应该关注的是那些拥有理智的人，他们会相信我们所做的一切的。

克里托：苏格拉底，您要明白，一个人必须在意大多数人的意见。您现在的情形充分说明：如果一个人受到了诽谤中伤，那么大多数人的意见将招致最为惨痛的结果。

苏格拉底：假设大多数人拥有无尽作恶的本领，他们也将有同等的能力行善，如果是这样的话，那就再好不过了，但是他们现在什么都不能做。他们既不能使一个人变得聪明些，也不可能使他们变得更加愚蠢，他们的所作所为皆是随意的、无章可循的。

克里托：或许如此吧。但是，请告诉我，苏格拉底，您是否认为，如果您逃跑的话，那些通风报信的人会找我和您其他朋友的麻烦，称是我们将您掳走的；此外，我们将被没收全部个人财产，或是缴纳巨额罚金，同时还将遭受其他惩罚？您完全无须顾虑这些。我们有充足的理由来冒险救您，如果有必要的话，我们甘愿承受更大的风险。请接受我的劝告吧，不要再这般固执了。

苏格拉底：不瞒你说，克里托，我的确担心会给你们带来上述甚至更多的麻烦。

克里托：您完全没必要顾虑这些。救您逃离这里并不需要花费多少金钱。此外，难道您没有发现，那些通风报信的人很容易被收买，应付他们无需多少花销。我想我的钱还是够用的，完全能够应付得来。从友情的角度考虑，如果您觉得这笔钱不应该由我来出，那么会有陌生人承担全部的费用：其中一位就是来自

□ 梦境中的贵妇人（夜）
让·莱昂·杰罗姆　法国
1850—1855年

希腊神话中，睡神修普诺斯是黑夜女神尼克斯的儿子，他和帕西提亚生有三个儿子——墨菲斯、福柏托尔和樊塔萨斯。这三个儿子都是梦神，而梦神墨菲斯拥有改变梦境的能力。

底比斯的西米亚斯，他为了救您做足了金钱方面的准备。愿意为您一掷千金的还包括赛贝斯和其他人。所以，请不要有任何钱财方面的顾虑，也不要被您在法庭上所做的申辩所束缚住，担心如果自己离开雅典将无所适从。您不知道，有很多城邦都在盛情等待您的到来。如果您想去塞萨利（塞萨利位于希腊中部偏北，在北部与中马其顿接壤，在西部与西马其顿和伊庇鲁斯接壤，东部是爱琴海。古希腊神话中，这是宙斯和第二代神王交战、争夺宇宙统治权并获胜的地方——编者注），我会让朋友们热烈欢迎您，确保您的安全，在那里，没有人会伤害您。

此外，苏格拉底，我不认为您现在做的是对的——您明明可以活下去却要选择死亡，那些虎视眈眈的敌人盼望您早早向命运投降，从而彻底毁灭您，而您无疑正在一步步落入他们的圈套。更让人难以接受的是，您的死亡以及您放弃陪伴在孩子左右，无疑是对他们的背叛——您明明可以照料他们长大，给他们最好的教育；可您现在俨然完全不关心他们的命运将会如何，他们很可能会成为孤儿。一个人要么不要孩子，要么就好好陪在他们身边，给他们最好的抚养和教育。在我眼里，您就是个逃兵，您没有像其他正直勇敢的人那样肩负起重任，可您分明口口声声说自己将终生坚守美德。

我替您自己和您的朋友们感到羞愧，这种种不幸的发生似乎都是由于我们太过怯懦：您受传唤去了法庭，而其实那样做是没有必要的；接着您在法庭上做出申辩；最后，事情以如此荒诞的形式收尾。这一切的一切，似乎都是由于我们胆小怕事，错失了营救你的机会，但事实上，只要我们还有点用，我们就能把您救出去。好好想一想吧，我亲爱的朋友，这对你我而言不但是一种罪恶，更是一种耻辱。好好考虑考虑吧，时间稍纵即逝，到时您的选择就由不得自己了，错过了也就不会再有机会了，因为这一切的一切都将在今晚落下帷幕。耽搁了的话，您将不会再有生还的机会；别让一切变得太迟。我用尽万般理由恳求您，苏格拉底，请不要再固执己见了。

苏格拉底：我亲爱的克里托，如果你的热切是出于正义的话那就再好不过了；如果不是的话，你的态度越恳切，一切就越难处理。从这个角度而言，我们必须仔细反省一下自己是否应该这样行事，因为不论是现在还是其他时刻，我都会审慎思考后做出最好的选择。既然命数已定，我就不能抛弃我旧有的那套思维；对我而言它们从来没有变过。我和从前一样珍惜和尊重那些原则，如果我们此刻提不出更好的论断，我就不会同意你的看法，即便大多数人的力量会加深

□ 美第奇家族陵墓的夜与晨　米开朗基罗　意大利

美第奇家族陵墓和雕塑作品是米开朗基罗纪念碑式的杰作，这些人物形象被赋予了特殊的寓意，具有强烈的不稳定感，象征着光阴的流逝，也代表着受时辰支配的生与死的命运。

我们的恐惧，仿佛我们是孩童那般，惧怕着监禁、刑罚以及财产被没收。我们究竟该如何合理地思考这个问题呢？是否应该从你关于民众意见的看法这个角度入手，不论在任何场合，我们都应该对某些意见予以接受，而对其他意见视而不见？还是说，在我死之前我们暂且可以这样认为？然而现在摆在眼前的事实是：这种说法其实徒劳无功，只是一种戏谑般的胡说八道，是这样吗？克里托，我非常乐于和你一同探索。

从常理而言，死亡并不会于明天降临到你身上，因此现在的种种不幸并不会让你误入歧途。想一想：相比于全盘接受人类所能提出的意见，我们是否应该有所取舍，接受其中一部分意见而否定另一部分？相比于接受全部人的意见，我们应该接受其中一部分人的意见而忽略另外一部分人的吧，难道你不这么认为吗？对此你怎么看？这样说难道不对吗？

克里托：不，这样说恰如其分。

苏格拉底：一个人应该尊重良好中肯的意见，而忽略不好的那些，是这样吗？

克里托：诚然如此。

苏格拉底：好的意见是由智者提出来的，而坏意见是愚蠢的人创造出来的？

克里托：毋庸置疑。

苏格拉底：很好，那么下面这个观点你是如何理解的：一个专心于锻炼体格的人应该对所有人的赞扬、责备和其他意见予以聆听，还是仅仅听取医生或教练一个人的观点？

克里托：仅仅听取医生或教练一个人的意见。

苏格拉底：这样说来，他应该非常惧怕受到责备，而对那个特定人的表扬感到异常喜悦，对其他人的种种看法不予理睬，是这样吗？

克里托：丝毫不错。

苏格拉底：他的举止、体能锻炼和日常饮食都应该服从教练或另外一名专业人士的正确指示，而不是按照其他任何人的想法去执行，对吗？

克里托：是这样的。

苏格拉底：很好。如果他违背了这位专业人士的意愿，无视他的想法甚至是表扬鼓励，却看重那些对情况一无所知的人的意见，他难道不会承受损失吗？

克里托：他会承受很大的损失。

苏格拉底：那会是什么样的损失呢？这种损失从何而来？又会对违抗命令的人的哪一方面造成损失呢？

克里托：答案显而易见，受到损害的会是他的身体。

苏格拉底：你说的很对。在这些方面以及其他事情上暂且不一一列举，在我们目前讨论的所有或公正或不公正、或令人敬佩或令人不齿、或好或坏的行为中，我们是该遵循大多数人的意见，还是畏惧他们的想法，而去接受某一个人的意见？如果确乎存在这样一个人，他拥有对这些事情的绝对正确的见解，在他面前我们感到最为畏惧和尊敬，如果我们不服从他的指示，那个经由正确的行为得以改善却覆灭于错误行为的自身某一部分就会遭到伤害和破坏，或者说这些话根本是胡说八道？

克里托：不，我认同这些话，亲爱的苏格拉底。

苏格拉底：那如果我们现在违背有识之士的意见，伤害了某个须由健康来维持而被疾病危害的部分，活着是否还有任何价值？这一部分指的就是我们的身体啊，难道不是吗？

克里托：没错，是这样的。

苏格拉底：如果那个会被公正的行为滋润而被不公正的行为所破坏的部分遭到了破坏，生命是否还有任何价值？还是在我们看来，那个与行为的公正与否密切相关的部分的重要性不敌身体？

克里托：绝非如此。

苏格拉底：那也就是说，这个部分更加珍贵吗？

克里托：珍贵得多。

苏格拉底：我们不应该关注绝大多数人是如何议论我们的，我们要关心的是那个对公正拥有着深刻理解的人是如何看待我们的，那个人也就是真理的化身。

从这个意义上讲，你认为在思虑何为公平、美好和正义时应当关注大多数人的想法这一论断，从一开始就是错的。诚然，有人会说：大多数人的意见足以让你们走上断头台。

克里托：这太显而易见了，我亲爱的苏格拉底，肯定会有人这样说。

苏格拉底：我敬爱的朋友，在我看来，我们刚刚讨论的这一想法并没有发生改变。让我们接着思考下一个问题吧，看看它是否同样未曾动摇：活着不是最重要的，活得好才是最重要的。

克里托：这个想法也是始终如一的。

苏格拉底：活得好与活得高尚、坦荡并无二致；这个想法依然成立，是这样吗？

克里托：它仍然成立。

苏格拉底：撇开上述共识不谈，我们接下去必须要讨论的是，在雅典人并没有对我无罪开释的情况下我离开这里是否是正当的。如果它是正当的，我们自当尽力去做；如若不然，我们最好还是打消这个念头吧。至于你刚刚所说的金钱、名誉和抚养孩子的问题，克里托，那并不是我们应该思考的，而是那些不假思索就能置人于死地或让人重生的人应当忧虑的；没错，我指的就是绝大多数人。既然谈及此事，对现在的我们而言，唯一该当思虑的就是我们通过给那些通风报信之人送礼并对他们心怀感激而得以逃离这里的行为是否正当，或者说，如果我们这么做了，我们是否会成为正义和法律的罪人。如果这么做是不正当的，比起做出不当的行为，我们根本无须考虑我们是该留在此地、静待死亡，还是选择另一种方式承受这一切。

克里托：我认为你的想法太过天真，我亲爱的苏格拉底，还是让我们想一想到底应该怎么做吧。

苏格拉底：让我们一起来思考一下这个问题吧，我亲爱的朋友。在我说话的时候如果你有任何反对意见，请直言不讳地说出来，我会好好聆听的；但是如果你没有什么好反驳的，我亲爱的克里托，请你不要再反复劝告我冒天下之大不韪离开此地。在我看来，比起我的生死，把你劝服、让你不要违背真实意愿行事才是最重要的。请思考下我们论述的出发点是否表述得当，并以你认为最佳的方式来回答我的问题吧。

克里托：我会尽力的。

苏格拉底：一个人无论如何都不得主动作恶，还是说一个人可以通过某种方式做坏事？作恶是否永远都是坏的、不值得提倡的，一如我们过去所达成的共识那般，还是说，过去数日来，我们先前所取得的一致意见全部被推翻重来了？我们是否留意到，对于我们这般年纪的人来说，在进行激烈的讨论时其实和小孩子并无二致？综上，无论大多数人同意与否，无论境况会变得比现在好些还是更加难以忍受，事实是否一如我们从前所想，从未发生改变：对作恶者而言，作恶从任何角度而言都是有害而可鄙的。我们是不是这样认为的？

克里托：没错，我们是这样以为的。

苏格拉底：所以一个人无论如何都不能作恶。

克里托：没错。

苏格拉底：即便受了委屈，一个人也不得报复他人，因为一如大多数人所认为的那般，人在任何情况下都不能作恶。

克里托：情况似乎是这样的。

苏格拉底：那么，一个人是否可以虐待别人呢，我亲爱的克里托？

克里托：无论如何都不可以。

苏格拉底：很好。那么，如果一个受到了虐待的人转而去虐待他人，这种行为在大众看来是正确的还是错误的？

克里托：当然是错误的。

苏格拉底：虐待别人和作恶本质上是一样的，是这样吗？

克里托：没错。

苏格拉底：不论受到多大的委屈和错待，任何人都不应当出于报复心理而去作恶或是虐待那个错误地对待他的人。克里托，我始终不明白，你为何不同意这一点，这和你的信仰是相违背的啊。因为就现在而言，只有少部分人持有这种观点，或者在将来会这么想，而在那些对这一观点持赞同和反对意见的人之间并没有任何共同的基础，可是他们彼此仇视，仿佛命中注定那般。那么请你仔细想一想，我们两个的想法是否一致，对此观点你是否同意？然后请你在此基础上展开思考，是否从不作恶、从不以恶报恶永远是正确的，还是说我们应当以彼之道还施彼身？抑或你并不同意这种看法，并不同意将之视作讨论的立足点？我长久以来都持有这种看法，并将继续我的信仰，但是如果你另有他想，请现在告诉我。如果你坚持前述看法，那么请继续听我说。

克里托：我坚持之前的看法，同意你的观点。所以请继续。

苏格拉底：在开始接下去的论述前，我需要问你：当一个人和另外一个人达成了某项公正的协议时，他应该全力实现还是采取欺骗手段？

克里托：应该尽力实现。

苏格拉底：照此来看，如果我们未征得城邦的许可而擅离此处，我们难道不是在错误地对待那些我们最不该错待的人吗？在这种情况下，我们是否可以说自己在坚守这项公正的协议？

克里托：我无法回答你的问题，苏格拉底。我没有头绪。

苏格拉底：不妨这样来思考这个问题。如果正当我们计划逃跑之际——随便别人怎么叫吧，逃生也好，逃亡也好，法律和国家代表突然来到我们面前诘问我们："告诉我，苏格拉底，你到底想做什么？你这样的行为，难道不是在践踏我们，践踏法律以及整座城邦？还是在你看来，即便法庭的判决被推翻、失去效力，被个人玩弄于股掌之间，这整个国家也不会遭受灭顶之灾？"对于这样的提问和其他相似的问题，我们应该如何作答？对此我们可以做出种种解释，尤其是舌灿莲花的演说家更可以抗议说判决一旦颁布就当予以执行，但是这个裁决业已失效。我们是否可以回答说："我受到了城邦的冤枉，它所做的决定是错误的。"我们是否可以这样说，还是有别的话可以辩驳？

克里托：我对天起誓，亲爱的苏格拉底，这就是我们的答案。

苏格拉底：那如果法律告诉我们："这是你我之间的协议吗，苏格拉底？抑或这是对城邦所作出的判决的尊重？"如果我们对他们的话感到犹疑，他们很可能会补充道："苏格拉底，停止思考我们所说的话，径直给出你的答案吧，因为你对于提问和回答这一程序早已熟稔于心。来吧，你究竟对我们和整座雅典城邦有何不满，以至于你竟想要去毁了我们？赋予你生命的，难道不是我们吗？你的父亲娶了你的母亲而后把你带至这个美丽的世界，难道不是我们的功劳吗？告诉我们，对于你父母的这桩婚姻，你觉得我们中有谁做错了，才使得你如此这般地想要责备我们呢？"我会说我并不是在责备他们。"你被抚养长大、接受教育，难道不是我们之中相关人士的功劳吗？那些人难道没有权力引导你的父亲对你展开艺术和形体教育吗？"我会说他们说得对。"很好，"他们接着说，"承蒙父母的养育之恩，并且接受过良好教育的你，难道可以否认你和你的先祖其实都是我们的子孙和仆人吗？如果是的话，你认为我们拥有平等的权利吗？无论我们对你做了什么，你都可以以同样的方式对待我们吗？实事求是地说，你和你的父亲拥有的权利是并不等同的，你和你的主人——假若有的话——在法律权利方面也不可同日而语，难道你可以用同样的方式去对待你的主人：他报复你你则报复他，他责骂你你便回骂过去，他鞭打你你就还手？你认为你拥有报复你的国家和法律的那种权利吗？如果我们决议毁掉你，并且认为这么做是为民除害的好事，你便也可以尽一切所能毁了我们，你是这样认为的吗？作为一个珍爱美德的人，你觉得这样做不有违正义吗？鉴于你的聪明才智，你难道没有意识到比起你的父母亲和祖先，你的国家更值得你用生命去维护和尊敬吗？你难道意识不到它神圣不可侵犯吗？比起神灵和人类这种高等生物，你的国家意义更为重大，因而你必须尊崇它、服从它、用尽全力去抚平它的伤痕和愤怒。你要么说服它服从你，要么乖乖服从它的命令，不论它要你承受什么苦痛都坦然接受，不论风吹雨打，哪怕它需要你踏上战场、为国捐躯你都不得说半个不字。服从国家的意志才是正确之举，你既然是这个国家的国民，就不得妥协或退后，也不得擅离职守；不论在战场上、在法庭上还是在其他什么地方，你都必须服从城邦和国家的安排，除非你可以劝说它听从你所谓的正义的呼声。采取暴力手段违抗你的父母是不虔敬的；试图这样对待你的国家更是大不敬之举。"克里托，我们应该如何回答呢？法律说的是对的还是错的呢？

克里托：我认为是对的。

苏格拉底："好好想一想吧，苏格拉底，"法律也许会如是说，"如果我们所说的都是真的，你计划要做的事无疑是对我们的不公。我们给予了你生命，哺育你长大，又为你提供了良好教育；对你和其他所有公民，我们都平等赐予了这世上最好的东西。除此之外，一旦达到合法投票年龄，并且对城邦事务以及法律建立起自己的见解，我们都会给予每个雅典人平等参与政治事务的权利。我们说过，一旦有人对我们感到不满，他尽管带着他的家当离开此地，去任何让他感到快乐的地方。如果你们中有人对法律或城邦感到不满，想要带着他的私人财产离开这里，去某个殖民地生活或是去到任何其他的地方，法律都不会对他施加任何阻挠或拦截。然而，对那些选择留下来的人，我们要说的是：当他目睹过我们是如何处理法律案件、用其他方式和手段管理整座城邦后，他实际上已经和我们达成了服从我们安排的共识。违反了这种共识的人无疑犯了三个错误：首先，他违抗了他的父母；其次，他对不起那些抚养他长大的人；最后，他也对不

□ 古希腊城邦

古希腊城邦由公民定期选举管理者，全民皆兵，没有固定军队，以小私有经济为主，商业较发达。城邦分为城市和乡村两部分，有筑有城墙的政治中心和宗教中心。古希腊出现过数百个并存的城邦，各城邦之间社会发展不均衡，产生过许多城邦联盟。

起法律——他明明和我们订立了如上契约，却亲手撕毁了它。如果我们做错了，他明明可以劝说我们做出改进，可是他没有。需要指出的是，我们仅仅是对人们的行为提出建议，我们并没有颁布霸王条款，强制人们必须按我们的意愿行事；我们给人们两种选择，要么劝服我们听他们的，要么按我们说的做。然而有人却两者皆不选。苏格拉底，你也是这样，如果你将此刻正在酝酿的逃跑计划付诸实践，你无疑要遭受正义的谴责；你会成为所有雅典公民中罪孽最为深重的人。"如果我说"怎么会这样"，他们很可能会责骂我，说我和其他雅典人一样，分明是和他们订立了那种契约的。他们还会说："苏格拉底，我们有充分的证据说明，你和整座城邦是那般情投意合、相处极为融洽。若非由于这座城邦尽心尽力取悦于你，你不会和所有的雅典公民如此和睦相处。从你出生至今，除开前去服兵役，你从未离开过这座城邦半步，哪怕是去参加节日庆典或出于其他什么理由；你从未像其他有些人那样，离开雅典去到别的地方生存；对于其他城邦或其他法律体系，你没有任何兴趣；我们的城邦和我们的法律才是最深得你心的。

"因此，你不加任何犹疑地选择了我们，同意按法律所要求的那般做一个好公民。此外，你在这儿有了自己的孩子，这无疑也证明了你和这座城邦非常投缘。如果你愿意的话，上次审判时你分明可以提出缴纳一定数额的罚金，以改判流放，但你没有；可是现在，你却试图违抗整座城邦的意愿行事，而这件事（逃至他国）本来完全可以在征得法庭同意后正当地去做。你骄傲地宣称自己不惧怕死亡，相比于流放，你更情愿去死。然而现在，对曾经的誓言你丝毫不觉得羞愧，对法律你也不屑一顾；你在谋划着摧毁我们，试图像最卑劣的奴隶那般逃跑，这对你曾许下的誓言、对你身为公民的承诺无疑都是一种背弃。现在，请首先回答我们，我们所讲的是否属实：你不光嘴上同意，也用你的实际行动表达了对按照法律行事这一义务的认可。"对此，我们有什么话好说呢？我们难道不该表示赞同吗？

克里托：我们必须同意，我亲爱的苏格拉底。

苏格拉底："毫无疑问，"他们可能会说，"你在对我们宣誓履行承诺、同我们订立契约时，并没有遭受任何胁迫或存在任何误解，也并非面临着时间压力匆匆而为，可是现在，你却要亲手打破那些誓言。如果你不喜欢我们的话，如果你认为我们的契约是不公平的，你不会在这里生活了七十年之久，其间，你每时每刻都可以溜走。你总是说斯巴达或克里特的治理非常良好，但是你也没有选择这两个地方，也没有去希腊的其他城邦。你比跛子、盲人或其他身体有残疾的人更少离开雅典境内。相比所有其他雅典人，你和这座城市再契合不过了，这一点是不言而喻的，我们也有同样的感觉。试问，哪个国家离开了法律可以存活下去？可是现在，你要打破你坚守了这么久的种种契约吗？亲爱的苏格拉底，如果我们好好劝说你的话，相信你不会背信弃义，不会因离开这座城市而成为全天下人的笑柄。

□ **苏格拉底的诘问**

苏格拉底问答法，又称"产婆术"。苏格拉底先就某些感兴趣的话题，比如有关道德或人生的问题与别人攀谈。谈话时，他佯装自己一无所知，让对方充分发表意见，然后用反诘的方式，使对方陷入自相矛盾的窘境，从而促使其积极思考，然后再利用各种相关的事物进行启发和诱导，使人一步步地接近正确的结论。

"请好好思考一下，违背契约、冒天下之大不韪而逃跑，对你和你的朋友又有什么好处呢。很明显，你的朋友们将面临被流放、被剥夺公民权利甚至被没收财物的风险。至于你自己，如果你逃至周边某座城邦——譬如治理有序的底比斯或墨伽拉，你无疑会成为政权当局的敌人；所有关注自己城邦命运的人都会用怀疑的眼光审视你，提防你会破坏他们苦心孤诣建立的法律。你的行为还将证明，审判你的法官们所作出的裁决是多么高瞻远瞩，因为任何破坏法律的人都极有可能腐蚀年轻人以及无知之徒。还是说，你会避开那些治理良好、公民受教育程度高的地方？如果你逃往这样的国家，活着还有什么意思？你会和那里的人交往吗？你和他们谈话时不会觉得羞耻尴尬吗？你和他们又能谈些什么呢？你能够像你在这里那样，对那里的人说：美德和正义，以及合法的行为和法律本身是一个人最珍贵的财富吗？那里的人难道不会觉得苏格拉底这个人是个疯子吗？他们一定会这样想的。或者你去投奔克里托在塞萨利的朋友？实不相瞒，那些地方充斥着各种束缚和混乱，当听到你乔装逃狱——身着牧羊人的皮衣服或者像逃犯一样的穿着打扮，让自己改头换面时，他们一定会对你进行各种奚落。想来所有人都会讥讽你为了苟活于世，不惜违抗最重要的法律，难道不是吗？如果你不招惹任何人，也许没人会这样说；可是如果你惹恼了什么人，苏格拉底，那些人会用尽卑劣之词挖苦中伤你。

"余生，你将不得不屈心抑志地取悦别人，并且做好被人呼之即来、挥之即去的准备。余生，你将在大吃大喝中度过，仿佛你离开雅典去往塞萨利就是为了获得饮食。到了那个时候，你关于正义和美德的那些豪言壮语又将何去何从？你说你想要为了孩子而活下去，说你想要亲手抚养他们长大，给他们最好的教育。这怎么可能呢？你能把他们也带去塞萨利，和一堆陌生人厮混吗？你确定他们会享受在那里长大、接受教育吗？如果不是这样，他们只有在这里才能更好地成长、接受教育，即便你在其他地方生活、不能陪在他们身边，是这样吗？没错，你的朋友会照看他们。如果你离开雅典去往塞萨利，他们会照看你的孩子，难道你去了另一个世界他们就会弃你的孩子于不顾吗？如果那些自称是你朋友的人想要为你做任何好事，他们就绝对不会抛下你的孩子不管的。

"就请听我们的话吧，苏格拉底，毕竟我们是陪你成长的人。不要将孩子、生命或其他任何东西看得比美德更重要，只有这样，当你到了另一个世界以后，你才能够对那里的判官言之凿凿地展开申辩。如果你不听我们的话，坚持要逃离，那么，无论是在这个世界上还是在死后的那个世界，你既不能使你和你的朋友变得更好，也不能使你们拥有更加公平的待遇或更为纯洁的心灵。事实上，你就要死去了，但你并不是作为法律的牺牲品而死，而是人类——也就是你的朋友所犯过错的牺牲品；但是，如果你是在以恶报恶，打破和我们的契约、承诺，以及错待你最不该辜负的人，亦即你自己、你的朋友、你的国家和法律之后死去，我们会在你活着的时候对你怨恨丛生，而我们的兄弟——另一个世界的法律体系也不会善待你，因为知道你生前曾竭尽全力对我们进行破坏。不要听信克里托的话，相信我们吧。"

克里托，我亲爱的朋友，这就是在我耳边回荡的话，一如笛声盘桓在科律班忒斯（掌管喜剧和轻松诗歌的女神塔利亚与阿波罗结合，生下的孩子就是科律班忒斯一族。科律班忒斯是敬奉女神库柏勒的一群半人半神的祭司的统称——译者注）身边那样，这些话在我心中激起了千层浪，让我再也听不到其他任何声音。我现在的信仰告诉我，即便你提出了任何反对意见，结局也只能是徒劳无功。然而，如果你自信可以征服我，请但说无妨。

克里托：我没什么可说的了，我亲爱的朋友。

苏格拉底：那么就让一切随缘吧，我亲爱的克里托，既然这是宙斯的指引，就让我们按照它的旨意行事吧。

□ 阿那克里翁、巴克斯和阿莫尔　让·莱昂·杰罗姆
　法国　1848年

阿那克里翁是古希腊抒情诗人，他的诗体的形式被称为"阿那克里翁风格"。画中，他弹奏着七弦琴；一个年轻的女祭司赤裸着身体，伴随诗人的弦乐（女祭司是酒神巴克斯的崇拜者）吹奏长笛，而巴克斯（酒神）和爱神（丘比特）则像孩子一样在欢乐地舞蹈。

斐多篇（论灵魂）

《斐多篇》，在古代又名《论灵魂》，记录的是苏格拉底在雅典监狱中度过的最后时光。在返回埃利斯的路上，陪伴在苏格拉底身边的密友之一的斐多（哲学家，苏格拉底死后，他回到埃利斯，开创了埃利斯派哲学——译者注），在行至伯罗奔尼撒的夫利阿斯时突然停了下来。他同安顿在此的一票毕达哥拉斯信徒进行了一番谈话，这些人自从被南意大利驱逐后就一直生活在夫利阿斯。来自底比斯（尼罗河东岸的一个小镇——译者注）的西米亚斯（古希腊诗人，语法学家，他著有四部不同文体的诗歌作品，其中包括短诗、警句以及抒情诗等，现存有有关游戏技巧的诗歌作品三首，他亦著有三部与语法相关的学术著作——译者注）和赛贝斯不但是苏格拉底的追随者，也是毕达哥拉斯学派领导人物菲洛劳斯的朋友。随着谈话的深入，毕达哥拉斯派的观点也得到了充分的呈现。毕达哥拉斯以信仰人类和动物灵魂不灭的转世著称，此外，他们还提倡通过避免玷污身体来保持灵魂的纯洁，以此求得来世的幸福。苏格拉底将这些都写进了自己讨论灵魂不朽的文章中。

值得注意的是，关于毕达哥拉斯学派的思考在《申辩篇》中并没有体现，苏格拉底对于长生不朽持犹疑态度，表述不甚明朗；同样，在《克里托篇》《欧绪弗洛篇》《拉凯斯篇》和《普罗塔戈拉篇》关于灵魂美德的讨论中，他对毕达哥拉斯学派也着墨不多。毋庸置疑，这些对话不是对苏格拉底谈话的真实记录，柏拉图也煞费苦心地向世人暗示，《斐多篇（论灵魂）》描写的并不是苏格拉底生命中的最后一次对话，甚至和苏格拉底的真实看法也存在很大出入。柏拉图小心翼翼地告诉我们，在恩师苏格拉底生命的最后一天自己并不在场，斐多说他病了。苏格拉底充分运用人类智慧去思索永恒的美的形式、正义和其他规范概念，奇偶性、整数等数学属性和物体，以及冷热等物理力量，这些都是仅仅存在于非物质领域的抽象概念。这些抽象概念和苏格拉底在《申辩篇》中展现的哲学思考没有任何联系，甚至和柏拉图笔下苏格拉底式诘问的表达方式也并不相符。一般认为，毕达哥拉斯关于灵魂不朽和净化的观念，以及与此相关的永恒形式的理论都是柏拉图个人的创造，并不是苏格拉底的思想。事实上，《斐多篇（论灵魂）》中体现的哲学论述不属于苏格拉底对话的范畴，而是更接近于《会饮篇》和《共和国篇》。经由追溯生前存在的物体，《斐多篇（论灵魂）》明显借鉴了《美诺篇》中关于理论知识的论述（包括几何、人类美德的本质等）。不过现在一般认为，这种追溯针对的是形式而非物体。

《斐多篇（论灵魂）》以一则神话故事做结，描绘的是灵魂死后的归宿。与之类似，《高尔基斯篇》和《共和国篇》也是以引用神话故事的方式结尾的。此则神话故事还可比作苏格拉底在《菲德罗篇》中发表的第二个演说。

尽管柏拉图对哲学理论进行了诸多创新，本篇仍向世人展现了苏格拉底对哲学事业矢志不渝的坚持与爱，即便在不公正的死亡面前，他也未曾放弃，着实感人至深。

J. M. C.

厄刻克拉底（毕达哥拉斯派哲学家，他和苏格拉底、柏拉图都主张理念说，认为天地万物之间有万物的抽象原型存在，这是最真实的——译者注）：亲爱的斐多，苏格拉底在狱中被处死那天，你和他在一起吗，还是你从别人那里听说了事情的经过？

斐多：我当时在场，厄刻克拉底。

厄刻克拉底：他在临死之前说了些什么？他究竟是如何死去的？我很想知道事情的始末。近来，夫利阿斯的人几乎不再踏足雅典，雅典那边也不再有人来访，没人可以向我们清晰讲述当时究竟发生了什么，我们只听说他服下毒药后就辞世了，此外一无所知。

斐多：你未曾听闻审判时发生的事吗？

厄刻克拉底：这个我知道，有人告诉了我们审判的经过，让我们纳闷的是他在审判很久之后才被处刑，怎么会这样呢，斐多？

斐多：这件事说来偶然，亲爱的厄刻克拉底。审判的前一天，雅典派往提洛岛的船只头部被装饰上了花环。

厄刻克拉底：那是什么船？

斐多：根据雅典人的说法，提修斯（传说中杀死了威胁雅典的克里特神牛的英雄，统一了雅典所在的阿提卡半岛，并在雅典建立起共和制。提修斯的改革是希腊古典时代的开端——译者注）曾经乘坐那艘船驶向克里特岛，船上还载着七对青年男女[1]。他拯救了那七对青年男女，从而也使自己获得了救赎。随后雅典人对阿波罗起誓，如果这些年轻人能够活着回来，他们会每年派使团去提洛岛。从那时起他们便坚守着对神的承诺。为保持城邦的纯洁性，他们还制定了一条法律：船只出发至提洛岛并最终返航雅典期间，不得对任何犯人行刑。如遇天气不好、风大浪大，朝圣

---

〔1〕相传，克里特岛的国王米诺斯强迫雅典人每年进献七对青年男女用以供奉弥诺陶洛斯（Minotaur）（人身牛头怪物），直至提修斯放走了这七对男女并杀死了弥诺陶洛斯，才使这一传统终结。

船要花很长一段时间才能回来。一旦阿波罗的祭司为船装点上花环，朝圣即宣告开始。正如我刚才所说，今年的这一活动在审判前一天发生。这就是为什么对苏格拉底的审判和行刑相隔如此之久。

厄刻克拉底：那苏格拉底究竟又是如何死去的呢，亲爱的斐多？他临死前说了什么，做了什么？当时有哪些朋友陪在他身边？抑或执政官不许任何人在场，他孤单凄凉地离开了这个世界？

斐多：不是那样的。当时有一些人在场，不，准确来说，是有很多人都在苏格拉底身边陪着他。

厄刻克拉底：那么，请告诉我们当时到底发生了些什么，亲爱的好好先生，除非你现下有其他要紧的事要做？

斐多：我时间充裕，我会尽我所能向你们还原当时的场景，因为每当想起苏格拉底，我的内心都充满了极大的愉悦，不论是我自己向别人论及他，还是听别人对我描述他。

□ 贝尔维德尔的阿波罗　莱奥卡雷斯
（希腊古典后期的雕塑家）
公元前350年—前320年

阿波罗是希腊神话中最俊美的男子之一，是"光明"或"光辉灿烂"之意，是人类的守护神、光明之神、预言之神、迁徙和航海者的保护神、医神、银弓之神、远射之神、灭鼠神以及消灾弭祸之神。

厄刻克拉底：我想，你的听众也非常喜欢听你讲述苏格拉底的事，亲爱的斐多。所以，还请尽你所能告诉我们当时发生的每一个细节。

斐多：现在想来，当时能够在场实乃人生中一次非比寻常的经历。尽管我是在亲眼目睹一位挚友死去，我的内心却没有任何痛苦，因为我面前的那个人不论是举止还是言辞都充满了热情和快乐，仿佛死对他来说没有任何恐惧，反而是在完成一件高尚之事。你能明白吗，厄刻克拉底？因此在我看来，他是满怀着宙斯的祝福走向死亡的，并且将平安顺遂地抵达另一个世界，如果曾有任何人有过这种经历。这就是为什么我不曾扼腕叹息，而按照我的天性我本来应该感到无比悲伤的；诚然，这个过程也谈不上愉悦。因为我们和平常一样，进行着激烈的哲学讨论，所论及的事情不过还是原来那些。但是我的胸中却沸腾起一种奇怪的感觉,当我想到这位和蔼可亲的智者即将死去,我的内心被一种快乐和痛苦交织的陌生情绪所吞没。在场的其他人也和我有同样的感觉,时哭时笑;特别是阿波罗多洛斯(古希腊时期的学者和语法家。他是狄奥根尼、巴内修斯以及语法家阿里斯塔科斯的学生,苏格拉底的朋友和崇拜者——译者注),想来你也知道这个人的脾性。

厄刻克拉底:没错,我再了解不过了。

斐多:他成功地克制住了自己的情绪,但我却几近崩溃,其他很多人也是。

厄刻克拉底:亲爱的斐多,在场的都有哪些人?

□ 拉奥孔和他的儿子们

拉奥孔是特洛伊人,波塞冬或阿波罗的祭司。他因为结婚生子而违反了神的旨意,或是因为与妻子当着神殿中的神像交媾而犯了亵渎之罪。他在古希腊史诗中扮演的是小角色,在特洛伊战争中,他警告特洛伊人不要接受希腊人留下的木马,但没有成功。随后他就被两条从希腊人临时驻扎的忒涅多斯岛上跨海而来的大蛇夺去了性命。

斐多:我们的同胞有这些人在场:我刚刚提到的阿波罗多洛斯,克里托布洛和他的父亲,还有赫谟根尼、厄庇革涅、埃斯基涅斯、安提斯泰尼,以及培阿尼亚的科特西普、美涅克塞努和其他一些人[1]。柏拉图当时可能是病了,没有到场。

厄刻克拉底:有没有外邦人在场呢?

斐多:有的,有底比斯来的西米亚斯、赛贝斯和斐冬德斯以及来自墨伽拉的

---

[1]克里托布洛的父亲指的就是克里托,《克里托篇》就是以其名字命名的。此处提及的苏格拉底的另外几名朋友在其他对话中也有亮相。赫谟根尼以一名发言人的身份在《克拉底鲁篇》中出现。厄庇革涅在《申辩篇》出现,埃斯基涅斯致力于书写苏格拉底对话,他的名字也在《申辩篇》中有所记录;美涅克塞努是《吕西斯篇》中的角色,和吕西斯展开了一段对话;科特西普在《吕西斯篇》和《欧绪德谟篇》中都有提及。

欧几里得和忒尔西翁[1]。

厄刻克拉底：阿里斯提波和克莱俄布洛图呢？他们没有到场吗？

斐多：没有，相传他们当时在埃伊纳岛。

厄刻克拉底：还有其他人在吗？

斐多：我记得就是上述这些人了。

厄刻克拉底：很好。那么，这场意义非常的对话是围绕什么展开的呢？

斐多：听我从头对你细细道来。过去数日来，我和其他那些人常常去看望苏格拉底。我们会在天刚破晓时在法庭前碰面，对，就是对苏格拉底进行审判的那个地方，因为那里离监狱很近。监狱开门较晚，在等待的时候我们就会聊天来解闷。监狱一开门我们就会进去看望苏格拉底，在那里和他度过一整天的时光。最后那天，我们集合得非常早，因为前一天晚上我们离开的时候有人告诉我们提洛岛派来的船只已经抵达，因此我们叮嘱彼此第二天一定要尽可能早到。当我们到达监狱门口的时候，给我们开门的狱卒走了出来，告诉我们现在还不能进去，要等他通知我们才可入内，"行刑的刽子手（指的是雅典监狱中负责行刑的刽子手——译者注）正在给苏格拉底松绑，告诉他马上就要对他执行死刑了。"过了一阵儿，狱卒走了出来，通知我们可以入内了。我们走了进去，发现苏格拉底的手铐脚镣已经被拆除了，赞西佩（苏格拉底之妻）抱着孩子坐在他的身边。看到我们走进来，赞西佩哭了出来，她用妇人惯常的语气说："苏格拉底，这是你和你朋友最后一次交谈了。"苏格拉底看了看克里托，对他说："克里托，请让人把我妻子带回家吧。"随后，克里托的随从就搀扶着抽噎的赞西佩离开了监牢。

苏格拉底盘膝坐在床上，边用手搓着双腿边对我们说："人类眼中的快乐是如此奇怪，快乐和其相反面——痛苦之间的关系又是多么令人惊奇！一个人不可能同时拥有二者。然而，如果一个人得到了其中之一，另一面也常常伴随而来，它们就像长在一个脑袋上的两个身子。我认为，如果伊索留意到这一点，他就会

---

[1] 欧几里得和忒尔西翁是《泰阿泰德篇》这篇介绍性谈话中的发言人，欧几里得也著有苏格拉底对话录。西米亚斯和赛贝斯在《克里托篇》中有所提及，他们二人身携巨款来到雅典，试图协助苏格拉底逃跑。

□ 诗人的灵感　尼古拉斯·普桑　法国
1630年

古希腊神话中头戴桂冠的阿波罗也是一位司掌文艺的艺术神明，他是众艺术之神缪斯的首领，他帮助人们消弭灾祸，象征着光明。因此，有很多诗人创作了无数的诗歌来赞美他。

据此构思出这样一则寓言：宙斯想要让痛苦和快乐二者和解，但是失败了，于是他把二者的脑袋绑在了一起，因此，当人类得到了其中之一，其对立面也紧密相随。这个寓言在我身上得到了验证。镣铐曾一度让我的腿疼痛难忍，现在脚镣卸掉了，你们不知道我感到多么快乐。"

赛贝斯忍不住插话道："对着上天起誓，苏格拉底，你的话让我想到了另外一件事。前天，欧厄诺斯[1]效仿其他人那样问我：作为一个从未写过诗的人，是什么促使你在获罪入狱后开始创作诗歌，将伊索的寓言浓缩成韵诗，并且写下对阿波罗的赞歌。我敢肯定地说，欧厄诺斯肯定会反复问我这个问题，如果你希望我给出答案，请告诉我我该怎么说。"

"告诉他事情的真相，"苏格拉底说，"我之所以创作诗歌，并不是为了超越他或他的诗歌，我知道这绝非易事，我只是想要解开我的梦境，宽慰我的良知，因为我常常得到神明的启示要锤炼这种技艺。过去，我总是做同样一个梦，虽然形式时常改变，但是梦里回荡在我耳边的总是相同的一些话，'苏格拉底，来吧，修习一下这种技艺吧。'过去我以为这是在引导和建议我做好手头的事情，和那些鼓励我在跑步比赛中好好表现的人并无差别，我以为这个梦是在激励我在哲学事业上更进一步，那时候的我，以为哲学就是最高层次的技艺。

"但是现在，鉴于我已被宣判死刑，而行刑日期受到节日的影响而推迟，我重新梳理了一下我的思绪：既然我在梦里受到暗示要去修炼这门通俗技艺，那么我就不应该违抗，而要开始埋头创作诗歌。在通过好好写诗使我的内心得以抚平

---

〔1〕除了是一位诡辩论者，欧厄诺斯还负责教导年轻人，在《申辩篇》中有所提及。

前，我觉得我不可以离开此地。因此，我的第一首诗就是为了纪念当前的节日。随后我意识到，一名诗人如果真的有志于扬名立万，他应该创作寓言故事，而不是再埋头写作议论文。由于我自己不是一名寓言故事家，我将我脑海里的故事思索了个遍，并且借鉴了手头的伊索寓言，由此完成了我的第一篇创作。赛贝斯，请将这件事告诉欧厄诺斯，祝他一切都好，代我向他告别，并且告诉他：倘或他足够聪明，请尽快采纳我的建议吧。根据雅典法令，我今天就要和你们永别了。"

西米亚斯说："你要对欧厄诺斯提出什么建议呢，我亲爱的苏格拉底先生？我碰到过他很多次，据我的观察，他基本不会听从你的建议。"

"怎么会这样呢？"苏格拉底说，"难道欧厄诺斯不是一位哲学家吗？"

"我认为他是一名哲学家。"西米亚斯回答道。

"那么，他就会像其他为哲学事业献身的人一样，自愿听取我的建议。不过，他也许不会把身家性命系在这上面，因为在其他人看来这样做是不对的。"苏格拉底边这样说着，边把他的脚落在地上，直到谈话结束他都保持着这个姿势。

赛贝斯问道："苏格拉底，你这样说是什么意思呢？你是说，摧残自身是不对的，而哲学家该当自愿听从一名将死之人的意见？"

"赛贝斯，鉴于你和西米亚斯常跟菲洛劳斯待在一起，难道没有听说过吗？"

"完全没有，苏格拉底。"

"实际上，我也是道听途说，但是我不介意告诉你我听到过什么。对于一位不久于人世的人来说，思考一下另一个世界的事想来是再合适不过的了。除此之外，在日落之前我们还能做些什么呢？"

"但是理由又是什么呢，亲爱的苏格拉底？仅仅因为别人说杀人是不对的？回到你刚刚的问题上，我在底比斯停留的时候曾听菲洛劳斯说起过此事，其他人也曾经跟我说过，但是从来没有一个人能够对此做出合理的解释。"

"好吧，"苏格拉底说，"想必你也听过，我们必须竭尽所能。你无疑会感到奇怪，这个问题为什么会很难作答：自杀与其他任何事情都无关，有些时候对有些人来说，死亡反而是更好的选择。假若事实若真如此，你可能也会感到奇怪，对于那些视死如归的人来说，自我了断反而是错误的，他们只能等待别人来夺走他们的生命。"

赛贝斯淡淡一笑，用他自己的方言说道："看在宙斯的分上，原来事情是这个样子。"

"没错，"苏格拉底说道，"这样说似乎有些不合情理，但是其中必有原因。用神话故事的语言来解释或许行得通：活着其实无异于坐监狱，可是人不能尝试摆脱这种束缚，也不能逃跑。这条训诫深深地震撼了我，想要充分理解其中深意绝非易事。然而，赛贝斯，我认为这句话说得非常好：诸神是我们的守护者，我们是他们的占有物。难道你不这样认为吗？"

"我是这样认为的。"赛贝斯答道。

"如果你并未暗示让你的占有物去自行了断，可它却自我毁灭了，你难道不会愠怒吗？如果你可以施加任何惩处，难道你不会对它进行惩罚吗？"

"当然会。"赛贝斯回复道。

"这么说来，在得到神的暗示之前，一个人不得自杀的这种想法也并非全然不可理喻，而现在，这种暗示正降临到我们身上。"

"也许吧。"赛贝斯说道，"至于你刚才所说的，哲学家必须时刻准备好迎接死亡这种说法实属奇怪，苏格拉底。如果我们刚刚的分析是合理的，亦即，神明是我们的守护者，而我们是它们的私有财产。如果这种守护力量是人类最好的主人——诸神所提供的，那么就无法解释为什么最聪明的人在挣脱这种守护以后不会感到悲伤。原因就在于，这样一来，在他获得自由的时候，他就无法得到比过去更好的供养了。愚蠢的人很容易就被说服，认为他必须逃离主人之手；比起逃离，一个人应该尽可能陪伴在好主人身边，因为逃跑是很愚蠢的举动，这种想法愚蠢的人是不会有的。但是有头脑的人会想尽办法和比自身优秀的主人待在一起。因此，苏格拉底，我们刚才所得到的结论似乎是错的。聪明的人会憎恶死亡，而愚蠢的人却会以此为乐。"

听到赛贝斯这样说，苏格拉底似乎很开心。环顾了一圈，苏格拉底说道："赛贝斯总是试图和他人争辩；很显然，赛贝斯不会轻易相信别人说的话。"

西米亚斯说："亲爱的苏格拉底，实事求是地讲，我认为赛贝斯说的话不无道理。为什么聪明的人会尽其所能躲避来自更为优秀的主人的供养，轻易地就离开他们呢？我认为赛贝斯的话其实针对的是你，因为你不假思索地想要离开我们以及你最好的主人——诸神。"

"你们说的话都有道理，你们似乎在说：我必须为此做出辩护，一如我在法庭上所做的那般。"

"没错，这样做是很有必要的。"西米亚斯说。

"很好，"苏格拉底说，"那么下面，我将用比当时在法庭上更强有力的方式展开辩护。亲爱的西米亚斯和赛贝斯，首先，我十分期盼能够成为那些善良睿智的神灵的伙伴；其次，我希望成为那些已经辞世、比活着的人更加优秀的人的伙伴，如果不是这样，我就不会憎恶死亡。请牢记，我真切地希望可以与优秀的人为伍。我并不奢求能够达成上述全部心愿，但是若说我有什么必须坚持的，那就是：我会竭尽全力与那些优秀的主人为伍。这就是为什么我并不十分憎恶死亡，因为我对于死后迎接更加全新的未来充满希望，一如那句老话所说，好人总会有好报。"

"好吧，苏格拉底，"西米亚斯说道，"难道你要带着这种信念离开我们吗？还是你想要和我们大家分享你的所得？如果你能够不吝赐教，对我们无疑是一件幸事，同时，你也更有可能将之作为你的辩护词，让我们相信你所说的一切。"

"我会尽力而为，"苏格拉底说道，"但是首先，让我们听听克里托有何高见，他看起来有话要说。"

"还能有什么呢，亲爱的苏格拉底？"克里托说，"负责递送毒药的那个人一直叮嘱我，要我劝你尽量保持缄默。他说，人们在谈话时常会感到激动，所以你在喝毒药时务必克制情绪，因为有的人由于克制不住内心的激动而不得不服下两到三瓶毒药。"

苏格拉底回答道："不要在意他说的话；如果有必要的话，就让他为我端来第二瓶甚至第三瓶毒药吧。"

"我早已料到你会这么说，"克里托说道，"但是他一直对我纠缠不休。"

"随他去吧，"苏格拉底说道，"尊敬的法官大人们，下面我要开始我的辩论了，向你们解释为什么我认为一个终生致力于哲学事业的人很有可能在面对死亡时欢欣鼓舞，并对于死后获得更大的福祉充满希望。西米亚斯和赛贝斯，我会对你们解释清楚这其中的原因。恐怕其他人不曾意识到，那些以正确的手段献身哲学的人早已做好充足的准备迎接死亡。假若这是真的，那么当死亡真正迫近时，如果这些嘴上说着自己对另一个世界始终充满渴望的人显露出对于死亡的憎恶，倒是一件令人费解的事了。"

西米亚斯笑道："看在宙斯的分上，苏格拉底，你的话简直太好笑了，尽管我现在情绪并不高涨。在我看来，绝大多数人在听到你的这一理论时都不得不承认，你对于哲学家的刻画入木三分，我们底比斯的人也会纷纷同意：哲学家其实处于一种半死的状态，想来大部分人也都非常清楚这是他们自找的。"

苏格拉底说道："西米亚斯，他们说的无疑是事实，除开这一点——他们'非常清楚'。他们并不清楚真正的哲学家为何处于一种半死的状态，他们也不明白为何这是这些哲学家们命定的结局，甚至他们也不明白这些哲学家们将如何死去。不过不用在意，让我们将焦点重新放在自己身上吧。我们是否都承认：世界上存在死亡这一回事？"

"当然。"西米亚斯答道。

"死亡不就意味着灵魂飞离肉体吗？我们眼中的死亡，难道不就意味着身体和灵魂彼此抽离吗？死亡难道不就是这么一回事吗？"

"没错，死亡就是这么一回事罢了。"西米亚斯答道。

"很好，那么请思考下面的问题，不管你们是否同意我的观点，都将会把我们的讨论引向更正确的轨迹。你们是否认为哲学家会像普通人一样，关心食物带来的快乐呢？"

"全然不是。"

"那么性爱呢？"

"也不是。"

"那么身体方面的其他需要呢？一名哲学家会陶醉于价格不菲的衣服和鞋子，以及其他配饰吗？你认为对于这些身外之物，他是怀着欣赏之情还是鄙视之感呢？生而为人，这名哲学家在生活中是否也离不开这些东西？"

"我认为真正的哲学家只会鄙视这些。"

苏格拉底说道："一般而言，哲学家所关注的并不是身体相关的需要，而是灵魂一事，你难道不是这样想的吗？"

"我是这样想的。"

"所以，这些事情告诉我们，相比于其他人，哲学家更加关心如何最大程度地使灵魂摆脱肉身的束缚，对吗？"

"很显然是这样的。"

"在大多数人看来，一个不以这些身外之物为乐，并且也不拥有这些东西的人其实完全没有生存的价值，其状态更像是死亡；此处所说的人，指的就是那些不关注肉体愉悦的人。"

"你说的完全没错。"

"那么知识的获取这件事呢？在获取知识的过程中，身体会成为一种阻碍吗？我的意思是，人的视觉和听觉都没有确定性，换个说法：我们既不可能听到也不可能看到任何确定的东西，它如同始终萦绕在我们耳边的诗歌一样不可触碰，是这样吗？如果这两种感觉是不确定、不可控的，那么我们其他的感觉更是不准确的，因为它们低于听觉和视觉。你是这样认为的吗？"

"当然。"西米亚斯回答道。

苏格拉底问道："那么，灵魂究竟何时才能捕捉到真理呢？每当灵魂试图借助身体对其他事物进行考察时，身体都会对它进行干扰。"

"没错，是这样的。"

"只有思考时，灵魂才能无限接近事实的真相，是这样吗？"

"是这样的。"

"只有摆脱了感觉的困扰，包括听觉和视觉以及快乐和痛苦这些感觉，灵魂才能进行最佳思考，在追求真实的过程中，只有避免与身体的一切接触和联系，灵魂方能独立思考，对吗？"

"没错，是这样的。"

"相比于其他人，哲学家对身体的蔑视最重，最渴望灵魂逃离身体、自成一体，是吗？"

"似乎是这样的。"

"那么，下面这一点你怎么看：我们总说这世界上存在着公正这回事，对吗？"

"没错，看在宙斯的分上，我们是这样想的。"

"那么，这世界上也存在着美和善，对吗？"

"毋庸置疑。"

"你曾亲眼目睹过这些事情吗？"

"从未。"西米亚斯答道。

"那你曾经用身体的任何感官触碰过它们吗？这里的'它们'不仅包括物理意义上的高、健康、力量，还包括既定事物的真实属性，亦即它们究竟是什么。我们难道不是借助身体对它们进行最真实的感知吗？你越关注某个对象，所获得的关于这个对象的知识就会越准确，你也越能理解这个对象本身，难道不是这样吗？"

"俨然如此。"

"在这种尝试中，最成功的那个人就是竭尽所能接近每个对象的人，难道不是这样吗？他在运用自己的理智时不借助任何感官，在思考时无需视觉的帮助，也不需要任何其他感官的助力；他将自己最为纯洁、未受玷污的思想运用于同样纯洁的、未受玷污的对象，并尽可能切断与他自己的眼睛、耳朵以及身体其他部分的联系，原因就在于：这些身体器官会阻碍灵魂对真理的获取以及对思想的厘清。倘或真的有人能够触碰真实，能实现目标的难道不就是这个人吗？"

"你说的一点也没错。"西米亚斯回答道。

"这些无疑会使得真正的哲学家信服并且告诉彼此，'这世界上一定存在着某条能够指引我们摆脱困惑的道路。原因就在于，只要我们拥有身体，只要我们的灵魂存在罪恶，我们就永远无法获得我们渴望的东西，亦即真理。出于对自身成长的需要，身体让我们终日忙碌不休。此外，在某种疾病降临的时候，我们寻求真理的脚步就会受到阻碍。它使得我们内心充满渴望、欲望、恐惧、各种幻想以及其他荒谬的东西，这样一来，不论是从理论而言，还是就实际而论，我们的身体都无法诞生任何思想。身体和欲望会催生战争、内讧和祸乱，因为所有的战乱都起源于对财富的向往，而奴役我们的正是身体以及对身体的过分关注，它促使我们追求财富的最大化，所有这些因素都使得我们无暇顾及对哲学的修习。最糟糕的是，如果我们尝试摆脱身体的奴役，对内心展开诘问，我们的身体总会出来叫嚣，催生混乱和恐惧的情绪，于是乎，我们追求真理的脚步就被耽搁了。'

"种种事实告诉我们，如果我们想要获得真正的知识，我们就必须摆脱身体的束缚，而仅依靠灵魂自身来对事物进行考察。似乎只有当我们快死的时候才能获得苦苦追求的东西以及我们视为情人之物，也就是智慧，而这一切当我们活着的时候却无论如何都不会发生，因为依靠身体是无论如何都不可能获得纯粹的知识的。而下面这两种可能性只有一个是真的：我们要么永远无法获得知识，要么只有在死后才能获得这种纯粹的知识。在灵魂彻底摆脱身体的束缚之前，我们无法获得这种知识。当我们活着的时候，如果我们竭力压制灵魂与身体的联系，不让二者过分牵连，并且尽力保全灵魂免受玷污，保持自身精神的纯洁，直至神祇赐予我们真正的自由，我们就能无限接近知识。如此一来，我们就能躲过身体的罪恶；我们就能和同样纯洁的人为伴，并且通过自身的努力，得到纯洁无瑕的东西，亦即真理，因为不纯洁的灵魂无法拥抱纯洁的真理。

"除此之外，西米亚斯，我还想告诉你：热爱学习的人都必须互相探问，彼此说服。你难道不这样想吗？"

"我当然是这样想的，我亲爱的苏格拉底。"

"如果这是真的，我亲爱的朋友，"苏格拉底说道，"那么无论我到哪里，我都很有可能获得我们曾经苦苦追求的东西。因此，我眼前的这条路是充满希望的，对于其他做好了充分思想准备、精神已被净化的人来说亦如此。"

"没错，是这样的。"西米亚斯答道。

"我们在不久前的讨论中提到过，这种净化指的就是使灵魂尽力挣脱身体的束缚，使之习惯于脱离与身体的所有接触，并且找到最佳栖身之所，现在和将来亦如此。是这样吗？"

"没错，就是这样。"西米亚斯回答道。

"死亡指的就是灵魂摆脱身体的捆绑和束缚吗？"

"完全正确。"

"那些投身哲学的人是最渴望灵魂挣脱身体的人，使灵魂从身体中分离和解放出来是哲学家的天命，是这样吗？"

"看起来好像是这样的。"

"因此，如我开篇所说，一个人训练自己以一种近乎死亡的状态过活，而当死神真正降临时却又无比惊惶厌弃，这是极为荒谬的，对吗？"

"毫无疑问，这是荒谬至极的。"

"实事求是地讲，西米亚斯，"苏格拉底说道，"投身哲学的人实际上是在训练自己为死亡做好准备，比起其他人，他们对死亡的恐惧程度最低。不妨这样来思考这一点：如果他们对身体感到极度厌倦，渴望灵魂从身体中分离出来，当死亡来临的时候，他们会感到害怕甚或恶心，这难道不诡异吗？如果能够去到某个地方，在那里他们能够得到终生渴慕的东西，也就是智慧，能够摆脱某种他们厌恶的关系，难道他们不会由衷地感到开心？

"很多人在目睹爱人或儿子离世时，情愿自己也随着他们一同离去，内心怀抱着能够在另一个世界也陪伴在挚爱身边的希望。那么，一个真正热爱智慧、内心满怀希望、并且清楚地知道只有在另一个世界才能够寻觅到纯粹知识的人，会憎恶死亡从而不情愿踏上这条路，这说得过去吗？我亲爱的朋友，真正的哲学家一定不会这样想，因为他清楚地知道只有抵达另一个世界才能够拥抱那种纯粹的知识。如果是这样，那么正如我刚才所说，智者会惧怕死亡的到来，这难道不是太不合情理了吗？"

"没错，这根本说不通。"西米亚斯答道。

苏格拉底说道："你似乎在暗示我们，一个憎恶死亡的人热爱的并不是智慧，而是他的躯体，同时，他还是一个贪恋财富和荣耀的人。"

"你说的没错。"

"西米亚斯，"苏格拉底说道，"勇气指的不就是这种哲学气质吗？"

"俨然如此。"西米亚斯答道。

"被大多数人称为谦虚的这种美德指的就是在开心时也不要得意忘形，而是要处之泰然，这对于大部分摆脱了对身体的迷恋、过着一种哲学修行生活的人来说不是都适用吗？"

"没错，是这样的。"西米亚斯答道。

"如果你静下心来观察其他人所拥有的勇气和谦虚的品质，你会大为惊诧。"

"这又是为什么呢，亲爱的苏格拉底？"

"在他们看来，死亡是一件极坏的事，这个你知道吧？"

"是的，我知道。"西米亚斯回答说。

"一个人之所以能勇敢地面对死亡，是因为他害怕陷入其他更为糟糕的境地，是这样吗？"

"诚然如此。"

"如此说来，是恐惧和恐怖教会了除哲学家以外的人勇敢。然而说勇敢是来源于恐惧和懦弱是毫无逻辑的。"

"没错。"

"那么节制的人又如何呢？他们难道没有相似的经历吗？是否他们的节制源于某种放纵？这是不可能的，尽管他们获得节制这种单纯品质的经历大抵相同：他们害怕被剥夺某种渴求已久的快乐，因此他们远离某些形式的快乐，而沉迷于另外一些快乐。被快乐所驱使即为放纵，但是，对他们来说，他们之所以获得了某些快乐，是因为他们无法抗拒另外那部分快乐。这和我们刚刚所讨论的类似，亦即，从某种程度上说，是放纵让人变得有所节制。"

"看起来好像是这样的。"

"我亲爱的西米亚斯,我担心的是,从道德的角度而言,就像交换不同面值的硬币一样,用某种程度的快乐交换另一种程度的快乐、用一种程度的痛苦换得另一种程度的痛苦以及用一种程度的恐惧交换另一种程度的恐惧都是不正确的,如果说有什么东西可以交换这一切,答案一定是智慧。拥有了智慧,我们就拥有了真正的勇气、谦虚和正义,总之一句话,拥有了智慧我们才能拥有真正的美德,不论快乐、痛苦和其他情绪是否会出来作祟。经不起智慧检验的、以交换为目的的美德只是一种错觉;它缺乏健全性和真实性,因而只适用于奴隶。相较之下,自制、诚实和勇敢等道德理想实际上是对所有这些情感的涤荡,而智慧本身则是一种净化。数年以前,那些高贵的神秘仪式的建立者就曾做出过预言,指出那些未入世、未接受过仪式净化的人在抵达另一个世界时会掉进泥淖中,而那些接受过净化和开化的人则与神住在一起。如神话所载:'执杖者众多,而信徒寥寥。'[1]在我看来,后者和那些践行哲学使命的人并无二致。为了得到世人最大程度的信赖和认可,我的人生里没有什么未竟之事,这是我一贯虔诚的信仰。我的这种热忱是否正确、我们是否取得过任何成就,将在不久后随着我抵达另一个世界而全部揭晓。

□ **被缚的奴隶　米开朗基罗　意大利**

希腊奴隶制经济繁荣,贩卖奴隶的收益颇丰,各个城市均有很多商业区或指定的市场。在市场上,被买卖的男女奴隶被枷锁着,标明年龄、用途、价格等项以供顾主挑选。奴隶主对奴隶有生杀大权,但通常不轻易杀害奴隶,因为他们不愿因此损失一份财产。有些代主人经营而获利丰厚的奴隶,还可获得赎身的机会。

---

〔1〕指的是狄俄尼索斯(Dionysus)的忠实信徒,他们和那些只会手执象征永恒的信物的信徒截然不同。

"以上就是我的辩词，我亲爱的西米亚斯和赛贝斯，离开你们以及我的主人，我的内心没有任何憎恶或怨愤，因为我相信我将在那里找到和这里同样好的主人和挚友。如果我的话能够让你们更加信服，那就再好不过了。"

苏格拉底话音刚落，赛贝斯就抢着说："亲爱的苏格拉底，你说的话绝大部分我都十分认同，但除了灵魂这一方面，我相信其他人也都很难信服。在大多数人的观念中，灵魂一旦离开了身体就不复存在，它会随着人的死亡而迅速分裂和消解；在离开身体时，它像空气或烟雾一样飘散，飞到未知的地方，再也寻觅不到。如果它能够自我聚拢、独自存在并且躲过你所列举的种种罪恶，那么我们尚且有很大的概率去相信你所说的话，苏格拉底；但是，去相信人死后灵魂依然存在并且拥有一定程度的行动力和判断力却需要很坚定的信仰和强有力的论证去支撑。"

"你说的很对，赛贝斯，"苏格拉底说道，"那么我们接下去该做什么？你是否想和我讨论世界上真的存在这样的事吗？"

"就我个人而言，"赛贝斯说，"我想听听关于这个问题你是怎么想的。"

苏格拉底说："凡是听到我刚才所言的人，都不会说我刚才所说的事情和我自身没有关联，哪怕是一名喜剧诗人也不能这么说，因此，如果你们认为有必要的话，我们必须彻底审视下这个问题。不妨让我们从这个角度来思考这件事：人死后灵魂是否在另一个世界继续存在。古人告诉我们，我们的灵魂原本就来自于那个世界，在经历了一番历练后又回到那里，从死者身上再次复活，如此周而往复。如果这是真的，如果活着的人真的是由死者转世而来，那么我们的灵魂也一定存在于另一个世界里，否则的话他们是不可能回到这里的。如果不是这样的话，我们就需要另做他想。"

"事实就是这样的。"赛贝斯说。

苏格拉底说道："如果你想要彻底弄清这个问题的话，不要局限于人类自身，我们应该把动物和植物也考虑入内。简单来说，让我们思考一下，现存事物是否总是以这样的方式存在。也就是说，我们要从它们的对立面来考察它们，譬如从丑的角度来思考美，从不公正的角度来考察公正，凡此种种。让我们思考一下，凡有对立面的事物都是从其对立面产生的而非其他任何来源，这是否永远通用？例如，当某个东西形态变大的时候，在它变大之前一定经历过形态较小的阶段。"

"没错，是这样的。"

"较小的事物是从较大的事物转化而来的，是这样吗？"

"的确如此。"赛贝斯回答道。

"较弱的东西是从较强的东西转化而来的，就如敏捷的事物先前一定经历过较为迟缓的阶段？"

"没错。"

"是不是说，较差的东西来自于较好的东西，而较为公正的东西是由不那么公正的东西转化而来？"

"没错，是这样的。"

"那么我们就达成了这样一致的看法：所有的事物都是从它的对立面转化而来的。"

"的确是这样的。"

"关于对立事物我还想要补充一点：两个事物成为对立物要经过两个过程，亦即从一端到另一端，再从另一端向一端转化；在较大事物和较小事物之间存在一个变大和变小的过程，我们将其称为增加的事物和减少的事物，对吗？"

"没错，是这样的。"

"那么分离和合并、冷却和加热以及其他对立物之间也是如此，即便我们有时不能准确叫出某个过程，但是这个规律是普世的：其中一方来自于另一方，在两者之间存在一个转化的过程，对吗？"

"分毫不差。"赛贝斯说道。

"那么，活着也一定存在某种对立面，一如熟睡是清醒的对立面一般？"

"没错。"

"那是什么呢？"

"是死亡。"赛贝斯回答道。

"因此，对所有对立物而言——假若它们真的存在的话，都是一方催生另一方，在两者之间存在一个生成转化的过程，对吗？"

"是的。"

苏格拉底说道："那么由我对刚刚提到的两组对立物的其中之一进行剖析，也就是阐述一下这组对立物本身和其中的转化过程，另外一对则由你来分析。拿熟睡和清醒来说，清醒来自于熟睡，而熟睡已是由清醒化生而来的。而其中的转化过程就分为入睡和醒来。你同意这个说法吗？"

"没错，我很同意。"

"那请你以同样的方式来剖析一下生与死。死去是活着的对立面，是这样吗？"

"没错。"

"它们可以互相转化？"

"是的。"

"活着可以转化成什么？"

"死去。"

"那死亡又可以转化成什么呢？"

"显而易见，答案是'活着'。"

"那是不是可以说，所有有生命的事物和现存事物都是由无生命、已消亡的东西得来的？"

"看起来是这样的。"赛贝斯答道。

"我们的灵魂可以依附于另一个世界。"

"没错，是这样的。"

"在我们刚刚提到的两种过程中，有一种是非常确定的——死是非常确定的，是这样吗？"

"毫无疑问，是这样的。"

"那我们该怎么办呢？我们是否应该抑制住生长过程，给这种自然过程留下一个缺口？抑或我们应该提供一种与死相对立的过程？"

"我们必须这么做。"

"那是什么呢？"

"重生。"

"如此说来，"苏格拉底说道，"如果世界上真的有重生这回事，它一定是从死到生的过程，对吗？"

"没错。"

"所以在这一点上我们达成了共识：生由死转化而来，就像死是从生转化而来一样。如果是这样，我们就有充分的证据证明死者的灵魂一定存在于它们重生之处。"

"亲爱的苏格拉底,"赛贝斯说道,"这和我们刚刚的讨论是一脉相承、不谋而合的。"

"不妨这样来思考这个问题,亲爱的赛贝斯,"苏格拉底说道,"我们的看法并没有错。如果相互生成的两种过程没有循环往复这种相互平衡的过程,如果此间的生成意味着径直走向终点,没有向起点的任何往复或偏转,你是否可以意识到:万事万物最后都处于同样的状态,受到同样的影响,而不会再有任何变化呢?

"我的话可能有些难以理解。假若真存在入睡这一过程,却没有对应的醒来过程,你就会明白,恩底弥翁的故事是毫无意义的。他的希望终会落空,因为万事万物都将处于相同的状态,亦即熟睡。如果万事万物都是统一的、未经任何分裂的,那么阿那克萨戈拉[1]所说的'万物一体'就将成为真的了。我亲爱的赛贝斯,如果现存的一切事物都将灭亡,并且保持这种消亡的状态永不复返,岂不是说万事万物都难逃一死、没有什么可以永存吗?即便有生命的事物从其他事物中产生,但它们早晚也会死去,那么,有什么办法可以避免它们被死亡吞噬呢?"

"对此我们无能为力,苏格拉底,"赛贝斯说道,"你说的分毫不差。"

"在我看来,赛贝斯,"苏格拉底说道,"情况就是这样,我们双方都不加

□ 恩底弥翁

恩底弥翁(此译名出自《斐多篇》),希腊神话中的一位异常俊美的牧羊男子,神王宙斯的儿子,一说为卡吕刻与埃利斯国王埃特利俄斯之子。月亮女神阿尔忒弥斯被恩底弥翁英俊的外貌深深地吸引住了,并与之产生了恋情。宙斯发现后,让恩底弥翁永远在睡眠中,但能永葆青春,每夜只有在睡梦中与阿尔忒弥斯相会。

---

[1]阿那克萨戈拉出生于公元前5世纪的克拉佐门尼。他年纪轻轻便来到了雅典,在学习自然哲学的过程中度过了他人生的大部分时光。他曾说过,世界是由理性(Mind,希腊语Nous)驱动的,这一观点在后面的对话中有所引用。此处引用的是他的如下论断:在宇宙的初始状态下,所有的元素都是混沌不分的。

任何隐瞒或欺骗地同意这点：复活的确存在，生由死转化而来，而人死后依然存在灵魂。"

"此外，苏格拉底，"赛贝斯回复说，"如果你时常挂在嘴边的这个说法成立，那么对我们而言，学习无异于回忆。如此一来，我们现在所想起来的东西，一定是先前某个时间点上铭记于心的事情。除非灵魂进入身体之前就存在，否则这点就是不成立的。此外，灵魂很有可能是不朽的。"

"赛贝斯，"西米亚斯打断道，"你这样说有什么根据吗？请告诉我，因为我现在记得不大清了。"

"我有充足的论据可以证明这点，"赛贝斯说，"如果提问的方式正确，人们通常能够自愿给出正确的答案，而如果他们并不具备相应的知识、也不了解背后的原理，就通常无法做到这点。而当提问者拿出相关依据或其他东西给他们看时，他们往往就能给出正确的答案了[1]。"

"如果这还不足以让你信服，亲爱的西米亚斯，"苏格拉底说道，"既然你疑惑为什么我们将学习称为回忆，那么我们以别的方式来思考这点，你是否会接受？"

"我并不是在怀疑，"西米亚斯说道，"我只是想亲身体验一下。赛贝斯说的话我都记在了脑海里，并对此十分信服。然而，我想听一听你是如何解释这个问题的。"

"没问题。"苏格拉底说道，"如果一个人在忘掉某事，那么他之前一定知道这件事，对不对？"

"没错。"西米亚斯答道。

"我们不是也同意说，一旦知识进入了人的脑海里，回忆就会开始上演吗？你问我这么说是什么意思，这么说吧：当一个人听到、看到某件事，或者以其他方式感知到某件事时，他不但知道这件事，而且还会联想起另外一件并不相同但是却类似的事情，那么，他的记忆是由第二件事唤起的，难道不是吗？"

"这么说是什么意思？"

---

[1] 参见《美诺篇》，苏格拉底给出了确切的答案。

"是这样的：了解一个人和了解一件乐器是全然不同的体验。"

"当然了。"

"这对于情人们来说同样适用：当我们看到一把竖琴、一件衣服或他们所爱之人常常使用的物件的时候，他们知道这是把竖琴，而他们所爱之人的倩影也会涌入他们的脑海。这就叫做回忆，一如一个人看到西米亚斯的时候常会想起赛贝斯，其他数种情形同样适用。"

"没错。"西米亚斯说道。

"这难道不就是回忆吗？"苏格拉底说道，"特别是当某人想起他业已忘记的东西时，因为他已经有一段时间没有见到此物了。"

"的确是这样。"

"此外，"苏格拉底说道，"当一个人看到一匹马或一架竖琴的图片的时候，他会想起一个人吗？或者说，当一个人看着西米亚斯的图像的时候，他会联想到赛贝斯吗？"

"他一定会的。"

"那当他看着西米亚斯的图像的时候，他会想起他自己吗？"

"也一定会的。"

"上述种种情形中，一个人可以由其他类似的东西触发记忆，那么，并不相似的东西会否触动他的记忆？"

"也是可以的。"

"如果说回忆是由相似的事物触动的，那么一个人也一定会有这种体验：他会思考这种相似性是否有任何方面的缺陷、是否是完整的，对吗？"

"没错。"

苏格拉底说道："世界上是否存在完全相同的事物呢？我不是说一根棍子和另一根棍子相同，一块石头类同于另一块石头或者任何其他东西，我指的是没有任何差别的绝对相同。世界上存在这样的事物吗？"

"对着上天起誓，世界上存在这样的东西。"西米亚斯斩钉截铁地说道。

"我们是否知道它是什么？"

"是的，我们知道。"

"我们从哪里获得关于它的知识呢？如前所述，通过观察类似的棍子或石头或其他类似的东西我们才能想起与之不同的东西，难道不是这样吗？难道在你看来一切有所不同吗？不如这样来思考这一切：两个相同的东西，比如说石头和棍子，有时候看起来完全一样，有时候看起来又有所不同，对吗？"

"毋庸置疑，是这样的。"

"那么完全相同的事物本身呢？你会不会有时候发现它们看起来并不相等，而另外一些时候，原本不相等的东西看起来却是一样的？"

"从来没有，我亲爱的苏格拉底。"

"那么这些相等的事物和绝对相等根本不是一回事。"

"我认为不是，亲爱的苏格拉底。"

"可是，你难道不是从这些相等的事物中提炼并获取了有关相等性的知识吗，即便他们和绝对相等不是一回事？"

"没错，是这样的。"

"那么相等本身与这些相等的事物要么是相同的，要么是不同的，对吗？"

"没错。"

"这根本说不通。如果一件事物让你想到了另一件事物，不论二者是否相同，这一过程就是回忆，对吗？"

"诚然如此。"

"好吧，"苏格拉底说，"从相等的棍子和相等的其他事物中我们能收获什么呢？在我们眼中，它们是绝对相等意义上的相等吗？此种绝对相等中难道不存在什么缺陷吗？还是说它们确确实实就是完全相等的。"

"有很多缺陷。"

"当一个人看到一件东西的时候，他会意识到他现在看到的东西和另外一件事物很类似，但是存在某种缺陷，因此不是完全相等的。那么，关于这个有些相似但并不完全相等的事物，此人从前必定接受过这方面的知识，你同意吗？"

"完全同意。"

"那么，这就是我们关于相等的事物与绝对相等的看法吗？"

"完全正确。"

"那么，当我们看到相等的事物、意识到它们即便存在缺陷却尽力使彼此绝对相等之前，我们必定接受过关于绝对相等的知识。对吗？"

"没错。"

"同时我们还得承认，这种概念来自于我们的视觉、触觉或其他某种感觉，而不会以其他任何方式为我们所感知，因为在我看来，我们的种种感觉其实都是一样的。"

"它们确乎是一样的，苏格拉底，从我们论证的目的来看，的确是这样。"

"因为拥有感觉，我们能够意识到：一切可感知的相等的事物都在追求绝对的相等但却常常失败，这样说对吗？"

"完全没错。"

"在我们开始看、听或使用其他感官之前，我们必定获得过关于此事物的知识，也就是说，的确存在绝对相等这件事；否则的话，我们无论如何不会明白相等的物体都想要实现绝对相等，但却存在缺陷而屡屡失败。"

"从我们刚才的讨论来看，这样说是完全合理的，苏格拉底。"

"我们是出生之后才拥有视觉、听觉和其他各种感觉的，对吗？"

"完全没错。"

"那么我们在出生之前就拥有了关于绝对相等的知识。"

"完全正确。"

"那也就是说，我们在出生之前就拥有了这方面的知识。"

"似乎是这样的。"

"因此，假定我们是在出生之前就拥有了这种知识，那么这种知识在我们出生前后都存在于我们的脑海里。此种意义上的知识不仅包括绝对相等，还包括大小的相对性以及其他类似事物，因为我们当前的论证不仅适用于绝对相等，还适用于美好、善良、公平和虔诚，以及所有在我们的对答中可以冠以'绝对'这个词的事物。所以，我们一定是在出生之前就拥有了这种知识。"

"没错，是这样。"

"假设我们在每种情景中都拥有这种知识，并且不曾遗忘，那么我们终生都将了解并拥有这种知识，因为去了解就是去获得知识、拥有知识、避免遗忘知识。失去知识可以称为遗忘，对吗？"

"没错，我亲爱的苏格拉底。"西米亚斯说道。

"但是在我看来，如果我们出生之前就拥有这种知识，在出生时却已遗忘，而后在与相关事物的接触中又借助感觉慢慢复得这种知识，我们就能重新拥有此种知识，从这个意义上说，学习难道不就是对原有知识的重获，也就是回忆吗？"

"没错。"

"通过视觉、听觉或其他任何感觉，一个人便可以获得对一个事物的认知，而通过某种联想可以回忆起那些被遗忘的东西，无论这二者是否相同，所以我们面前有两种观点可供选择：我们出生时就拥有某种知识，并且终生都拥有这种知识；或者说，当我们谈论学习的时候，我们指的无非就是回忆以前的知识，由此，学习就是回忆。"

"事实如此，苏格拉底。"

"西米亚斯，你觉得这两种观点哪个是正确的呢？我们出生时即具有某种知识，还是说我们通过后天的学习和回忆才能想起本来就存在于我们记忆里的东西？"

"我现在无法做出选择，苏格拉底。"

"好吧，你竟然无法做出选择。那你是怎么想的呢？一个拥有知识的人能否对他所知的东西做出合理的解释？"

"肯定可以，苏格拉底。"西米亚斯说道。

"是否所有人都能对我们刚才讨论的东西做出很好的解释呢？"

"我希望这样，"西米亚斯说，"但是我恐怕明天的这个时候，这世上就没有人可以对此做出清晰合理的解释了。"

"那么在你看来，并非每个人都拥有这些知识？"

"没错。"

"那么他们只是在回忆他们曾经学到的东西。"

"是的。"

"我们的灵魂是从什么时候开始拥有这些知识的呢？肯定不是在我们出生之后。"

"绝对不是。"

"那是在出生之前吗？"

"没错。"

"西米亚斯，如此说来，我们的灵魂在进入身体之前就已经存在了，而且他们还拥有智慧。"

"除非我们是在出生的某个时刻获得这种知识的，苏格拉底，从时间上来说这是可能的。"

"正是如此，我亲爱的朋友，那我们遗忘这些知识又是在什么时候呢？我们刚才已经达成共识，我们出生时并不具备这种知识。那么，我们是不是在拥有的时候就开始失去，还是在其他什么时候？"

"我觉得就是在拥有的时候便开始失去，苏格拉底。我竟没有意识到我说的话听来如此荒谬。"

"我们现在谈到哪里了，西米亚斯？"苏格拉底问道，"如果我们刚刚提到的那些实体真的存在，也就是说，美好、善良和其他实体真实存在，并且为我们所有，而后我们将这些实体与灵魂进行对比，我们就可以得出：如果这些实体真的存在的话，我们的灵魂在出生之前一定也已经存在了。如果这些实体并不存在，我们的讨论无疑都是毫无意义的。我们可以确定地说，我们的灵魂在出生之前就存在，就像说这些实体是存在的一样。如果一种说法不可能，那么另外一种说法也不可能，对吗？"

"我不这样认为，苏格拉底，"西米亚斯说道，"我不认为这种必然性适用于两种情况。你的论证成立的依据是这两个论点要么都成立要么都不成立，一个是灵魂在我们出生之前就存在，另一个是你说的这个实体是存在的。绝对的美好、善良以及你刚才提到的事物在我看来都是确乎存在的，这点不证自明。在我看来，证据已经十分充分了。"

"赛贝斯，你是怎么想的呢？"苏格拉底问道。"我们还必须使赛贝斯信服。"

"我认为他已经完全被我们劝服了，"西米亚斯说道，"尽管他是最难被任何论证说服的人，但我认为他已经相信了，我们的灵魂是在出生之前就存在的。然而，我不认为灵魂死后依然存在，如赛贝斯所说，大部分人的观点此时还是可以站得住脚的，也就是说，人死的时候他的灵魂也就随之飘散，不复存在。假定灵魂可以生成，其构成来自某些源泉，在进入人体前就存在，那么在它进入人体后，有什么会阻碍它在得到解脱的那一刻走向终结并自我毁灭呢？"

"你说的没错，西米亚斯，"赛贝斯说道："看来我们的论证已经实现了一半，也就是说，灵魂在出生之前就存在，但是需要进一步的证据去证明灵魂在我们死后就不复存在了，如此我们的论证才告完成。"

"亲爱的西米亚斯和赛贝斯，"苏格拉底说道，"如果你们把刚才的论证和之前的论证结合起来，同意说生是从死转化而来，那么另一半论证即告完成。如果灵魂在人出生之前就存在，那么它在成形、被赋予生命之时，一定是从死亡和死者身上得来；那么，鉴于灵魂还会复活，它又如何能随着人的死去而消亡呢？如此一来，你的问题也就得到了证明。然而，在我看来，你和西米亚斯很渴望更为深入地讨论这个问题。你似乎天真地以为，当灵魂离开身体的时候，风会消解、吹散它，而如果人死的时候外面狂风乱作，这种消解作用就会更明显了。"

赛贝斯笑着说道："亲爱的苏格拉底，如果我们现在感到害怕，不妨让我们试着改变想法，或者摒弃这种害怕的情绪，也许我们中间有人像小孩子一样怀揣着诸多恐惧；让我们努力劝他不要像惧怕妖怪一样畏惧死亡。"

苏格拉底说道："你应该像一名巫师一样每天对他念咒，直到他的恐惧全部消散。"

"哪里去找这样一位神奇的巫师呢，苏格拉底？"西米亚斯问道，"你现在要离我们而去吗？"

"亲爱的赛贝斯，"苏格拉底说道，"希腊是个偌大的国家，其中居住着很多身怀绝技的人；外族人中也存在着很多能人。你应该在他们中间寻找这位巫师，既不要怕麻烦也不要心疼钱，没什么比在这个方面花钱更值得的了。你们也要在自己中间展开寻找，因为你们很可能会发现，没人比你们自己更适合做这件事了。"

"我们会这么做的，"赛贝斯说，"不过现在，如果你愿意的话，还是让我们回到刚才那个话题上来。"

"没问题。"

"那太棒了。"赛贝斯说。

"我们必须扪心自问：哪些事情最容易落得消散的结局呢？我们为什么会害怕这样的事情，又为了什么事情才会消除内心的恐惧？我们接下去应该思考灵魂属于哪一类事物，而后我们就能知道，我们对灵魂的归宿是该满怀恐惧抑或充满信心。"

"你说的没错。"

"合成的物体或自然形成的复合物很容易在它合成的地方破裂，难道你不这样认为吗？而非合成物则不太容易碎裂，对吗？"

"我认为是这样的。"赛贝斯说道。

"总是保持不变、处于相同状态的东西不太可能被合成，而形态总是发生改变的事物易被合成，难道你不这么认为吗？"

"不，我是这样认为的。"

"让我们回到先前所说的例子上来，我们在讨论中界定的绝对实体是否总是永久的、单一的？它们是否总是保持不变、处于不变的状态，还是说它们时刻会发生改变？绝对的相等、绝对的美，或其他任何真正存在的独立实体会发生任何形态的变化吗？或者说所有这种单一的独立实体总是保持原状，绝对不会发生任何改变？"

"它必定保持原状，"赛贝斯说，"处于不变的状态，我亲爱的苏格拉底。"

"其他构成美的东西，譬如人类、马匹、衣服或其他什么东西，以及那些拥有相同名称的、相等的事物又如何呢？它们也会保持原状吗？还是和其他实体完全相反，用某些人的话来说，它们彼此之间再无相似性或任何联系？"

"它们再也不会是相同的了。"

"后者你可以触摸到，可以看到，也可以用其他感觉感知到，但是那些总是保持一致的东西只能通过理性的力量捕捉到，不是吗？它们是不可见的，不能够为我们所看见，对吗？"

"分毫不差。"赛贝斯回答道。

"这么说来，世界上存在的东西可以分为两种：可见的和不可见的，对吗？"

"确乎如此。"

"不可见的东西一直保持不变，而可见的东西却总是难以维持不变，对吗？"

"我想我们可以这么假定。"

"构成我们人类的一部分是肉体，另一部分是灵魂，对吗？"

"没错。"

"肉体和何种类型的存在更为接近和相似呢？"

"和可见之物，因为我们可以用眼睛看到它。"

"那么灵魂呢？它是可见的还是不可见的？"

"它是不可见的，苏格拉底。"赛贝斯答道。

"可见和不可见之分是相对于人类的眼睛而言，还是相对于其他什么事物？"

"人类的眼睛。"

"那么灵魂呢？它是可见的还是不可见的？"

"不可见的。"

"我们不能看见它吗？"

"没错。"

"那么，比起肉体，灵魂更接近于不可见之物，而肉体更像是某种可见的东西吗？"

"毋庸置疑，就是这样，苏格拉底。"

"我们刚才不是也说过，当灵魂借助身体进行考察时，不论是通过听觉、视觉还是其他什么感觉，因为借助身体进行考察也就是借助感觉进行考察，它会被肉体带至某种变动不居的状态，会迷失自我，变得困顿迷乱，就如同喝醉了那般。灵魂难道不就是这样一种存在吗？"

"没错。"

"但是当灵魂进行独立思考时，它会进入某个纯粹、永续、不朽且恒常的境界，这种境界和它自身最为融洽。当它不受任何束缚、独立成态时，它就会固定在一个地方不再移动了；它不再四处飘荡，它会保持不变，和同种类的其他事物厮守在一起，这种经历不就是通常所说的智慧吗？"

"对极了！事实就是如此，我亲爱的苏格拉底。"赛贝斯说道。

"从我们先前的讨论和刚刚所达成一致的意见来判断，灵魂更倾向和接近于这两种状态中的哪一个呢？"

"我亲爱的苏格拉底，"赛贝斯说道，"在回答这个问题时，我想即便是最蠢钝的人也会同意说灵魂更贴近于维持在某种恒定不变的状态，而非总是变动不居。"

"那么身体呢？"

"它无疑接近于相反的那种状态。"

"那不妨从另一个角度再来思考下：当肉体和灵魂尚未分离时，自然命令它们其中一方来主宰另一方，也就是说，它们其中一方成了主宰者，另一方成了被主宰者。那么，哪一方更贴近神明，哪一方更贴近凡人呢？神明的本质就是控制和主宰，而凡人的使命则是被控制、被命令，难道你不是这样认为的吗？"

"不，我和你想的一样。"

"那灵魂更接近哪一方呢？"

"答案很明显，我亲爱的苏格拉底，灵魂更像是神圣的，肉体则更像是俗世的。"

"赛贝斯，我们所有的讨论只能得出以下这个结论，那就是：灵魂更贴近于神圣、不死、智慧、统一、不可分解，总是保持自身一致；而肉体与凡人、现实、形态多样、非智、可溶解更为近似，它从来不肯保持不变。对这个想法，我们能提出任何反对意见吗，我亲爱的赛贝斯？"

"不，我们不能否认。"

"那么，在此基础上，肉体是很容易消解的，而灵魂却是不容易分裂的，是这样吗？"

"确实如此。"

苏格拉底说道："你是否意识到，当一个人死亡的时候，肉体仍是可见的、仍然存在于现实世界，我们称之为尸体。尸体原本应该自然分解并被风吹散，然而，如果一个人死的时候身体完好，周遭的天气也良好，它就不会马上发生变化，而是会保存相当长的一段时间。在埃及，如果尸体较为消瘦或是经过了防腐处理，则能保存很长一段时间，即便肉体开始腐烂，其中的某些部分，比如骨头和肌肉，也不会消亡。是这样的吗？"

"是这样的。"

"至于不可见的灵魂，它离开肉体到了另外一个同样高贵、纯洁而不可见的地方，亦即冥界，那里的神灵是善良而聪明的。如受上天垂怜，我也很快就要到那儿了——我会带着我的灵魂，它有着上述本质和特性，那么，它会像许多人想的那样马上被撕裂和消解吗？远非如此，我亲爱的赛贝斯和西米亚斯，事情更可能会是下面这样：如果灵魂离开身体时是纯洁无瑕的，它就不会再和肉体有任何牵绊了，因为它依附于身体存在时就不和肉体同流合污，而是尽全力避开肉体，独居一处、修炼自我，就和哲学家修习哲学一样，至死方休。这其实就是在为死亡做准备吧？"

"没错。"

"这种状态下的灵魂会去往那同样神圣、不朽而智慧的不可见之处，当它到达那里的时候它会感到由衷的快乐，摒弃了所有困惑、无知、恐惧、残暴和其他罪恶，如同先贤所说，它将永远和神明相守在一起。我们可以这样认为吗，还是你有其他的想法，赛贝斯？"

"对着宙斯起誓，当然要这么认为。"赛贝斯说。

"但是在我看来，如果灵魂总是和肉体厮混在一起、迷恋着肉体带来的欲望和快乐，它是否会认为，世间唯一真实存在的东西就是有形的东西，也就是那些可以触碰、可看得见、可果腹或者可以满足性欲的东西。如果这种灵魂习惯了仇恨、惧怕和逃离那些暗淡、不可得见、只能通过哲学来捕捉的东西，当这种灵魂离开肉体时，它往往会变得污浊不净——你觉得这种情况下，灵魂还有任何可能保持自身纯洁无瑕吗？"

"绝无可能。"

"毫无疑问，灵魂和肉体纠缠在了一起，二者经常互相交媾、纠葛，相互之间有很多联系，就好像二者合二为一了一样。对吗？"

"的确如此。"

"我亲爱的朋友，我们不得不承认，肉体是沉重的、笨拙的、实在而可见的。在肉体的作用下，灵魂也变得沉重笨拙，由于畏惧不可见的东西以及那另一个世界，它被托回到可见的境地。一如故事所述，它在公墓和遗迹间不停游荡，那里布满了由灵魂转变的阴暗的幽灵，布满了未被释放和净化的灵魂，这些灵魂呈现出可见的形态，因此可以被肉眼看见。"

"你说的不错，苏格拉底。"

"事实的确如此，赛贝斯。此外，这些灵魂并不是神明的，而是人类的，它们被迫四处游荡，为他们先前所犯的错误赎罪。它们一直游荡，直到完成它们的使命——重新附着在另一副肉身上，而它们转世之后所具有的品行是从前世主人处承继而来的。"

"你指的是什么品性呢，苏格拉底？"

"举例来说，生前贪婪、暴虐、酗酒的人的灵魂很可能转世后附着于驴子或其他同类动物身上。难道你不是这样想的吗？"

"我是这样想的。"

"而那些生前专横暴虐、欺凌弱小的人的灵魂则会附着于狼、隼和其他同类动物身上。除此之外，它们又能变成什么呢？"

"确乎如此。"赛贝斯说道。

"一个人生前具有何种品性，转世时灵魂就会附着于具有同类属性的东西之上，对吗？"

"毋庸置疑。"

"他们中最快乐的人，也就是那些会拥有最佳归宿的人，是那些践行普世社会美德的人。这些美德就是通常所指的谦虚、公正以及其他在不借助哲思或思考的前提下依凭习惯和苦行磨炼出来的品质。"

"为什么说他们是最快乐的呢?"

"因为他们的灵魂很有可能附着在那些乐善好施又风度翩翩的动物身上,譬如蜜蜂、黄蜂或蚂蚁,下一世则有可能重新投胎在具有上述美好品质的人身上,再一次开始他们美好的人生。"

"你说的很对。"

"未曾修习过哲学的人没有资格与神明为伍,当他们死去的时候其灵魂也不是完全纯净的,除开那些热爱学习的人。我亲爱的西米亚斯和赛贝斯,正是因为这个原因,那些正确修习了哲学的人才能够克制住身体的欲望,驾驭它们,并且不会轻易向它们投降;和大部分人以及那些被金钱蒙蔽了双眼的人不同,他们之所以远离这些欲望,既不是惧怕浪费资源或财富,也不是像那些野心勃勃的禄蠹一样惧怕丧失荣誉或名誉扫地。"

"是他们的天性指引他们这么做,我亲爱的苏格拉底。"赛贝斯说。

"看在宙斯的分上,并不是这样的。"苏格拉底说,"那些关注自身灵魂、避免让自己心为形役的人是不会做那些事的。他们不会像其他人一样漫无目的地闲荡,由于坚信自己不该做任何与哲学以及对原罪的救赎和净化相抵触的事情,他们做任何事都仅仅听从哲学的指引。"

"怎么会这样呢,我亲爱的苏格拉底?"

"请听我说,"苏格拉底说,"当热爱学习的人开始接受哲学指引的时候,他们会发现自己的灵魂被肉体所奴役、完全附着于肉体之上,它只能通过肉体来观察其他事物,不能自行审视世间万物,就好比透过监狱的窗户来观察外面的世界,而这个灵魂又很容易沉溺于愚昧的海洋中。透过哲学,人们可以发现,这种囚禁最坏的地方就在于它是由欲望产生的,因此,受到监禁的人受到囚禁最深的地方就是他自己——他自己的灵魂。如我前面所说,热爱学习的人会发现哲学会在恰当的状态下拯救灵魂,会温柔地鼓励它,并且通过向其指出我们的视觉、听觉和其他感官都具有欺骗性,以此来拯救他。哲学还会劝说灵魂将自己从感官的束缚中解放出来,只相信自己以及那些独立存在的实体,不要去理会那些通过其他手段感知到的东西。因为从不同的角度去审视浮生万象,它都会呈现不同的形态,这既是看得见的也是可感知的;而灵魂感知到的东西却是无形的、肉眼看不见的。真正的哲学家,其灵魂会秉持着这种信仰:对灵魂的救赎是势不可挡的,因此他会尽量远离各种享乐和欲望以及痛苦;他会发现,一个人如果怀有强烈的快乐、痛苦或是热情，这个人就会深陷其中——常人遭受的恶果无非来自于疾病或挥霍，他所蒙受的伤害却将是无可比拟、异常凶残的。"

"那又是什么呢，我亲爱的苏格拉底？"赛贝斯问道。

"当人的灵魂感受到与某物相关的强烈的快乐或痛苦时，它无可避免地认为此种情绪的来源一定是真实而确定的，然而事实远非如此。其中涉及的'某物'大部分情况下都是不可见的，难道不是吗？"

"没错，它们是不可见的。"

"这样的经验难道不会将灵魂与肉体完全绑定吗？"

"如何绑定？"

"因为每种快乐和痛苦都会像钉子那样，把灵魂和肉体铆接、凝结在一起。它使得灵魂变为有形的，因此在它看来，肉体所说的东西才是真理。由于它和肉体拥有同样的信仰和快乐，我认为它也无可避免地和肉体以同样的方式和方法生活，因此它就绝无可能以纯净的状态抵达另一个世界；它在离开时打上了肉体的深深的烙印，因此它很快就进入另一个身体，和其共同生长，就如同它和那个新的身体被编织在了一起一样。正由于此，它不可能成为纯洁的、统一的神明的伙伴。"

"你说的很对，苏格拉底。"赛贝斯说道。

"这就是为什么真正热爱学习的人都是谦虚而勇敢的。抑或你认为他们是受了世人意见的影响才具有了那样的品质？"

"我认为并不是舆论让他们具备了那样良好的品质。"

"的确不是。哲学家的灵魂是会进行思考的：尽管是哲学使它获得解放的，它却不肯再让自己承受任何快乐或痛苦的束缚，也不会允许自己再度被奴役，像是佩内洛普（《荷马史诗·奥德赛》中主人公奥德修斯美丽而忠诚的妻子。奥德修斯随希腊联军远征特洛伊，她为了等候丈夫凯旋，坚守贞节20年——译者注）纺纱那般徒劳无功。哲学家的灵魂从这些情绪中寻求平静；它遵循理智的指引，跟着理智的步伐，它深切地知道什么是真实而神圣的，而那种真实而神圣的东西并不是什么意见。它认为，人只要活着，就应该照此方式生活，这样当人死后才能附着于同类事物之上，躲开人间诸罪。西米亚斯和赛贝斯，经过这样的洗礼，灵魂不会再害怕自己离开身体的时候会灰飞烟灭、随风而逝，从此不复存在。"

苏格拉底说完之后，现场沉寂了好一阵。他似乎沉浸于刚才的讨论之中，其他人亦是如此。但是赛贝斯和西米亚斯开始交头接耳了。苏格拉底发现后问他们："你们认为我的论证存在什么漏洞吗？对于一个渴望对事情进行抽丝剥茧的分析的人而言，我的论证一定存在很多可疑之处，他可能会提出很多反对意见。如果你们在讨论其他事情，我就没什么好说的了；但是如果你们是在议论我刚刚所说的话，觉得我的论证有待完善，不妨说出你们的意见，向大家做一番阐释；如果你们自信可以做得更好，请允许我加入你们的讨论。"

"那我就实话实说了，亲爱的苏格拉底，"西米亚斯说道，"我们挣扎了好久，每个人都在劝说对方去对你展开质疑，因为我们想听听你会怎么说，但是我们不敢打断你，对于处于如此不幸境地的你而言，被人打断一定会让你感到十分沮丧不快。"

听完此言，苏格拉底静静地笑了，然后说道："西米亚斯，对我来说，我并不认为自己现在的处境有多么悲惨，但是要让别人相信这一点，却是十分困难的，我甚至不能劝说你们相信，因此你们才更加不敢打断我。你们似乎认为我的预见能力还不如一只天鹅。天鹅在生

□ 丽达与天鹅
莱昂纳多·达·芬奇　意大利
1508—1515年

埃托利亚国王特斯提奥斯的女儿海仙女丽达正在湖中沐浴，此时宙斯化身为天鹅，飞到湖上，当看到美丽的丽达后，他心生爱慕，翩然落到丽达身旁。丽达看它健硕可爱，把它抱在怀中爱抚，谁知，丽达因此受孕，生下四只蛋，孵出四位天使般的儿女。圣鸟天鹅在希腊神话中其实是代表宙斯的妻子。

前就喜欢吟唱，但是当它们知道自己行将就木时它们的歌喉会比从前更加动听，因为它们对于要离开这个世界、去和神明为伴感到欢欣鼓舞。但是人类由于惧怕死亡，因此会对天鹅进行曲解，说它们对死感到非常哀恸，所以才会充满悲伤地吟唱。他们没有意识到的是，一只鸟在感到饥饿、寒冷，或者承受其他痛苦的时候并不会歌唱，夜莺、燕子和戴胜鸟也不会这么做，尽管他们承认鸟儿在感到悲伤时会哀鸣。作为阿波罗的神鸟，我相信天鹅有预言的能力，它们有预知未来的本领，知道另一个世界充满了幸福快乐，因此，当它们即将告别人世的时候，就会唱出平生最为快乐的歌谣。由于我坚信自己是天鹅的奴仆，和它们忠于同一个神

明，我也从主人那里得到了和别人相同的预言天赋，因此我在告别人世时并不会感到多么沮丧。因此，只要当朝的法律允许，你们就可以随心所欲发表你们的意见，提出你们的疑问。"

"说得好极了！"西米亚斯说道，"我先说出我的困惑，然后赛贝斯会告诉大家他为什么不接受你说的话。我相信——或许你也是这么想的，获得对某个主题的精确知识即便不是不可能的，也会是异常艰难的；不过，一个人只要不是懦夫，他就该用尽一切手段对这个问题进行彻底的思考，至死方休。一个人应该试图达成如下某个目标：努力挖掘这些事情的真相，如果不行的话，他就该采纳人世间最正确、最无可辩驳的理论，以此为舵，驶向充满艰辛和凶险的人生旅途，除非他得到了某种神圣的启示，使得旅途变得更加安全平稳。因此现在，在听了你的话之后，我要开始大胆地向你发问了，这样在不久的将来我也就不会责备自己没有及时表达出自己所想。不论是我独自一人还是和赛贝斯一道思考你的话，我总会觉得那还不够充分。"

苏格拉底说道："我的朋友，你说的很可能是对的，但是请告诉我你觉得哪里不够充分呢？"

"是这样的，"西米亚斯说道，"在我看来，人们对和声、竖琴和琴弦的看法可能都是相同的：和声是不可见的，它没有形体，即便它能够和竖琴一道发出曼妙而神圣的声音；而竖琴和琴弦则是实在的、有形的、合成的、朴实的，和俗世相关的。假若有人弄坏了一架竖琴，譬如说切断或毁掉了它的琴弦，然后坚称和声仍然存在，并未消失掉，并解释说，对于'肉体凡胎'的竖琴而言，当它的琴弦被毁掉后，它不可能再维持原状；而对于神圣不朽的和声而言，它是不可能在竖琴琴弦被毁之前就消亡的，那么他其实是在说：和声始终存在，而琴木和琴弦却是终将会腐烂消散的。亲爱的苏格拉底，我认为你一定也明白，灵魂就是这样的事物。就如同身体是由寒冷、温热、潮湿、干燥等成分组成的那样，灵魂也是这些事物按照正确的方式、通过合理的手段组成的合成物。如果灵魂是和谐、协调的，那么当我们的身体没有因为对疾病或其他罪恶的适当措施而放松或伸展时，灵魂应该即刻就被毁坏，即便它和音乐中的和声、艺术家的作品一样，是最为神圣的。而在彻底腐烂或焚毁之前，肉体剩余的部分还将存在很长一段时间。倘若有人说灵魂是对身体各组成部分的调和，在人即将离世时，先灭亡的是灵魂，我们该如何作答呢？"

苏格拉底像往常那样恳切地看着大家，而后展颜微笑，说道："西米亚斯说的十分有道理。如果你们中有人比我更有见地，不妨回答他，因为他的论证非常清晰有力。然而，在我们回答他之前，我们应该听听赛贝斯有什么反对意见，这样一来我们也有时间思索自己该如何作答。听赛贝斯陈述意见的时候，如果我们觉得他的想法和我们不谋而合，我们就该予以同意；如果不然，我们就该发表自己的反对意见。来吧，赛贝斯，你在困惑些什么呢？"

□ 缠毛线　弗雷德里克·莱顿爵士　英国　1878年
美丽的希腊妇女和她的女儿正在海边的阳台上纺线，准备编织新衣服。

"是这样的，"赛贝斯说道，"在我看来，刚才的讨论没有将问题完全解决，我上次提出的反对意见依然未被驳倒。不得不承认，刚才的讨论非常精妙，说句不怕触犯在座各位的话，刚才的讨论充分论证了灵魂在进入人体之前就已经存在这个看法，但是我不认为当我们死后灵魂还依然存在。至于西米亚斯说灵魂既没有肉体强壮也没有肉体持久，我表示不赞同；在我看来，灵魂在各个方面都是优于肉体的。可能有的人会反驳道：'你为什么还不相信呢？人死的时候，较虚弱的部分依然存在，那么更为持久的部分在此期间一定也能得以留存，难道不是吗？'让我们从这个角度出发，去思考下我说的是否有道理。

"和西米亚斯一样，我也需要打个比方：假如有个纺织工人死了，对此，有人说这个纺织工人的肉身还未腐烂，依然完好无损地存在于某个地方，并且拿出了证据——这位纺织工人常年穿的、自己缝制的衣服还完好无缺、尚未腐烂。如果有人仍然不信，就问问他：是人的生命更长，还是人穿的衣服更经久，如果他的回答是人更经久，那么就可以将此当作这个人还活着的证据，因为那件不如他寿命长的衣服还没有坏掉呢。但是，西米亚斯，我却不这样认为，请想想我说的话。所有人都看得出，这样的说法根本毫无意义。那个纺织工人亲手缝制并且穿坏过好多件衣服。他死前穿坏了很多件衣服，但是有一件尚未坏掉。我认为这可以比作灵魂和肉体的关系，如果有人说灵魂存在的时间很长，而肉体不但更脆弱而且更短命，那么在我看来，他无疑是在胡说八道。他可能会说，灵魂会磨坏很多具肉体，尤其是当一个灵魂轮回转世好多次后。如果人活着的时候肉体一直处于变化中，直到最终坏掉，而灵魂磨坏了一个又一个肉体，那么，灵魂消亡的时候一定还附着于最后一具肉体之上，这最后的一具肉体比灵魂更为经久。当灵魂消亡时，肉体也自然而然呈现衰象，不久就腐烂消散了。因此，我们不能相信这个观点，不能够坚定不移地说我们的灵魂在死后还存在于某个地方。原因如下：假若一个人认同上述想法，相信灵魂不但在我们出生前就已经存在，而且有些灵魂在我们死后仍然继续存在，并经历一次又一次重生，同时他还被告知灵魂无比强大，可以附着于多具肉体中，可即便如此，他仍不敢确定地说灵魂不会因经受不起屡次折磨而被毁掉，并最终随着某一具肉体灰飞烟灭。他可能会说没有人知道灵魂灭亡时究竟附着于哪具肉体之上，因为我们都不具备这种知识。在这种情况下，对死亡抱有信念的人无疑愚蠢至极，除非他能证明灵魂是真正不朽的。如若不然，一个将死之人想到灵魂将随着自己的离去而彻底毁灭，一定会感到异常害怕的。"

斐多：我们后来对彼此倾诉：听到这话，我们感到十分沮丧。我们对先前的论证十分笃定，现在却再一次陷入了困惑，我们不禁怀疑刚才所说的话，对于接下来要说的话也生出了隐隐担忧，我们只怕我们刚才的论断全然无用，或是对谈话的主题产生动摇。

厄刻克拉底：斐多，我不得不说，你的话让我很难过，我在听你诉说的时候也一直问自己：我们到底该相信哪种观点呢？苏格拉底的论点最初听上去极有说服力，现在却让人怀疑。灵魂其实是某种调和的东西这个想法深深地打动了我，当苏格拉底提出这种想法的时候，我不禁想到了我先前的所想。现在，我迫切需要从头开始思索另一种看法了，如此我才能相信，灵魂不会随着肉体的消亡而毁灭。看在宙斯的分上，请告诉我苏格拉底是怎样处理这种诘问的。他是否和在场其他人一样，看起来极为心烦意乱，还是平静地阐述他的观点？他的回应是否令人满意，是否充分？请尽量详细地告诉我们。

斐多：不瞒你说，厄刻克拉底，我过去就非常崇拜苏格拉底，现在这种仰慕之情达到了顶点。他的回复想来没有什么好奇怪的。最令我崇敬的，莫过于他在与那群年轻人争辩时的愉悦、快乐且满是鼓励的态度，他还十分敏锐地察觉到了这场争论可能给我们带来的影响，然后又以非常温和的态度抚平了我们内心的躁动不安。由此，我们才得以重整思路，和他一道继续对这个问题进行缜密的思考。

厄刻克拉底：他是怎么做到的呢？

斐多：听我细细道来。那时，我坐在他右手边的一张矮凳子上，因此他的视线是高过我的。他抚摸着我的头，把玩着我颈后的头发——他曾经也时常这样抚弄我的头发。"明天，斐多，"他说，"你可能得把你这满头美丽的头发剪掉了。"

"看来是这样的，亲爱的苏格拉底。"我说。

"如果你听我的话，就不要剪。"他回答道。

"为什么呢？"我问他。

他说道："如果我们今天的论证到此为止，再也无法继续，我就会剪掉我自己的头发，顺带帮你剪掉这些烦恼丝。如果我是你，如果我在这场论辩中失败，我就会像古希腊人那样起誓，再也不要蓄发，除非我能够再度和西米亚斯以及赛贝斯展开辩论并且驳倒他们。"

"不过，"我说道，"他们说即便赫拉克勒斯（宙斯与阿尔克墨涅之子，神话中的大力神，他完成了十二项被誉为"不可能完成的任务"，将被缚的普罗米修斯解救出来，是勇敢和力量的象征——译者注）也不能同时击败两个人。"

"趁着天还没黑，你可以叫我做你的车马夫。"

"这没问题，但你要知道，这是车马夫在向赫拉克勒斯求救。"

"这并没有什么区别，"他说道，"不过，我们必须尽力规避某种风险。"

"那是什么？"

"诚然我们中有人会变成厌恶人类的人，然而嫌恶知识却是我们决计不该去做的。没有什么比厌弃知识更沉重的罪恶了。嫌恶知识和嫌恶人类是一样的过程。由于涉世未深，一个人很容易相信了另一个人，认为他是真诚、可靠、完全值得依赖的，然而，不久之后他却发现曾经那个他无比信赖的人其实卑劣不堪、不值得信赖，情况出现得多了，这个人便很容易产生厌恶人类的情绪。特别是当他发现原本最亲密的朋友也是这般虚伪不堪，他便会开始讨厌周围所有的人，认为这世界上根本没有一个人值得信任。你是否有过同样的经历？"

"当然。"我说道。

"这种状况无疑令人十分沮丧。"他说道，"它之所以会发生，是因为这个人在不具备任何人际交往技巧的前提下就去尝试和他人建立关系。只有拥有那种技巧，人们才会发现，世界上真正善良和真正邪恶的人并不多，大部分人都是介于两者之间的。"

"这是什么意思呢？"我问道。

"就拿特别高和特别矮来说吧，"他说道，"世界上还有什么比发现一个巨人或一个侏儒更罕见的事呢？很大的狗或体型硕大的其他动物也是不常见的，行动很敏捷或行动很迟缓，长相很丑陋或相貌很美丽的人以及特别黑或特别白的动物都是不常见的。在上述这些例子中，处于两个极端的事物是很少的，大部分都是介于两者之间的，你难道没有发现这一点吗？"

"不，我发现了。"我回答说。

"这么一来，"他说道，"如果我们举办评选坏蛋的比赛，获胜者也只能是少数人，你信吗？"

"极有可能。"我回答道。

他说道："比起人，论证却是完全不同的一回事了。我在竭力跟上你的思路。二者的相似性在于：某个缺乏辩论技巧的人认为某个观点是正确的，而后又觉得这个观点是错误的——有时候是，有时候又不是——这种情况会反复出现。某天，一个整天研究如何同别人争论的人认为自己已经变得非常聪明了，认为自己理解了所有物体和争论都没有任何合理性或可靠性可言，万事万物都处于不断的变化之中，仿佛它们置身于尤里普斯海峡[1]，而且不会始终待在同一个地方。"

"你说的完全正确。"我回答道。

他说道："假如真存在某种真实可靠而且可以学习到的论证，而某人由于发现很多论证时而真、时而假，而后开始憎恨、唾弃论证，他不怪自己缺乏论证技巧，而是沮丧地将一切都归为论证本身的错，这样一来，这个人就永远无法追寻到真理，也不可能拥有真实的知识了，这难道不令人惋惜吗，我亲爱的斐多？"

"我对天起誓，的确如此，"我说，"那实在太可惜不过了。"

---

[1] 尤里普斯海峡是埃维厄岛和维奥蒂亚陆地之间的海峡，此处的海流十分湍急并且变幻莫测。

"这是我们首先要防备的，"他说道，"我们不能让我们的头脑陷入混乱，而认为所谓的论证都是没什么用的。相反，我们应该相信是我们自己不够机智，没有勇气和热忱学习论证。你们是因为未来的日子还很长，而我是因为命不久矣。现在的我，很有可能对此失去一个哲学家应有的头脑，泯然众人。我很希望能够在论证中征服你们，因为那些无知之辈在辩论中往往对所论证之事的真相视而不见，只想要不顾一切地证明自己的想法是对的。我和他们至少存在这点不同：别人是否接受我的想法我倒不是很在意，我只是迫切地想要说服我自己。因为我认为——瞧我的语气多么激动——如果我说的是对的，我就该让别人也相信；而如果我错了，也就是说人死后什么都不复存在，至少，当我自己死去的时候，我不希望我的朋友为我难过，我希望自己的头脑能够不再那么愚蠢——那实在太糟糕不过了——但愿一切愚蠢和无知都能够很快终结。因此，西米亚斯和赛贝斯，如果你们听从我的建议，我会小心地回答你们的问题。请仅仅忠于真理，不要在意什么苏格拉底。如果你们认为我说的是对的，就请同意我的说法；如若不然，请竭尽所能来驳倒我，不要让我的急切蒙蔽了我的双眼和欺骗了你们，就好像一只临死时把刺留在你们身上的蜜蜂一样。"

"我们得继续了，"苏格拉底说道，"首先，如果我忘记了你们刚才说了什么，请及时提醒我。如果我没记错的话，西米亚斯不相信灵魂在人死后会继续存在，即便他也承认灵魂比起肉体来要更神圣而美好，就好像和声一般。而赛贝斯同意我的说法，他也认为灵魂比肉体持续的时间更久，但是没人知道灵魂是在历经了多少副肉体之后才消亡。灵魂的毁灭就意味着死亡，因为肉体的毁灭并不作数。亲爱的西米亚斯和赛贝斯，这些就是你们提出的需要解决的问题吗？"

西米亚斯和赛贝斯表示同意。

他接着问道："你们是否定先前所有的想法，还是只否定其中一些而相信另外一些？"

"我们否定其中一些，"他们齐声说道，"而相信另外一些。"

苏格拉底说道："学习就是回忆这一点你们同意吗？关于灵魂在附着于肉体之前就已经存在于某个地方的想法，你们是怎么看的？"

赛贝斯说："就我自己而言，我在初次听到这个想法时就被深深折服，而现在我对它的认可尤胜其他。"

西米亚斯说："我也是这么想的，如果我的想法有哪怕一丝一毫的改变的话，我自己都会觉得奇怪的。"

"亲爱的底比斯朋友，在这一点上你的想法的确发生了改变。"苏格拉底说道，"如果你认为和声是合成的，灵魂就是身体各部分的完美调和，我倒要问问你，是先有和声还是先有发出声音的物体呢，你总不至于告诉我说和声存在于能够发出声音的物体之前吧。"

"永远不会，苏格拉底。"西米亚斯说道。

苏格拉底说道："可你不是认同灵魂在进入身体之前就已经存在了吗？你还说，灵魂是对身体各组成部分的调和。可是那些尚未成形的部分呢？把灵魂与和声进行类比是不对的；得先具备琴和琴弦以及音符才能奏出和声，而和声是最后得到却最容易被破坏的。你会如何将现在的看法和你先前的观点进行调和？"

"我做不到。"西米亚斯说道。

苏格拉底说："毋庸置疑，比起其他观点，关于和声的论证尤其需要相互调和。"

"这倒不假。"西米亚斯说道。

"如此说来，你的看法是不一致的了？想一下你更倾向于哪种看法，学习就是回忆，还是灵魂是某种和声？"

"我选择前者，苏格拉底。第二个看法是缺乏根据的，尽管存在一定的可能性、说来也较为动听，这就是为什么大多数人更愿意相信后者。论证不能仅仅建立在可能性的基础之上，如果不注意的话，人们就很可能在几何学以及其他所有方面遭受欺骗。然而，回忆和学习理论建立在充分可信的假设的基础之上，因为我们都同意灵魂在进入身体之前就已经存在，正如我们称绝对的本质同样存在那般，我现在必须承认自己有充分的依据相信这点。因此，我不能相信任何人所说的灵魂是某种和声，不论是我自己还是其他任何人。"

"这是怎么回事呢，西米亚斯？和声或其他合成物，因其组成成分不同而具有不同的性质，这可能吗？"

"完全没有可能。"西米亚斯说道。

"它起什么作用以及受什么影响是依其成分而定吧？"

西米亚斯表示同意。

"因此，我们必须承认，和声并不能支配它的组成成分，反而是受控于其组成成分的。"

西米亚斯再度表示赞同。

"因此，和声不能自己发出，也不能发出任何与其成分不协调的声音。"

"没错，就是这样。"西米亚斯说道。

"和声的调子取决于声音被调和的方式，对吗？"

"我没明白你的意思。"西米亚斯说。

"声音调和得越多、越充分，和声就越动听，而如果调和的力度或深度不够就无法发出完美的和声，是这样吧？"

"没错。"

"至于灵魂，我们可以说某个灵魂比另一个更有内涵、更充分，或是这个灵魂比那个更单薄、更贫瘠吗？"

"绝对不能。"

"看在宙斯的分上，"苏格拉底说，"一个灵魂拥有智慧和美德，是一个好的灵魂，而另一个又愚蠢又邪恶，因此是坏的。是这么说的吧？"

"没错。"

"如果认为灵魂是某种和声的比喻，那些成分指的是否就是美德和邪恶，是否还存在其他和谐或不和谐的东西？好的灵魂是调和的、处于某种和谐中的、和内部其他成分相处融洽的，而坏的灵魂不但自身缺乏和谐，而且其内部也没有其他和谐的因素，对吗？"

"我不知道该怎么说，"西米亚斯说道，"但是持有这种看法的人很显然会说出类似的话。"

"根据我们先前达成的一致看法，"苏格拉底说，"灵魂就只是灵魂，它既不能有一点多余的东西也不能有任何一点欠缺；类似的，和谐就是和谐，它不能够再增减，是这样吗？"

"没错，是这样的。"

"如此说来，没有多余也没有欠缺的和谐即为声音得到了恰到好处的调和，是这样吗？"

"是的。"

"调和得恰到好处的东西，其和谐度还能增减吗？这种和谐难道不是同样充分的吗？"

"是同样充分的。"

"既然这个灵魂和那个灵魂同样是灵魂,那么,灵魂的和谐也只能维持在固定程度,不能再增加或减少,对吗?"

"这话对。"

"这样的话,它就不能够变得更加不和谐或更加和谐?"

"没错,不能。"

"在这种情况下,如果邪恶即为不和谐,而美德则为和谐,那么一个灵魂可以变得比另外一个更恶毒或更美好吗?"

"诚然不能。"

"事实上,西米亚斯,根据正确的推理,任何一个和谐的灵魂都不能够掺杂任何邪恶的成分,因为如果说和谐是一种完全和谐的东西,它就不能掺杂任何不和谐的成分。"

"诚然不能。"

"那么灵魂既然完全是灵魂,它就不会有邪恶的成分,对吗?"

"当然不能了,根据我们前面所说的,它如何能够加入邪恶的成分!"

"照这样说来,所有生物的灵魂都是同等好的,如果灵魂是同等的灵魂的话。"

"我是这样认为的,苏格拉底。"

"假如关于灵魂是和声的这种假设是对的,"他说道,"我们的推理就会是正确的,能够导出正确的结论。你认为这个结论对吗?"

"完全不对。"

"另外一点:在组成人的诸多部分中,你能说出主宰其灵魂的是哪一部分吗,特别是一个聪明人的灵魂?"

"我不能。"

"对于肉体的种种感觉和诉求,灵魂是顺从还是反抗呢?我的意思是说,当身体又热又渴的时候,灵魂阻止它喝水;当身体感到饥饿时,灵魂却不让它吃东西,如此这般灵魂压制肉体诉求的例子还有很多,难道不是这样吗?"

"是这样的。"

"另一方面,我们先前也都同意,如果灵魂是一种和声,它永远不会因琴弦的张弛和击打或对其构成部分所施加的其他动作而走调,反而会顺从它们,而不是试图主导或干预?"

"没错,我们都同意。"

"可是，灵魂现在却恰恰和我们刚才所讲的相反，它主导着身体的各个组成部分，终其一生对身体进行各种压制，主宰着身体，甚至对身体施以各种严苛痛苦的折磨。这种折磨有时候是通过锻炼体能和吞食药物而达成，有时候则是采取威胁或训诫等稍显温和的手段。此外，对身体的各种欲望、热情和恐惧，它都不加理会，仿佛那些跟它完全没有关系，一如荷马在其著作《奥德赛》中所刻画的奥德修斯那般：他边捶打着自己的胸脯，边扪心自问：'承受这一切吧，我的心，比这糟糕一万倍的事情你都经历过。'[1]

□ 奥德修斯在波吕斐摩斯的洞穴
雅各布·乔登斯　比利时

《荷马史诗·奥德赛》中，英雄奥德修斯在返乡途中带队登上独眼巨人族库克洛普斯居住的海岛时，步入巨人波吕斐摩斯的山洞。波吕斐摩斯回来后，吃了奥德修斯的六个同伴。奥德修斯用计将巨人波吕斐摩斯灌醉，用烧红的橄榄木杆戳瞎了他的独眼，还把活着的同伴一个个缚在公羊的肚子下面，与他们一起逃出了洞口。

"当他写下这句诗的时候，是否会认为自己的灵魂达成了某种和谐，处于身体各种感觉的控制之下呢？还是说，他认为灵魂具有超越和主宰身体感官的能力、是一种比和谐更为神圣的存在？"

"是的，对着上苍起誓，我是这样想的，亲爱的苏格拉底。"

"因此，我亲爱的朋友，我们说灵魂是某种和声的这种说法是极为错误的，这么说不但是对英雄诗人荷马的不敬，更是和我们自身相抵触。"

"的确如此。"西米亚斯说。

"好极了，"苏格拉底说道，"看起来底比斯的哈耳摩尼亚对我们是相当和善了。我亲爱的赛贝斯，我们又该如何赢得'卡德摩斯'[2]的赞赏呢？"

---

[1]见《奥德赛》第20卷。
[2]相传，哈耳摩尼亚是卡德摩斯的妻子、底比斯的建立者。此处，苏格拉底用双关语诙谐地说明，在处理完哈耳摩尼亚（和谐）的事之后，我们必须将焦点转向卡德摩斯（也就是赛贝斯，他也是底比斯人）了。

赛贝斯说道："肯定会有办法的，你对和谐的论证让我眼前一亮。当西米亚斯诉说他的困境时，我就在想，这世上是否有人能解决他的困惑；而当我看到他无力反击你的论证时，我感到非常惊诧。我不用再怀疑'卡德摩斯'承受着相同的命运。"

苏格拉底说道："亲爱的朋友，请别高兴得太早，否则我们将要说的话就会被恶意所干扰。然而，那件事还是听凭宙斯做主吧，我们现在须要像荷马那样，去思索你的话是否有意义。你的问题可以总结如下：在你看来，在哲学家死之前，其灵魂是不朽且不可摧毁的，他自信满满地认为自己在另一个世界会比现世过得更好，其头脑也不会变得蠢笨。即使证明了灵魂是强壮的、神圣的，在人类出生之前就已经存在，也并不能够证明灵魂是不朽的，而只能说明灵魂存在的时间较长罢了。灵魂在我们出生之前早已存在、知道很多事情、做过很多事，但这些并不能够证明灵魂是不朽的。事实上，灵魂进入身体的那瞬间，便开始了自我覆灭的旅程，就像疾病那样；它将在躁动不安中生存，最后随着死亡的到来而毁灭。在你看来，不论灵魂进入身体多少次，每个人终究还是害怕它会灭亡的，除非是傻瓜，否则在既不知道灵魂是否不朽又不能证明这点的情况下，所有人都会惧怕灵魂毁灭。这就是你的想法吧，赛贝斯？我反复说明这点，就是怕忽略什么细节，你如果有什么想补充的，请尽管说吧。"

赛贝斯说道："我没有什么其他要说的，你道出了我的心声。"

苏格拉底陷入了良久的思索，然后他说道："你提的问题很好，赛贝斯，对生成和毁灭的原因必须要做一个深入的思考。如果你愿意的话，我会结合我自己的相关经历作出解释。如果我说的话对你有帮助，你不妨在此基础上诉说你的看法。"

"愿闻其详。"赛贝斯说道。

"那么我要开始了。"苏格拉底说道，"当我年轻的时候，我对于大家所谓的自然科学非常感兴趣，在我看来，能够了解万事万物产生、消亡和存在的原因是一件很酷的事。在思考的过程中，我经常改变自己的想法，提出各种各样的问题：是否如常人所说，是冷暖交融孕育了世间生物？当我们思考时，我们是否借助我们体内的血液，抑或空气、火，还是没有任何外力的作用？我们的大脑是否为我们提供了听觉、视觉、嗅觉等感觉，并由此催生了记忆和观念，而记忆和观念会凝结成知识？随着我对万事万物如何消亡的研究及天空中和大地上的东西是如何运行的思考的深入，我最终得出：我对于研究自然科学知识并没有天分，对此我会给出充分的证明。我越研究，便越觉得糊涂困惑，我对于原先自以为知道而别人也都知道的事，经过研究后反而变得糊涂了，而且我从前知道的很多东西也全然忘掉了，尤其是关于人是如何生长的事。过去，我以为所有人都知道人类是靠食物和水生长的事：吃下肉类便会长肉，啃骨头便会生骨，食物的其余成分也会被身体相应的部位吸收，如此，人类才从小小的一团成长为一具庞大的躯体。这是我以前的想法，你们认为有道理吗？"

"我觉得说得通。"赛贝斯说道。

"听我接着说：当一个个子高的人站在一个个子矮的人面前时，他比后者要高出一个头，马儿也是这样分出个子高矮的，过去的我对此深以为然。此外，我还认为十比八大，因为中间差了一个数字二；两尺比一尺长，因为中间多了一尺这样的长度。"

"那你现在对这些事情又是怎么想的呢？"

"然而现在，我不敢说我知道这些事情背后的原因了。我不明白，一加一为何得二，这是原先的一变为了二还是加上的一成了二，抑或加上的一和原先的一合在一起变成了二？我也不明白，为什么这两个独自看来都是一而不是二，可是加在一起就成了二。把一分开，一就成了二。那么二的产生就有两个相反的原因，我们既可以说是一和一合并了，也可以说一被分开了。对此，我却不敢再轻言相信。

"我也不再相信一个单位或其他东西是怎么产生的，也不敢相信通过我旧有的研究方法而了解的事物是如何消亡或存在的观点，我现在思绪混乱，不敢再相信自己从前的想法。某一天，我听说有人在读阿那克萨戈拉的书，这个人说，头脑是万事万物的主宰和原因。这个观点使我感到振奋，在我看来，头脑确乎是万事万物的构因。若果如此，起着主宰作用的头脑便能主宰一切，为一切做出最佳的安排。如果一个人想知道所有事情的原因，想知道某个东西是如何消亡或存在的，那么他就必须找到使这件东西存在、工作或运行的最佳方式。在此基础上，人们还要思考，对于其他事物来说什么才是最好的；他们还必须要知道什么是较差的，因为这也是知识的组成部分。我考虑这些事的时候内心十分愉悦，因为我觉得有阿那克萨戈拉作为我的导师，告诉我世间万物的起因。他首先会告诉我，地球究竟是扁的还是圆的，接着，他会解释为什么地球是扁的最好，以及好在哪里。如果他告诉我地球处于宇宙的中心，他会接着对我解释为什么这样是最好的状态，如果他告诉我这些事情，我不会再相信其他任何人的任何解释了。我还会被告知太阳和月亮以及其他宇宙天体的相对速度、它们的运转以及其他相关知识，为什么它们之间的相互作用对彼此都是最有利的。阿那克萨戈拉说世间万物都是由头脑主导的，那么，一件东西怎样最好，就是这件东西所呈现出来的状态，除此之外再无他因。在指出了每件东西自身的原因以及万事万物共同的原因之后，他会接着解释每件东西怎样才会最好，而我抱着满满的希望，无论如何都不会放弃。我如饥似渴地读他的书，速度之快令人难以想象，我只想要尽快知道什么才是最好的、什么才是最坏的。

"可是我的希望很快就破灭了。我在读书的过程中，发现阿那克萨戈拉既不知如何发挥头脑的作用，也并未指出万事万物何以被如此安排；他把原因归于空气、苍天、水和其他莫名其妙的东西。这在我看来，就好比说苏格拉底的所作所为都是出于智慧，在说明为什么做一件事情的时候，他会说：我之所以坐在这里是因为我的身体是筋骨组成的，骨头是硬的、被关节分割的，而筋则能伸缩，皮肉使得筋连在一起，而筋又环绕着骨头，骨头则被一条条的韧带连在一起，筋的伸缩使我得以伸展四肢，这就是我为什么能够四肢弯曲地坐在这里的原因。

"他可能还会指出我为什么能和你们谈话的原因：他会说这是由声音、空气、听觉还有其他许多因素决定的。但是对真正的原因他却避而不谈，他不会告诉你们，真正的原因是雅典人觉得我最好被判处死刑，也正是这个原因，我才觉得坐在这里、保持缄默、接受他们对我所有的处罚对我而言是最好的。以神犬的名义起誓，若非由于我发现了雅典人对我的惩罚既不合适也不体面，我最好还是离开或逃亡，我早就带着我的筋骨逃到墨伽拉或维奥蒂亚去了。视这些东西为原因是荒谬的。如果有人说，没有筋骨和其他这些东西，我就不能够做出这种举动，那他说的分毫不差；但是，认为这就是我行为的全部原因，而看不到我其实是为自己做出了最好的选择，却是非常懒散而不负责任的，即便我是在用智慧进行思考。绝大多数人都是这样，分不清什么是真正的原因，什么又是原因的必要条件，就像那些在黑暗中苦苦探索的人一样：他们认为什么是原因，就用原本不属于它的名字称呼它。这就是为什么有人说地球被旋风环绕着，以保持平衡，而有人却说地球被空气包围、像一个宽敞的盖子的原因。至于是什么力量使得万事万物处于它们最佳的位置，他们并不关心，也并不认为这背后有任何神圣的力量，却认为他们总有一天能找到一位更强大、更不朽的阿特拉斯（希腊神话中泰坦神之一，希腊神话里的擎天神，属于提坦神族。因反抗宙斯失败，被宙斯降罪，让其用双肩支撑苍天。传说中，北非国王是阿特拉斯的后人。北非阿特拉斯山脉正是以他的名字命名的——译者注）为一切做出更好的安排。他们也不相信，万事万物之所以是最好的安排是因为有某种极好的、极其有凝聚力的'联结'将它们联系在一起。如果有人愿意传授我这类知识，我会毫不犹豫地拜他为师。然而，既然我被剥夺了这种权利，那么我既不能自己进行研究，也不能从任何人那里获取知识，你们还想听我讲述我第二次求索的经历吗，亲爱的赛贝斯？"

"愿闻其详。"

苏格拉底说："在那之后，当我对钻研事物感到厌倦的时候，我都会告诫自己，一定不要落得像那些观日食的人一样，因为他们中的一些人会毁掉自己的双眼，除非他们是在水中或借助其他物质来观察太阳的倒影的。一个类似的想法涌上心头，如果我用双眼观察事情、用感官捕捉它们，我害怕我的灵魂也会被蒙蔽。因此，我察觉自己必须通过语言来讨论和研究事物的真相，如此才能躲避外界的纷乱。然而，这种类比或许是不充分的，因为借助语言来研究事情的人比起那些依靠事情来进行思考的人而言，所处理的不过是假想的事物而非真相。我的做法是：从我对每件事情最有说服力的假设出发来展开研究，凡是与之相符的就是事实，不符的即为假想。但是我想表述得更加清晰些，因为我认为你们都不明白我现在在说什么。"

赛贝斯说："是的，看在上帝的分上，我们不怎么明白。"

苏格拉底说道："我就是这个意思。这绝非什么新鲜事，但是我却一直在和别人谈论它，不论是在其他什么地方，还是在我们讨论的开篇。我会试着向你们展示我自己所关注的那类原因。让我们回到常被提及的那些事物，以此为出发点。我认为美、善等绝对的东西是存在的。如果你们允许我这么做，同意这些事物真的存在，我相信我能把原因向你们讲明白，并且证明灵魂是不朽的。"

"你不妨当作我们同意吧，"赛贝斯说道，"愿闻其详。"

苏格拉底说："我认为，如果绝对的美内部存在着任何美的成分的话，那么使它变美的便是它和绝对的美相通的那部分，再无其他原因，其他事情也是如此。你是否同意这一观点？

"是的。"

"对于其他复杂的原因，我无法再予以理解或认可。如果有人告诉我说，一件事情是美的，因为它颜色鲜艳、外形美丽等，我就会忽略其他别的原因——因为所有这些原因都让我感到困惑——然而，我单纯地、孩子气地，甚至有些愚蠢地坚信，使得一件事情变得美丽的，无外乎其中包含了绝对的美或者共享了绝对的美；随你们怎样描述其和绝对的美的关系，对于这种关系的性质我不会再坚持，我只会说，一件事情之所以是美的，是因为它包含了美的成分。我认为，这是我和其他任何人所能给出的最为安全保险的答案了。这种说法对我和其他人来说都是好的，也就是说，美的东西经由其内部的美而变得美。你们难道不这样认为吗？以绝对的大为参照物，大的东西才显得大、较大的东西才显得较大，而小的东西之所以小是以绝对的小为参考，对吗？"

"确乎如此。"

"如果有人说，甲比乙大是因为甲高出乙一个头，而乙比甲小是因为乙比甲矮一头，想来你是不会接受的。你须得坚持说，甲之所以比乙大是因为甲本身就大，而乙之所以稍小是因为乙本身就小，除此之外再无其他什么原因。如果你说，甲因为比乙高出一个脑袋所以比乙大，乙因为比甲矮一个脑袋所以比甲小，可能就会有人质问你了：因为较大的较大、较小的较小，其间相差的距离相等，较大的之所以较大是参照了某个较小的东西，这么说简直不可理喻。对此你难道不感到难以作答吗？"

"当然了。"赛贝斯笑着说。

"十比八大二，这就是十大于二的原因，你能这样说吗？不能，十比八大是因为数量。同样的，二腕尺（古代长度单位）比一腕尺多出一腕尺，原因在于长度，而不是一腕尺。恐怕你也不能这样说吧？"

"诚然如此。"

"一加一等于二，二减一等于一，二的原因既是相加又是相减，你可以这样说吗？万事万物之所以存在，只因它具有某种本质，除此之外再无其他解释；二的双重性是二的本质，其他所有东西也都是这样，而所有的一都具有单一性。因此，不要在乎所谓的加上和分开，它们就留给聪明的人去解答吧。然而如别人所说，由于你内心的恐惧和经验的不足，你可能只相信自己的假设，而给出那样的答案。如果有人攻击你的假设，你很可能会对其视而不见，不予理睬，直到你查清那种种结果是自洽的还是互相抵触的[1]。如果你不得不对你的假设做出一番解释，你可能会采取同样的方式：你会给出另一种假设，一种在现下的你看来是最好的想法，直到你找到其他更容易接受的想法；但是你不会像辩论家那样，通过同时讨论假设和其造成的结果而将两者混为一谈——如果你意在挖掘事物的真相的话——他们从来不曾讨论或注意过这点，但是由于他们所谓的'智慧'，他们将一切混作一团，以期取悦世人。但是如果你足够聪明，我相信你会按我说的做。"

"你说的很对。"西米亚斯和赛贝斯异口同声地说。

厄刻克拉底：是的，看在宙斯的分上，斐多，他们说的没错。我认为即便是头脑最不灵光的人也能理解这些。

斐多：没错，亲爱的厄刻克拉底，当时在场的所有人也都是这么想的。

厄刻克拉底：我们这些当时不在场、现在听你转述的人也是这么想的。那之后他们又说了些什么？

斐多：在达成上述一致意见之后，他们又承认：所有这些形态都是存在的，其他事物由于内在包含某种性质而得其名。

紧接着苏格拉底又问道："如果真是这样，当你们说西米亚斯比苏格拉底高但是比斐多要矮，你们是否在说，西米亚斯身上包含着高和矮这两种性质？"

"没错。"

苏格拉底说："'西米亚斯比苏格拉底高'这句话并没有将事情的真相揭露出来。难道我们可以这样说：西米亚斯比苏格拉底高，因为他是西米亚斯，而不是因为他恰好具有高这一属性？他比苏格拉底高是因为苏格拉底是苏格拉底，而不是因为苏格拉底具有矮这个属性，我们似乎也不能这么说吧？"

"没错，我们不能这么说。"

"西米亚斯比斐多矮，是因为斐多是斐多，而不是因为相比于西米亚斯较矮的属性，斐多具有高的特性，这么说也是不对的吧？"

---

[1] 这句话可以理解为："如果有人对你提出的假设追问不休，你大可以不予理会、保持缄默，直到你查清其结果是彼此符合还是自相矛盾。"

"毋庸置疑。"

"西米亚斯既是高的也是矮的,介于两者之间,也就是说:相比于某一个人的高,他是矮的,而相比于另一个人的矮,他是高的。"苏格拉底微笑着补充说,"我似乎在像教科书那般讲话,但是我说的内容却是事实。"

西米亚斯表示认可。

"我希望你们都能同意我说的话。在我看来,不但高者不希望自己变得那么高、矮的人也不希望自己这么矮,而且,我们之中身材较高的人也永远不会承认自己是矮的。然而下述两种情形必有一真:高的东西在碰到矮的东西的时候逃走了,或是在碰上矮的东西的时候被摧毁了。高的东西不愿意忍受也不会承认自己是矮的,它只会说自己是高的,而我却甘愿承认自己很矮,我也能忍受自己这种特性,并且不会改变自己是小个子这一事实。但是高者却不肯让自己面临任何变矮的风险。同样的,我们中个子矮的人也不情愿变得那么高。对立着的事物的一方不愿意向自己的对立面发展,却依然保持自己原来的属性;它要么选择逃跑,要么当一切无可挽回地发生时被摧毁。"

"我完全同意你的看法。"赛贝斯说道。

听到赛贝斯这么说,在场的其中一人——我记不大清他叫什么了——问道:"以诸神的名义,我们先前的讨论所达成的一致意见和现在是完全相反的啊,也就是说,较大的东西是从较小的东西中发展来的,较小的事物来自于较大的事物,由此才产生了种种对立的事物;但是,现在我们却好像推翻了这种看法,觉得这是不可能会发生的事情?"

苏格拉底将视线转向这位发言者,说道:"提问的勇气可嘉,但是你没有理解这其中的差异。我们前面的确是说过,对立着的事物之一是从其对立面发展而来的,而我们现在说的是:对立的事物永远不可能与自己对立,无论是我们人类还是自然界中的其他什么事物。我亲爱的朋友,我们刚才讨论的事物是具有对立属性和对应名称的事物,但现在我们说的是:这些对立物——其名字的由来在于它们具有某种属性——永远不可能允许自己拥有与自己对立的那种属性。"说这话的同时,苏格拉底看向了赛贝斯,"这位先生说的话也让你感到困惑吗?"

"并没有,"赛贝斯答道,"但是保不齐其他很多事情会让我感到困顿不安。"

苏格拉底说:"那么我们现在达成了共识:对立物永远不会与自身对立。"

"完全同意。"

"那下面这点你是否会同意呢：世界上存在所谓的热和冷这种东西？"

"没错。"

"它们和你称之为雪、火的东西是一样的吗？"

"对着宙斯起誓，没错。"

"如此说来，热指的不过是火这类东西，而冷指的无非是像雪这样的事物。对吗？"

"毋庸置疑。"

"让我们沿用上面的说法，想来你们都会同意的：假如雪受热，雪不能既是雪又是热的，但是当热逼近它的时候，它要么提早避开，要么即刻消融。"

"没错。"

"火也是如此，当冷试图靠近的时候，它要么闪避一旁要么等待着被摧毁；它绝不会容纳了冷而依然保持自身火的特性。"

"你说的分毫不差。"

"对某些事物而言，不但存在外形可以始终保持与其名字一致的事物，而且还存在虽然不具备形体但是却具有相应属性的其他东西。让我说得更明白些：我们对奇数的定义从来就不曾变过。对吗？"

"毫无疑问，是这样的。"

"我的问题是：除了奇数这个概念之外，是否还存在另外一些虽然不具备奇数的概念，但是性质却永远是奇数的东西？譬如说数字三和其他数字。下面以三为例：叫做三的那个数不是概念，而是一个具体的数字，而数字三则被称为奇数，是这样没错吧？这就是三的本质，数字五亦如此，一半的数字都是这样的。同样的，二、四和剩下的另一半数字成为偶数；所有这些数字和偶数这个概念也不尽相同。你们同意吗？"

"当然。"

"请注意，我想表达的是：不但对立物不肯互相兼容，其他东西也是这样，它们不可能既彼此对立却又包含，此外，它们还无法容纳与其自身性质相反的形式；当其对立面试图接近它们的时候，它们要么消亡殆尽，要么选择避开。以三这个数字为例，除非它消亡或是降格为其他数字，否则它绝对不会变为偶数而仍然是三，你们同意吗？"

"毋庸置疑。"赛贝斯说道。

"二并不是三的对立面?"

"俨然不是。"

"如此说来,不仅对立的东西在接近时互相排斥,还有其他某些东西在靠近的时候也会互相躲避?"

"完全不错。"

"你们是否想要定义这些对立的东西究竟是什么呢?"

"是的,非常渴望。"

"作为某种概念的外在表征,它们不但具有这个概念的形式,还会和这个概念一道排斥它的反面。"

"此话怎讲?"

"如我们刚刚所说,你们肯定清楚:如果某物的主要构成是三,那么它既是三也是奇数。"

"没错。"

"那么,由某个概念产生的东西绝不会容忍和这个概念相反的概念,对吗?"

"没错。"

"三这个数字不是产生于奇数的概念吗?"

"是的。"

"和数字三相反的即为偶数?"

"是的。"

"那么偶数的概念永远不会容纳数字三,对吗?"

"决不。"

"如此说来,数字三和偶数是互不相容的。"

"不相容。"

"三不是偶数?"

"没错。"

"我们现在必须来下个定义:什么样的东西,虽然和某些东西并不对立,但是却总相互排斥呢?以数字三为例,它虽然和偶数的概念并不对立,却总用它的奇数性来抗拒偶数,数字二和奇数的关系也是这样,其他的又譬如火和雪以及其他很多东西。想一想下面这个观点你们是否同意:相互排斥的不仅是相反的概念，构成相反的概念的那些东西也彼此排斥。现在请清理下你们的思绪，老生常谈并无坏处。数字五排斥偶数的概念，十也一样，它是五的二倍，从而也不容纳奇数。数字十和其他某个东西相反，但是它和奇数的概念并不相容。同样的，一又二分之一以及其他分数和整数也并不相容，三分之一等其他数字也是如此。你们跟得上我的思路、同意我的看法吗？"

"我完全同意，"赛贝斯说道，"我懂你的意思。"

苏格拉底说："请再从头告诉我一遍，不要用问题的原话回答，而是要像我那么做。我在一开始的时候就说过，除了那个特定的保险的回答，还存在其他稳妥的答案。如果你问我什么东西在进入身体时会让身体变烫，我的回答可能不会是热这一稳妥而未经深思熟虑的答案，我们的讨论为我提供了一个更为精妙复杂的答案——火；如果你问我是什么进入了身体导致身体染疾，我不会说是疾病，我会说那是发热；如果你问我，数字的什么因素决定它成为奇数，我不会说是奇数性，而会说是单一性，其他的事情也是这样。你们明白我说的话了吗？"

"是的，非常明了。"

苏格拉底说道："那么告诉我，身体中的什么东西使得人活着？"

"灵魂。"

"总是如此吗？"

"总是如此。"

"不论灵魂附着于哪具肉体之上，它总是赋予其以生命吗？"

"是的。"

"那么，是否存在着生的对立面呢？"

"存在。"

"那是什么呢？"

"死。"

"从我们前面的讨论来看，灵魂永远不会容纳与其占有的东西相反的东西？"

"断断不会。"赛贝斯说道。

"我们把和偶数的概念不相容的东西称为什么呢？"

"非偶。"

"和正义不相容的又叫什么呢？与和谐不相容的叫做什么？"

"非正义；不和谐。"

"很好，和死不相容的叫做什么？"

"不死的。"赛贝斯回答道。

"灵魂是否和死相容？"

"不。"

"这么说来，灵魂就是不死的了？"

"没错。"

"很好，"他说道，"如果非偶是不可摧毁的，那么数字三也肯定是不可摧毁的了？"

"当然。"

"如果不热是不可摧毁的，那么当雪面对热的入侵时它就会安全地避开，只有这样它才能够免于消融的厄运，如此说来，雪和热就是无法相容的？"

"没错。"

"同样的，如果不冷是无法摧毁的，那么当火受到冷的入侵时它就会选择安全地躲闪开来，如此才能不被熄灭或摧毁？"

"完全正确。"

"不死这件事难道不是一样的吗？如果不死也是不可摧毁的，那么当死神降临时灵魂就不可能被毁掉了。如前所述，它和死并不相容，就好像数字三永远不会成为偶数一样；同样的，火也不可能变冷，火中的热也不可能变冷。也许有人会问，当奇数碰到偶数时，奇数不会变成偶数——这是我们已经同意了的，可是奇数就不能被毁灭而让偶数来替代吗？我们不能反驳持有这种观点的人，因为非偶不是不可摧毁的。如果我们同意它是不可摧毁的，那么我们就能很容易得出：在面对偶数的入侵时，奇数和数字三早已逃之夭夭，同样的道理也适用于火、热以及其他诸多事物。"

"没错。"

"如果我们同意不死是不可摧毁的，那么灵魂除了是不死的之外，也是不可摧毁的。如果不是这样的话，我们就要另行论证了。"

"没有必要这么做，因为如果不死和摧毁是互不相容的——不死意味着永远存在，那么就没有什么可以被摧毁的了。"

苏格拉底说："神明、生命概念本身以及其他不死的东西是永远不会被摧毁的，你们是否都同意？"

"没有人会否认，我认为神明尤为坚不可摧。"

"如果不死是不可摧毁的，那么灵魂——如若它是不死的话，也是无法摧毁的了？"

"毋庸置疑。"

"当死亡迫近时，一个人的肉身的部分会逐渐消亡，而他身上不死的部分却能安全地逃离并且保持不被摧毁的状态。"

"是这样的。"

"这么说来，赛贝斯，"他说道，"灵魂是不死且不可摧毁的，我们的灵魂会在另一个世界怡然自得。"

"我没有什么可以反驳的，苏格拉底，"赛贝斯说道，"我也毫不置疑你的论证。如果西米亚斯或其他人有什么想要说的，请大胆地讲出来吧，因为我不知道除了今天还有什么机会我们可以同我们挚爱的苏格拉底讨论，听听他对这些问题的想法。"

"没问题，"西米亚斯说道，"听了这些话之后，我没有再去怀疑的理由；然而，考虑到谈话主题的重要性以及我对于人性弱点的浅薄观点，我对于我们刚刚所说的话仍然有一些怀疑和忧虑。"

"这么说很对，西米亚斯，"苏格拉底说道，"我们的第一个假设也需要更为清晰的解释，即便我们认为它已经足够有说服力了。如果你们对这些观点进行彻底的分析，你们就会像其他人那样继续当前的论证；如果结论是清晰的，你们就不会再四处苦苦寻觅了。"

"你说的没错。"

"先生们，如果灵魂是不朽的，那么你们需要密切关注的就不单单是活着这件事了，你们还需要对其进行时时刻刻的观照。如果一个人不够谨慎，那么他就将陷入灾难的深渊中。如果死亡意味着对万事万物的抽离，那么对于邪恶的人而言倒是莫大的恩惠了，这样一来他们就能够摆脱身体的束缚，同时还能不再受自身邪恶的本质以及灵魂的种种干预。然而，既然灵魂是不朽的，那么它的邪恶或野蛮的部分就变得无处可躲，除非通过美德和智慧的作用消除邪恶或野蛮，原因就在于：当灵魂进入另一个世界的时候，它除了生前所受的教育和教养之外身无所长，对于死者而言，生前所受的教育和教养能够在他们的死亡之旅开场时为他们带来最庞大的福祉，抑或最恶劣的伤害。

□ 埃斯库罗斯

古希腊悲剧诗人埃斯库罗斯（约公元前525—前456年），与索福克勒斯和欧里庇得斯并列为古希腊最伟大的三大悲剧作家，被称为"悲剧之父"。希波战争期间他参加了著名的马拉松战役和萨拉米斯战役。埃斯库罗斯一共留下了90部剧作（包括山羊剧），其中79部的名称流传下来了。这79部作品中，最著名的20部都遗失了。他的代表作有《被缚的普罗米修斯》《阿伽门农》《复仇女神》《波斯人》《乞援人》《七将攻忒拜》等。他被一只从高空坠落的乌龟砸死。

"当人死的时候，其生前指派来的守护者的灵魂会将其引向某个特定的地方，在该特定之处接受审判之后，他们会在另一位引路者的指引下前往另一个世界。在经历了种种渡劫并且在另一个世界游历一段时间之后，他们会在另一位向导的指引下返回到生前的这个世界，当然，这需要极其漫长的岁月的考验。这种旅程并不像埃斯库罗斯在《忒勒福斯》[1]中所描述的那般。在这位悲剧诗人笔下，通往另一个世界的路只有一条，但是在我看来，前往那神秘国度的路绝非一条，并且很有可能荆棘密布，否则就不需要安排任何向导了；如果只有唯一一条路的话，人们就要警惕，千万不要犯任何错误。诚然，这条路很可能纵横崎岖，且有很多分岔路口。接下来，我想对宗教仪式和传统进行一番论述。

"自律而理智的灵魂会服从向导的指引，以坦然的姿态面对周围的一切，而对肉体有着深深依恋的灵魂却久久不愿离去——它在肉体和有形世界中盘桓游荡，忍受着许多苦楚和折磨，直到命定的向导将其强行拉走。对于生前杀过人或犯下过类似罪行的灵魂而言，其所到之处人人避之不及，谁都不愿意成为它的旅伴或向导；于是这个灵魂开始独自游荡，等待着被遣送至适合它的地方。与之相反，生前过着温良节制生活的灵魂则会收获许多过路者和神明的指引，并且每个引路者都会恰好在灵魂需要的地方出现。

"地球上有很多奇奇怪怪的地方，而地球本身的性质和体积也并不如那些高谈阔论者所臆想的那般。我是在某个人的劝说下才发现了这一点。"

---

[1]埃斯库罗斯所著的《忒勒福斯》业已失传。

西米亚斯说道:"这是什么意思呢,苏格拉底?我听过关于地球的很多事情,却从未听闻你说的那些事。愿闻其详。"

"说实话,西米亚斯,我并不认为告诉你这些事需要格劳库斯之技[1],然而,证明它们却是真的需要更多更复杂的方法,我很可能做不到这点。另外,即便我拥有这种知识,由于我命不久矣,我也很可能无法把故事讲完。然而,我还是会尽全力告诉你地球究竟是什么形状的,又是由哪些区域构成的。"

"这已经足够了。"西米亚斯说道。

"好极了,我深信不疑的第一点是:如果地球是位于天空中间的一个球体,它就不需要空气或其他力量来防止自己坠落。天空的同质性以及地球自身的均势性足够支撑地球,原因就在于,对任何处于某种同质事物中间的平衡物体来说,不存在让它向任何角度倾斜的力量,于是乎,地球的位置会保持不动。这就是我要说的第一点。"

"听上去似乎很有道理。"西米亚斯说道。

"此外,地球非常庞大,而我们居住的空间不过是位于法希斯岛和赫拉克勒斯之柱之间的一片很小的海域,我们就像是沼泽中的蚂蚁或青蛙一般渺小;其他人则住在地球的其他角落。地球上遍布着各种类别、形状和大小不同的洞,那里凝结着数不尽的水、雾气和空气。地球本身是纯净的,静静地栖息在满布繁星的苍穹之中——研究这类事情的人通常称之为太空。水、雾气和空气都是太空的沉积物,它们常常会流入到地球上的那些洞中。而我们其实也居住在这些洞中,然而我们对此却不自知,反而认为我们生活在这些洞上面,也就是地球的表面上。这就好比一个居住在深海中间的人认为自己生活在海洋表面上一样,荒谬至极。看到太阳和其他天体从水中穿过,这个人便认为海洋就是天空;因为他自己又迟钝又虚弱,他从未到达过海洋的表面,甚至从来没有将头探出过水面,或是从海里游出来去到其他地方,去发现这个世界上有很多比他居住的空间更加纯净美好的地方,他也从来没有听其他地方的人谈论过这种美丽。

"我们的经历也是相同的啊:我们居住在地球的某个洞中,却认为自己生活

---

[1] 这句谚语的来源已不可查。

□ **休息的赫拉克勒斯**

古希腊青铜雕塑,由雕刻家利西普斯创作于公元前320年左右。原始雕塑已经遗失,现存于世的均为其复制品。

赫拉克勒斯是古希腊神话主神宙斯与阿尔克墨涅之子,出生后为宙斯的妻子天后赫拉所憎恨,屡屡遭其设计陷害,但他力大无穷,英勇无畏,完成了12项被称为"不可能完成的任务",解救了被缚的普罗米修斯,隐藏身份参加了伊阿宋的英雄冒险队并协助其取得金羊毛。他死后进入奥林匹斯圣山,成为大力神。在西方,赫拉克勒斯是大力士和硬汉的象征。

在它的表面上;我们认为空气就是天空,因为星星穿梭于此;而其原因也是雷同的,由于我们的虚弱和迟钝,我们无法抵达空气的上层部分;如果有人到了空气层的顶端,如果有人能够挥舞翅膀穿越云层、将他的头探出去,像是鱼儿从海底跳出去一样,他就能够看到外面世界的美丽;如果他有幸对此展开沉思,他就会知道天空是真实存在的,光、地球等也是真实存在的,因为地球、石头和整个空间都是变质了的、被吞噬过了的,就好像海水对海的破坏作用那般。

"更不用提海洋中生长的物种有多么繁盛,有土地的地方就有洞穴、沙子、黏质和泥土,然而这些都无法与我们所居住的地方相媲美。我们上面那个世界的东西一定会比我们所处的世界里的更令人赏心悦目、心旷神怡。事实上,西米亚斯,如果现在要我给你们讲个故事,我想没什么比讲述地球表面万事万物的性质更合适的了。"

西米亚斯说道:"我们一定会喜欢这个故事的。"

"好吧,我亲爱的朋友。首先,如果从上面来看,地球就像是由十二块皮革组成的球体,它颜色多样,这些颜色都被画师赋予了各式各样的寓意——更上层的空间也是由这些颜色构成的,但是要更加明亮而纯净——有的部分像海洋一样呈现墨绿色,拥有着鬼斧神工般的美丽,有的部分则是金色的,还有的部分是比白垩或雪更加纯净的白色。地球还有其他很多种构成颜色,比我们见到的更多更漂亮。地球上的洞充满了水和空气,在多种颜色的交织中发出淡淡的微光,呈现出自身的颜色,因此从整体看上去就像是由多种颜色构成的连续统一体。地球表面上生长的植物洋溢着自身独特的美丽,像是树、花朵、水果、山麓、石头,它们的平滑、透明和鲜艳让它们看起来更加美好。我们有价值连城的石头,像是玛瑙、碧玉、祖母绿等等,尽管它们其实不过是山石的碎片罢了。地球表面上的东西都像这些石头一样漂亮，甚至更加令人赏心悦目。原因就在于它们是纯净的，不曾被撕裂或被腐殖质和盐水侵害，也不曾被四处流淌的水和空气侵蚀，这些坏东西会让地球上的石头、动物和植物变得丑陋、病恹恹的。地球就是由这些美好的东西装点着的，除此之外还有金银和其他金属。这些东西数量众多、体积庞大并且无处不在，使得地球成为一个充满着快乐和幸福的乐园。地球上还有很多其他生物，他们有些生活在内陆，有些生活在空气中，就如同我们生活在海边一样，有些则居住在被空气包围着的、靠近陆地的岛屿上。总而言之，水和海洋之于我们就像空气之于他们，天空之于他们就如同空气之于我们。他们那里的气候总是那么宜人，所以没有人受到疾病的折磨，他们的寿命也比我们长得多；他们的视力、听力、智力以及其他各种感官都比我们灵敏得多，就像在纯净度方面空气优于水、天空优于空气一样；他们用果园和庙宇来供奉神明，神明和他们生活在一起；他们通过谈话、语言和对视来彼此交流；他们看到的太阳、月亮和星星都是无比真实而美好的，他们的快乐实在叫人艳羡。

"这就是形形色色的地球和地表万物。整个地球分布着许多空间和区域；有的空间比我们所居住的不但更深，而且更为开阔，而有的虽然比我们深但却比我们狭窄许多，还有些空间比我们的浅，但是略为宽敞。在这些空间的地底下散布着天然凿就的孔道，将地下水融汇起来。空间之间彼此联通，地下水道也呈现出大小不一的格局。有些水道汇集了几处涌来的水，彼此冲搅涌动。地底下还有若干条很大很大的河，此间河水永无止歇地流淌着。河水有的滚烫，有的冰得刺骨。地底下还有很多火，以及一条条火河。此外，地底下也不乏泥石流的存在，其泥浆有的稠，有的稀，就像西西里喷发熔岩之前所流的那种。这些河流随时流进各个空间的各处地域。由于地球的振荡运动，河流便有涨有落地震荡。此种震荡产生的原理如下：在地下许多条裂缝中，最大的那条构成了一道贯穿整个地球的峡谷。正如荷马史诗里所说的，'远处，在地底最深的深渊里……'其他诗人也在不同场合、不同著作中描述过这个地方，并称其为塔耳塔洛斯（亦即地狱）。所有河流都流入这个深渊，再从这里流出去。河流流过什么土地，便具有了那片土地的性质。那么为什么所有的河流都要在这个深渊里流进流出呢？因为这些流质没有着落，也没有基础，因此总是在有涨有落地震荡，连带着附近的空气和风也跟着一起震荡。流质往哪边灌注，空气和风就往哪边吹，像呼吸那样吸进来又

□ 哈迪斯

古希腊神话中的冥界主宰，奥林匹斯十二神之一，是第二代神王神后克洛诺斯和瑞亚的长子，波塞冬和宙斯的大哥。他的配偶是神王宙斯与农业女神德墨忒耳的女儿珀耳塞福涅。他拥有世界上所有埋藏在地下的黄金和宝石，是司掌财富和最富有的神灵。

呼出去。当风随着流质冲进冲出时，就形成强烈的风暴。每当水退到我们称为下界的地方时，它便会灌入下界的河流，就仿佛被水泵泵进去一般。水流出下界、返回上层空间的时候，就会把那边的河流灌满。灌满后，水就沿着渠道、沿着各自的方向流到各个地方，或流进地里，或汇聚成海，或是成为沼泽地或小河小溪。水会再度向下界流去，其中几股水会流经几处很大的区域，有的流经的地域则比较小了，地势也较为平浅。但最终它们都会流向地狱。这些流质流进地狱的入口有些比地上的出口低许多，有的则只是略低，但总归是比原先的出口低。有的顺着其原先的河道流回地狱，有的从对面的河道流回地狱，而有的则绕成圆圈儿，像蛇那样顺着地球转一圈或几圈后落入深渊的最深处。水可以从峡谷的两端向中心流去，但是到了最深的中心就流不出去了，因为两旁都是峭壁。

"地下的河流很大，种类也不尽相同，而最主要的是这四条：最大的那条河在最外层，叫做俄亥阿诺斯河，它绕着地球流成一圈。和俄亥阿诺斯河相对、流向相反的是苦河。苦河在流过几处沙漠后流进地的下层，汇成苦湖。多半亡灵都被投入这个湖里，在这里待上或长或短的固定期限后被送去投胎转世。第三条河在这两条河的中间，其源头是一大片焚烧着熊熊烈火的地区，灌入水后便成为沸腾着水和泥浆的湖，这个湖甚至比我们的地中海还大。混浊的泥浆从湖里流淌出来，形成一个圆圈，弯弯绕绕，流过许多地方。它会流到苦湖边上，但是和苦湖的水各不相犯。接着这条河又回到地底下呈圈状流淌，然后从更低的地方流入地狱。

"这条河就是火河，地球上各个地方喷发的火山岩流都来自火河。和火河相对的就是第四条河，即冥河。据说冥河流经的地方又破败又荒芜，整个地方都沉浸在阴暗的青灰色中，冥河流经这个地方就形成了冥湖。涌进冥湖的水流会获得可怕的力量，而后在地底下沿着与火河相反的方向蜿蜒流淌，流进苦湖后和火河相会。冥河的水也和其他河流互不相容，它接着绕圈流到火河对面，而后流进地狱。第四条河又被诗人叫做悲叹之河[1]。

"这就是这些事物的本质。死去的人在守护者的带领下来到这个地方，首先要面对地下判官的审判，勘查其生前是否过着正直虔敬的生活。那些生前非大奸大恶的普通人会登上早已为他们准备好的船只，前往苦河。之后他们就会待在那里，接受洗练，如果他们生前做过坏事，就要为此赎罪；如果行过好事就按照功德给予奖励。那些生前犯下太多譬如亵渎神明、恶意谋杀等罪行的人，因为罪孽太过深重无法涤清，就会被投进地狱，永世不得超生。那些做过恶事尚可补救的人——譬如在情绪激动之下对父母施暴，而后终生活在悔恨和谴责中的人，或是那些激情杀人的人，也会被投进地狱。但是一年之后，翻滚的浪头会将这些人抛出地狱外，其他杀人犯则会被投进悲叹之河，而伤害父母者则会被抛入火河。当他们被带进苦湖后，他们嚎啕不止，为被他们错杀的人或被他们虐待的人感到难过，嘴里喊着会为这些人日夜祈祷，希望这些人能够从苦湖中跳出来拯救他们。如果他们态度真诚，那些被他们伤害过的人的亡魂真的会走出来，而后他们的惩罚就结束了；如果不然，他们会被重新带至地狱以及各条河流中接受惩罚，除非他们能够感动被他们伤害过的亡灵，否则这一切惩罚都不会停止，因为这是拉达曼提斯施加在他们身上的。

"那些生前表现极为虔敬的人则会被宽恕，他们会被释放出去，就像从监狱里重获自由的犯人那般；他们会去到一个纯净的栖息之所，从此之后在地表的某个地方生活。那些生前通过哲学修习使自己的灵魂得到净化的人将会聚集在一起，虽然这时的他们是没有肉体的；他们会前往更加美丽的居所，然而其美丽是难以描述的，时间也不允许我们这么做。鉴于我们刚才所说，西米亚斯，一个人在活着的时候必须竭尽所能追求美德和智慧，如此才能收获满满的回报和希望。

"但凡智力正常的人可能都会对我刚刚所描述的嗤之以鼻，但是我认为冒险坚持这种信仰是值得的，因为这种信仰是无比纯净高尚的，亦即对我们的灵魂和

---

[1] 另一个世界的这些特征参见《奥德赛》第10卷以及第11卷。

栖身之所抱有信念。因为我们的灵魂显而易见是长生不朽的，因此，我们应该像念诵咒语一样重复这种念想，这就是为什么我煞费苦心地对你们讲述我的故事、为什么人人都应该对自己的灵魂满怀信心的原因。有人终身不理会肉体的享乐和装饰，认为它们都是身外之物，百害而无一利。这种人一心追求知识，用谦虚、理性、勇气、自由和真理等美德来装饰自己的灵魂，对于死亡也保持坦然的心态，只待命运召唤，就准备动身。

"西米亚斯，赛贝斯，以及在座的其他人，"苏格拉底接着说道，"你们将来也终究踏上各自的旅程，但是我不得不悲伤地告诉大家，我的时刻已经到来。那么现在，在喝下毒药之前，我想我要去沐浴一下，如此一来，那些女人就不必费力清洗我的遗体了。"

话音刚落，克里托便开口了："很好，我亲爱的苏格拉底，你对我们还有些什么指示吗？你希望我们如何对待你的孩子，有其他需要我们做的吗？我们怎么做才能使你快乐一些？"

"什么都不必做，"苏格拉底说道，"和我从前劝告你们的那样，无论你们做什么，只要照顾好自己就可以了，这样于你于我都最好不过，即便你们不同意我现在说的话。如果你们不好好照顾自己，不按照我们刚刚达成的一致意见那样去生活，即便你们现在对我表示赞同，你们将来还是会一事无成的。"

"你的指示我们定当竭力照办，"克里托说道，"但是，我们要如何埋葬你呢？"

"怎样都好，"苏格拉底说道，"只要你们抓得住我，我就决然不会逃跑。"沉默一笑之后，苏格拉底看着我们说道："我该如何让克里托相信现在和你们说话、对你们提出种种建议的那个人就是苏格拉底本人，他认为我马上就要变成一具尸体了，所以他问我该如何埋葬我。我反复告诉你们，在我喝下毒药后就无法再和你们在一起了，我会离开你们，在另一个世界过着受到祝福的生活；但是现在看来，我所说的一切无疑是徒劳无功的，既不能安慰你们，也无法让我自己平静下来。"

苏格拉底接着说道："请以我的名义向克里托做出承诺，这个承诺与他在法庭上所做的相反。他当时向法官保证我不会离开；而现在你们则要发誓，我死后不会待在这里，而是会远走高飞。如此一来，当克里托看到我的遗体被火焚烧或被埋在土里时才不至于无法承受，也不会生我的气，觉得我仿佛在受着痛苦的折磨一样，在葬礼上他也不会说他自己正在安葬苏格拉底——安放也好，抬着也好，埋葬也罢。我亲爱的克里托，你应当了解，说这种话不仅毫无意义，对灵魂也是一种玷污。你应该开开心心的，说你不过是在埋葬我的肉体，请以你喜欢的、最合适的方式埋葬我吧。"

说完这话，苏格拉底站了起来，走到另一个房间，开始沐浴。克里托跟在后面，告诉我们稍等片刻。于是我们留在原地，开始讨论刚刚所说的话，过了一阵子，我们开始讨论我们即将面对的厄运。我们都觉得仿佛失去了一位慈父，从此之后就要成为一名孤儿，孤独地生活在这世间。苏格拉底沐浴结束后，他的三个儿子以及家中女眷被带来跟他告别。他当着克里托的面对家人们做出了最后的指示。之后，他送女人和孩子们离开，然后再次回到我们身边。彼时日头已经快要落下，因为他在狱中已经待了好一阵子了。他坐下来，和我们又交谈了一会儿，直到狱监进来站到他身边，对他说："我不会像责备其他人那样责备你，苏格拉底。当我履行自己的职责端来毒药给他们喝的时候，他们只会对我发火、咒骂我。你在这里的这段时间，我渐渐了解到你是一位真正的贵族，拥有着最高尚的道德和最完美的人格，因此我知道你不会为难我。你知道谁才是酿成这一切悲剧的元凶，所以只会对那些人发泄愤怒。想来你也知道我将要做什么，永别了，希望你能够尽量从容地面对将要到来的不幸命运。"说完这话，他便满含热泪地转身离开了。苏格拉底看着他的背影说道："永别了，我们会按你说的做。"而后他转向我们，"这是个多么好的人啊！我入狱后的这段时间，他时常过来跟我谈心，他真的是一位和蔼可亲的人，现在他又为我洒下了真诚的泪水。克里托，来吧，接受命运吧。要是毒药已经备好了，就端过来给我吧，要是还没好，就差人尽快弄好吧。"

克里托说道："可是太阳依然在山间照耀，还没有落下。据我所知，其他人在毒药端过来很久以后才会喝下去，在此期间，他们会吃点食物，或是喝点东西，有些甚至会和爱人欢聚，享受生命最后的欢愉。所以，你也不要着急，我们还有些时间。"

苏格拉底说道："对他们来说这么做再正常不过，因为他们以为这样做是有好处的，但是我不一样。我认为晚些喝下毒药对我也不会有什么好处，如果我迟迟不肯放手，恐怕我自己都会觉得荒谬，毕竟，活着对我已经没有任何意义了。所以，按我说的做吧，不要拒绝我。"

□ 苏格拉底之死　雅克·路易·大卫　法国　1787年

囚于狱中的苏格拉底被判处死刑，为了信仰与公义，他慷慨赴死，饮鸩自杀。苏格拉底从容镇定，左手高举，表现出坚定的决心；周围的人们为失去这位智慧正直的哲人，而感到悲痛万分。

听到这话，克里托对站在身边的一位仆人点了点头；仆人走了出去，过了一阵子，他和那个掌管毒药的人一道回来了，手里端着配置好的毒药。苏格拉底看到后说："很好，想来你对此早已轻车熟路。我该怎么做？"

掌管毒药的人回答道："喝下去，四处走走，直到你觉得双膝酸软，然后躺下来，让药效自然发挥就好。"说完，他便把杯子端给苏格拉底，苏格拉底接了过来。亲爱的厄刻克拉底，你知道吗，苏格拉底端过杯子时双手既不颤抖，脸色也没有任何变化，他只是像从前那般抬起双眼，看着掌管毒药的人，问道："我能倒出一些来祭奠上苍吗？"

"我们配的毒药的分量都是刚刚好的，不多不少。"那个人说道。

"我明白，"苏格拉底说道，"但是一个人总应当向神明祷告，祈求之后的旅程能够平安顺遂。这就是我的祷告词，希望能够应验。"

边说着这话，苏格拉底边端起杯子，平静而从容地一饮而尽。在此之前，我们都忍住泪水不让它落下，然而当看到苏格拉底喝下毒药的时候，我们再也抑制不住悲伤的情绪，我的眼泪不受控制地夺眶而出。于是我用双手捂住了脸。我是在为我自己哭泣，而不是为他，因为从此之后我将失去一位挚友。克里托先于我流下了泪水，并且站了起来。阿波罗多洛斯始终未曾停止哭泣，而此刻，他的痛哭声和无声的愤怒让在场除了苏格拉底之外的所有人都崩溃了。

"你们这是在做什么，"苏格拉底说道，"这样好生奇怪。我正是因为怕看到这一幕才把女人们都送走，因为我觉得人应该平静安详地死去。所以，请控制你们的情绪，安静地接受这一切吧。"

他的话让我们羞愧难当，于是我们克制住了奔腾的泪水。喝完毒药后，苏格拉底开始在屋子里走动，过了一阵儿，他说感到双膝沉重，于是他像狱卒吩咐的那样躺了下来，递给他毒药的那个人摸了摸他的身子，过了一会儿又检查了下他的双脚双腿，将他的脚使劲往下压，问苏格拉底是否感到疼痛，苏格拉底回答否。然后那个人又按了按苏格拉底的小腿，抬起他的身子，示意我们他的身子正在变得冷硬。那个人又摸了摸苏格拉底的身子，告诉我们当冷意蔓延至他的心脏的时候他便死了。苏格拉底感到自己的腹部变冷了，于是便扯开蒙着脸的面纱，说出了人生中最后的一段话，"克里托，我们欠阿斯克勒庇俄斯[1]一只公鸡；买一只当作祭品献给他，不要忘了。"

"我们会的，"克里托说道，"请告诉我们还有什么需要我们做的。"但是没有回音。过了不多时，苏格拉底动了一下；那个人除去他脸上的面纱，发现他的眼睛已经闭上了。看到这一幕，克里托也紧紧闭上了自己的双唇和双眼。

我们的挚友苏格拉底就是这么离开人世的，厄刻克拉底，他是我们认识的所有人里最好的了，不是吗？同时，他还是最睿智、最为正直的那个。

---

[1] 当住在阿斯克勒庇俄斯神庙附近的人身体染疾时，他们便会向阿斯克勒庇俄斯献祭一只公鸡，以求快快痊愈。苏格拉底这样说意味着死亡不过是拯救痛苦的灵药。

普罗塔戈拉篇

本篇可谓柏拉图所著的苏格拉底对话录中极富戏剧性的代表作。它描述的是苏格拉底与杰出的智者学派代表人物普罗塔戈拉（古希腊哲学家，智者学派的主要代表人物，雅典奴隶制民主派政治家伯里克利的挚友，一生旅居各地，收徒传授修辞和论辩知识，是当时大家公认的"智者"——译者注）以及希庇亚斯和普罗迪库斯（普罗迪库斯是知名哲学家，尤其热衷钻研词汇的确切意思——译者注）展开的辩论，后两位也是颇负盛名的智者，并且积极参与了这场辩论。另有众多学生和苏格拉底的崇拜者兴致勃勃地在旁观战。柏拉图对主要辩论者进行了深刻而热烈的刻画——双方在这场争辩中势均力敌。

所谓的智者其实就是教育家。普罗塔戈拉主要传授年轻人"深度思考"以及"公民艺术"，也就是苏格拉底所指的人类"美德"，亦即如何成为一名杰出的、行为端正的好人。但是，美德真的可以教吗？美德——设若它真的可以被教会的话——是否是一门技艺，一种运用理性进行理解、思考和决断的方式？苏格拉底怀疑美德是否可教，怀疑普罗塔戈拉能否教会年轻人拥有美德。普罗塔戈拉则坚称美德是可教的——至少他能做到——并且讲述了一个关于人类社会是如何建立的、极为引人入胜的神话故事，以证明自己完全有能力教导年轻人如何具备美德。但是，在践行教育艺术方面，他的态度也颇为谨慎。在本篇对话的开头部分，普罗塔戈拉苦心孤诣地论述谨慎对于智者的重要意义，因为他自诩为年轻人的老师。当苏格拉底向普罗塔戈拉抛出关于人类美德的诸多问题时，后者能够给出强有力的答案，证明自己的确有能力教会世人美德吗？在接下来的论辩中，普罗塔戈拉列举了自己不遗余力地教导他人的几种美德，并坚决反驳苏格拉底，认为并非所有的这些美德（特别是不够勇敢）都称得上是知识或智慧——毕竟绝大多数人都是这么认为的。行事谨慎的普罗塔戈拉对此深信不疑，或者说，对于苏格拉底劝说他相信勇气和其他美德一样也是一种智慧，普罗塔戈拉给予了最大努力的抵抗。但是一般意义上的美德以及特殊意义上的勇气同建立在理性基础上的技艺怎么可能等量齐观呢？普罗塔戈拉本来可以更好地论述自己关于美德的看法以及所有美德都是可教的观点，如有必要，他可以对大众的观点熟视无睹，以证明为何所有的人类美德都是智慧或知识。事实上，在人类美德的本质是智慧或知识的问题上，苏格拉底的观点反而比普罗戈拉的观点得到更多的认同。普罗塔戈拉在辩论开始时便说过，美德是建立在理性基础上的、关于思考和决断的某种技艺，对此，苏格拉底反而比普罗塔戈拉论述得更为精妙。既然如此，苏格拉底又如何能够怀疑美德是否是可教的呢？难道所有建立在理性基础上的技艺不都是通过教习获得的吗？（这个问题可同时参考《美诺篇》）

辩论以"两败俱伤"告终——苏格拉底怀疑美德是否是可教的，而普罗塔戈拉质疑美德即为智慧。整个问题都需要予以重新思考。最后，我们又回到了起点，对开篇所述的观点进行重新思考，正如苏格拉底向那位不知名的朋友以及读者复述当天发生的事一样。然而，有一点是明晰的，苏格拉底在他的朋友希波克拉底的陪同下，前往卡里阿斯家中与普罗塔戈拉会面，并向对方说明：即便美德是可以教的，也没有人授予自己向普罗塔戈拉学习的权利，因为普罗塔戈拉甚至对美德是什么都摇摆不定，未能给出前后一致的看法。

此篇中的苏格拉底和高尔吉斯一样，做出了相比其他对话更多的、有实质意义的理论建树。他并不局限于审视其他人的看法，同时他还声称：美德是自己终生致力的领域，不论如何修正，所有的美德都不过是一种单一的知识；做出与自身意念相反的行为——"意志的弱点"——是不可能的；我们"生命的救赎"取决于"计算的艺术"，它能超越外在的力量，指引我们始终正确行事。这篇对话启发我们思考这些问题，思考苏格拉底为何坚持这些看法——并质疑他这样做是否正确。

J. M. C.

朋友：你刚刚去了哪里，苏格拉底？不，你不需要告诉我。很明显，你刚刚和成熟睿智的西亚比德[1]在一起。好吧，我那天碰到他了，他还是从前那个美男子，至少对你我二人而言，用"男子"来形容他是最为合适的，亲爱的苏格拉底。他的胡子蓄得颇长了些。

苏格拉底：那又如何？我以为你崇拜的是荷马呢，那位高声吟诵着"青春最灿烂的时刻莫过于初次蓄满胡子的那天[2]"的诗人，很明显，西亚比德正处于这种状态。

朋友：所以，发生了什么呢？你们刚刚分开吗？这位年轻人对你态度如何？

苏格拉底：很好，今天尤为不错，因为他终于站到了我这边，给予了我很多支持[3]。你说的没错，我们刚刚才分开。但是，我有件很奇怪的事情要同你讲。尽管我们刚刚在一起，我的眼里却看不到他。事实上，我们刚刚在一起的大部分时间，我的思绪都不在他身上。

朋友：这种事怎么可能发生在你们二人身上呢！你也说过，自己从未见过比他容貌更动人的人了，至少在这座城邦里找不出第二个。

苏格拉底：不，我见过比他更好看的人。

朋友：你说什么？他是雅典人吗？还是异邦人？

苏格拉底：异邦人。

朋友：他从哪里来？

苏格拉底：阿夫季拉。

朋友：在你眼里，这个异邦人竟然比克里尼亚之子还要好看吗？

苏格拉底：难道绝顶的智慧比不上一张美丽的脸蛋吗？

---

〔1〕西亚比德（公元前450年—前404年），一名雅典将军，早年即因外表英俊、智力超群而闻名于世。若要了解其和苏格拉底的关系，见《会饮篇》中他对苏格拉底的赞美。

〔2〕参见《伊利亚特》第24卷、《奥德赛》第10卷。

〔3〕见下文。

朋友：你说什么！你刚刚碰到的是一位智者吗，苏格拉底？

苏格拉底：是的，他是现世最聪明的人，如果你也同意的话——他是普罗塔戈拉。

朋友：你说什么！普罗塔戈拉在雅典城吗？

苏格拉底：没错，他来这里两天了。

朋友：那你刚刚是和他在一起吗？

苏格拉底：没错，我们俩聊了好久。

朋友：好极了，如果你现在空闲的话，不妨坐下来，给我们讲讲你们都聊了些什么。让那边那个男孩往旁边挪挪，好给你腾出些地方来。

苏格拉底：当然可以，如果你们愿意听的话，我感到很开心。

朋友：我们也是。

苏格拉底：这么说来，这么做会让双方都感到快乐。事情是这样的：

那天，临近破晓而周遭依然漆黑一片之时，阿波罗多洛斯的儿子、法松的弟弟希波克拉底（对话中求学的青年，与科斯岛的名医希波克拉底不是同一个人。希波克拉底只在这场对话中现身过——译者注）用棍子猛敲我的门，门开后，他径直走了进来，高声大喊："苏格拉底，你睡醒了吗？"

听出是他的声音，我回道："是希波克拉底吗？我希望你不是带了什么坏消息来。"

"不，我有一条好消息要告诉你。"他说道。

"愿闻其详，"我说道，"究竟是什么样的好消息让你这么早就现身了？"

"普罗塔戈拉来了雅典！"他站在我身旁，对我说道。

"他前天便到了，"我说，"你才知道吗？"

"是的！我昨晚才知道的。"他边说着，边绕着我的床走来走去，最后坐在我的脚边，对我絮絮地说着，"没错，我昨晚从欧诺厄回来时才知道的。我的仆人萨提洛斯逃跑了，于是我便去追他，就在这时发生了另外一件事，让我忘记了去抓萨提洛斯回来。我回到家后，吃了晚饭，正准备睡觉呢，我的哥哥告诉我说普罗塔戈拉到了。我一听到这个消息便迫不及待想要告诉你，但是当时天色太晚了，已经是深夜了。我小憩了一阵子，觉得不是那么疲乏了，于是便起身径直来了你这儿。"

感受到他迫切而激动的心情，我问道："你为什么如此兴奋呢？普罗塔戈拉

□ 夜　米开朗基罗　意大利

深夜，散发青春朝气、生命力旺盛的女奴带着疲惫的身体昏昏欲睡。

对你做了什么错事吗？"

他笑了，说道："没错，苏格拉底，他做了一件很坏的事，他对自己的智慧视若珍宝，不肯分一丝一毫给我。"

"才不是呢，"我说道，"如果你肯付钱的话，他会让你变得和他一样聪明的。"

"如果事情如此简单的话，"他说道，"我宁可付出让我自己和我的朋友倾家荡产的代价。但是事情没那么简单，所以我来找你了，希望你能够帮我劝劝他。我自己太过幼稚，而且我以前从来没见过普罗塔戈拉，也没听他说过话。上次他来雅典城时，我还只是个小孩子。他是如此出名，苏格拉底，每个人都说他是最杰出的演说家。我们为什么不过去那边找他？我听说他和希波尼库斯的儿子卡里阿斯（豪门之后，雅典喜剧诗人——译者注）在一起。来吧，我们走。"

"我们不能现在去，"我说道，"现在天色尚早。我们不妨去院子里走走，等待天明，天一亮我们就可以动身了。普罗塔戈拉大部分时间都待在家里，所以不用着急，我们应该能在那里见到他。"

于是我们起身，走到院子里。我想知道希波克拉底是怎么想的，于是开始向他提问。"告诉我，希波克拉底，"我说道，"你如此迫切地想要见普罗塔戈拉，想给他一笔钱让他为你服务；那么在你眼中，他是个什么样的人呢？你又希望自己成为什么样的人呢？我的意思是，假设你要去科斯岛见那位和你同名的医生希波克拉底，付他一笔钱让他为你服务，这时有人问你'你觉得希波克拉底是个什么样的人，以至于你甘心付钱给他'，你会怎么回答呢？"

"我会说他是名医生。"他说道。

"如果你要去拜访阿哥斯的波利克里托斯或者是雅典的菲狄亚斯（古希腊著名的雕刻家、画家和建筑师，是公认的最伟大的古典雕刻家。其举世闻名的作品为世界七大奇迹之一的宙斯巨像和帕特农神庙的雅典娜巨像，两者虽然都早已被毁，不过有许多传世的古代复制品——译者注），要给他们钱，如果有人问你'觉得他们是什么领域的专家'，你会怎么回答？"

"我会说他们是雕刻家。"

"那么你希望他们成为什么样的人?"

"答案显而易见,雕塑家。"

"很好,"我说道,"那么现在,我们就去找普罗塔戈拉吧,你自己准备好一笔钱,如果这还不足以劝说他,就再拿出你朋友的钱。如果有人发现我们这么急切而问我们,'告诉我,苏格拉底和希波克拉底,你们为什么要给普罗塔戈拉钱呢?他是个怎样的人呢?'你会怎么回答?当我们提起普罗塔戈拉的时候,我们通常还会怎么称呼他?菲狄亚斯又被称作雕塑家,而荷马被称作诗人。那么人们是怎么称呼普罗塔戈拉的呢?"

"大家都叫他智者,苏格拉底。"

"那么我们之所以付钱给他就是因为他是一名智者?"

"没错。"

"如果有人问你'去找普罗塔戈拉是为了什么',你会怎么回答?"

他顿了顿,没有马上答话。彼时,日头已经升上一些了,阳光洒在他的身上,他说道:"如果按照上面的例子来回答,答案显而易见:成为一名智者。"

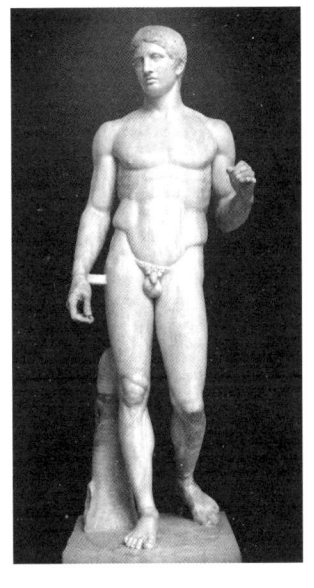

"什么?你?以一名智者的身份出现在希腊人面前,你不感到羞愧吗?"

"实事求是地说,亲爱的苏格拉底,我会感到羞愧的。"

"看吧,希波克拉底,或许这并不是你希望从普罗塔戈拉身上学到的东西。你渴望学到的知识,也许和从教你语法、音乐或搏斗的老师那儿学到的相同。你需要的并不是成为一名专业人士所需的技术指导,而是成为一名绅士所需的通识教育。"

"没错,就是这样!你从普罗塔戈拉身上学到的就是这种本领。"

"那么你知道接下来自己要做什么了吧,还是说你尚未明白这点?"我问道。

□ 持矛者

波利克里托斯是古希腊最伟大的雕塑家和艺术家之一,与雕塑大师菲狄亚斯齐名。他创作的作品都已毁失殆尽,现存多为古罗马时期复制品,最著名的作品有《执矛者》《束发带的青年》(又称《代阿多美纽斯》)等,他还著有一本关于人体比例的书——《法则》。

□ 帕特农神庙的雅典娜神像

原作为黄金象牙雕像，由古希腊最杰出的雕刻家菲狄亚斯创作于约公元前438年，后来毁于拜占庭帝国时代，现为大理石复制品，高105厘米。

菲狄亚斯——古希腊最伟大的古典雕刻家。被称为世界七大奇迹之一的宙斯巨像和帕特农神庙的雅典娜巨像为其杰作，著名的《命运三女神》也是他的作品。他的作品都已毁失，不过有许多古代复制品传世。

"此话怎讲？"

"如你所说，你将把自己的灵魂交付给一位智者来治愈。治愈智者究竟是什么，我不认为你真的明白。如果你对此一无所知，你就不会知道你是否将灵魂托付到了正确的地方。"

"可是我觉得我知道呢。"他说。

"那么告诉我，智者究竟是什么。"

"在我看来，"他说道，"智者如其名字所暗示那般，是一位拥有智慧的人。"

"同样的话你也可以用来形容画家和木匠，称他们是拥有智慧的人。但是如果有人问我们他们究竟'在什么方面表现出智慧呢'？我们可能说画家是拥有'画画方面的智慧'的人，对其他人我们也可以这么定义。如果有人问你'智者是什么样的人？他们究竟拥有什么样的智慧呢'，我们该怎么回答？他们擅长的是什么东西呢？"

"还能有什么呢，苏格拉底？智者指的难道不是那些擅长培养睿智的演说家的人吗？"

"这个回答或许是对的，但是并不充分，因为它会引出下一个问题：智者培养出来的演说家睿智在哪个方面呢？例如，演奏乐器的人培养出来的演说家在演奏乐器方面拥有智慧，对吗？"

"没错。"

"好极了。那么智者所培养的演说家又是睿智在什么方面呢？"

"很明显，在他自己所擅长的方面。"

"你说的不错。那么，智者自己所理解的、并且教会他的学生理解的又是哪一方面的东西呢？"

"天哪，"他说道，"我不知道你究竟在说些什么。"

我接着说道："你还没有发现你正将自己的灵魂置于何种危险之下吗？如果你将身体交付给某人去照看，你便承受着你的身体可能会染疾的风险，此时你就要仔细考虑自己是否应该信任这个人，你还需要和你的亲朋好友不断讨论。但是，此刻你交付给他人的是比身体重要得多的东西，亦即你的灵魂，而你的决定是否正确取决于灵魂能否变得有价值，然而我却没有见到你和你的父亲、兄长或任何一位朋友就是否应该把灵魂交付给一位才刚来到雅典的异邦人展开深刻讨论。你没有这么做。你是昨晚才知道他来了雅典的对吧？第二天早上便匆匆赶到了我这里，然而你却没有和我讨论把自己交付给他这一想法是否正确，而是径直准备好花掉你和你朋友的钱，仿佛你已经仔细思虑过这件事，并且决定了无论结果如何你都将和普罗塔戈拉在一起。这个人你甚至都不认识，也从未与其好好相谈过，你虽然叫他智者，可你并不清楚智者究竟是什么样的人，这种情况下，你如何能够把自己托给他！"

"亲爱的苏格拉底，我想你是对的。"

"如果我告诉你，智者就是兜售用以补给灵魂的粮食的商人，你会同意吗，希波克拉底？在我眼里，他们就是这样的人。"

"那么，灵魂是靠什么补给的呢，亲爱的苏格拉底？"

"要我说的话，答案就是所教授的东西。我们一定要谨慎，否则就会被智者所兜售的东西所欺骗，就像那些贩售粮食的商人所做的那般。通常来说，贩卖粮食的人不知道对身体来说什么是好的什么是坏的——他们会向顾客推荐自己卖的所有商品——他们甚至也不知道买自己东西的都是些什么样的人（除非那个人碰巧是一名运动员或是医生）。同样的，希腊的各个城邦都不乏奔走呼号的'商人'，他们会以批发或零售的方式向所有有意购买的路人大肆推介自己所掌握的知识，然而，他们对自己所兜售的产品中哪些有益、哪些会侵害灵魂却近乎一无所知。对此我丝毫不觉得惊讶，我亲爱的朋友。那些有意向购买的人也是如此，他们对想要购买的产品一无所知，除非他们本身刚好是一位灵魂医师。因此，如果你是一名消息灵通的消费者，你可以从普罗塔戈拉或其他受众手中安全地购买这种知识产品。但是如果你不是的话，就请不要冒险将人生中最为重要的命运之骰——灵魂轻易交付他人，因为比起购买食物，购买知识的风险大得多。当你从商人、受众处购买食物和饮品的时候，你可以把每种商品都从货架上拿下来带回家，在食用它们之前你可以先把它们放在一边，请一位专家来查看下哪些是可以食用的而哪些不能吞食，食用的分量应为多少、什么时候食用最合适。这样一来，你买的东西才不会有太大风险。而当你交完学费，通过学习将那些知识储存在灵魂之中,也许你离开的时候,你并不清楚自己是从中获益了,还是受到了伤害。无论如何,我们都应该在长者的帮助下对这些问题进行审慎分析。你我二人还是太过年轻了,不足以对这些问题做出最佳判断。好吧,让我们出发吧,去听听普罗塔戈拉怎么说;听他说完之后,我们还可以和其他人聊一聊。普罗塔戈拉并不是希腊唯一的智者,伊利斯的希庇亚斯(大家公认的知识渊博的智者,擅长诗歌、剧本创作,精于书写历史记录以及演讲稿,在文学、天文学、几何学、算术、艺术、伦理学、记忆术等方面都有很高的造诣。他有一项重要的数学发现:发现了用于等分角度的割圆曲线。他反对诡辩家关于隐藏的现实的说法,倡导把自我满足看作是美德——译者注)和喀俄斯岛的普罗迪库斯也是不错的询问对象。除了这些人,我们还有很多聪明人可以探问。"

达成了一致意见后,我们便出发了。到了卡利亚斯家门口,我们开始驻足讨论一路上涌现的想法,我们不希望在进门之前落下什么重要的问题。因此我们站在那里讨论了许久,直到统一了想法,这时,我发现那名看门人在听我们谈话——他是一名被阉割之人。对于每天纷至沓来的所谓智者,他一定感到颇为厌倦;当我们敲门时,他只是扫了我们一眼,说道:"嗬!又来了两位智者!普罗塔戈拉现在很忙。"然后他用尽力气,将门从我们眼前重重地关上。我们不得不再次敲门,这次,他从上了锁的门缝中看向我们,"我不是说了他很忙吗?""行行好吧,"我说道,"我们不是来见卡利亚斯的,而且我们也不是智者学派的。请不要这么激动。我们只是想见见普罗塔戈拉,这是我们此行的目的。所以,还请劳烦帮我们通传一声。"最后,他终于把门打开了。

我们进去后,发现普罗塔戈拉正在门廊中散步,他的左右两侧各有一群人陪伴。其中一侧有希波尼库斯之子卡利亚斯,伯里克利之子帕拉卢斯,亦即卡里阿斯同母异父的兄弟,以及格劳孔(哲学家柏拉图的堂弟,柏拉图著作《理想国》中与苏格拉底辩论的主要人物之一——译者注)之子查米德斯[1]。另一侧则是伯里克利另一个儿子科桑西普斯、腓罗迈卢斯之子菲利皮季斯以及门迪来的安提谟鲁。安提谟鲁是普罗塔戈拉最得意的门生,他一直孜孜不倦地学习如何成为一名智者。跟在普罗塔戈拉身后、听他和这两群人说话的另有一拨人,看起来多半是异邦人,这些人是

---

〔1〕查米德斯(公元前403年卒)的生平请参见《查米德斯篇》及按语。

普罗塔戈拉在游学途中从各个国家收罗而来的。他用他如俄尔甫斯一般动听的声音使得这些追随者如痴如醉地跟在他身边。他们中间还有一些当地居民，当我发现他们小心翼翼地不让自己走到普罗塔戈拉前面、挡到他的路时，我感到很高兴。当他和两侧的人一同转身时，后面的人会非常整齐地往两边让开，而后又转圈回到两侧，重新跟在前面的人身后。这看起来有趣极了。

而后我看到了（如荷马[1]所说）伊利斯来的希庇亚斯高高地端坐在柱廊一侧。在他身旁的长椅上坐着的有阿库美努斯之子厄律刻西马库[2]、密利努来的斐德罗、安德罗提翁之子安德龙，还有很多伊利斯人以及其他一些外邦来的人。他们似乎在问希庇亚斯天文学和物理学的问题，希庇亚斯逐一给予回答。

除此之外，我还看到了坦塔罗斯，这是由于喀俄斯岛的普罗迪库斯也来到了雅典。他待在希波尼库斯先前用来做仓库的屋子里，但是由于到访者人数众多，卡里阿斯便把仓库打扫出来用作会客室。普罗迪库斯仍躺在床上，身上盖着一件羊皮绒和几张毯子。在普罗迪库斯身旁的沙发上坐着来自克拉梅斯的鲍桑尼亚[3]，以及一位十分年轻的男孩子，这个男孩发育得很好而且长得极为好看。我听到有人叫他阿伽同，若说鲍桑尼亚迷恋这个男孩子，我丝毫不会感到惊讶。除了这个男孩子，还有两名阿狄曼图人，他

□ 伯里克利胸像复制品

　　原作为青铜，现为大理石复制品。原作者克雷西勒斯为古希腊著名雕塑家。原作完成于公元前430年，高48厘米。

　　伯里克利（约公元前495年—前429年），古希腊奴隶制民主政治的倡导者和杰出代表，古代世界著名的政治家。伯里克利毕生致力于经营奴隶制民主政治，极大地扩张了雅典的势力，为促进雅典奴隶制经济、政治、军事和文化的繁荣，作出了巨大的贡献。

---

　　[1]参见《奥德赛》第11卷。下面所引用的"会见坦塔罗斯"摘自同一页，在这一节中，奥德修斯将他在地狱中的所见所闻告知了世人。
　　[2]厄律刻西马库是一名医生；他和他的朋友斐德罗在《会饮篇》中出现过，参见《斐德罗篇》。
　　[3]鲍桑尼亚和阿伽同在《会饮篇》中发表过赞颂爱的演讲。

们分别是凯皮斯之子和琉科罗非得斯[1]，以及其他一些人。我非常想知道普罗迪库斯的想法，在我眼里，他是一位神一样的存在，他无所不知。但因为站在外面，我无法判断他们在说些什么。他的声音太过低沉，在整间屋子里回荡，因此我听不清他到底说了什么。

我们刚到那里，漂亮的西亚比德（对于你们这么叫他我并不反驳）和卡莱克鲁斯之子克里提亚[2]也来了。于是我们走了进去，巡视了一圈，然后朝着普罗塔戈拉走去，我说道："亲爱的普罗塔戈拉，我和希波克拉底一起来拜望你了。"

"你们想单独和我谈话，还是和在场其他人一道？"他问道。

"对我们来说二者并没有什么不同，"我说道，"我们希望你能够听听我们的想法，然后帮我们做出决定。"

"没问题，你们为何来此呢？"他问道。

"希波克拉底是一位雅典公民、阿波罗多洛斯的儿子，他的家族十分显赫。天资聪颖的他在同龄人中无疑是出类拔萃的。在我的印象中，他想要在雅典城出人头地，获得别人的景仰，而他认为只有和你在一起才最有可能实现这个梦想。所以，现在该由你做出决定了，我们是否应该单独讨论这个问题，还是和大家一起讨论？"

"苏格拉底，谢谢你对我的器重。对一个异邦人而言，当他去到其他繁盛的城邦，试图劝说那里最优秀的年轻人断绝与身边所有人的来往，转而与自己为伍，并且告诉他们这样做会获益匪浅，那么他必须慎之又慎。嫉妒、敌意和流言蜚语也由此大规模地传播开来。在现在的我看来，智者的技艺是一门古老的艺术，但是古时候拥有这种本领的人由于害怕遭受其所带来的妒恨，便用诗歌作为伪装来掩饰自己，这类人包括荷马、赫西奥德和西蒙尼戴斯，还有些人如俄尔甫斯和穆塞欧斯则以宗教信仰和预言能力作为伪装。我甚至注意到，很多运动员也不得不隐藏起自己的锋芒，比如塔伦特姆的伊克库斯，以及我们同时代的来自赛林布里亚（Selymbria，最开始称作墨伽拉Megara）的赫罗迪科斯，他真可谓是一名智者。你们城邦的伟大智者阿加托利克斯用音乐作为伪装自己的武器，这么做的还

---

〔1〕凯皮斯的生平事迹未知，琉科罗非得斯则在伯罗奔尼撒之战中担任雅典将军。
〔2〕克里提亚（公元前460年—前403年），参见《查米德斯篇》以及按语。

有喀俄斯岛的皮索克勒德以及其他许多人。在我看来，上述这些人由于惧怕受到别人恶意的中伤，不得不使用各种技艺作为保护自己的武器。这就是为什么我深切地理解他们、和他们站在同一战线，因为在我看来，他们并没有实现自己的抱负；实事求是地说，我认为他们失败了，他们的真实目的并没能够逃脱当局的火眼金睛。毋庸置疑，民众无所察觉，智慧对当局者的口令亦步亦趋。想要逃跑而不被人发现从一开始就是错的，最终只会招致大众更强烈的恶意，因为他们不仅会坐实逃犯的罪名，还会被视作流氓恶棍。因此我选择了一条完全相反的道路。我承认，我自己也是一名智者，我呕心沥血教化世人，相比于矢口否认，我认为坦率地承认这一点是一种更为稳妥的做法。我在处理其他事情上也尽可能小心翼翼，以此免于由于承认自己是一名智者所招致的伤害。我在智者这条路上已经求索很多年了，我的年龄大到足以当你们在座每个人的父亲了。因此，如果你们有任何请求，我会很乐意当着你们所有人的面做一番演说，给出我的看法。"

在我看来，他无疑想要在普罗迪库斯和希庇亚斯面前卖弄一番，并且陶醉在众人的崇拜中，因为我们都是慕名而来，因此我说道："那么，我们为什么不把普罗迪库斯和希庇亚斯以及他们的同伴叫来呢？这样的话他们也能加入我们的讨论了。"

"好主意！"普罗塔戈拉说道。

"如此说来，这边是一场大会，每个人都可以坐下来自由讨论，是吗？"卡利亚斯提议道，当此之时，这的确是最好的也是唯一的做法。我们对于能够聆听智者谈话欢欣鼓舞，于是我们纷纷落座——或搬来早已备好的凳子，或拽来沙发，并且把它们摆在希庇亚斯周围，而后就座。同时，卡利亚斯和西亚比德把普罗迪库斯请了过来，让他坐在了众人中间。

众人纷纷就座后，普罗塔戈拉说道："现在，苏格拉底，既然大家都到场了，你可以告诉我们你究竟为何而来呢？你想为你身边那位年轻人咨询些什么呢？"

"好的，亲爱的普罗塔戈拉，"我说道，"下面我会向你解释我们为什么来这儿。希波克拉底说他想成为你的学生，因此，他想知道在求学结束之后究竟能够收获些什么。这就是我们全部的疑惑。"

普罗塔戈拉听罢说道："年轻人，如果你跟随我学习的话，你将有如下这些收获：一旦学习开始，你每一天都将变得比前一天更加优秀。日积月累，你会

□ 俄耳甫斯与欧律狄克

画中描绘的是希腊神话中的一个感天动地的爱情故事。俄耳甫斯是太阳神阿波罗和司管文艺的女神卡利俄帕的儿子，他的琴声和歌声能迷惑百兽。自从妻子欧律狄克被毒蛇夺去生命后，俄耳甫斯痛不欲生，在爱神的帮助下，俄耳甫斯义无反顾地前往冥府解救妻子。

成为一个越来越好、越来越有价值的人。"

听到这儿，我不禁问道："普罗塔戈拉，对你所言我一点儿也不吃惊，因为那是非常有可能发生的。如果有人教另一个人一些他不知道的东西，即便年长聪慧如你也会有很多长进。但是，假若情形发生了改变呢？假若希波克拉底这位学生改变了他的想法，想要追随那名刚刚从赫拉克勒亚来到雅典城的年轻的宙克西普斯，于是前去拜会他，一如现在来拜访你一样，并且从他那里听到了和你刚刚所说并无二致的话，亦即，他求学之旅的每一天都会变得更加优秀、都能取得更大的成就。如果希波克拉底问他，自己将通过什么方式变得更加优秀、在哪些方面取得成就，宙克西普斯可能会回答说是在绘画方面。如果希波克拉底向底比斯来的俄尔萨格拉求学，从他那里听到了你刚刚所说的'每一天都会变得比前一天更加优秀'，然后问他自己会在什么方面取得进步，俄尔萨格拉可能会说是在吹长笛方面。这就是我代这位年轻人问的问题，你必须回答我们：如果希波克拉底向你普罗塔戈拉学习，他如何才能够成为一个更好的人，他会在什么方面取得进步呢？"

听完我的陈述，普罗塔戈拉说道："你问得很好，苏格拉底，对于那些能够提出如此精妙问题的人，我总是乐于回答。如果希波克拉底成为我的学生，他将学到从其他任何一位智者那里都学不到的东西。其他人只会责骂年轻人，让那些年轻人违背自己的意愿、继续钻研他们在学校里便十分反感的学科，教他们算术、天文、几何、音乐和诗歌。"说到这里，普罗塔戈拉意味深长地看了一眼希庇亚斯，然后接着说道，"但是如果他来我这儿，他学到的便是自己真正热爱的东西。我会教他如何进行理性思考，不光是在个人私事方面，譬如如何管理家务，我还会教他如何思考公共事务，亦即挖掘他在进行公共演讲、采取行动方面的最大潜力。"

"我不知道自己理解得是否正确，"我问道，"你刚刚是说，你会教他公民艺术，亦即如何成为一名好的公民吗？"

"我正是此意，亲爱的苏格拉底。"

"你拥有的技艺真令人艳羡，如果你确乎拥有这种技艺的话。我将如实告诉你我真实的想法。事实上，普罗塔戈拉，我从不认为这种技艺可以被教会，但是你说你可以做到，我不禁陷入了沉思。我会向你解释我从哪里听到的这个想法，亦即这种技艺不能通过教来获得、不能从一个人身上转移到另一个人身上。雅典人无疑拥有突出的智慧，这点是我和其他希腊世界的人都承认的。我注意到，当我们在公民大会上集合、共同执行某项建筑工事时，我们会请来建筑工人给我们提建议；如果是建造船只，我们会请来造船工人；处理其他可学、可教的事宜也是如此。但是，如果来者不是一名匠人，不论他多么相貌英俊、多么腰缠万贯、出身良好，他们也不会接受他。他们会嘲笑他、泼他冷水，直到他自己闭上嘴巴、从演讲台上悻悻走下来，或是由维持秩序的卫兵接到主席团的指令把他强制带走。对于他们认为的技术性事物，他们会采取这样的做法。但是，如果是对城邦管理提出想法，所有人都可以毛遂自荐、提出意见，不论他是一名木匠、铁匠、鞋匠、商人还是船长，也不论贫富或出身高贵与否，即便这个人从未师从任何人、从未受到过任何训练，只要他敢于表达自己的看法，就没有人会攻评他。其中的原因是显而易见的：他们不认为这种技艺是可以教的。不论是在公共领域还是在私人领域，这一点都是不变的：即便是我们中间最聪明、最好的那些人也无法把自己所拥有的美德传授给其他人。不妨想一想伯里克利[1]的例子吧，他的儿子们就坐在那边。他把能够传授的所有本领都很好地教给了他们，但是至于他真正擅长的那件事、凝结了他所有智慧的那件事，不但他不能够教会他们，其他任何人也都不能够，他的儿子们就像献祭给神明的牛犊一样，晃荡在路上，自己采撷能够挖掘得到的智慧。不妨再将目光转向西亚比德的弟弟卡利亚斯。当伯里克利成为卡利亚斯的监护人的时候，他担心卡利亚斯会被西亚比德带坏。因此他把二人分开，将卡利亚斯安置于阿里夫隆家里，拜托阿里夫隆教他。六个月后，阿里夫隆把卡利亚斯交还给西亚比德，因为自己对他实在无能为力。很多人虽然

---

[1] 伟大的雅典政治家和将军（公元前495—前429年）。

□ 受难的普罗米修斯

传说厄庇墨透斯与普罗米修斯一起用泥土创造动物和人类，厄庇墨透斯负责赋予每种动物以良好的本能，因此他把所有好的才能都赐予动物，却没有剩下什么才能给人类作为生存的依靠。普罗米修斯见人类很可怜，就从诸神那里为其偷来了火种，并教其技艺和智慧，以弥补他的弟弟厄庇墨透斯的疏忽和过失。但他却因此而被宙斯囚锁于悬崖上，还有老鹰天天来啄食他的心肝。

自身十分优秀但是却没办法让别人变好，无论对方是自己的家族成员还是陌生人，像这样的例子我还能举出很多很多。想一想吧，普罗塔戈拉，我不认为美德是可以教的。但是听到你刚刚所言，我不免动摇了；我认为你的话里一定有我尚未捕捉到的深意。在我眼里，你是一位经验过人的人，你通过向别人学习、独立思索很多事情获得了诸多本领。因此，如果你能够向我们解释清美德该如何传授，请不要吝惜你的智慧，向我们做出说明吧。"

"我不会吝惜向你们做出解释的，苏格拉底。"他回答道，"如果你不介意的话，我想以一位长辈面对年轻听众那样，通过讲故事向你们做出说明，抑或通过论证的方式，你意下如何？"

众人表示他可以以自己喜欢的任何方式讲解此事。"那么，"他说道，"我认为给你们讲一个故事会更好。"

"很久以前，这个世界上只存在神，不存在凡间生灵。当创造这些生灵的既定时刻来临的时候，诸神便用泥土塑形，用土和火以及各种泥土与火的混合物将它们黏合起来。做好之后，诸神打算把它们放到阳光下，于是便指派普罗米修斯和厄庇墨透斯（希腊神话中第二代泰坦神族，普罗米修斯的兄弟。传说中他与普罗米修斯一起用泥土创造了人类，古代这两个神常被人们用来比喻：厄庇墨透斯象征着人类的愚昧，而普罗米修斯则代表着人类的智慧——译者注）负责装扮它们，并且赋予它们特定的力量和能力。

"厄庇墨透斯请求普罗米修斯将赋予能力的这项特权交给自己，'当我完成这项任务的时候，你可以予以检查验收。'普罗米修斯同意了，于是厄庇墨透斯便开始埋头工作。

"厄庇墨透斯给予某些生灵力量，却没有赋予它们速度；他把速度分配给了比较弱小的生灵。他给某些生灵防卫器官；对没有防卫器官的，厄庇墨透斯给了它们其他自我保全的工具。对于体态较小的生灵，他给它们装上了翅膀，或给它们安排了地下栖息所；而那些体格比较大的生灵，体型则是它们的自卫工具。他夜以继日地工作，尽可能做到平衡地分配，并且随时做出调整和改善，以确保每种生灵都拥有抵御其他物种的能力。

"赋予了它们抗御物种侵害的能力后，厄庇墨透斯又开始着手为它们配备抵御天气的能力。他用厚厚的毛和坚硬的皮来武装它们，一来能够帮助它们抵挡住冬天的风暴，二来可以抵御炎热，同时还能够作为它们入睡时的内置天然草垫。他还裹住了它们的脚——他让有些动物长出了蹄子，有的则生出了厚厚的茧子。然后，他又为它们指定了各种各样的食物，有些是草被，有些是树上结的水果，有些则是植物根茎。为了让物种繁衍生息，他赋予了某些物种消灭其他物种的能力。他给予侵略物种较低的生育能力，而被侵略的一方则拥有较强的生育能力，以此维持自身生存。

"但是厄庇墨透斯实在不够聪明，他把所有的力量和能力都安排给了那些没有思维能力的动物，却什么都没有留给人类。正当他一筹莫展的当口，普罗米修斯前来检查他的工具，发现动物都已经安排妥当，独独人类什么都没有——他们浑身赤裸，光着双脚，没有可以维生的技能，也没有防卫器官，而当天便是指定所有这些生灵出世的日期。苦于找不到让人类自我保全的其他工具，普罗米修斯不得不从赫菲斯托斯（火神）那里偷来火种，又从雅典娜（智慧与技艺女神）那里偷来了实用智慧，一股脑给了人类。然而普罗米修斯偷来的智慧只能让人类维生，而扶持人类在社会中生存的那种政治智慧却未尝得到，因为它处于宙斯的保管之下。普罗米修斯没有自由出入宙斯宫殿的权利，而且那里有可怕的守卫看管。但是他成功溜进了雅典娜和赫菲斯托斯用来共同修习技能的密室，从赫菲斯托斯那里偷来了生火术，从雅典娜那里偷来了智慧。人类正是由此拥有了谋生的手段。后来，普罗米修斯被指控犯有偷窃罪，而不小心泄密的人竟是厄庇墨透斯。

"正是由于人类拥有某种神的属性，所以他们才是所有生灵中唯一崇拜诸神的人，他们自然对神感到亲厚，并且建立了种种神坛、塑造了诸多神像。不久之后，他们便拥有了说话和写字的能力，创造了房屋、衣服、鞋子、毯子等东西，并开始以地上生长的食物为生。拥有了这些器物的人类最开始处于分散隔绝的状态之中；此时城邦还尚未建立。因为在各个方面都比较弱小，他们不时遭到野兽的袭击，即便他们拥有充足的技巧来获取食物，但由于野生动物的掠夺，

□ 雅典娜

雅典娜也称帕拉斯，宙斯和智慧女神墨提斯的女儿，奥林匹斯十二主神之一，古希腊神话中司掌智慧、战争、计谋、技术、工艺、法律、秩序的女神。她还是航海、农业和医疗的保护神。传说她将纺织、园艺和陶艺等技艺，以及绘画、雕塑和音乐等艺术传授给了人类，并创立了人类的第一座法庭。

他们仍常常吃不饱。这是由于他们尚未具备政治艺术，而战争艺术便是其组成部分之一。于是他们开始尝试团结在一起，通过建立城邦来抵御外来侵略。而结果却是——由于不具备政治艺术，他们常常自相残杀，于是他们再一次分裂，继续承受其他物种的践踏。宙斯害怕这样下去整个物种都会消灭殆尽，于是他派赫尔墨斯将正义和羞耻感带去人间，如此一来，为了团结一致，城邦之间便会充满秩序、友情，也会有更加牢固的纽带。赫尔墨斯问宙斯该如何分配羞耻和正义。'我是否应该像分配其他技艺那样分配正义和羞耻呢？其他技艺是按照下面的方式分配的：指定某个人研究医术，而后负责对其他人救死扶伤，从事其他技艺的人也都是如此安排的。正义和羞耻是否也应该照此方式分配给特定群体，还是将其分配给所有人呢？''分配给所有人，'宙斯说道，'让所有人都有份。原因就在于，如果只有少数人拥有这种正义和羞耻感，城邦之间永远不会真正和谐繁盛起来，其他技能亦是如此。以我的名义颁布一条法律：羞耻感和正义感缺失的人将被判处死刑，因为这种人无疑是城邦的敌人。'

"苏格拉底，当雅典人（其他城邦的人也是这样）谈论建筑技艺或适用于其他专业技能的美德时，他们认为只有少数人才有权对此发表言论，而不会认可非专业人士的想法。你的想法表达得非常清晰，并且有理有据。但是，如果争论涉及的是以正义和节制为原则的政治智慧，他们会理性地接受所有人的意见，因为他们认为政治美德，或言公民美德，是所有人都具备的，否则就不会存在城邦。这就是我给出的解释，苏格拉底。

"还有一个证据可以证明我没有欺骗你，那就是——所有人都认为人类皆拥有正义感和其他公民美德。如你所说，在其他技艺方面，如果一个人自称是优秀的乐器演奏家或其他什么领域的专家，然而实际上他并不是，人们便会嘲笑他或者对他发火。这个时候，他的家人便会上前解围，责备他是个神志不清的疯子。但是，当涉及正义或其他社会美德时，即便人们深知某人是邪恶的，只要他公开承认这一点，人们便会称其为'真实疯狂'；而在刚刚那个例子中，人们则会说那个人没礼貌。在他们看来，不论事实是否如此，人人都应该说自己是个好人，而那些承认自己是邪恶之徒的人无疑是疯了，因为每个人身上一定有或多或少的正义感，否则他就不是人类了。

□ 被缚的普罗米修斯

古希腊悲剧作家埃斯库罗斯的名作。

希腊神话中，普罗米修斯同情人类所遭受的苦难，他把天上的火偷来给人类，并把技术和知识传授给人类，使人类能够战胜一切困难和危险，获得光明与幸福。他因此受到宙斯的惩罚，宙斯将其绑在悬崖上，每天派一只鹰来啄食他的肝脏，晚上又让其肝脏长好，使他不断遭受难以忍受的煎熬。

"那么，我的第一个看法便是：在美德方面，应当接受所有人提出的建议，因为每个人天生便具有这种美德，或多或少，或深或浅。接下来我会向你们证明：人们并不认为这种美德是自然具备或是可以自我生成的；相反，它只能通过后天学习和教育慢慢培养。

"对于那些天生便有或不幸招致的痛苦，没有人会对受难者感到愤怒，也不会责备、劝诫、惩罚或试图予以纠正。我们只会对此感到遗憾。任何一个神志清醒的人都不会对形貌丑陋、骨瘦如柴或身体虚弱的人这么做。而我认为原因在于他们知道这些所谓的不足是天生的或是偶然招致的，好人也罢，坏人也罢。但是在那些只有通过练习、训练和教育才能获得的美德方面，如果他非但不具备这些美德反而沾染了种种恶习，那么他就会成为众矢之的，被众人的怒火、惩罚和谴责所吞没。这种种恶习包括不义、不虔敬以及和公民美德相反的其他所有德行。即便当事人做出抗辩，他也只会遭受众人更大的怒火和谴责，而且原因也再明显不过：这种美德只能通过练习和教育获得。苏格拉底，惩戒的真正意义在于：人类认为美德只能通过训练来获得。没有人会仅仅因为某人做了错事而惩罚他，除非他像野兽那般没有理智地作恶。合理的惩罚并不是以恶报恶——做过的错事并不能够挽回——而是基于未来的打算，让做了坏事的人金盆洗手，并且威慑那些目睹他受到惩罚的人，免其重蹈覆辙。将惩罚视作威慑的这种态度无疑暗示着：美德是可以学习的，在公开场合和私人场合中实施这种惩罚的人都抱持着这种态度。所有人都会对那些做了错事的人实施惩罚或予以矫正，你的雅典同胞尤是如此。因此在我看来，雅典人和其他人一样，都认为美德是可以学习和教育的。由此也不难理解为什么你的同胞会接受一名铁匠或鞋匠对政治事务所提出的建议了。因为他们也认为美德是可以学习和教育的。我认为我的观点已经得到了充分的论述，亲爱的苏格拉底。

"让我们继续下一个问题。一个优秀的人能够将所有可教的东西教给他的儿子，让他们在这方面变得睿智，然而却无法让他们在其自身擅长的美德方面胜过其他人，对此你深为困惑。在这个问题上，苏格拉底，我不会再采用讲故事的方式去说明，我会同你展开论辩。请想一想：为了城邦的利益考虑，是否存在某种所有市民都认为必须存在或一定不能存在的东西？如果真的存在这样一件东西，它指的不是木匠、铁匠或制陶工人所拥有的手艺，而是正义、节制和虔敬——不妨把它们统称为一个人具备的美德。如果这是人人都应该具备并用以指导自己学习或处事，并且没有它就无法行动的东西，那么，任何不具备这种美德的人——无论男女老幼都应该加以疏导甚或惩罚，直至这种惩罚发挥其应有的功效为止，而对那些不服从惩罚或疏导的人则驱逐出境或执以死刑。若果如此，如果这就是美德的本质，如果这是优秀的人唯一无法传授给他们的儿子的东西，那么对于这些优秀的人略显怪异的行为举止我们也就不会感到惊讶了。因为我们也已证明，他们认为美德是可教的，无论是在私人生活中，还是在公共事务方面。既然美德是可以教育和习得的，下面这种情况你认为有可能发生吗：即便

□ 赫尔墨斯与小酒神
普拉克西特列斯　古希腊
公元前330年

赫尔墨斯是希腊奥林匹斯十二主神之一，宙斯与阿特拉斯之女迈亚的儿子，强大自然界的化身，是宙斯的信使和传旨者。在古希腊神话中他是畜牧之神、各种竞技比赛的庇护神、行路者的保护神、商人的庇护神和雄辩之神。传说他是尺子、字母、七弦琴和数的发明者。他聪明狡猾，被视为欺骗之术的创造者，也是魔法的庇护者，罗马人称他为墨丘利。

对所学习的其他方面的知识无法理解，这些优秀的人的儿子也不会面临死刑的威胁；然而，如果他们没能被教导、没能学到美德则会被处以死刑甚至被流放，同时还会被没收财产，进而导致整个家族的灭亡？在这种情况下，我们是否可以断定他们没有对自己的儿子进行美德教育或是给予足够多的重视呢？不，他们肯定不遗余力地对自己的孩子进行了美德方面的教育，我亲爱的苏格拉底。

"从孩子孩提时代起，他们便致力于教育孩子、纠正孩子，他们只要还活着，便不会停止对孩子的教育。只要孩子开始理解大人的言语，孩子的奶妈、母亲、老师和父亲便会尽自己最大所能教他好好做人，他们会抓住一切机会、经由所有言行举止来告诉孩子什么是正义、什么是不正义的，这件事是高尚的、那件事是丑恶的，这么做是虔敬的、那么做是不虔敬的，什么事可以做、什么事不可以做。孩子乖乖服从倒还好；如果不然，他们便会把孩子拎起来拳打脚踢，仿佛那不是一个孩子，而是一块弯折的木板。之后，他们会送孩子去学校，嘱托老师在教语法或音乐课程的同时多多留意孩子的言行举止是否得体。于是老师竭力教导孩子保持行为端正，当孩子学习了字母后，他们便开始理解书面语和口语。此时，大人会在孩子的书桌上摆放上杰出诗人的作品选，要他们背下来。那些诗篇满含劝诫意味，不惜笔墨赞扬古人的优良品德，大人期盼孩子们能够受到鼓舞而去效仿那些伟人，成为拥有良好道德品质的人。同样，音乐老师也会在日常的教学中注意培养孩子拥有良好的道德和自我约束感，而当他们学习演奏乐器的时候，老师也不忘记向孩子展示抒情诗和赞美诗的诗人写就的作品。在优美配乐的熏陶下，那些节奏和音阶不知不觉地刻进了孩子们的灵魂中，如此一来，他们便会变得更加儒雅绅士，他们的谈吐和举止会变得更富有韵律感、更加和谐。节奏感以及和谐度是每个人人生的必修课。此外，大人还会将孩子送去接受体育锻炼，让他们拥有与头脑相匹配的更为强健的体魄，不至于在战场上或其他场合由于体质虚弱而成为可耻的懦夫。

"以上，便是那些最有能力的（也就是家境最为显赫的）人会做的事。他们的儿子被最早送往学校接受教育，在最晚的年纪停止读书。这些孩子从学校毕业后，国家便会强制他们学习法律，并借助法律规范他们的人生。他们并不能随心所欲地行事。这可以类比教他们写字的老师的做法：老师会用笔在草纸上轻轻地写下要学的字，交给刚刚开始学习写字的孩子，让孩子们按照字的形状进行描摹。同样的，国家会将古代伟大的法律创立者制定的各种法规法典颁布成文，强迫这些有钱人家的子弟去学习，并以此约束他们的行为。对于那些违抗法律的人，国家会施以惩罚，由于这是矫正性的法律行为，雅典和其他城邦统统称其为'矫正'。

"苏格拉底，不论是在公共领域还是在私人生活中，美德都被赋予了如此深厚的关怀和关注，你对于美德是否可教难道仍感到困惑吗？如果它是不可教的，你的质疑便不足为奇。

"为什么那么多好人的儿子会误入歧途呢？我希望你也能明白这点，实际上，如果我刚才所说的属实的话，亦即，要维持城邦的长治久安，每个人身上都多多少少需要这种智慧，那么这一点倒也不足为奇。如果我说的是真的——还有什么能比我说的话更真实呢——不妨追求其他的技艺或学问，并且进行深度思考。假设发生下面这种情形：除非我们都成为吹笛手，否则国家便不复存在。那么人人都会尽自己所能掌握好这门技术，不论是在公共场合还是在私下里，他们都会互相学习借鉴，对那些演奏水平低劣的人予以严厉指责，就如同我们现在这样，所有人都会毫无保留地将自己拥有的有关正义与合法的知识与他人进行交流和分享。其原因就在于：拥有正义和美德是对所有人都有利的一件事。于是，我们非常乐于互相学习和讨论究竟何为正义、何为合法。如果所有人都同样热切和慷慨地互相传授笛子演奏技巧，苏格拉底，你难道会认为那些优秀的吹笛手的儿子会比技艺逊色的人的儿子更擅长演奏笛子吗？我丝毫不以为然。如果一个人拥有吹笛子的天赋，他的技艺会日益精湛，最后一举成名；否则的话，他永远都不会成为知名的笛子演奏家。事实多次证明：即便身为优秀吹笛手的儿子，他也很有可能与这项技艺无缘；而即便自己的父亲不善此道，一个人也有可能成长为一名卓越的笛子演奏者。然而身为吹笛手，他们相比于从未学习过吹笛子的普通人而言仍要出色得多。同样的，相比于

□ 吹长笛的玛息阿

林神玛息阿捡到了雅典娜下了恶毒诅咒的笛子，擅长吹笛的他吹出了无比美妙的笛声，打动了无数的乡野村民，他们赞叹道：连日神阿波罗也比不上他。阿波罗知道后，决定与玛息阿进行一场音乐比赛来决定胜负，规定胜者可以用任何方式惩罚输者。阿波罗使用计谋赢得了比赛的胜利，最后，用十分残忍的方法惩罚了玛息阿。

生活在缺乏教育和法律、也不受任何道德感约束的环境中的野蛮人来讲，文明社会中成长的最邪恶之辈都可以称作'正义的践行者'，那些野蛮人的野蛮程度与去年被剧作家斐勒克拉忒斯搬上勒奈亚的舞台的人不相上下。如果你碰巧置身于那些野蛮人之中，你无疑会同剧中厌恶人类的人一样，做出相同的反应，你会很高兴见到攸利巴都斯（古希腊海军名将，他率领弱小的雅典舰队在爱琴海萨拉米斯岛附近，以弱胜强，击败了薛西斯王统帅的规模庞大的波斯舰队——译者注）和佛律依达这样的人。事实上，苏格拉底，你能影响到的都是拥有着发达而理性的头脑的人，因为这里的每个人在道德方面都堪称导师，他们极尽所能追求美德，于是你感觉自己找不到任何一名教授美德的老师。同样的，如果你试图寻找教希腊语的老师，你也很可能一无所获。如果你想找一个人去教工匠的儿子那门他从小就在父亲身边耳濡目染的技艺，妄想着这个人能达到他的父亲以及同行好友的水准，你也同样会失望不已。找到一个终身致力于某种学问或技艺的人很难，但是找到一个可以从零开始教授他人某种学问或技艺的老师却十分容易。美德和其他事情也是这样。如果某人拥有比其他任何人都卓越的美德，那么他无疑会得到所有人的珍视。

"我自认自己就是这样的一个人，在教导人们拥有高贵而善良的美德方面拥有着独一无二的资质，我完全配得上我收取的那些学费，不但我自己这么想，我的学生也无一不这么认为。那么让我解释一下我是通过什么方式获得报酬的：有意愿师从我的人需缴纳全额学费；或者他可以选择去神庙，把他认为我的教导所值的金额告诉神明，而后把学费存放在那里。

"通过我讲的神话故事和论证，苏格拉底，你一定明白了：美德是可教的，雅典人也是这么认为的，优秀的父亲可能会生出废柴一样的儿子，不中用的父亲也有可能培养出过人之子，而即便是波利克里托斯的儿子帕拉洛斯和科桑西普斯，他们在自己的父亲面前也显得矮了一截，其他匠人之子亦是如此。但是此刻指责他们的儿子为时尚早；他们还年轻，人生还充满着希望。"

□ 爱奥尼亚柱式

希腊古典建筑风格之一，与多立克柱式非常相似，其特点是柱头有涡旋花饰，柱身高度是柱头直径的9倍。卫城的伊瑞克提翁神庙是其代表性建筑。

□ 伯里克利在阵亡将士葬礼上的演说

伯里克利是奴隶主民主政治杰出的代表者，古代世界著名的政治家、演说家。他推动了雅典社会的进步，使奴隶主民主政治达到了古代世界的高峰，建立了雅典强大且令人敬畏的海军强权，而且催生了史无前例的璀璨艺术与文化生活，直至今日雅典仍以伯里克利闻名。

普罗塔戈拉发表完他这一番艺术品评，便不再作声。我着了迷，出神地凝望了他许久，仿佛他仍然在絮絮地说着什么。我很想继续聆听，但是当我意识到他的演讲已然到此结束，我便极力回过神来，边看着希波克拉底边对他说："可爱的阿波罗多洛斯之子，我很庆幸自己和你一起来到了这里。听普罗塔戈拉说话真乃人生一大妙事。过去我一直认为美德是不可以经过后天学习获得的，但是现在我改变了看法，只是有一点我仍有疑惑，而我相信普罗塔戈拉会为我解释清楚的，他已经在诸多问题上对我们进行了解答。如果伯里克利或其他著名演说家对此问题发表看法时你碰巧在场，你很可能听到与普罗塔戈拉刚才所说相似的话。但是，如果你问他们其中一个人问题，他们却很可能答不上来，他们甚至可能自己都提不出什么有价值、有深度的问题。如果你在他们演讲时提问，他们就会像被击打的铜碗一样响个不停，除非你加以遏制，否则他们便会滔滔不绝地说下去。演说家们大抵如此：你问他们一个很小的问题，他们能据此展开长篇大论。但是普罗塔戈拉却不同，他不但能够言辞优美地做出一番演说，如我们刚刚所见，还能简短地回答我们所提的问题，并且自问自答，这是多么难能可贵的品质啊。"

"普罗塔戈拉，我还有一事相问，如果你愿意回答我的话，我就彻底满足了。如果有任何人可以劝说我相信美德是可教的，那么那个人非你无疑了。但是我对你说的仍有一事不明，想来只有你才能让我满意。你说宙斯将正义和羞耻感带给人间，你还多次提到正义、节制（对柏拉图来说，节制是一种复杂的美德，涉及对身体欲望的自我控制和克制，以及理智和自觉——译者注）和虔敬以及其他诸多东西总结起来就是美德，你可以更详细地讲述一下这一点吗？美德是一个整体，以正义、节制、虔敬等为组成部分，还是这些是同一事物的不同名称？就是这点让我备感困惑。"

"回答这个问题并不难，苏格拉底。"他回道，"美德是一个整体，而你刚刚提到的正义、节制等都是它的组成部分。"

"就如嘴巴、鼻子、眼睛和耳朵是面部的组成部分那样吗？还是如金子的组成部分那样，各组成部分之间以及部分与整体之间除了尺寸之外没有任何差别？"

"我认为是前者，亲爱的苏格拉底：它们之间的关系就如同面部器官和整张脸之间的关系。"

"那么请告诉我，你是说某些人拥有某部分美德，而另外一些人拥有其他部分美德，还是说拥有某部分美德的人必定拥有全部的美德？"

"绝无可能。我们也看到，许多勇敢的人并不正直，而许多正直的人却缺乏智慧。"

"你是说，智慧和勇气也是美德的组成部分？"

"毋庸置疑，而其中最重要的部分莫过于智慧了。"

"美德的组成部分是否各不相同？"

"是的。"

"每种美德都拥有其独特的力量或功能吗？以面部各器官为例，眼睛和耳朵长得大相径庭，它们的力量和功能也大不相同，其他各部分亦是如此：它们无论从什么角度而言，拥有的力量和功能都不尽相同。美德各部分之间也是这样吗？它们不但自身各不相同，而且在力量和功能方面也彼此迥异吗？如果可以类比的话，我想一定是这样的，不然还有别的可能吗？"

"是的，情况的确如此，苏格拉底。"

"那么，美德的其他部分与智慧、正义、勇气、节制或虔敬等是否都不尽相同？"

"我同意你的说法。"

"那么让我们来思考一下这些事物属于哪一类。我们首先要解答的问题是：世界上有正义这种事情吗，还是并没有这样的美德？我认为是有的。你呢？"

"我也这样认为。"

"那么接下来，假如有人问我们：'普罗塔戈拉和苏格拉底，给我讲讲你们刚才称之为正义的那种东西吧。它本身就是正义的吗？还是说它是不正义的？'我会回答说它本身即为正义的。那么，你会怎么说呢？和我一样，还是与我相反？"

"我的回答和你一样。"

"那么，正义指的就是具有正义性质的东西。我会这样回答那个提问的人呢，你也会这样做吗？"

"是的。"

"假如他接着问我们：'你们是说存在着一种叫做虔敬的东西吗？'我们会回答是的，对吗？"

"没错。"

"他接着问：'虔敬是一种东西吗？'我们会说是的，对吗？"

"是的，我们会这样回答。"

"他可能还会问：'在你们看来，虔敬就其本身而言是虔敬的还是不虔敬的？'对这个问题我会感到愠怒，然后回答他：'先生，您说什么！如果虔敬本身不具备虔敬的性质，还会有什么东西是虔敬的吗？'你会怎么作答呢？你难道不会和我说一样的话吗？"

"我会和你一样答复他的。"

"如果他接着问我们：'那么你们刚刚所说的话呢？我可能听得不是很清楚。我记得你们说过，美德的各个组成部分是彼此相关的，而每个组成部分又和其他各组成部分不尽相同。'我会这样回答他：'你的听力没有任何问题，只是我刚刚并没有这么说。是普罗塔戈拉在回答我的问题时这样说的。'如果他接着说：'他说的是真的吗，普罗塔戈拉？是你刚刚说美德的各个组成部分之间不尽相同的吗？这是你的看法吗？'你会怎么回答他？"

"我不得不承认，是的，亲爱的苏格拉底。"

"那我们就在这一点上达成了共识，普罗塔戈拉，如果他接着问我们：'虔敬指的难道不是具有正义性质的事物吗？而正义指的不是具有虔敬性质的东西吗，还是说它指的是具有不虔敬性质的东西呢？是否虔敬是具有不公正性质的东西，而正义则是具有不虔敬性质的东西？'我们会怎么回答他？就我个人而言，我会说：正义是具有虔敬性质的东西，虔敬是具有正义性质的东西，我还会说你也是这么想的——如果你同意我这么做的话；正义和虔敬若非是相同的事物，便是类似的东西。我还会着重强调正义是和虔敬具有同类性质的东西，虔敬是和正义拥有同类性质的东西。对此，你是会表示反对呢，还是会同意我的看法？"

"我认为答案没那么简单，苏格拉底，我无法承认正义就是虔敬、虔敬就是正义，它们是有一些不同的。但是这又有什么关系呢？你愿意的话，就让我们假定正义就是虔敬、虔敬即为正义吧。"

"请不要这样！我想听到的并不是'如果你愿意'或'如果你同意'这样的话。我希望我们能够对等地讨论问题，若想论证我们的看法，我觉得我们必须把'如果'二字去掉。"

"好吧，你说得对。正义和虔敬存在一些相似之处。说到底，世界上的万事万物从某种角度来说都和其他事物类似。白色和黑色存在某种程度的相似性，同样相似的还有软和硬，以及其他相对立的事物。就我们刚刚所讨论的面部器官而言，它们拥有不同的力量或功能，属于不同性质的事物，但是却在某种程度上类似，表现出某种相似性来。如果你愿意的话，你可以证明上述那些事物也是彼此类似的。但是，仅仅由于事物在某些方面类似——哪怕类似程度再低——就说这些事物是相似的，或者因为存在极其细微的不同便说它们是不同的，这都是不对的。"

我回过神来，问道："你认为正义和虔敬之间的关系是某种细微的相似关系，是这样吗？"

"并非如此，但我想事情也并不像你所相信的那般。"

"好吧，你似乎对这个问题感到有些不耐烦了，让我们略过它，思考下一个问题吧。你承认世界上存在着愚蠢这件事吗？"

"这是自然。"

"和它相对的便是智慧？"

"我是这样想的。"

"当人们做出正确的、有益他人的事情的时候，他们的表现是节制的，还是不节制的？"

"节制的。"

"那么，他们是在节制的指引下节制地行事吗？"

"必定如此。"

"那么，那些举止不当的人便是行事愚蠢的，而行事愚蠢便是行事不节制，对吗？"

"我同意这点。"

"那么，行事愚蠢便是行事节制的对立面了？"

"没错，是这样的。"

"愚蠢的行为是在愚蠢的头脑的指引下做出来的，正如节制的行为是在节制指引下做出来的那般，对吗？"

"没错。"

"那么，如果某事是某人怀着力量去做的，这件事便会做得很用力；如果某事是某人在虚弱的状态下做出来的，这件事便会做得很无力，对吗？"

"我同意。"

"如果快速地做某件事，它便会飞快地完成；如果缓慢地做某事，这件事便会完成得很缓慢？"

"没错。"

"如此说来，以某种方式所做的事是由具有相同性质的行为者所做的，而以相反的方式所做的事便是由具有相反性质的行为者所做的？"

"我同意。"

"那么，接下来，你觉得世界上真存在美这件事吗？"

"毋庸置疑。"

"除了丑之外，还有什么称得上它的对立面吗？"

"没有。"

"世界上存在善良这件事吗？"

"当然。"

"除了邪恶，还有什么可以作为它的对立面吗？"

"没有。"

"世界上存在高音这回事吗？"

"是的，存在。"

"除了低音，还有什么与它相对吗？"

"没有。"

"那么，对于拥有对立物的所有事物来说，它仅仅存在一种对立物而非许多，对吗？"

"非常同意。"

"让我们总结一下我们的看法。我们刚刚达成了一致意见,认为每件事情的对立面只有一个,而非很多,对吗?"

"没错,我们刚刚是这么说的。"

"那么,以相反的方式所做的事便是由具有相反性质的行为者所做的,对吗?"

"没错。"

"我们刚刚不是也同意说,行事愚蠢和行事节制是相互对立的,对吗?"

"没错,我们是这样说的。"

"节制是在节制的指引下所做的事,而愚蠢的行为则是由于愚蠢所致?"

"没错。"

"以相反的方式做事是由于具有相反的性质?"

"没错。"

"那么,处事有度和行为鲁莽这二者,前者是从节制的角度所做,后者则是出于愚蠢?"

"没错。"

"以相反的方式吗?"

"没错。"

"由于相反的性质吗?"

"是的。"

"那么愚蠢便是节制的对立面了?"

"似乎是这样的。"

"你还记得我们先前说过,愚蠢是智慧的对立面吗?"

"是的。"

"每件事物只存在一种对立面,对吗?"

"没错。"

"那么,我们先前所提出的种种假设中,哪一点是可以摒弃了的呢,普罗塔戈拉?是每件事物都只存在一个对立面这点吗?还是智慧和节制不同?但智慧和节制都是美德的组成部分,它们不仅是彼此独立的,而且还存在很多不同,这种不同不但体现在智慧和节制本身,还表现在力量和功能等方面,就如同面部的组成部分那样。我们应该推翻哪种假设呢？这两种看法并不协调；它们并不能彼此相容。如果每件事情有且只有一个对立面，而愚蠢这件事却有智慧和节制两个对立面，这怎么可能呢？难道不是这么回事吗，普罗塔戈拉？"

即便十分不情愿，他依然对我的话表示赞同，所以我继续说道："如此说来，智慧和节制不就是同一件事了吗？不久之前，我们好像还讨论过，正义和虔敬也大抵是同类事物。普罗塔戈拉，在我们弥补上这些漏洞之前，我们不能停下来。在你看来，一个行为不正义的人，其行为在你看来会是节制的吗？"

"同意这种说法是可耻的，苏格拉底，即便我知道有很多人都这么说。"

"如果你愿意的话，不妨让我们先来讨论一下多数人的看法。"

"既然你已经给出了答案，那么是否是你个人的观点对我来说并没有什么不同。我希望我们能够就论证本身做出讨论，尽管现在提问者是我、回答者是你，但我们都处在同样的困惑之中。"

一开始，普罗塔戈拉犹豫不决不肯作答，推脱说这个论证太难了、他无法驾驭。过了一阵儿，他表示同意回答这个问题。

我说道："那么，我们就从这个问题入手吧。当一个人做出不正义之事的时候，你觉得他头脑清醒[1]吗？"

"我们便假设是这样的吧。"

"'头脑清醒'指的是拥有理智？"

"没错。"

"理智意味着对于行事不正义拥有着良好的判断？"

"是的。"

"他们是否通过不正义的行为获得了好的结果？"

"是的，只有当他们得到好的结果时。"

"你是说有一些事物是好的？"

"没错。"

"因为对人有益，这些事物才是好的吗？"

---

[1] 这个词希腊语写作sophronem，动词，和名词（意为节制）相关。

"是的，我是这样想的！即便它们不能给人带来好处，我依然称它们为好的。"

我注意到普罗塔戈拉已经才思枯竭了，对我的提问感到束手无策，甚至已经处于失控发火的边缘。于是，我小心翼翼地调整了我提问的口吻。

"你的意思是说，这些事情即使对人类无益，或根本毫无用处，你仍旧称它们为好的吗？亲爱的普罗塔戈拉？"

"当然不是，"他说道，"但是我知道有许多事物对人类是有害的，像是食物、饮品、药物和其他许多东西，也有一些对人类是有益的；有些东西对人类既说不上是有益的也称不上是有害的，但是对马儿来讲却是既有益又有害；有些东西仅仅对牛有益；有些东西仅仅对狗有益；有些东西对上述人和动物均有害但是却对树木有益；有些东西对树的根有益，但是对树枝却是有害的，譬如说肥料，它对所有植物的根都是有益的，但是如果将它洒在枝干上却是极其有害的。以橄榄油为例，它对所有植物都有极大的伤害，同时还是动物毛发最致命的天敌；唯一不受它迫害的便是人类了，它不但会促进人类毛发的生长，还对人体其他机理都大有裨益。好的东西往往多面而多变，就拿油来说，它对于身体外部是有益的，但是对身体内部却是极度有害的，这就是为什么医生通常会禁止病人在食物中加入过多油，只允许他们少量添加，起到消除食物或调料中的异味的功效即可。"

普罗塔戈拉说完后，现场爆发出热烈的掌声，这些欢呼声一消散我便说道："请见谅，普罗塔戈拉，我的记性不大好，如果有人对我说了很长一段话，我常常会忘掉他谈话的主题。因此，如果在你我相谈时我听不清你在说什么，请不妨对我大声些。同样的，你此刻面对的是一个健忘的人，所以烦请你尽可能简短地回答我的问题，如此我才能跟得上你。"

"你所说的'尽可能简短'是什么意思？比谈话所要求的还要简短吗？"

"我不是这个意思。"

"那么，是恰到好处的意思吗？"

"是的。"

"是我认为的长度恰到好处，还是你眼里的恰到好处？"

"我听人说，当你就某一特定主题劝诫别人的时候，你既可以长篇大论滔滔不绝地讲，并且能够做到丝丝入扣、绝不偏题，也可以言简意赅地表达你的观点。因此，在你我二人交流时，不妨采用后者，尽量简洁地回答我的问题。"

"苏格拉底，我和很多人都唇枪舌战过，如果要我满足你的请求，效仿我的

□ 随着时间之神的音乐起舞
尼古拉斯·普桑　法国　1638年

黎明太阳神阿波罗乘着凯旋马车在曙光女神奥罗拉的引导下前进。其后是时序女神们，她们分别掌管着四季，跳着永恒的舞蹈。年老的"时间老人"为跳舞者抚奏竖琴，旁边的裸童手执沙漏，时光在其中流泻。两面神雅努斯的石像下，孩童吹着肥皂泡，影射为"时光飞逝，人生梦"。

对手那样说话，我就会沦为和常人无异了，普罗塔戈拉这个名字也不会成为希腊世界里家喻户晓的名字了。"

我可以感觉到，他对于之前的答案无所适从，而且不会再愿意在这场争辩中给出自己的回答，但是我认为自己有必要将同他的对话进行到底，于是我说道："普罗塔戈拉，如你所知，对于我们的谈话没有朝着你希望的方向发展，我略感沮丧。但是如果你希望我能在讨论中跟得上你的思绪，我会尽量配合你的。人们都说你既可以发表长篇大论，也可以极为精简地阐述你的想法，你自己也是这么说的，毕竟你是个聪明人；但是我却没有发表长篇演讲的能力，即便我十分渴望自己能这么做。是否要将谈话继续下去完全取决于你，毕竟只有你有这种能力。但是既然你看起来并不情愿，而且我又有其他事情要忙，因此我不能继续待在这里聆听你的长篇演讲了，我要去其他地方了，我现在不得不离开了，即使我深知留在这里听你把话说完无疑是很好的。"

话说完后，我便起身要走，但是正当我站起来的时候，卡利亚斯用他的右手抓住了我的手腕，并用另一只手攥紧了我的衣服。"我们不会让你走的，苏格拉底。"他说道，"没有你，我们的谈论就无法进行下去，所以请留在这里，算我求你了。除了听你和普罗塔戈拉争论之外，我别无他求。所以，请满足我这卑微的愿望吧。"

但是我已经站定、准备好要离开了，于是我说道："亲爱的希波尼库斯之子，我一直很敬佩你能够孜孜不倦地追求智慧，而现在我对你的敬仰之情犹胜以往。如果我能解答你的某些问题，我会非常情愿这么做的。但是你此刻对我的请求仿佛是要我追上来自希梅拉的那位短跑冠军克里松，或是要我与长跑运动员较量，或是与那些终日奔波不休的信使们展开角逐。但是啊，即便我很想要竭尽全力达成你的愿望，我又怎么能够追得上那些人的脚步呢！如果你想要看到我和克里松同场竞技，你最好请求他放慢脚步，与我保持一样的速度，因为我无法提高我的速度，但是他却可以自如地慢下脚步。因此，如果你执意要我和普罗塔戈拉继续争论下去，你必须请求他尽可能简短地回答我的问题。如果他做不到这点，我们的对话还有继续下去的可能吗？在我看来，对话中双方的相互交流和公共演讲是极其不同的。"

"但是你也看到了，我亲爱的苏格拉底，普罗塔戈拉有权以他认为适当的方式讲话，而你也是这么想的，难道不是吗？"

此时此刻，亚西比德终于忍不住插话："你说的话根本毫无意义，卡利亚斯。苏格拉底承认自己不擅长长篇大论，并且承认普罗塔戈拉在这方面强过自己。但是在论证方面、在一问一答式的讨论中，我却不认为苏格拉底会输给任何人。如果普罗塔戈拉承认自己在论证方面不如苏格拉底，那么苏格拉底一定会感到欣慰的。但是如果普罗塔戈拉坚持自己原来的观点，不妨让他继续一问一答式的对话，且不允许他对苏格拉底所提的问题展开长篇大论，也不允许他跳过自己不想解释的问题，如此这般，直到大部分听众忘记问题是什么。然而我很确定苏格拉底是不会忘掉的，即使他自嘲自己记性不好。因此我认为苏格拉底要更胜一筹，我们每个人都应该弄清楚他的想法。"

亚西比德说完后，克里提亚开口讲话了——要是我没认错的话，"亲爱的普罗迪库斯和希庇亚斯，卡利亚斯似乎非常支持普罗塔戈拉，而亚西比德和往常一样，只站在胜利者那一边。但是在现在这个时刻，我们没有任何必要站队苏格拉底或普罗塔戈拉。我们应该请求他们二人不要破坏我们的谈话，不要使得这场思想的交锋中途结束。"

普罗迪库斯接着说道："你说的很对，克里提亚。参与谈话的人应该不偏不倚地倾听对话双方的意见，而不是平等地予以聆听。这其中是有差别的。我们应不偏不倚地聆听双方的看法，但是我们的注意力可以自行分配：对较为睿智的那一方的看法予以更多关注，对稍显笨拙的那一方的看法予以一定程度的忽略。对于我来说，我认为你们二人都应该对这些问题展开辩论，但是务必省掉那些不必要的花哨的论辩技巧。朋友之间的争论通常都是出于良好的意愿；只有处于争执中的敌对双方才会采用论辩术。如此一来，我们的这场大会才能变得引人入胜，你们谈话的双方也才能获得中肯的观点，而不仅仅是听众的赞赏。中肯的观点发自听众的灵魂深处，是他们的肺腑之言，但是赞赏却往往只是流于表面的无心之谈，并且常常具有欺骗性。而作为听众的我们也会感到振奋，而非仅仅是满足，原因就在于：感到振奋是因为可以获取知识，可以在智力活动中获得一席之地，它指的是一种精神状态；而满足则更多指向肉体的愉悦，是由于吃到美味佳肴或感受到其他感官快乐而使肉体得到满足。"

普罗迪库斯的话得到在场大多数人的认可和欢迎，随后，希庇亚斯也发表了自己的看法，"先生们，在场的诸位对我来说都是亲人、密友、同胞，这种感情是与生俱来的、凝聚在血脉里的一种情愫，而非后天的约定俗成。喜欢这种情绪往往是天然而来的，而约定作为一种统摄人类社会的东西，却往往是和天然之物相反的。因此，在我们无比清楚事物的本质——我们是全希腊最聪明的那些人——的前提下，我们相聚在这所庄严而神圣的府邸中，在这座洋溢着智慧的大厅里展开辩论，但是却无法结出任何体面而有意义的智慧结晶，只会像社会渣滓那样互相攻讦、争论不休，这实在是有失体面。我严肃地恳求你们，亲爱的普罗塔戈拉和苏格拉底，在我们的调停之下，请彼此做出和解和让步吧，因为我们的对话还没有结束，才只进行到一半而已。亲爱的苏格拉底，如果普罗塔戈拉认为不妥的话，请不要再强迫他用那种所谓简练的方式展开讨论了，而是让谈话自由进行吧，这样一来，我们之间思想的交流交锋才能更有实质意义、更高贵体面。那么，普罗塔戈拉，在这场疾风式的讨论中，请你不要把我们丢在陆地上不顾，而自己却潜入'修辞的海洋'。你们二人务必要借鉴中庸之道，彼此做出和解和协调。我们希望你们做的无非就是这些，请接受我的建议，不妨指定一位裁判、调解人或监督员来控制彼此演讲的长度吧。"

所有人都认为这个主意甚好，纷纷表示了认同。卡利亚斯说他不会放我走的，而其他人也劝我找一位调解人。我说找一个人来主导我们的谈话是不切实际的，"如果被选择的人不如我们，那么让一个不如我们的人来监督我们是不对的。如果他和我们才智相当，那就完全没有必要了，因为他会做出和我们相同的举动，那么此举便是多余的。选一位比我们优秀的人？我认为你们再也找不到一位比普罗塔戈拉更聪明的人了。如果你们选择的人明明不如普罗塔戈拉却说他比普罗塔戈拉更聪明，那么你们无疑是在侮辱这个人。普罗塔戈拉是一位多么有头有脸的人物啊，你们怎可以命任何人来监督他。于我自己，我并不在意你们怎么做。但是如果你们想要让这次会议、让这场讨论继续下去，如果这真的可以办到的话，那么我会再开心不过了。如果普罗塔戈拉不愿意回答问题，就让他来提问吧,我来回答,与此同时我还会向他指出如何回答才是最合适的。当我回答完他提出的所有问题后,就该由他做出同样的事情了。如果他还没有准备好,不愿意回答我的问题,我们就可以一起要求他给予回复,就如你们现在要求我这般,以使得我们的会议继续下去。这样一来,我们就不再额外需要监督员了,因为你们会一起对他做出监督。"

所有人都认可了我的提议。普罗塔戈拉沉默不予回应,但是他不得不开始提问,当他的问题积攒得足够多了,他便要开始用精简的语言一一予以回复。

于是他便对我展开了提问:"苏格拉底,在我看来,一个人所受的教育中最重要的部分就是诗歌创作了,也就是对诗词语言的理解。你知道什么场合适宜作诗、什么场合不适宜创作,知道如何分析一首诗,以及如何回答读者的提问吗?我现在要问的问题仍和我们当前的讨论相关,也就是诗歌中的美德。西蒙尼戴斯(古希腊抒情诗人,"思维宫殿"记忆术的发明者——译者注)对来自塞萨利的克瑞翁的儿子斯科帕斯说道:

成为一名好人着实不易,
他有手有脚,头脑清醒,
多么完美的造物者的宠儿……

"你知道这首赞美诗吧?需要我为你吟诵出来吗?"
我表示不用,因为我知道这首诗,它是我最为喜欢的几首诗之一。
"很好,"他说道,"你认为这首诗写得怎么样?"
"很好。"
"这首诗之所以好,是因为诗的内容相矛盾吗?"
"并不是。"
"那请你好好再读一遍。"
"如我刚刚所说,这首诗我早已熟稔于心。"
"那你一定清楚诗的后半部分说了些什么。"

即便睿智如庇塔喀斯,
也并不相信这种论调。
做一名好人何其之难

他感慨道。

"你有没有发现这些话出自同一个人之口？"

"我意识到了。"

"你认为它的前半部分和后半部分一致吗？"

我说道（我一面说一面思考着他会如何驳斥我）："对我来说是这样的，在你看来不是这样吗？"

"这些话怎么可能是一致的呢？诗人开宗明义地指出成为一名好人太难了，而后，在诗的后半部分，他却忘掉了庇塔喀斯曾经说过和他一样的话，自然，他也忘了指责庇塔喀斯，由此，他也拒绝承认自己曾经说过这样的话。当他后面批评庇塔喀斯所说的这句话的时候，他很显然是连自己也一道批评了，因此前者和后者都不可能是正确的。"

普罗塔戈拉这番话赢得了在场观众经久不息的掌声。初时我觉得自己好似遭受当头一击，眼前一片漆黑，我被普罗塔戈拉的狡辩术和众人的喝彩声深深地震撼到了。然后你们猜怎么着？我顿了顿，思考这首诗究竟是什么意思，然后我转向普罗迪库斯，祈求他能够帮助到我。"普罗迪库斯"，我说道，"西蒙尼戴斯和你是同乡，对吧？如此一来，解救这个人就是你义不容辞的责任了，所以我并不在乎向你寻求帮助，一如荷马在诗中所描写那般：当斯卡曼德洛斯（河流和河神的名字——译者注）被阿喀琉斯包围的时候，他转向西摩伊斯请求援助：

亲爱的兄弟，让我们一起消灭这位英雄吧。[1]

"我也是以同样的方式在请求你的援助，以防普罗塔戈拉对西蒙尼戴斯造成伤害。但实事求是地说，西蒙尼戴斯若想东山再起，必须借助你们的特殊技艺，这样一来你们就能区分'需要'和'渴望'了，也能区分出刚刚所讨论的其他事物了。告诉我你们是否同意我的话，因为我仍然不清楚西蒙尼戴斯是否自相矛盾。告诉我你们此刻的想法。'成为'和'做'是否相同？"

---

[1]《伊利亚特》第21章。

"看在上天的分上，二者是不同的。"

"很好。那么，在第一节中，西蒙尼戴斯发表了自己的看法：成为一个好人绝非易事。"

"说的没错。"普罗迪库斯说道。

"随后，他批评庇塔喀斯没有说出和他一样的话，而是说了不同的话——普罗塔戈拉是这样想的。因为庇塔喀斯并没有像西蒙尼戴斯那样指出'成为'好人是不容易的，他的措辞是'做'。普罗迪库斯刚才说，'做'和'成为'并不是一码事，亲爱的普罗塔戈拉，如果'做'和'成为'不一样，那么西蒙尼戴斯就没有自相矛盾。也许普罗迪库斯和其他很多人都会同意赫西奥德的话，即认为'成为一名好人太难了'：

神明将美德摆在我们伸手不可及的地方，
但是一旦你到达了那巅峰之处，
你便会发现它其实也没有那么难以企及。[1]"

听我吟诵完这几句诗，普罗迪库斯为我拍手叫好，但是普罗塔戈拉却说道："苏格拉底，你所谓的东山再起存在一处致命的、无法修补的错误。"

"那是我的不是了，"我说道，"那么，我和那些滥竽充数的医生并无二致，只会使得病越治越坏。"

"正是此意。"他说道。

"怎么会这样呢？"我问道。

"如果他说美德是触手可得的，而其他人却认为拥有它是世界上最困难的事情，那么这位诗人就太过贻笑大方了。"

□ 阿喀琉斯

阿喀琉斯是海洋女神忒提斯和英雄珀琉斯之子，《荷马史诗·伊利亚特》中，他参加了特洛伊战争，是希腊联军第一勇士。他出生后就被母亲浸在冥河水中，因此除脚踵外，他全身刀枪不入，是一位半人半神的英雄。他在特洛伊战争中杀死特洛伊第一勇士赫克托耳，使希腊联军转败为胜。后来，他被太阳神阿波罗放暗箭射中脚踵而死。

---

〔1〕引自古希腊诗人赫西奥德《田功农时》（又译作《工作与时日》）。

我说道："看在上帝的分上，普罗迪库斯加入我们的讨论实在是太及时了。普罗塔戈拉，普罗迪库斯所拥有的智慧很像是来源于某种古老而神圣的事物，可以追溯到西蒙尼戴斯时期，甚或更早。但是鉴于你的经验太为宽泛，很可能并不能拓展到这种智慧上来，而我却因为是普罗迪库斯的弟子而学到了不少。你似乎并不理解西蒙尼戴斯眼中的'艰难'一词和你所想的并不一样。同样，你也并不理解为何我每次使用'糟糕'一词来称赞你或其他人时，普罗迪库斯总要出来纠正我，譬如我说：'糟糕，普罗塔戈拉是一位睿智的人。'每当我这么说，他总会质问我为什么要把好的东西形容为糟糕，问我为什么丝毫不感到羞愧。没有人会形容财富是糟糕的，也没有人会将糟糕一词同和平、幸福等联系到一起，我们听到的都是糟糕的疾病、糟糕的战争、糟糕的贫穷等等，此处的'糟糕'即意味着'坏'。因此，或许卡昂人和西蒙尼戴斯是将'艰难'理解为'坏'，或是其他你未曾理解的东西吧。让我们问一问普罗迪库斯吧，他该是能正确理解西蒙尼戴斯的语言的人。普罗迪库斯，西蒙尼戴斯笔下的'艰难'是什么意思呢？"

"坏的。"

"如此说来，这就是他为何批评庇塔喀斯说做好人太过艰难了，因为他以为庇塔喀斯是在说做好人是一件坏事。是这样吗，普罗迪库斯？"

"不然西蒙尼戴斯还能是什么意思呢，苏格拉底？他在指责庇塔喀斯，指责这位来自莱斯博斯岛、从小便在野蛮的语言环境中生长的人，指责他不加以区分地滥用词汇。"

"很好，亲爱的普罗塔戈拉，你听到普罗迪库斯的解释了。你还有什么要说的吗？"

"你理解的是错的，普罗迪库斯。"普罗塔戈拉说道，"我很确定，西蒙尼戴斯所说的'艰难'和我们通常所理解的一样：它并不是'坏的'，它指的是不容易完成、需要很艰辛的努力才能实现的东西。"

"我也是这么想的，普罗塔戈拉，"我说道，"我想西蒙尼戴斯也是这个意思，而普罗迪库斯也明白这点。他刚刚不过是在开玩笑，想测试一下你进行自我抗辩的能力。西蒙尼德斯并不将'艰难'视为'坏'的同义词，这一点在下一小节就能得到清晰的印证了：

神自己便拥有这种特权。

"鉴于他接下来说'神自己便拥有这种特权',他便不可能认为做好人是件坏事了。普罗迪库斯因此称西蒙尼戴斯是个恶棍,认为他不像个真正的卡昂人。但是我将把西蒙尼戴斯写这首诗的真实意图告诉你们,如果你们想要考察一下我驾驭——用你们的话来说——诗歌的能力。如果你们有其他想法,我会洗耳恭听的。"

普罗塔戈拉听完我说的话,说道:"请吧,苏格拉底。"随后普罗迪库斯、希庇亚斯和其他人也鼓励我发表我的看法。

"好的,"我说道,"我会向你们慢慢解释我是怎么诠释这首诗的。首先,哲学是一门源远流长的艺术,在希腊的克里特岛和拉斯第孟（古斯巴达的别称）传播最为广泛,这些地区聚集着全世界人数最为众多的智者。但是当地人却不承认这一点,他们对此熟视无睹,以掩盖这样一个事实:正是由于那些人拥有智慧,他们才成为希腊世界的领袖。普罗塔戈拉所说的智者指的便也是这些人。他们常常以这样的形象出现在公众眼前:他们之所以优越皆是因为那些骁勇善战的人。他们之所以苦心经营这样的形象,其原因在于:如果他们之所以变得优越的原因被世人发现,亦即被世人发现他们的成功全部得益于他们拥有智慧,那么所有人都会开始修炼此道了。这可是最高机密。即便是其他城邦里的斯巴达狂热分子也都不知道这点,所以你能看到那些人模仿斯巴达人的样子,把自己的耳朵弄坏,戴着皮质手套、披着短披风,疯狂地抖动着自己的身体,仿佛斯巴达的政治势力就是依靠这些东西建立起来的。当斯巴达市民渴望拥有与智者进行自由公开的讨论的公民权利时,他们便会通过针对城邦里的斯巴达派和其他异邦人的侨民法,并且召开秘密集会。如此一来,他们城邦里的年轻人就不会忘掉他们所传授的东西,同时他们也并不允许任何年轻人访问其他城邦,克里特人也是如此。在克里特和斯巴达,不论男女都对他们所受的教育感到由衷自豪。如果我告诉你们大家,斯巴达人在哲学和辩论方面所受的教育是最为优良的,你们该如何证明我的话的真实性呢?做法很简单:找来任何一位普通的斯巴达人,和他聊上一会儿,你便知道我说的都是真的了。一开始你可能会发现他并不能够把握住对话的主题和节奏,但是突然之间他可能就会在他卓越的辩论术的帮助下掌控全局了,给你漂亮的一记回击,令你永世不能忘记,在他咄咄言辞的映衬下,你看起来无异于一个幼童。敏锐的观察者都知道这点:成为一名斯巴达人就等同于成为一名哲学家,而这要比成为一名运动员更能带给人终身荣誉了。能够这样说话的人无疑是一位受过良好教育的人。这类人包括米利都的泰利斯、米蒂利尼的庇塔喀斯、普南城的比亚斯、我们城邦的梭伦、林都斯的克莱奥布洛斯、车恩的梅森以及斯巴达的契罗。所有人都争相效仿，热爱并学习斯巴达文化。斯巴达智慧的最独特之处可见于斯巴达人在德尔菲神庙中献给阿波罗的集体智慧的结晶，在那里，他们刻下了诸如'认识你自己'和'适可而止'等精妙洗练的传世名言。

"我这么说是什么意思呢？古代哲学的典型特征便是简练。就是在这样的背景下，庇塔喀斯的名言——'做好人很难'在哲学家之间开始广泛流传。而后，野心勃勃地想要成就一番哲学事业的西蒙尼戴斯发现，如果他可以如同打败一名知名的拳击手那样驳倒这种说法，并且创作出一句更好的名言，他或许也能扬名立万。因此，他写了这首诗，来驳斥这句名言。在我看来，事情就是这个样子。

"让我们一起来检验下我的假设是否正确吧。如果诗人所想表达的无非是'成为好人很难'这一点，那么诗的开端便会呈现出一派疯狂的景象，因为他在此处插入了一个对立的小品词[1]。加入这个词并没有什么意义，除非假定西蒙尼戴斯是在驳斥庇塔喀斯的这一观点。庇塔喀斯说'做好人很难'；西蒙尼戴斯通过下面这句予以反驳：'不，成为一名好人才是真正的难事，庇塔喀斯，着实是一件难事。'我们应该注意到的一点是，西蒙尼戴斯说的并不是'真正的好'；他并不是在'有些事情是真正好的，而其他事情虽然表面是好的，但实际却不是'的这一背景下来探讨事实。这会给读者留下一种完全不同于西蒙尼戴斯的幼稚的印象。在这句诗中，'真正的'一词只是一种障眼法。要想理解这句谚语，我们必须想象庇塔喀斯在说话而西蒙尼戴斯给出答复，二人之间的对话可能是这样的：庇塔喀斯说道：'先生，做好人真是不易。'西蒙尼戴斯回答道：'你说的并不对，庇塔喀斯难的并不是做一名好人，而是成为一名好人。即便他有手有脚，头脑敏捷，享受着造物者的恩宠，想成为一名好人都远非易事。'如此一来，此处插入的对立小品词便有了意义，'真正的'一词放在诗的结尾才说得

---

〔1〕西蒙尼戴斯这首赞美诗的第一行"成为一名好人着实不易"实则是以一个矛盾的小品词表现出来的，然而此处未加以翻译。苏格拉底没有引用诗的其他部分（诗的剩余部分现已失传），所以我们并不知道它是哪种类型的矛盾。

通。这句诗后面的部分是对此做出的解释。这首诗有很多细微词句安排得完美得当；这确乎是一首可爱而精致的诗作，但是要从正确的角度来分析这首诗却需要花费很长的时间。让我们来研究一下这首诗的整体结构和创作意图吧；这首诗从头至尾都是对庇塔喀斯言语的驳斥。

"诗人在间隔几行之后又写道（假想下他在发表演讲）：

但不幸的命运将他击垮，
他又怎能永远是个好人。

"不幸的命运降临的时候，谁是那个被击垮的人呢？假设我们现在在海上航行，很显然，被击倒的不会是普通的乘客，因为他们一直都是最容易被影响的那类人。你不能击垮那些仰卧的人，你能击垮的只有呈现站立姿态的人。同样地，不幸的命运击垮的只能是健全的人，而不是身残多年的人。飓风可以将一个人吹到空中而让其受到伤害，例如使（一位飞行员）致残；恶劣的季候会让农夫颗粒无收；对于医生而言也是这样，厄运会毁掉他的人生。因为好人十分容易在某种力量的影响下变坏，一如另一位诗人所描述的那般：

好人有时善良如天使，有时邪恶如魔鬼。

"但是坏人却与变坏这个倾向绝缘；因为他自始至终都是坏的。因此当不幸的命运击垮一位健全的、睿智的、善良的人的时候，他'无可避免地变坏'。你们可能会说，庇塔喀斯，做好人太难了；事实上，变坏也是不容易的，尽管存在这种可能，但是始终做个好人却几乎是不可能的。

顺风顺水时，人人都是好的；
遭逢不幸时，没人能不变坏。

"擅长文学是什么意思？什么使得一个人能在文学方面有所建树？答案很显然，那便是对文学的钻研。什么样的机遇能塑造一位好的医生？答案也是很显然的，那便是学习如何治病救人。'遭逢不幸时，没人能不变坏'：什么样的医生有变坏的趋向？显然，这个人首先必须是一名医生；其次，他还必须是一名好医生。他有堕落为一名坏医生的可能，但是即便罹受不幸，我们这些门外汉也永远不可能成为医生或是木匠或是任何其他专业人士。如果一个人在身处逆境时不能成长为一名医生，那么他也就绝无可能成为一名坏医生。同样的，一个好人随着时间流逝很可能最终变成一个坏人，而除了时间，让他蜕变的力量还包括苦难、疾病以及其他不幸事件，譬如智力受损。但是坏人永远不可能变成坏人，因为他一直都是那个样子。如果一个人要变坏，他首先必须是一名好人。因此，这部分诗意在说明，做一名好人是不可能的、永远保持好人的状态也是不可能的；但是同一个人却很有可能在人生的某个阶段做一名好人，在其他阶段呈现坏人的面孔，而长久地受到上帝垂怜的人无疑是最幸运的好人。

"这些诗的矛头都指向了庇塔喀斯，而下面这几行诗攻讦意味更为明显：

因此，我绝不会追逐那些无法企及之事，
不会将我的人生寄托在渺茫的希望里。
这是一个多么虚无缥缈不现实的请求
——倘或世界上真有如此清白之人，
找到他我会即刻昭告天下。

"这几行诗的语言可以说很有攻击性了，而对庇塔喀斯的攻击仍在继续：

我欣赏并热爱着
那些从不主动作恶的人，
甚至宙斯都无法抗拒他们的魅力。

"这几句话也充满了对庇塔喀斯的质疑。西蒙尼戴斯所受的教育并不低，因此他绝不会当真夸赞那些不会主动作恶的人，这么说好像这世界上存在着欣然做坏事的人。我很确定没有任何一位聪明人会认为人类会欣然犯错或是作恶。他们非常清楚，做了错事或坏事的人并不是自愿为之。西蒙尼戴斯俨然也是这么想的，所以他并没有称赞那些自愿作恶的人；他在'作恶'这个词之前加上了'主动'一词。在他看来，一个好人、一个体面的人总免不了去热爱并赞扬那些和自己完全不同的人，这个人可能是渐行渐远的父亲、母亲，或是祖国。卑劣之徒在看到自己的父母或国家陷入困境时会欣喜若狂，并且会不怀好意地将之公布于众并加以谴责，如此一来他们对自己的疏于管教一事就不会被问责。这些无耻之徒会将事实添油加醋，将矛盾和敌意激化；而好人则会帮忙掩盖不堪的局面，强迫自己做出正面的回应。如果他们因父母或国家冤枉了他们而愤怒，他们常常会冷静下来，谋求和解，此外，他们还会强迫自己热爱并赞扬自己的同胞。我认为西蒙尼戴斯向大家透露了这样一件事：他曾不止一次歌颂专制君王或其他某位当权者，然而这绝非他本意，而是不得已而为之。因此他对庇塔喀斯说道，庇塔喀斯，我之所以批评你，并不是因为我是一个吹毛求疵、愤世嫉俗的人，因为：

对我来说，
只要一个人本性不坏、不难相处、了解公民权利并拥有理性，
我便不会责难他，
因为我不是一个喜欢批评人的人，
即便世界上蠢人众多。

"一个挑剔的人总会忍不住挑剔周围的人。

极致白皙美丽，
不容任何污浊。

"此处指的并不是白色中没有混入黑色，这么理解无疑太过滑稽，诗人真正想表达的是自己可以接受介于两者之间的状态。'我并不追逐'，他说道：

'这是一个虚无缥缈不现实的请求
——倘或世界上真有如此清白之人，
找到他我会即刻昭告天下。'

"意思是说，我永远不会表扬任何人，但是对于从来没有做过坏事的普通人我感到十分满意，因为我自愿地——

赞美并热爱所有——

"请注意其中的女性化动词'赞美',诗人是借此告知庇塔喀斯——

没有作过恶的所有人,

(在'自愿地'之前停顿)

我自愿地赞美和热爱他们。

"但是对有些人的赞美和爱却并不是发乎自愿。因此,如果你讨论的东西合理而真实,庇塔喀斯,我永远不会批评你。但是事情的真相却是:你厚颜无耻地在如此重要的事情上撒谎了,即便你把它描述得极尽逼真,我也要因此而谴责你。

"因此,普罗迪库斯和普罗塔戈拉,"我总结道,"在我看来,这就是西蒙尼戴斯创作这首赞美诗的时候所经历的心路历程。"

希庇亚斯说道:"你对这首赞美诗的分析深深地打动了我,苏格拉底。关于这首诗我也有些话要说,如果你们愿意听的话可听我细细道来。"

"我们很愿意聆听,希庇亚斯,"亚西比德说道,"不过下次吧。我们现在集中解决苏格拉底和普罗塔戈拉的问题,究竟是否该允许苏格拉底问普罗塔戈拉所有他想知道的问题,或者说,普罗塔戈拉是否应该回答苏格拉底所有的问题。"

我说道:"让普罗塔戈拉自由选择吧,但是如果可以的话,我们不应当再纠结这些赞美诗,而是应该回到我一开始问普罗塔戈拉的问题,我很希望能和你们一道解决那个问题。讨论诗歌对我来说无异于参加人满为患的二流酒宴。那些人几乎没受过什么教育,也不能够在觥筹交错间进行有意义的对话,他们花高价请来吹奏长笛的年轻女孩儿,陶醉在以芦笛作为背景音乐的喧嚣声中。但是在受过良好教育的风雅之士举办酒宴的画面中,你不会看到吹奏长笛的姑娘,也不会看到弹奏竖琴或是表演舞蹈的女孩儿,即便没有那些靡靡之音的伴奏,那些风雅之士也知道如何活跃气氛——即便喝得酩酊大醉,他们也能风度翩翩地交流。我们就是这样一群人,我们中的大多数人都是有识之士,我们并不需要演奏乐器或是吟诵诗词来助兴,因为那些诗作大多承受不起推敲。当我们讨论一首诗的时候,几乎每个人都对诗人究竟想表达什么意思持有不同的看法,因此我们只能陷入无休止的争论中去,永远无法达成一致意见。聪明人知道该避免这样没有章法的讨论，他们只会依靠自己理性的力量来彼此取悦、彼此检验。这些人无疑是我们的楷模。我们应该把诗歌置于一旁，直接与彼此沟通，来检验那所谓的真相和我们自己的观点。如果你们还有什么问题要问，请直接说出来吧，我准备好了；如果你们愿意的话，也可以要求我做其他事情，如此一来，我们就能继续刚才的讨论，直至最终达成一致了。"

□ 酩酊大醉的森林神　安东尼·凡·戴克　1620年
森林之神是酒神狄俄尼索斯的随从，司掌丰收，但他贪酒好色，经常喝得烂醉，做出了许多无礼的举动。

此刻，我的状态良好，但是普罗塔戈拉却好像并不清楚自己究竟想要怎么做。于是亚西比德看向卡利亚斯，说道："卡利亚斯，你认为普罗塔戈拉是否准备好了要加入我们的讨论？我并不这么认为。他要么加入我们的讨论，要么选择拒绝，这样一来我们就知道他究竟站在哪一边，我们也就能和苏格拉底或其他什么人重新展开讨论了。"

我觉得亚西比德的话让普罗塔戈拉自觉难堪了，而卡利亚斯和其他人的坚持也让他觉得颜面扫地。最终，他十分不情愿地决定继续对话，并且暗示我们他已经准备好回答我可能提出的任何问题了。

"普罗塔戈拉，"我说道，"我之所以和你争辩，无非是想同你一道，对那些困扰我许久的问题展开分析。用荷马的诗来概括是再恰当不过的了：

如若我们齐心协力，
便能看到彼此看不到的风景[1]。

"如果大家齐心协力的话，那么我们在行为、言论和思想方面都能有更大的收获。如果某人产生了某种想法，他可以出发寻找可以理解并接受这个想法的

[1]《伊利亚特》第10卷。

人。比起其他任何人，我更喜欢与你们相谈，这是有特殊理由的：我认为你们具备凡是体面高尚的人都应该具备的探索事物的最佳资质，尤其是对美德一事展开探索。除了你们还能有谁呢？和那些自认为体面高尚但是却无法使别人变得同等高尚的人不同，你们不但自认为是高贵善良之辈而且还拥有充分的自信，你们并不愿意藏匿自己的技艺，而是坦然地将其展示给整个希腊世界；你们称自己为智者，致力于教导他人美德，你们是率先认为应该为自己的智力付出收取报酬的人。这一切的一切，教我如何能不恳请你们和我一道思索这些问题呢？我必须这么做。

"此刻，我希望你们能够提醒我，在对话的开始我都问了哪些问题。接着我会同大家一起，对这些问题进行探查。我认为我刚才提出的第一个问题是：智慧、节制、勇气、正义和虔敬这五种美德是否是一回事，还是它们各自拥有着特定的力量和独特的功能，从而彼此互不相同呢？你们说这五种美德并不是一回事，作为美德的组成部分它们是彼此不同的，它们不同于金子的各组成部分——其各组成部分之间以及部分和整体之间都是存在某些相似性的；它们更像是人体面部的各个器官，每个器官不但和面部这一整体不同，彼此之间也截然不同，每个器官都拥有自己独特的力量和功能。如果你们现在依然这么想，请告诉我；如果你们改变了看法，请指出你们现在是怎么想的。如果你们现在的想法和刚才不同，我也并不会责备你们。实际上，如果说你们刚才那么做是在对我进行考察，我也丝毫不会感到惊讶。"

"苏格拉底，我要告诉你的是：这些都是美德的组成部分，即便其他四者彼此密切相关，勇气却是截然不同的一种美德。何以证明我说的是真的呢？只消想想这世界上存在着多少品行极为恶劣——极端不义、不虔敬、放纵、无知，然而却拥有着无可比拟的勇气的人，你便明白了。"

"你说的对，"我说道，"这的确值得深究。勇敢的人也具备自信或其他什么品质，你会这么说吗？"

"没错，他们也是自信的，准备好做出那些大部分人都为之惧怕的举动。"

"很好，那么，你是否同意美德是一种极好的东西，而你自己致力于向他人传授美德也是出于这个原因？"

"除非我疯了，不然我会说它是世界上最好的东西。"

"于美德这一整体而言，是否存在某些不那么值得称赞的部分，而其他部分都是好的,还是它所有的部分都是好的?"

"它所有的部分都是好的。"

"你知道哪些人能够自信地跳进水井里吗?"

"当然知道,答案是潜水者。"

"他们之所以这么勇敢无畏,是因为知道自己在做什么而不觉害怕,还是出于其他什么原因呢?"

"因为他们知道自己在做什么。"

"能够自信地在马背上对敌作战的是谁呢?骑手还是非骑手?"

"骑手。"

"那么用盾牌作战的是谁呢?盾手还是非盾手?"

"盾手。以此类推,想必你也已经理解了。拥有某种知识的人总是要比外行人自信,而当一个人拥有了他从前所不具备的某个行当的知识之后,他就会变得更加自信。"

"但是这世界上不是还有即便对什么都一无所知但是自信自己什么都懂的人吗?"

"没错,是有这样莫名自信的人。"

"他们的自信是否是一种勇气呢?"

"不,如果这样的话,那么勇气也未免太卑劣了。这些人仅仅只是头脑不清醒罢了。"

"那么,你所谓的勇敢者又是什么意思呢?难道他们不是自信的人吗?"

"我仍然坚持我的想法。"

"那么,那些过分自信的人并不是勇敢的人,而是疯子?另一方面,最为睿智的人也是最自信的人,而最自信的人也是最勇敢的人,对吗?按照这个逻辑,我们能得出智慧就是勇气这一结论是吗?"

"你仿佛不记得我是怎么回答你的问题的了,苏格拉底。你问我是否勇敢之人都是自信的,我回答说是的。你并不是问我自信是否意味着勇气,否则我会回答你:'并不是所有自信的人都是勇敢的。'而现在勇敢之人也是自信的这个假设被你证明了是错误的。接下去你又向大家证明了,知识可以让一个人拥有更多自信,让那些从前不具备某种知识的人变得比从前更加自信。因此你总结说勇气和智慧是一回事。如果按照这个逻辑,你接下去恐怕会说力气和智慧也是同一回事了。你可能首先会问我是否有力气的人也是有力量的人，而我会回答是的。你接下去会问我，是否懂得如何与别人搏击的人比那些不懂得的人更有力量，是否学习了更多搏击知识的搏斗手会变得比从前更加孔武有力。我一样会回答是的。回答完这些问题之后，你很可能游刃有余地总结说智慧就是力量。但是我根本从来没有说过有力量的人就是强壮的，我仅仅对强壮的人是有力量的人这点表示过赞同。力气和力量并不是一回事。智慧会让人变得有力量，而疯狂与狂热的感情也能让人生发出力量。而力气来自于天赋以及身体的合理发育。因此，自信和勇气也并不是一回事，勇敢的人也是自信的人，但是并不是所有自信的人都是勇敢的。自信和力量一样，是修炼某种技能的产物（强烈的感情和狂野的情绪也能生成自信），而勇气源于天赋以及对灵魂的合理驯化。"

"普罗塔戈拉，是否有些人活得好而有些人活得非常糟糕？"

"没错。"

"那么在你看来，一个生活在烦躁和痛苦中的人是否生活得好？"

"绝对不是。"

"如果一个人生前过得很快乐，在他死的时候，是否可以说他生前过得很好？"

"这样说倒有几分道理。"

"如此说来，活得快乐就是好，活得不快乐就是不好了？"

"没错，只要他生前做的都是正直坦荡的好事并以此为乐。"

"你说什么，普罗塔戈拉？你难道会像大多数人那样，把开心的事情称为坏事、将痛苦的事情称为好事？我的意思是，只要一件事令人感到快乐就该被视为好事；坏事之所以是坏事还不是因为它让人感到痛苦，难道不是这样吗？"

"苏格拉底，我不知道我是否应该像你提问那般简练，三言两语便回答清这个问题。我不能说所有快乐的事都是好的，而所有痛苦的事都是坏的。想来更为稳妥的办法不是给出我现在头脑中的想法，而是结合我的人生经验来给出答案，一方面来说，有一些令人愉快的事是好的，另一方面来说，令人痛苦的事中有一部分也是好的，而另外一些是坏的，而除了好与坏之外还存在第三个种类，也就是中性——非好非坏的事。"

"所以，愉快的事指的就是带有愉悦属性的事或者能给人带来快乐的事？"

"毋庸置疑。"

"所以我的问题是：是否令人愉悦的事都是好事？也就是说，快乐本身是否是好的？"

"苏格拉底，你常常说和大家一道探索问题，这次不妨也这么做，如果你的主张是合理的，如果可以证明令人愉悦的事和好事是同一回事，那么我们就可以达成一致；否则我们不得不提出不同的观点。"

"那么，这次的探究是该由你来领导，还是我？"

"由你来领导比较合适，因为这个问题是你提出来的。"

"没问题，如果这么做能够帮我们将问题理得更清的话。当通过外表对一个人的身体健康状况或机体其他性能进行衡量时，我们可能会检查他的面部以及四肢，然后说道：'让我看看你的前胸和后背，这样就能得到更加全面缜密的检查结果。'我想要做出的探究亦是如此。听完你对于好事和令人愉悦的事之间关系的想法后，我想说的是：普罗塔戈拉，来吧，开动你的大脑吧，想一想，知识在你眼里是怎样的一种存在呢？对大多数人的意见你是否赞同呢？大多数人都不认为知识可以带来力量，不论是普通领袖还是君王都是这样想的。在他们看来，尽管大多数人都拥有知识，但在他们的人生中起主导作用的却不是知识，而是其他东西——有时是愤怒，有时是快乐，有时是痛苦，有时候是爱，甚至恐惧；知识不过是这些情绪的附属品，可以像奴隶一样被呼之即来挥之即去。你是否也是这么认为的呢？还是说在你看来，知识是一件非常奇妙的事，它可以主导一个人，如果一个人知道什么是好的、什么是坏的，他就不会受到任何力量的驱使去做一些理性和智慧阻止他做的事，同时，他的这种智慧还能够在危急之时救他一命？"

"你说的很对，苏格拉底，非但如此，如果要我当着这么多人的面说智慧和知识是人类行为背后最强有力的动因，我无疑会感到十分难为情。"

"我能理解你的感受。的确，大多数人都不会相信我们。在他们看来，大部分人都不情愿将事情做到最好，即便他们知道那意味着什么，也知道自己有能力那么做。我询问他们其中的原因，他们说他们之所以那么做是因为他们沉浸于快乐之中，抑或被痛苦所包围，或者是被前面所提到的某种情绪所缠绕。"

"我认为人们关于其他很多事情的看法也是错误的，苏格拉底。"

"来吧，让我们一起劝说人们，向他们解释所谓的受快乐支配是一种怎样的体验，当他们明白这是怎么一回事后，他们就能了解自己为什么无法将事情做到最好了。如果我们告诉他们，他们所言皆为虚妄，他们可能会问我们：'亲爱的普罗塔戈拉和苏格拉底，如果这种感受并不是快乐，那它还能是什么呢？还请告诉我们。'"

"苏格拉底，为什么我们要探究普通人的想法，他们对于自己身上发生的芝麻大的小事都会喋喋不休？"

"我认为这会帮助我们理解究竟什么是勇气，它和美德的其他部分是怎样相互关联的。如果你愿意和我一道，对我们刚刚达成一致的观点进行深度探索，那会是再好不过的了，这样一来事情一定会更加明朗；然而如果你并不情愿的话，我也不会强求。"

"不，你说得对，让我们从刚刚断掉的地方继续吧。"

"很好，那我们继续，如果他们问我们：'我们一直在说被快乐吞没，这究竟是什么意思呢？'我会这样回答他们：'请听好，普罗塔戈拉和我会向你们解释的。先生们，难道你们不曾有过这样的经历吗——即便你们沉浸于美酒佳肴、性爱等乐事中，你们也深切地知道它们可能会带来毁灭性的打击。'他们会回答是的。然后我们会接下去问道：'这些事如何会是毁灭性的呢？是说它们自身具备快乐的属性、能带来短暂的欢愉，还是说它们会招致疾病、贫穷和其他类似不幸之事？还是说即便它们并不一定会引发灾祸，但是它们所带来的只不过是肤浅片刻的享受，于是我们也将它们称为坏事？'普罗塔戈拉，除了回答说'坏事之所以是坏事并不因为它们带来的只是片刻欢愉，而是因为其后会招致疾病和其他类似的厄运'，他们还会给出其他回答吗？"

"我认为大部分人都会这么回答。"

"如果我们问他们：'在带来疾病和贫穷的同时，它们会带来痛苦吗？'我想他们多半会表示同意。"

"我也是这么想的。"

"'尊敬的先生们，你们是否与我和普罗塔戈拉二人持有同样的看法——这些事情之所以是坏的是因为它们会招致痛苦，并且剥夺我们享受其他快乐的权利。'他们会同意吗？"

普罗塔戈拉表示认同。

"假设我们问他们相反的问题：'那些认为有些痛苦的事情是好事的人们，你们是否认为：即便医生给出的烧灼法、手术、药物和瘦身食疗等用于体育锻炼、军事训练和诊疗的方法会带来痛苦，也都是好事？'他们会这么认为吗？"

"我认为是的。"

"'这些事情之所以是好的，是因为它们会引发剧烈的痛苦或煎熬，还是因为它们能最终带来健康、让身体处于良好的状况中、让城市得以长治久安并且能带来权威以及财富，是这样吗？'他们会同意吗？"

"我认为会的。"

"'这些事情之所以是好的，是因为它们会带来快乐，并且能减轻并避免痛苦？抑或在你看来，判断这些事情是好事的依据并非只有快乐和痛苦？'我认为他们的回答会是否定的。"

"我同意你的看法。"

"如此说来，快乐之所以值得追求因为它是好的，痛苦之所以要加以避免因为它是坏的？"

"没错。"

"在你看来，痛苦是坏的，而快乐是好的；如果某件事阻挡我们获得更大的快乐——即便它自身也能带来某种程度的快乐，或者其所招致的痛苦远大于所带来的快乐，那么沉溺其中只带来恶果，是吗？但是如果你是因为其他原因、本着其他的标准来判断沉浸于某事是否是坏的行为，那就请告诉我那究竟是什么。但是，我恐怕你做不到。"

"我认为他们也做不到。"

"'那么被痛苦所吞噬的那种状态呢？'只要痛苦能变得比从前少，或是所带来的快乐多于本身所带来的痛苦，那么处于痛苦中的那种状态便是好的，对吗？如果你是本着其他的标准来判断这种痛苦的状态是好的，而不是我建议你的那套准则，那就请告诉我们那究竟是什么。不过，我恐怕你仍然做不到。"

"你说的对，我做不到。"

"先生们，如果你们问我：'为什么你要在这件事情上大做文章，并且给出这么多细节？'我会请你们原谅我。首先，我向你们解释何为'被快乐淹没'并不容易；其次，这一点是之后所有讨论的立足点。但是即便现在我们仍然可以推翻这个观点，如果你们能够证明好事无非意味着快乐，坏事指的无非是痛苦。还是说你们可以完全没有痛苦地快乐过活？如果是这样的话，你们就不能说好事和坏事指的是能分别带来快乐和痛苦的事。那么，请听好我下面要说的：如果事实真是这样的话，那么说一个被快乐所驱使和控制的人在知道什么是坏事并且有能力拒绝作恶的情况下却从来没有做过恶，无疑会显得十分荒诞；同样的，一个沉浸于快乐中并且知道什么是好事的人，因为顾虑到快乐的短暂性而从来不去做好事，也是大谬不然的。如果我们放弃使用'快乐的'和'痛苦的'以及'好的'和'坏的'等诸多形容词来同时描述这件事，而是先用'好的'和'坏的'来修饰，随后再用'快乐的'和'痛苦的'来描述，就会很容易理解为什么上述所言是荒谬至极的。在这个基础上，我们会说那些明白何为坏事的人仍然免不了作恶。如果有人问：'为什么？'我们会说：'因为他们被冲昏了头脑。''被什么冲昏了头脑？'他们继续问道。此时，我们不能再回答说是被'快乐'冲昏了头脑——因为我们才刚用'好事'一词来代替'快乐'——因此我们会回答说：'冲昏他头脑的是……''是什么？''是好的东西。'我们会这样回答道，'看在宙斯的分上！'如果提问的人比较粗鲁，他可能会当即捧腹大笑，说道：'你说的简直太荒谬了。一个明知某事是坏事的人在完全没必要作恶的时候却做出了不好的举动，原因只在于他不堪忍受好的东西。拿你们自己而言，好的成分多过坏的成分，还是恰恰相反？'我们会说并非如此；如果是这样的话，声称自己'被快乐所淹没'的人就不会做出错事了。'为什么说好的东西的分量重于坏的东西呢？仅仅因为其中一个比较伟大而另一个较为渺小，或者说其中一个较多而另一个较少？'我们表示认同。那么他就会接着说：'你们所谓的被快乐淹没指的是聚集更多不好的东西，如此，好的东西便会减少。'[1]于是，问题就得到了解决。

"那么，让我们用'快乐的'和'痛苦的'来指代这些事物。假设现在有这样一个人，他明明知道哪些事是痛苦的，但是由于厌倦了快乐的事情，所以便做出了坏事——现在我们改称'痛苦的事'，即便快乐的成分并未多过痛苦。但是除了在相对冗余或残缺这一层面，快乐还能从哪种意义上多过痛苦呢？难道其（使用其他称谓）涉及的不是重要和微不足道、多和少、大和小的区别吗？

"如果有人说：'苏格拉底，短暂的快乐不同于过后的快乐和痛苦。'我

---

[1] 从希腊语翻译过来的"for the sake of"此处又可译为"如此一来""以致"。

会回答说：'它们只在快乐和痛苦这一层面上有所不同，除此之外并没有可以参照的标准。你可以将快乐和痛苦放在天平的两端，然后比较一下哪一方的分量更重。如果你将快乐的事情和快乐的事情做比较，那么收获的只会是更重要、更多的东西；如果你将痛苦的事情和痛苦的事情做比较，收获的则只能是更少、更不重要的东西。如果你将快乐的事情和痛苦的事情做比较，那么快乐就会多过痛苦——无论是痛苦离天平中央比较近，还是快乐更靠近天平的中央——你都必须按照快乐的意旨来行事；另一方面，如果痛苦重于快乐，你则不得不克制自己的行为。这对你来说有什么不同吗，我的朋友们？'我认为他们不会有什么不同的意见。"

普罗塔戈拉表示赞同。

"既然如此，我会对他们说：'回答我的问题：同样尺寸的东西，离你们距离较近的时候会显得比较大，如果被放在远处观看则会显得比较小，对吗？'他们会说是的。'厚度和多样性也是这样吗？同样大小的声音，离得近去听会显得更响亮，隔远了则会显得不那么清晰，对吗？'他们会说是的。'如果我们的幸福取决于此，也就是说，取决于对较大一方的争取和选择、对较小一方的回避和摒弃，对原罪的救赎又会是怎样的呢？依靠的是对衡量的艺术还是外表的感召？外表的感召让我们总是犹豫不决，对同样的事物总是不断变换想法，在考虑到事物的轻重程度之后总是后悔所做出的行动和选择；而与之相反，对衡量的艺术由于能够揭示出真相而使得外表的感召力黯然失色，能够给予我们的心灵一方深植于真相的净土，从而拯救我们的人生。'考虑到这点，这些人会同意是衡量的艺术拯救了我们，还是其他什么技艺使我们得到救赎？"

"我想，他们会同意答案是衡量的艺术。"

"如果人生的救赎取决于我们在猜单双游戏中的选择，也就是说大数和小数都应该正确计算，同一种类和不同种类的数字也都应该加以正确计算，而不论它们离得是远还是近，又该如何是好呢？如果这样的话，我们又该如何拯救自己的人生呢？很显然，只有知识能够拯救我们，尤其是对某种衡量规则的掌握，因为这是衡量孰轻孰重的艺术，难道不是吗？事实上，能拯救我们的只有算术，因为它是统摄奇偶数的一门艺术，难道不是吗？这些人会同意这种说法吗？"

普罗塔戈拉认为他们会表示认同。

"很好，先生们：既然人生的救赎取决于对于快乐和痛苦的正确选择，不论它们是多是少、是轻是重、是远是近，从这个意义上而言，这种救赎不就是一种衡量和取舍吗？这不就是关于相对过剩、相对不足以及平衡的一种学问吗？"

"诚然如此。"

"既然这是一种衡量，那它也必然是一门技艺、一种知识。"

"我想那些人也会同意的。"

"这门技艺、这种知识究竟是什么，我们可以稍后再探究；正是因为知道了这种知识的本质，普罗塔戈拉和我才能对你们提出的问题予以解答。不知道你们是否还记得，刚刚我们达成了一致意见：没有什么比知识更好更有力量，只要有它出现的地方，快乐和其他事情都会黯然失色，就是在这个时候你们提出了那个问题。你们说快乐才是人生的主宰，即便对那些拥有许多知识的人亦是如此；我们对此表示不赞同。于是你们接着问我们：'普罗塔戈拉和苏格拉底，如果克服这种体验的不是快乐，还能是什么呢？你们觉得是什么呢？请告诉我们。'如果我们不假思索地说是'无知'，你们可能会嘲笑我们，但是对我们的嘲笑恰恰也是对你们自己的嘲讽啊。因为你们和我们拥有相同的观点，认为在快乐和痛苦的抉择中犯错的人，亦即在好事和坏事的选择中做出错误决定的人，他之所以这么做无非是因为缺乏知识，而这种知识不是别的什么，恰恰是关于衡量的学问。而这种缺乏知识支撑所做出的错误选择便是来源于无知。这就是'被快乐所蒙蔽'的意思——最高等级的无知，普罗塔戈拉、普罗迪库斯和希庇亚斯想要予以纠正的也正是这一点。但是你们因为认识不到这是一种无知，所以无法成为智者，也不会让你们的孩子接受这种教化，因为在你们看来，知识根本就是不可教的。你们吝惜钱财，不肯把它们用到合适的地方，不肯用它来获取知识，于是你们的公私生活都过得十分不尽如人意。

"这就是我们的答案。现在，希庇亚斯、普罗迪库斯和普罗塔戈拉，我想要问问你们——你们也是这场谈话的主角——你们是否认可我说的话？"他们都认为我说的话相当正确。

"这么说来，你们都认可快乐的事是好事、痛苦的事是坏事了。我祈求普罗迪库斯能够对此予以包容，我们都知道你是词义辨析上的一把好手；不论你称它为'快乐的'或'愉悦的'或是'惬意的'，或是用其他更合适的词汇来形容它，亲爱的普罗迪库斯，快乐的事就是好事这一点你是怎么看的呢？"普罗迪库斯边笑着边表示认同，其他人也纷纷予以认可。

"很好，先生们，那么下面这一点呢？所有能让生活远离苦痛折磨、变得惬意愉悦的行为都是光彩的、有好处的，难道不是吗？所有光荣的行为都是好的、能带来益处的，难道不是吗？"

他们再次表示了赞同。

"如果快乐的事就是好事，那些明知道这世界上有比自己正在做的事更好的事的人就不会继续手头的事。妥协无异于无知，而控制自己则是一种智慧。"

他们纷纷予以认可。

"无知意味着拥有错误的信仰、在重要的事情上被蒙骗，你们同意吗？"

他们表示同意。

"恐惧或害怕是否真的存在？普罗迪库斯，请回答这个问题。不论如何命名，恐惧也好、害怕也罢，它总归是对某种坏事将要到来的担忧。"

普罗塔戈拉和希庇亚斯认为这对恐惧和害怕皆适用。但是普罗迪库斯认为它仅仅适用于恐惧，却不适用于害怕。

"这并不打紧，亲爱的普罗迪库斯。重要的是这点：如果我迄今为止所说的都是真的，是否所有人都会甘愿承受那些让他恐惧的事物，而他明明可以选择相反的做法？还是说我们无法从上述讨论中得出这一结论？我们刚刚都同意，一个人害怕的东西一定是坏的东西；没有人会去拥抱对他来说有害的东西，或是心甘情愿做出这种选择。"

他们纷纷予以认同。

"好极了，普罗迪库斯和希庇亚斯，下面是该让普罗塔戈拉为他的第一个回答做出辩护了。我指的并不是他最初给出的答案，亦即在美德的五个部分中，没有一个和其他类似，每一部分都有自己独特的力量或功能。我指的并不是这点，而是他后来说的：这五个部分中，有四个部分彼此非常相似，但是有一个部分却和其他四个部分都大相径庭，也就是勇气。要理解这点，他给出了下面的证据，'苏格拉底，你会发现这世界上有很多人极其不虔敬、不公正、不懂克制并且无知，但是他们身上却有着难以想象的勇气；由此你就会明白勇气和美德的其他部分是截然不同的。'我对他的回答表示极其吃惊，在和你们讨论了这许久之后，我感到更加惊讶了。我问他是否勇气意味着自信。他说道：'是的，他们还准备好了做出行动。'你是否记得自己曾经这样说过？"

他说他记得。

"好极了，那么请告诉我们，那些勇敢的人为哪些事情做的准备呢？那些胆小的人一样吗？"

"不一样。"

"是不同的行动吗？"

"是的。"

"怯懦的人会选择那些会激发他们自信的事，而勇敢的人会挑战那些他们害怕的事，是吗？"

"大多数人都是这么说的。"

"没错，但是我问的不是这个。我想知道你的看法：能够让勇敢的人披荆斩棘去做的是什么事呢？是他们明知道自己深深害怕的事，还是他们并不畏惧的事？"

"根据你前面所说的话来判断，前者显然是不可能的。"

"没错，如果我们的推论都是正确的，那就是说没有人会选择那些令自己害怕的事，因为无法控制自己其实也是无知的一种表现。"

他表示认同。

"但是无论是勇敢的人还是怯懦的人都会选择那些自己有自信、有把握的事。比如，勇敢的人会自愿参战，而怯懦的人则不会。"

"参战是光荣的行为还是丢脸的举动？"

"当然是光荣的了。"

"如果这是光荣的，那么根据我们前面达成的一致意见，它也必然是好事一桩，因为我们说过，所有光荣的行为都是好的行为。"

"没错，我一直都是这么想的。"

"你做的很对；但是明明知道上战场杀敌是光荣而有益的却不愿意参战的人是什么人呢？"

"怯懦之人。"

"如果一件事是高贵的、好的，它是否也是令人愉悦的？"

"毋庸置疑。"

"如此说来，那些怯懦的人分明有着健全的意识，却依然不愿意选择那些更为光荣、更好、更令人愉悦的事？"

"如果同意了这点，我们就不得不重新审视前面所达成的一致意见了。"

"那么勇敢的人又如何呢？他会选择那些更为光荣的、更好的、更令人愉悦的事吗？"

"理应如此。"

"如此说来，当勇敢的人感到害怕的时候，他们的恐惧往往不会令人汗颜；自信的人所拥有的自信也绝对不是什么丢脸的事。"

"毋庸置疑。"

"如果那并不可耻，便是光荣的了？"

他表示赞同。

"光荣的事也是好事吗？"

"没错。"

"怯懦的人、有勇无谋的人以及头脑不正常的人所拥有的恐惧和自信都是可耻的吗？"

他再次表示认可。

"他们的自信是可耻的、坏的，因为那意味着无知和愚蠢？"

"不，并不是这样。"

"问题又来了：让怯懦的人变得如此怯懦的是胆小还是勇气呢？"

"胆小。"

"怯懦的人是因为不知道究竟该惧怕什么所以才显得如此怯懦吗？"

"完全没错。"

"如此说来，他们是因为无知才变得怯懦吗？"

他表示同意。

"那就是说，你同意让怯懦的人显得如此畏畏缩缩的便是怯懦本身吗？"

他说是的。

"我们可以得出结论：怯懦是由于不知道究竟什么是可畏的、什么是不值得惧怕的，对吗？"

他点点头，表示同意。

"那么，勇气便和怯懦是对立的。"

他说是的。

"无知的反面亦即智慧，即知道什么是可畏的、什么是不值得惧怕的？"

他再次点了点头。

□ 普罗米修斯用黏土造人

庞培奥·巴托尼　意大利

1740—1743年

普罗米修斯用黏土创造了人类，他和厄庇墨透斯分别被人们尊称为"先见之明"和"后见之明"，分别象征着人类的智慧和愚昧。

"这种无知便是怯懦？"

他不情愿地再度点了点头。

"那么，知道什么该害怕、什么不该害怕便是勇气，是无知的对立面？"

这一次他没有再点头，而是保持了沉默。

我说道："为什么沉默呢，普罗塔戈拉？你难道不想回答我的问题吗？"

"你还是自己回答吧。"

"我还有最后一个问题要问你。你是否依然和最开始一样，认为有些人即便极端无知却依然能做到勇敢无畏？"

"我认为你只不过想在这场辩论中胜过我罢了，苏格拉底，这就是你为何一直逼迫我回答你的问题。那么我便遂了你的意吧。没错，在经过了上述讨论之后，我认为我从前的想法根本是不可能的。"

"我只是迫切想要了解美德，所以才提出了这种种问题，除此之外再无其他原因，我尤其想知道美德本身究竟是什么。如果我们能够说清这点，就能解决困扰我们许久的那个问题，亦即美德是否可教——于我，美德是不可教的，但是你却认为它是可教的。"

"在我看来，我们讨论的方向已经发生了变化。如果它能够说话的话，我想它会嘲讽我们的，'苏格拉底和普罗塔戈拉，你们两个真是太愚蠢可笑了。苏格拉底，之前你说美德是不可教的，但是现在你却讨论起它的对立面来，并且试图说明万事万物都能构成某种知识，正义、节制、勇气统统包括在内。如果你的讨论再深入下去，便会得出美德是可教的这种结论了。另一方面，如果按普罗塔戈拉所说的，美德指的无非是知识，那么它很明显是不可教的。但是，如果美德所涉及的仅仅是知识，苏格拉底，如你现在所据理力争的那般，那么说美德是不可教的则会显得太荒谬不过了。普罗塔戈拉一开始说美德是可教的，但是现在他却否定了自己的看法，认为美德几乎不能转化成知识。如果是这样的话，美德就会变成全然不可教的了。'"

"现在，普罗塔戈拉，既然我们的讨论已经变得乱七八糟、面目全非，我认为我们最好做出一番梳理。而在座的各位，我们不妨继续讨论，直到我们弄明白美德本身究竟是什么，然后再去探究美德究竟是否可教。这样一来，我们就不用担心厄庇墨透斯会让我们再度感到失望，因为在刚刚的故事里，他居然忘记赋予人类力量和能力。比起厄庇墨透斯，我更欣赏普罗米修斯。因为普罗米修斯是我的人生导师，我像他那般思考，对美德等事情十分留意，如我一开始所说，如果你们愿意的话，我会非常乐意和你们一道展开探究的。"

"苏格拉底，对于你的热忱、你展开辩论的方式我非常欣赏。我绝对不是个坏人，不是隐藏着什么邪恶动机的人。事实上，我对很多人都说过，你是我见过的人里最让我钦佩的人，我对你的敬佩之情胜过对和你同时代的其他所有人。如果你由于自己的智慧而声名鹊起，我丝毫不会感到惊讶。我们可以以后再讨论这些问题，但是现在，我们不得不把注意力转向别处了。"

"如果你认为合适的话，我们的确该这么做。时间过去这么久，我也算是履行了我的约定。请你明白，我这么做只是为了帮助卡利亚斯。"

我们的对话到此结束。众人纷纷离席。

美诺篇

  美诺是塞萨利的名门望族，向来与雅典交好，倾向于维护雅典人的利益。在这里，美诺是一位年轻男子，他即将踏上利欲熏心的戎马和政治生涯，而这却让他英年早逝于波斯国王之手。他具有贵族般的"美德"（柏拉图的古代读者会知道这造成了怎样的后果），他还对自己从修辞学家高尔吉亚那里学到的观点表示钦佩。他为什么来到雅典我们不得而知。他的家族在当地的赞助人是民主政治家阿尼图斯，苏格拉底审判中的原告之一，显然，阿尼图斯是他的东道主。对话毫无征兆地开始，没有我们在苏格拉底式对话中看到的那种铺垫，也没有提供任何谈论的背景。当时，有一个问题引发了热议，它可能是美德能否教授，或者是美德能否通过练习而获得，或者是美德是否与生俱来，又或者是美德是否可通过其他的途径获取，美诺想要了解苏格拉底在这些问题上的立场。苏格拉底和美诺围绕这个问题，对美德究竟是什么作出了初步的回答，那就是苏格拉底式对话无结果的总结特色。（阿尼图斯唐突地加入了对话。为了支持自己对于美德能够被教授所秉持的怀疑态度，苏格拉底举了雅典著名领导人未能将他们的美德传授给后代的失败例子，这让阿尼图斯勃然大怒，对于苏格拉底的"诽谤"攻击可能造成的后果，他发出隐含威胁。）

  然而，这段对话中的插曲却给人留下了最深刻的印象：苏格拉底问了美诺的奴隶一个几何问题，即求做一个正方形，使其面积是给定正方形的面积的两倍。苏格拉底判定美诺并不知道美德为何物，而他本人同样对美德一无所知，于是便向美诺提议，两人共同探究这个问题。美诺表示反对，他认为这并不可能，并提出悖论以反驳苏格拉底，即从逻辑上讲，一个人不可能探究他并不了解的知识并且得出结论，当然，也无法探究他已知的领域。苏格拉底不断向奴隶发问，在他的引导下，奴隶（此前从未学过几何学）亲身去理解、去甄别这个几何问题的确切答案。苏格拉底争辩道，这证实了他从一些充满智慧的男性祭司和女性祭司那里听来的说法：灵魂不朽，我们从出生起便已经掌握了全部的理论知识（这里所指的理论知识不仅包括数学理论，还包括美德知识）。苏格拉底一系列的问题敦促奴隶去"回想"先验知识，而不是奴隶在这些资料第一次呈现在自己面前时归纳出新的结论。因此，同理，探究美德可以抱有这样一种希望：如果我们能正确地"审问"自己，那么"回想"就能够逐渐加深我们对美德真理的理解，并最终使我们掌握它的全部知识。

对奴隶的试探打消了美诺关于此类询问是否可行的疑虑。他继续和苏格拉底探讨美德的本质，但现在他们采用了一种称作"假设"的新方法，这种方法同样是由苏格拉底运用几何过程的类比引出的。苏格拉底不再追问美诺的看法，也不再批评他的看法。他此时正在尝试诸多"假设"，其中，他提出了自己的假设，并据此立论：美德是知识（即美德必须通过教导来传授）。但他同样也考虑到了自己论点中的薄弱环节，而这些薄弱环节引向了另一种可能的对立假设，即美德是神赋的正确观点（这就意味着美德不可传授）。我们由此在这段对话的后半部分看到了一个全新的苏格拉底，他的论点和提问采用了新方法，因为它们并未出现在"苏格拉底"对话体《游叙弗伦》《拉凯斯》《卡尔米德》等篇章中。《美诺篇》提前涉及了《斐多篇》，该篇再次讨论了理论知识来自回忆的论点，从而为《美诺篇》提供了清晰的引证，而"柏拉图形式"作为反思与知识的对象在这里被引入，使话题得到了扩展。

J. M. C.

美诺：苏格拉底，你可以告诉我美德是否能够被教授吗？或者说，它不能被教授，而是练习的结果，又或者它以上两者都不是，而是一种天性，或者是人类通过其他方式而拥有了美德？

苏格拉底：美诺，从前，塞萨利人在雅典人中享有盛誉，世人因他们的骑术和财富而崇拜他们；而今，在我看来，世人还尊崇他们的智慧，尤其是你在拉里萨的朋友亚里斯提卜（古希腊哲学家，昔勒尼（北非）学派的创始人——译者注）的同胞。你对这份荣誉的责任则在于高尔吉亚，当他来到你的城邦，他发现为首的阿雷乌阿斯族（古希腊的豪门旺族——译者注）喜欢他的智慧，你慈爱的朋友亚里斯提卜也在其中，而其他塞萨利人领导者也同样如此。尤其是，他让你开始习惯对任何你可能被问到的问题都要大胆完美地回答，那些专家们很可能会这样做。的确，他本人就时刻准备好回答任何一个希腊人对他的提问，而且他来者不拒，统统作答。但是，我亲爱的美诺，在这里，在雅典，情况恰好相反，好像这里严重缺乏智慧，而智慧似乎因此都集中体现在你身上。如果你想向我们中的任何一个人提出那种问题，那么每个人都会笑着说："这位不错的陌生人，如果你认为我知道这两个问题中的任意一个，美德能被教授吗？美德是如何产生的？那么你就会认为我是一个真正幸福的人；我完全不知道美德能否被教授，我不具备任何有关美德本身的知识。"

美诺，我和我的同胞一样，对这件事了解得极少，我对于自己对美德的无知而自责。如果我不了解某个事物的本质，我又怎么能够知道它具有哪些性质呢？或者，你觉得会不会有这样一个人，他对于美诺是谁一无所知，但他却能够知道这个人美貌、富有、家境好，或者这个人丑陋、贫穷、出身卑微？你认为这可能吗？

美诺：这不可能。不过，苏格拉底，难道你真的不知道美德是什么吗？当我们回去后，我们要把你的这件事告诉他人吗？

苏格拉底：不仅如此，我的朋友，你还要告诉他们，正如我所认为的那样，我还没有遇到其他任何一个确实知道这件事的人。

美诺：何以见得？高尔吉亚在这里的时候，你见到他了吗？

苏格拉底：见到了。

美诺：难道你那时没想过他知道？

苏格拉底：我记不清了，美诺，所以我现在无法告诉你当时的我在想些什么。或许他知道，你知道他过去常挂在嘴边的是什么，所以你提醒了我他说了哪些话。如果你愿意的话，请你告诉我，当然，你是在分享他的观点。

美诺：我愿意。

苏格拉底：让我们撇开高尔吉亚不谈，因为他现在不在这里。但是，美诺，宙斯作证，你自己来说说美德是什么，好吗？

美诺：苏格拉底，要告诉你并不难。首先，如果你问的是一个男人的美德，那么可以简单地归结为：能够管理公众事务，使朋友受益，使敌人受损，小心谨慎，不使自己受到伤害；如果你问的是一个女人的美德，那么也可以简单地描述为：她必须把家打理得井然有序，拥有财产，顺从丈夫；孩子的美德，无论男女，又有不同；老人同样如此，如果你想了解的话；又或者，你想了解自由人或奴隶。美德还有许多种，因此，回答美德是什么，是绝对不会吃亏的。每个动作和每个年龄，我们完成的每一项任务和我们中的每一个人都有与之相对应的美德，苏格拉底。同样的道理，邪恶也有多种不同的种类。

□ 小蜜蜂（蜂拥）　威廉·阿道夫·布格罗　法国　1892年

一群可爱的小天使扇动着翅膀，簇拥在美丽的花神身边，像一群小蜜蜂在盛开的花丛中飞舞。

苏格拉底：美诺，我看上去相当幸运。我寻找的是一种美德，却发现你看到了一整群美德。不过，美诺，跟随整群的意象，如果我问你蜜蜂的本质是什么，你说是它们为数众多、种类丰富；而如果我这样问："你的意思是它们为数众多，种类丰富，彼此不同，所以可以称之为蜜蜂吗？或者说，它们在那个方面没有差别，但在其他方面，比如美丽的外形，或者是它们的大小，或者是诸如此类的其他方面？"告诉我，如果是这样的问题，你会怎么回答？

美诺：我会说，将它们统称为蜜蜂并不是因为它们彼此之间存在差异。

苏格拉底：如果我继续说："告诉我，那是因为什么？美诺，它们有什么共同点，并在这一共同点上彼此之间毫无差异？"你能够回答这个问题吗？

美诺：我能够。

苏格拉底：对于美德的例子而言，同样如此。即便它们数量、种类繁多，它们都有单一的相同的形式，它们因此而统称为美德。当有人让你解释什么是美德时，注意到这个方面是对的，不过，你会不会不懂我在说什么？

美诺：我认为我懂了，不过，我还没能够像我期望的那样充分地领会这个问题的实质。

苏格拉底：我问的是你认为这只存在于美德的案例吗？即有一种是男人的美德，有一种是女人的美德，诸如此类，或者说，在健康、体形和力量方面，也同样如此吗？你是否认为男人拥有一种健康，而女人拥有另一种健康？或者说，如果这个事物统称健康，不管在哪里它都具有相同的形式，无论是男人的健康还是其他任何什么事物的健康，对吗？

美诺：在我看来，男人的健康和女人的健康并无差别。

苏格拉底：体形和力量也是如此吗？如果一个女人是健壮的，那么力量的大小和形式就会相同，因为我说"相同"，指的是力量与拥有力量并没有那么大的差别，无论男女，皆是如此。或者说你认为有差别吗？

美诺：我不这样认为。

苏格拉底：那么，就美德而言，美德的案例会有什么不同吗，无论是小孩还是老人，无论是女人还是男人？

美诺：苏格拉底，不知怎么的，我想美德与其他的案例不再相同。

苏格拉底：为何如此？你不是说男人的美德包括善于治理城邦，而女人的美德包括管理家族吗？

美诺：是的。

苏格拉底：将一座城邦、一个家族或任何其他的事物管理得很好是适度秉公管理吗？

美诺：当然不是。

苏格拉底：那么，如果他们要进行适度秉公管理，他们必须拥有正义和克制才能这样吗？

美诺：必须如此。

苏格拉底：那么，不管是男人还是女人，如果他们要表现良好，就需要同样的事物：正义和克制。

美诺：看上去是这样。

苏格拉底：小孩和老人呢？如果他们不克制、不公平，那他们可能表现良好吗？

美诺：当然不。

苏格拉底：但是如果他们克制而公平呢？

美诺：那就可能。

苏格拉底：那么，就同一个维度而言，所有的人类都很好，因为他们具有一些相同的特质而变得很好。

美诺：看上去是这样。

苏格拉底：那么，如果他们没有相同的美德，那么他们的好就不是同一个维度上的。

美诺：他们当然不会。

□ 古希腊城邦遗址

城邦有城市国家之意，是一个以城市为中心，拥有独立主权，但领土面积很小的国家。城邦实行的是主权在民的政治制度，即直接民主制。城邦的主权属于全体公民，公民直接参与城邦的治理，而不通过代表的选举。当时雅典最高权力机构是公民大会，雅典的全体公民都要出席"公民大会"，通过举行"公民大会"来解决城邦的一切重大事务；公民行使审判权的机构是由庞大民众组成的陪审团，每个公民都要轮流参加陪审法庭。

苏格拉底：既然所有人的美德都是一样的，那么，试着告诉我并且回想高尔吉亚说过的——当时你和他在一起——这个一样的事物是什么。

美诺：如果你在找一个放之四海皆准的描述，那么就是除了支配他人之外的任何事物。

苏格拉底：这就是我要找的。不过，美诺，小孩的美德和奴隶的美德一样吗？也就是说，他们要是能够支配主人，你认为统治者可能是奴隶吗？

美诺：苏格拉底，我完全不这么认为。

苏格拉底：这不太可能，我的好孩子。考虑这一点：你说美德能够统治，出于公正的考虑，我们是否应该再加上"正义地"这几个字，而不是以别的方式？

美诺：苏格拉底，我想是这样的，因为公正是美德。

苏格拉底：美诺，是美德，还是一种美德？

美诺：你是什么意思？

□ 垂死的奴隶　米开朗基罗　意大利

古希腊是奴隶占有制社会，体现为公民、自由人和奴隶身份界限的划分，具有严格分明的等级秩序。

奴隶的来源为战俘、破产负债者、海盗劫持的人口、奴隶所生子女及罪犯等。奴隶在法律上不被当人看待，等同于财物和工具。众多从事体力劳动的奴隶常被打上烙印或戴上颈圈，过着忍辱负重、非人的生活。

苏格拉底：正如其他任何事物一样。如果你愿意，我们拿圆形来举例，我会说"它是一种形状"，却不会简单地说"它是形状"。我不这么说是因为还有其他形状。

美诺：非常正确。那么，我也可以说不是只有公正一种美德，还有很多种其他美德。

苏格拉底：都有哪些？告诉我，如果你叫我说出其他形状，我也会照做，那么，说说其他美德。

美诺：我想，勇气是一种美德，节制、智慧、慷慨也是美德，还有很多其他美德。

苏格拉底：美诺，我们现在又遇到了同样的问题，不过是以另一种方式；我们要找的是一种美德，但现在却找到了很多种美德，而我们却找不到能够涵盖所有其他种类的那一种美德。

美诺：苏格拉底，我还无法找到你正在寻找的美德，涵盖一切的那个美德，其他的例子也一样。

苏格拉底：很可能。不过，如果可以，我非常渴望我们能取得进展，你也知道这适用于一切事物。如果有人问你我刚才提到的问题："美诺，形状是什么？"你回答对方是圆形，如果那人随后对你说了同样的话："圆形是形状还是一种形状？"你会肯定地回答他是形状吗？

美诺：当然不会。

苏格拉底：是因为还有其他形状吗？

美诺：是的。

苏格拉底：如果对方进一步问你都有哪些形状，你会回答他吗？

美诺：我会。

苏格拉底：同样如此，如果他问你颜色是什么，你回答是白色，你的提问者打断你："白色是一种颜色吗？"你会说它是一种颜色，因为还有其他颜色吗？

美诺：我会。

苏格拉底：如果他让你说出其他颜色，你会说出其他与白色不相干的颜色吗？

美诺：我会。

苏格拉底：如果他所追求的论点与我一致，并且说道："我们总是会得到多个结果，不要像那样和我说话，不过，既然你用一个名字就涵盖了所有这些内容，并声称它们中的每一个都不是一种形状，即便它们是反义词。那么，告诉我同样适用于圆和直线的是什么，既然你声称圆和直线都是形状之一，那么你称什么为形状？"你不会那样说吗？

美诺：我会。

苏格拉底：如果你那样说，你在坚称圆不比直线更圆，而直线不比圆更直吗？

美诺：苏格拉底，当然不是。

苏格拉底：但你说圆和直线一样，仅仅只是一种形状，不比直线多，也不比直线少。

美诺：没错。

苏格拉底：那么，形状这个名称适用于什么呢？试着回答我。如果你对那个人提出的有关形状或颜色的问题回答道："我不懂你想要什么，先生，也不明白你的意思。"他可能会吃惊地说："难道你不明白我正在寻找所有这些案例的共同点吗？"你是不是仍然不知道如何应对，美诺？如果有人问你："适用于圆、直线和其他所有你称为形状的事物是什么？所有这些事物的共同点又是什么？"试着这样回答，你可以对自己关于美德的回答进行练习。

美诺：不，苏格拉底，请你告诉我。

苏格拉底：你想让我帮你吗？

美诺：当然。

苏格拉底：那么，你会愿意告诉我什么是美德吗？

美诺：会的。

苏格拉底：我们必须继续努力了。这个主题值得花费精力。

美诺：非常值得。

苏格拉底：那么来吧，让我试着告诉你形状是什么。看你能否接受这样的回答：这么说吧，形状是所有存在的事物中唯一永远随颜色而来的事物。这个回答令你满意吗？或者说，它在某种程度上符合你的预期吗？如果你这样定义美德的话，我应该会感到满意。

美诺：苏格拉底，那很蠢。

苏格拉底：这是什么意思？

美诺：你说形状总是伴随颜色而来。那么，如果有人要说他不知道什么是颜色，但他遇到了和了解形状一样的难题，那么你觉得自己会给出怎样的回答？

苏格拉底：当然是真实的回答。如果我的提问者是那些聪明好辩的辩论家，我会对他说："我已经给出了我的回答；如果回答不正确，那么就轮到你来反驳了。"那么，如果他们是像你我这样的朋友，想和对方讨论这个问题，他们就必须回答这个问题，我举这个例子是为了说明回答不仅要正确，还要用提问者能够明白的措辞。我本人也在尝试使用这些措辞。你会称某些东西为"结局"吗？我指的是界线，因为所有这些都是同样的事物。普罗迪库斯可能不会同意我们的观点，但你的确会认为某种事情"已结束"或"已完成"；这就是我想说的，没有任何借题发挥。

美诺：我的确会称某些东西为"结局"。而且，我想我明白你的意思。

苏格拉底：让我们更进一步。你会称某个事物为一个平面，称另一个事物为一个立方体吗？就像几何中的那样。

美诺：会的。

苏格拉底：从这里你可能会理解我说的形状是什么意思，因为对于每一种形状，我都会给出这样的解释，即：形状是限制立方体的东西；简言之，形状是对立方体的限制。

美诺：苏格拉底，你说颜色是什么？

苏格拉底：美诺，你有点得寸进尺了。你缠着一个老人回答问题，而你自己却不愿回想高尔吉亚对美德的定义，也不愿告诉我。

美诺：苏格拉底，你回答我的问题后，我就告诉你。

苏格拉底：即便有人被蒙蔽了双眼，也能从与你的对话中得知你相貌英俊，身边莺莺燕燕。

美诺：何以见得？

苏格拉底：因为你总是在谈话中下命令，就像被宠坏的人，只要他们还年轻，就会表现得像暴君。或许你已经意识到，我和相貌英俊的人在一起并没有优势，所以我会帮你这个忙，给你一个答案。

美诺：请无论如何都务必帮我这个忙。

苏格拉底：你想要我像高尔吉亚那样回答你吗，你最容易接受哪一种方式？

美诺：我当然想要高尔吉亚的方式。

苏格拉底：你们两人是否都说过事物会发出气味，就像恩培多克勒〔恩培多克勒（公元前493年—前433年），来自西西里岛阿格里真托，哲学家，因关于自然世界和自然现象的理论而为人所知（包括感觉）——译者注〕那样？

美诺：当然。

苏格拉底：某些气味适合某些通道，而其他的则要么太小，或者要么太大？

美诺：是这样。

苏格拉底：是否有那么一件事物，你称它为视力？

美诺：有的。

苏格拉底：从这里开始，就像品达（抒情诗人，后世学者将他排为古希腊九大抒情诗人的第一位，他的作品藏于亚历山大图书馆——译者注）说过的那样："理解我说的话"。颜色是形状发出的臭气，它适合用眼睛看，能够被感知。

美诺：苏格拉底，这听起来是个不错的回答。

苏格拉底：或许是因为回答方式正是你所习惯的。与此同时，我想你可以从这个答案中推断出声音是什么，气味是什么，还有许多其他事物。

美诺：正是如此。

苏格拉底：这个回答很夸张，所以把你逗笑了，美诺，形状相关的事物可不仅仅只有这些。

美诺：的确。

苏格拉底：阿力希德特穆的儿子，我认为这个答案不比那个更好，我想你会同意。你不必回避你昨天告诉我的谜题，你可以保留你的意见，并让我对你进行初步指导。

美诺：苏格拉底，如果你可以多给我讲这些事情，我会留下来。

苏格拉底：我当然拥有足够的热情来给你讲这些事情，这既是为了你，也是为了我，但我或许无法给你讲太多。现在，你也要履行你对我的承诺，完整地告诉我美德的本质是什么。请你不要再把一件简单的事物搞得那么复杂，就像幽默作家所说的那样，把一个盘子打成碎片。请让美德保持完整和健全。那么，告诉我美德是什么吧，我已经为你做了示范。

美诺：苏格拉底，我想，正如那位诗人所说，美德就是"从美好的事物中发现乐趣，获得力量"。所以，在我看来，美德就是对美好事物的渴望和拥有获得美好事物的力量。

苏格拉底：你的意思是渴望美好事物的人渴望好的事物？

美诺：的确。

苏格拉底：你难道会假设有人渴望糟糕的事物，而其他人渴望好的事物？年轻人，难道你没有想过所有人都渴望好的事物吗？

美诺：没有。

苏格拉底：有人渴望糟糕的事物吗？

美诺：是的。

苏格拉底：你的意思是他们相信糟糕的事物会变好，还是他们知道事物很糟糕，但他们仍然向往？

美诺：我认为两者皆有。

苏格拉底：美诺，你认为会有人知道糟糕的事物是糟糕的，但仍然向往吗？

美诺：当然。

苏格拉底：你所说的渴望是什么意思？是为了据为己有吗？

美诺：有其他的解释吗？

苏格拉底：他认为谁占有糟糕的事物谁就能得利，或者说，他知道那些事物会伤害他？

美诺：有人认为糟糕的事物会让他们得利，而其他人知道糟糕的事物会伤害他们。

苏格拉底：你认为那些相信糟糕的事物会给他们带来好处的人知道那些事物很糟糕吗？

美诺：不，我完全无法相信。

苏格拉底：显然，那些不知道事物糟糕的人并不向往糟糕的事物，但他们向往那些他们以为美好而实际上糟糕的事物。由此断定，对这些事物一无所知却以为是美好事物的人显然向往的是美好的事物。难道不是这样吗？

美诺：很可能。

苏格拉底：那么，那些你口中向往糟糕事物的人，他们认为糟糕的事物会损害事物的所有者，他们知道那些事物会对他们造成损害吗？

美诺：必然。

苏格拉底：难道他们不认为那些遭受损害的人太痛苦了，以至于他们自己也受到了伤害吗？

美诺：那也无法避免。

苏格拉底：并且那些痛苦的人也不幸福吗？

美诺：我想是这样。

苏格拉底：有人想要感到痛苦和不幸福吗？

美诺：苏格拉底，我不这样认为。

苏格拉底：那么，美诺，并没有人期盼糟糕的事物，除非他本人想要这样。

美诺：苏格拉底，你说得对，没有人向往糟糕的事物。

苏格拉底：你刚才不是说美德就是对美好事物的渴望和拥有获得美好事物的力量吗？

美诺：没错。

苏格拉底：这个阐述中向往的主体是所有人所共有的，就这个角度而言，没有人比另一个人好？

美诺：看上去是这样。

苏格拉底：这就很显然了，如果一个人比另一个人好，那么他也更擅长获取美好的事物。

美诺：正是如此。

苏格拉底：这就是你的论点"获得美好事物的力量"所推导出的美德的定义。

美诺：苏格拉底，我想，这个情况就是你现在所理解的这样。

苏格拉底：你可能是对的，那么，现在就让我们来看一下你所说的是否属实。你说获得美好事物的能力就是美德？

美诺：是的。

苏格拉底：就你所说的美好事物来举个例子吧，健康与财富？

美诺：是的，金银财宝、高官厚禄也包括在内。

苏格拉底：这些就是你所指的美好事物。

美诺：是的，不过我指的是这种类型的全部事物。

苏格拉底：很好。据美诺的说法，对于伟大国王的世袭座上宾，美德就是获得金银。美诺，你把公正虔诚的措辞也加进获赠清单内吗？或者说，这可能对你来说没有什么不同，但即便有人以不公正的手段弄到这些事物，你依然称之为美德？

美诺：苏格拉底，肯定不会。

苏格拉底：那么，你会用邪恶来描述它吗？

美诺：的确会。

苏格拉底：这样看来，获得必须伴随着公正、节制、虔诚其中之一，或者是美德的其他部分；如若不然，那就不是美德，即便它提供了美好的事物。

美诺：如果没有这些属性，又怎么会有美德呢？

苏格拉底：不管是对自己还是对他人，无法获得金银，无论何时都不公正，无法获得金银的这种失败也是美德吗？

美诺：看上去是。

苏格拉底：那么，提供这些物品就不再比不提供这些物品拥有更多的美德。但显然，做任何公正的事情都会是美德，而做的任何事情，如果不具备这样的性质，即为邪恶。

美诺：如你所说。

苏格拉底：就在刚才，我们说这些性质都是美德的一部分，换言之，是不是公正、节制和所有这类的性质都是美德的一部分？

美诺：是。

苏格拉底：那么，美诺，你是在耍我。

美诺：苏格拉底，何以见得？

苏格拉底：因为刚才我乞求过你不要将美德分解或分割，我还示范了你要如何作答，你完全没在意；但你告诉我，美德能够公正地获得美好的事物，而按照你的说法，公正是美德的一部分。

美诺：的确。

苏格拉底：那么，根据你的观点可以断定，无论你做任何事情，只要具有美德的部分特质，都可以称为美德；因为你说公正是美德的一部分，而美德就是这些特质的总和。我为什么这么说？因为当我乞求你将美德当作一个整体来讲述时，你就已经离题。相反，你说每一个行为只要具有美德的部分特质，就都能被称作美德，似乎你已经给美德这个整体下过定义，所以我已经知道了。我想你必须面对最开始提出的那个问题，我亲爱的美诺，也就是，美德是什么，难道任何具有美德部分特质的行为都是美德吗？难道你不认为自己必须再次面对同一个问题吗？或者说，你认为一个不知道美德是什么的人却知道美德的组成部分是什么吗？

□ 大鳐鱼　让·巴蒂斯·西蒙·夏尔丹　法国　1728年

鳐鱼是生活在海洋里面的一种会发电的鱼类，是海洋中的发电能手。在太平洋北部有一种大电鳐，它发出的电流可达50安培，如果电压以60伏计算，其功率就达3000瓦，这样大的功率足以击毙一条大鱼。

美诺：我不这么认为。

苏格拉底：如果你还记得，我回答你关于形状的问题时，有一类答案试图直接用问题的措辞作答，而且尚未得到一致同意。我们摒弃了这种答案。

美诺：我们的做法非常明智。

苏格拉底：当然，尽管美德整体的属性仍然在探究中，但你不能这样认为：用美德的组成部分作为问题的答案，你就能够让任何人明白它的性质，或者通过这样的讲话方式把其他任何事物解释清楚。这样做只会使问题重新摆在你面前——当你说话的时候，你需要哪些美德的性质呢？或者说，你认为我说的话毫无意义？

美诺：我认同你的看法。

苏格拉底：那就从头再回答我这个问题：在你和你的朋友看来，美德是什么？

美诺：苏格拉底，见到你之前，我常听说你的想法非常复杂，你会让其他人也变成这样；而现在，我觉得你在蛊惑我、欺骗我，仅仅只是对我施了一个符咒，就让现在的我也变得非常困惑了。确实，开个恰当的玩笑，你从各个角度看上去都像大鳐鱼，因为它也会让任何靠近并触摸它的人麻木，而你现在似乎也对我造成了同样的影响，我的大脑和舌头都麻木了，我也无法回答你的问题。尽管我曾经在许多观众面前做过上千场关于美德的演讲，在我看来那些都是非常棒的演讲，但现在我却无法说出我讲了些什么。我认为，你没有离开雅典去往别处的做法非常明智，因为如果你在别的城邦里像这样对待一位陌生人，你会因为施展巫术而被驱逐。

苏格拉底：美诺，你很淘气，你简直是在误导我。

美诺：苏格拉底，你为什么这么与众不同？

苏格拉底：我知道你为什么会给我绘制这样的形象。

美诺：你觉得我为什么会这样？

苏格拉底：既然这样，作为回报，我也要描绘你的形象。我知道，所有英俊的男子都非常欣赏自己的形象；因为这展示了他们优势的一面，在我看来，容貌姣好的人的形象同样十分美好，但我不会反过来描绘你的形象。如果鳐鱼自己麻木了，也让其他人麻木了，那么，我就和它相似；但是，当我迷惑他人时，我自己也没有答案，当我给他人制造问题的时候，我自己比其他人更加困惑。所以，现在我不知道美德是什么；或许你在接触我之前也知道答案，但是现在你肯定和那些不知道答案的人一样了。尽管如此，我还是想和你一起去探究和寻找它可能的定义。

美诺：苏格拉底，你对它一无所知，你要怎么找到它？对于一无所知的事物，你怎样设定寻找目标？如果你偶遇了它，你怎么知道这就是你不认识的那个事物？

苏格拉底：美诺，我知道你想说什么。你意识到自己提出了一个怎样的辩论者的论点吗：一个人要么无法找到他已知的事物，要么无法找到他未知的事物？他无法找到他已知的事物——因为他已知，也就没有必要去寻找；他无法找到未知的事物——因为他不知道要寻找什么。

美诺：苏格拉底，难道在你看来，这个论点并不正确？

苏格拉底：对我来说，并不正确。

美诺：你能告诉我原因吗？

苏格拉底：当然。我听过充满智慧的男男女女讨论神圣的事情。

美诺：他们说什么？

苏格拉底：我想，是真实而美好的事情。

美诺：是什么呢？他们又是谁？

苏格拉底：讲话者是男女祭司中的人，他们言出必达。品达也提到过此事，我们的诗人中也有很多神学家。以下是他们所说的话，你看下他们是否说了实话。他们说人类灵魂不朽，有的时候，生命走向终结，也就是所谓的死亡；有的时候肉体会重生，但灵魂从未被毁灭，因此，人要尽可能虔诚地过活。

珀尔塞福涅会在第九年回到太阳的怀抱。

那些灵魂，

将接受她的惩罚，以慰藉旧有的痛苦。

尊贵的国王由此诞生，

力大无比，智慧超凡。

彼时，人们会称他们神圣英雄。

□ 酒神祭　提香·韦切利奥　意大利
1523—1524年

希腊神话中祭祀酒神狄俄尼索斯的男女祭司中，女祭司是他的狂热痴迷的追随者、贴身陪伴和侍女，她们整日在山间纵饮狂欢，有时会将野兽生吞活剥，有时甚至用残忍的方法把不敬酒神的人杀死。

灵魂不朽，轮回新生，见识过这世上和地狱的万物，没有什么是它不知道的；这样，它能回想起它曾经知道的事物也就不足为奇，包括美德和其他事物。整个自然同质，灵魂已见识过一切，人类仅仅在回想起一件事后就变得无法阻挡——人类称之为学习的过程——自己去发现其他一切事物，前提是他足够勇敢，对于搜寻孜孜不倦。总体而言，搜寻和学习是记忆。因此，我们不能相信辩论者的论点，因为它会让我们懒惰，但懦弱的人却乐于听到这样的论点。而我的论点则会让他们活力四射，对研究充满热情。我相信它的真实性，我想和你共同探究美德的性质。

美诺：苏格拉底，的确如此。但是，你说我们称学习的过程为记忆是什么意思呢？你能告诉我吗？

苏格拉底：美诺，正如我刚刚所说，你就是个淘气鬼。你现在问我能不能教你，就在我提到没有教学只有记忆的时候，这是立刻让我反驳自己，让我出洋相啊。

美诺：苏格拉底，非也。对宙斯发誓，那并不是我的本意，我说话的时候只是出于习惯。如果你能向我示范事物就是你说的那样，请这样做。

苏格拉底：这并非易事，不过，为了你，我愿意尽力一试。叫你的一位随从过来，随便哪一个，我可能用他向你举例。

美诺：好的。你上前来。

苏格拉底：他是希腊人吗？他讲希腊语吗？

美诺：是的。他出生在我的家族。

苏格拉底：那么，留心他是否从我这里记下或学到什么。

美诺：我会留心的。

苏格拉底：孩子，你现在告诉我，你知道正方形是这样的吗？

随从：是的。

苏格拉底：正方形的四边相等吗？

随从：的确。

苏格拉底：穿过图形中点的这些直线也是相等的吗[1]？

随从：是的。

苏格拉底：这个图形可以放大或缩小吗？

随从：没错。

苏格拉底：如果这条边长二尺，另一条边也一样，那么它的面积有多大？你不妨这样想，如果这条边长二尺，那条边只有一尺长，岂非马上便能知道它的面积是二平方尺吗？

随从：是的。

苏格拉底：然而这条边也是二尺长，这样面积不就应该乘以二吗？

---

[1] 苏格拉底作正方形 *ABCD*。"中位线"是连接各边中点的线段，这些线段穿过正方形的中心点，即 *EF* 和 *GH*。

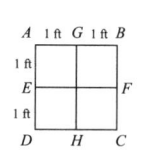

随从：是的。

苏格拉底：二乘二是多少？来算算看，告诉我结果。

随从：是四，我亲爱的主人。

苏格拉底：现在让我们试着画出另一个图形，它比这个图形的面积大一倍但形状相同，也就是画一个所有边都相等的图形，就像这个图形一样。

随从：好的。

苏格拉底：它的面积是多少？

随从：八平方尺。

苏格拉底：现在请告诉我它的边长是多少。刚刚那个图形的边长是二尺，那么面积是它两倍的图形的边长是多少？

随从：显然其边上应该是那个图形的两倍，苏格拉底

苏格拉底：你看到了吗，美诺？我没有教这个男孩任何东西，我只是向他提问。现在，他已然知道面积为八平方尺的正方形边长为多少。你赞同吗？

美诺：赞同。

苏格拉底：但他真的知道吗？

美诺：俨然并不是。

苏格拉底：他认为这个边长也是原来那个正方形边长的两倍。

美诺：是的。

苏格拉底：现在请你留意他是怎样有序地记忆事物的——回忆正是以这种方式进行的。告诉我，孩子，你说两倍的边长会使图形的面积变为原来图形面积的两倍，是吗？我的意思不是说这条边长，那条边短，它必须要像第一个图形那样所有的边长都相等，而面积是第一个图形的两倍，也就是说它的大小是八（平方）尺。想一想，你是否想通过使边长翻倍来得到这样的图形？

随从：是的。

苏格拉底：现在，如果我们在这一端加上同样长的边，那么我们是否就得到一条两倍于这条边的线段？

随从：是的。

苏格拉底：按照你的说法，如果我们有了同样长度的四条边，我们就能画出一个面积为八平方尺的图形来了吗？

随从：没错。

苏格拉底：现在让我们以这条边为基准来画四条边，这样一来是不是就能得到面积为八平方尺的图形了呢？

随从：是的。

苏格拉底：它是不是包含着四个正方形，而且每个都与最初那个四平方尺的正方形一样大？

随从：是的。

苏格拉底：那么它有多大？是不是有原先那个正方形的四倍那么大？

随从：是的，没错。

苏格拉底：四倍和两倍一样吗？

随从：当然不一样。

苏格拉底：所以使边长加倍得到的图形的面积不是原来的两倍，而是四倍，对吗？

随从：对的。

苏格拉底：四乘以四等于十六，是吗？

随从：是的。

苏格拉底：面积为八平方尺的图形的边有多长？在这条线上我们有一个四倍面积的正方形，对吗？

随从：是的。

苏格拉底：现在这个四平方尺的正方形由这里的这条线构成，长度为一半？

随从：是的。

苏格拉底：很好。那么这个八平方尺的正方形的面积正好是这个图形的两倍，而又是那个图形的一半，是吗？[1]？

随从：是的。

苏格拉底：所以它的边要比这个图形的边长，而比那个图形的边要短，是吗？

随从：我想是的。

---

[1] 八平方尺正方形是四平方尺正方形的两倍，是十六平方尺正方形的一半。

苏格拉底：很好，你回答了思考的过程。告诉我，这个图形的边是二尺长，那个图形的边是四尺长，对吗？

随从：是的。

苏格拉底：这样说来，这个八平方尺的图形的边长一定大于二尺，小于四尺，对不对？

随从：必定是这样。

苏格拉底：告诉我你认为这条线长度为多少？

随从：三尺。

苏格拉底：如果是这样的话，那么我们添上这条边的一半，就会使它变为三尺吗？这一段是二，这一段是一，而在那一边我们同样也有二，再加上一，这就能得到你想要的三尺图形了，对吗？

随从：是的。

苏格拉底：现在，如果这条边是三尺长，那条边也是三尺长，那整个图形的面积应当为三乘三，对吗？

随从：似乎是这样。

苏格拉底：三尺乘以三尺是多少？

随从：九平方尺。

苏格拉底：那这个双正方形的面积是多少尺？

随从：八平方尺。

苏格拉底：那么这个八平方尺的图形不由三尺长的线条组成？

随从：显然不是。

苏格拉底：但是这条线的长度为多少？准确地告诉我，如果你不想计算出来，把那条线指给我看。

随从：苏格拉底，向宙斯发誓，我不知道。

苏格拉底：美诺，你注意到他的记忆到达哪一步了吗？起初，他并不知道八平方尺的正方形的基线是什么——到现在他也还是不了解；但是他认为自己知道，回答也很自信，就像他真的知道一样。他不认为自己困惑，但现在他知道自己困惑，他不仅不知道答案，而且也不认为自己知道。

美诺：没错。

苏格拉底：那么，就他不知道的事情而言，他现在有进步了。

美诺：我也同意这一点。

苏格拉底：我们就像电鳐鱼那样让他感到迷惑和麻木，这对他有害处吗？

美诺：我不这么认为。

苏格拉底：我们其实是在一定程度上帮助他寻找正确答案。尽管他现在懵懂无知，但却十分乐意去探求答案。而在此之前，他一直觉得自己能够在很多场合中当着许多观众的面告诉大家该如何得到某个相当于给定正方形面积的两倍的正方形，并且笃定地说只要使原有正方形的边长加倍就能得到这个想要的正方形。

美诺：看上去是这样。

苏格拉底：你认为在他试图找出他认为自己不知道的事情之前，在他陷入困惑并意识到他不知道和渴望知道之前，他会想到什么吗？

美诺：苏格拉底，我不这样认为。

苏格拉底：那么使他麻木一下对他来说是好事吗？

美诺：我想是这样。

苏格拉底：然后看一看他如何在和我一道进行研究时走出困惑。我能做的仅仅是提出问题，而不是教学。留意你能够找到我向他教学和进行阐释的片段，而不是问他的意见。

苏格拉底：你告诉我，这不是一个面积为四平方尺的正方形吗？你明白我的意思吗？

随从：懂了。

苏格拉底：我们加上与它面积相等的正方形？

随从：好的。

苏格拉底：我们再加上与它们每一个面积都相等的第三个正方形？

随从：是。

苏格拉底：我们有可能将角落的空间填满吗？

随从：当然[1]。

---

[1]苏格拉底构建了一个十六平方尺正方形。先连接两个四平方尺正方形，然后连接第三个，如图所示：填满（角落里的空间）要另作一个四平方尺正方形，形成一个包括四个四平方尺正方形的十六平方尺正方形。

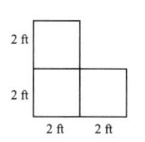

苏格拉底：这样我们就得到了四个正方形？

随从：是的。

苏格拉底：那么，整个图形是这个面积的多少倍[1]？

随从：四倍。

苏格拉底：但我们需要的是一个面积是这个的两倍的正方形，还是你不记得了？

随从：我完全没印象了。

苏格拉底：这条线不是从一个角到另一个角，将每一个图形分成两半的吗？[2]

随从：是的。

苏格拉底：所以这是四条长度相等的线[3]，它们围成了这个图形？

随从：是的。

苏格拉底：思考这个问题：这个图形有多大？

随从：我不懂。

苏格拉底：在这四个图形中，每一条线都被另一条线从中间切断，是吗？

随从：是的。

苏格拉底：这个图形中有多少种不同面积的图形[4]？

随从：四个。

苏格拉底：这个里面呢？[5]

随从：两个。

苏格拉底：四和二是什么关系？

随从：两倍。

苏格拉底：这个里面有多少尺[6]？

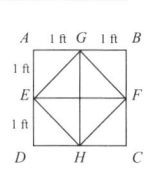

〔1〕"这个"就是指正方形ADCB内部的任意一个四平方尺正方形。

〔2〕苏格拉底现在画出四个内正方形的对角线，即：FH、HE、EG和GF，这四条对角线共同组成正方形GFHE。

〔3〕即正方形GFHE。

〔4〕还是正方形GFHE。苏格拉底问"在GFHE中，存在多少个从内部切断的三角形？"

〔5〕任意一个内正方形。

〔6〕指正方形GFHE。

随从：八尺。

苏格拉底：由哪条线构成？

随从：这一条。

苏格拉底：也就是这个四尺图形中连接一个角到另一个角的那条线？

随从：是的。

苏格拉底：聪明人称之为对角线，那么，如果对角线是它的名字，你说双图形是由对角线组成的吗？

随从：苏格拉底，肯定。

苏格拉底：美诺，你有什么想法？他的回答中有没有表达了任何不是他自己的观点？

美诺：不，它们全都是他自己的观点。

苏格拉底：可是，正如我们不久前提到的，他并不知道答案？

美诺：事实就是如此。

苏格拉底：所以这些都是他自己的观点，是吗？

苏格拉底：所以，这个一无所知的人对于他不了解的事物有着真实的想法。

美诺：看上去是这样。

苏格拉底：这些想法就像是梦一样被唤起，不过，如果以各种方式反复向他提同样的问题，最终他对于这些事物的了解会和其他人一样准确。

美诺：非常有可能。

苏格拉底：这种知识并非来自于传授，而是源自于提问。他会自行恢复对这类知识的记忆？

美诺：是的。

苏格拉底：找到自己内在的知识难道不是记忆吗？

美诺：当然。

苏格拉底：他既不能偶尔获得他已拥有的知识，也无法永远拥有知识？

美诺：是的。

苏格拉底：如果他永远拥有知识，他就永远都已知。如果他从前就获取了知识，他就绝不会现学。或者说，是否有人曾经教过他几何学？他采用同样的方式处理了所有几何学问题和所有其他知识，是有人把这一切教给他了吗？你应该知道，尤其是他在你的房子里出生和成长。

美诺：但我知道没有人教过他。

苏格拉底：但他拥有这些观点，对吗？

美诺：苏格拉底，这看上去无可争辩。

苏格拉底：如果这些知识不是现学的，我们并不清楚他是否在其他时候拥有并已经掌握了。

美诺：看上去是这样。

苏格拉底：那么在当时他就不是一个人类？

美诺：是的。

苏格拉底：假设他以现在这种形式存在，在他还不是一个人的时候，这种意识就已经在他身上存了，如此我们可以说他的灵魂永远处于有知识的状态吗？很明显，他要么是人，要么不是人。

美诺：看上去是这样的。

苏格拉底：那么，如果关于真实的真相总是来自于我们的灵魂，那么灵魂将不朽，这样你就应该经常大胆尝试挖掘并回忆你当下并不知道的知识，亦即进行回忆，或更准确而言，把它及时回想起来。

美诺：苏格拉底，从某种角度而言，我认为你是对的。

苏格拉底：美诺，我也这么认为。我并不认为我的论点在所有其他的领域都是正确的，但无论在言语和行为上付出多大的代价，我都要辩称我们会成为更好的人，更勇敢、少惰怠。我们相信人必须要去搜寻他不知道的事物，更甚于相信我们不可能找到我们不知道的事物并且相信我们不能寻找到它。

美诺：苏格拉底，就这一点而言，我想你是对的。

苏格拉底：既然我们都认为人应该去找寻他不知道的事物，那就让我们共同试着去探索美德是什么，好吗？

美诺：当然。但是，苏格拉底，我最高兴的莫过于研究、聆听你对我的原始问题的回答，无论我们是否应该尝试假设美德是可教的、是天赋才能或者是以任何形式突然进入大脑的。

苏格拉底：美诺，如果我要指导你，而不仅仅是我自己，我们首先要研究的是美德是什么，才能去研究美德是否可教。在我看来，你对自己的自由极为看重，因此你不但对自己的行为不加约束，而且还想支配我的行为。好吧，我允许你按自己的想法去做，我们只好在对其基本性质一无所知的情况下去探讨美德的某些性质，别无他法。不过，你得保证把节奏放慢一些，让我有时间去思考美德是否可教。对你而言，你也要使用假设一类的东西，亦即几何学家在探讨问题时所使用的那种假设。例如，当被问到处于一个给定的圆中的三角形的大小有没有可能就是某个给定的图形的大小，几何学家或许会回答说："我不知道这是否能做到，但我想借助假设来解决这个问题，假如这个给定的图形是个长方形，那我就会把它跟那条给定的线进行比较。如果它与另一个同类的长方形相比是有缺陷的，我会说出一种结果；如果它不是有缺陷的，我则会说出不同的结果，因此，如果你问我圆中的这个图形其大小是否可能与另一个图形大小相等，我会以假设的方式来回答你[1]。"对于美德我们不妨也采用同样的方法。由于我们既不知道它是什么，也不知道它拥有怎样的特质，那姑且就让我们采用假设的方式进行研究。我们会这样说："构成灵魂的诸多东西中，哪一种是美德？它究竟是可教的还是不可教的？"首先，如果美德不是知识的一种，那么它是可教的吗？或者按照我们刚才的说法，它有可能被记忆吗？我们不用过多顾虑该用什么称呼来指代这一过程，我们只需发问：美德是可教的吗？或者说，只有知识才可教，这样表述够清晰了吗？

美诺：我想是这样。

苏格拉底：不过，如果美德是一种知识的话，显然它可教。

美诺：当然。

苏格拉底：我们已经快速地解决过那个问题了，那就是，如果美德只有一种，则它可教，如果它是一个不同的种类，则它不可教。

美诺：我们的确解决过这个问题。

苏格拉底：下一个要考虑的要点似乎是美德是知识还是其他别的什么。

美诺：那的确是另一个要考虑的要点。

苏格拉底：那么，我们说美德本身是美好的事物，而这个美德是美好事物的假设能够站稳立场吗？

---

[1] 这里的翻译采用的是 *T.L.Health* 的翻译，《希腊数学史》（牛津：克拉伦登出版社，1921年），第1卷，298页。

美诺：当然。

苏格拉底：如果有任何其他美好的事物不是知识，而且和知识分隔开，那么美德很可能就不是知识的一种；但如果知识不包含不美好的事物，我们怀疑美德是知识的一种就是正确的。

美诺：的确如此。

苏格拉底：可以确信的是，美德让我们变好了，是吗？

美诺：是的。

苏格拉底：如果我们变好了，我们就会变得有益，因为一切美好的事物都是有益的。难道不是这样吗？

□ 智慧女神的礼物　塔德乌什·孔策·柯尼兹　波兰　1754年

裸体的智慧女神蒙上了双眼，将知识、技艺、成功、幸福、爵位等作为礼品，公平地赐予所有的人。但是，命运是不公平的，善有善报，恶有恶报，有的人获得喜悦、幸福，有的人则得到沮丧、失望。

美诺：是的。

苏格拉底：那么，美德是某种有益的事物？

美诺：这是由已达成的一致意见所推断出来的。

苏格拉底：那么，让我们检查一下什么样的事物可以使我们受益，一一细数：健康、力量、美和财富。我们说这些事物和其他同类事物使我们受益，是吗？

美诺：是的。

苏格拉底：然而我们也说，这些事物有时候也伤人。你同意吗？

美诺：同意。

苏格拉底：那么，看一下什么样的直接因素会决定某一个具体情形中这些事物是有益还是有害？并不是正确使用它们就会让我们受益，而错误地使用它们就会让我们受损吧？

美诺：当然。

苏格拉底：现在让我们看一下灵魂的特质。你会给事物贴上节制、公正、勇气、智慧、记忆、慷慨的标签，代表诸如此类的事物吗？

美诺：是的。

苏格拉底：思考一下哪些元素在你看来不能称作知识，与知识有差别；它们是不是有时伤害我们，有时有益于我们？例如，勇气有时不是智慧，而像一种鲁莽：当某人鲁莽、没有判断力时，它就是有害的；当他有判断力时，它就是有益的。

美诺：是的。

苏格拉底：节制和精神敏锐同样如此：在经过学习和训练后，有判断力就是有益的；缺乏判断力就是有害的。

美诺：正是这样。

苏格拉底：总之，灵魂承担、忍耐的一切，如果有智慧指引，结局就会快乐；但如果被无知把控，结局就会走向反面？

美诺：很有可能。

苏格拉底：那么，如果存在于灵魂中的美德要有益，它必须是知识，因为灵魂的所有特质本身既没有益，也没有害。该论点表明，美德要有益，必须是知识的一种形式。

美诺：我同意。

苏格拉底：更进一步，我们刚才提及的其他事物，如财富等等，时而有益，时而有害。对于余下的灵魂，智慧的指引使事物有益，愚蠢的指引则让事物有害。那么，在这些情形中，如果灵魂正确地使用智慧引导它们，那么灵魂就让这些事物有益，但糟糕的使用会让它们有害？

美诺：正是如此。

苏格拉底：智慧的灵魂做出正确的引导，错误的灵魂做出错误的引导，是吗？

美诺：正是这样。

苏格拉底：那么，有人会说这涵盖了一切；其他一切人类活动都取决于灵魂，而灵魂本身的活动，如果结果很好，则取决于智慧。根据这个论点，有益的就是智慧，而我们说美德是有益的？

美诺：当然。

苏格拉底：那么，我们可以说美德是智慧，无论是对于整体还是部分吗？

美诺：苏格拉底，我认为你所说的似乎非常正确。

苏格拉底：如果是这样，那么，美好的事物并不如此依赖天性？

美诺：我并不这样认为。

苏格拉底：如果美好的事物在很大程度上取决于天性，那么就会有人知道哪些年轻人是天生向善的，我们就会将这些人带走，将他们保护在卫城中，小心翼翼地看护，谨慎程度比黄金更甚。这样，就没有人能够腐蚀他们，他们成熟之后会长成城邦的有用之才。

美诺：苏格拉底，非常在理。

苏格拉底：如果美好的事物并非天生的，那么是学习塑造了他们吗？

美诺：苏格拉底，在我看来，这是必然。显然，基于我们的假设，如果美德是知识，那么它就可教。

苏格拉底：对宙斯发誓，事实或许是这样，不过有可能我们的统一意见并不正确？

美诺：但在当时看来似乎正确。

苏格拉底：如果要让它无懈可击，我们不能只考虑它在当时的正确性，还要考虑当下、放眼未来。

美诺：困难在哪里？你不同意这个观点、质疑美德是知识，你在想些什么呢？

苏格拉底：美诺，让我来告诉你。我并不是说"如果美德是知识，那么它可教"这种说法是错误的，而是想看一看我质疑它是知识的想法是否明智。请你告诉我：不仅仅是美德，其他任何东西如果都可教，难道不应该有教师和学生吗？

美诺：我认为是这样的。

苏格拉底：那么，相反的，如果某一事物没有教师和学生，那么我们假设这个科目无法教授，这样对吗？

美诺：正是如此，不过，在你看来，难道没有教授美德的教师吗？

苏格拉底：我常常试着去寻找是否有这样的教师，但是竭尽全力也未能找到。我的寻找过程得到了很多人的帮助，特别是那些我眼中这个领域经验最丰富的人。现在，美诺，阿尼图斯[1]有机会与我们一起坐在这里，让我们和他分享我

---

[1] 阿尼图斯是苏格拉底审判中的原告之一，详见《申辩篇》。

们的搜寻结果。我们这样做非常合理，首先，阿尼图斯是安西米亚的儿子，安西米亚的财富与智慧并重，他不是自动变得富有，或者说，他不像底比斯的伊斯梅尼亚那样获得了财富的馈赠——伊斯梅尼亚最近获得了波利克拉特斯的财产，而安西米亚的财富来自于他本人的智慧与努力。更进一步说，他看上去并不自傲、不自负，不会令人不悦，他彬彬有礼、举止得体。此外，他让我们的这位朋友拥有良好的成长和教育环境，大多数雅典人信任他，于是选举他担任要职。那么，有他这样的人为我们提供帮助，寻找美德教师就非常合理，无论是否存在这样的教师，无论他们是谁。因此，阿尼图斯，请加入我和你的座上宾美诺，让我们共同寻找美德教师。换个视角看问题：如果我们想要美诺变成一个优秀的医师，我们要为他找什么样的教师呢？我们不送他去医师那里吗？

阿尼图斯：当然要。

苏格拉底：如果我们想让他成为一名杰出的鞋匠，那么就把他送到鞋匠那里吗？

阿尼图斯：是的。

苏格拉底：那么，其他职业也一样？

阿尼图斯：当然。

苏格拉底：让我们再次回到同一个话题，如果我们想要让他成为一名医师，我们就把他送到医师那里，无论何时这种做法都是正确的。我们是把他送到那些实践这项技艺的人那里，而不是那些不从事这项技术的人那里；把他送到实践这项技艺且收费，并且愿意传授其技艺的老师那里，这种做法是合理的，也是无可厚非的。

长笛演奏和其他技艺同样如此吗？如果有人想把他人培养成长笛演奏家，却拒绝把他送到那些自称为这项技艺教师并以此赢利的人那里；相反，却把他送到那些没有自称为这项技艺教师或者没有一个该科目的学生的人那里，那么这些人的愚蠢可见一斑。难道你不认为这样做毫无道理吗？

阿尼图斯：对宙斯发誓，我认为这样做毫无道理，而且非常无知。

苏格拉底：非常正确。我们现在来说一下我们的座上宾美诺。阿尼图斯，他有一段时间常向我倾吐心声：他渴望拥有智慧和美德，好让人们能很好地管理家庭和城邦、照顾父母，知道如何像一个好人那样迎来送往。思考一下我们应当将他送到谁那里去学习美德，鉴于我们刚刚所说，这个非常明晰了：我们应当把他送到自称是美德教师、自称可以教授任何有学习意愿的希腊人，并为此收取一定的费用的人那里吧？

阿尼图斯：苏格拉底，你说的是哪些人？

苏格拉底：被称为哲学家的人，你肯定知道的。

阿尼图斯：对赫拉克勒斯发誓，苏格拉底，嘘。我的邻里或朋友们当中，无论是市民还是陌生人，没有一个人会丧失理智到去找这些人，去被这些人伤害，因为显然他们导致了其追随者的毁灭和腐败。

苏格拉底：阿尼图斯，你是什么意思？这些人，宣称知识对人有益的人，与其他人这么不同吗？他们不仅不能使信任他们的人受益，还反过来腐蚀他们，尽管他们还特别期望从这一过程中获利？我无法相信你，因为我认识一个叫普罗塔戈拉的人，他利用知识所赚的钱比雕刻了著名工艺品的菲狄亚斯和另外十位雕刻家赚的都多。当然，你说的也很特别，如果修旧凉鞋、补衣服的人在一个月内就归还了凉鞋和衣服，但这些凉鞋和衣服在归还时的状况比之前还要糟糕，那这些人很快就会饿死。但整个希腊四十年间都未曾发现普罗塔戈拉腐蚀了那些常拜访他的人，让他们在离开时比来拜访时状态更加糟糕。我认为他活到了快七十岁，而他从事这个行当达四十年。在任何时候，直到今天，他都享有了较高的荣誉；不仅是普罗塔戈拉，还有很多其他人，有的人在他之前出生，有的人现在仍然在世。你认为他们欺骗、伤害了年轻人吗？抑或他们自己未意识到这一点吗？我们要把那些人们眼中的智者当作疯子吗？

阿尼图斯：苏格拉底，他们远非疯狂。情况更像是支付了费用的年轻人才是疯了，而那些将年轻人托付给他们的亲戚，以及大多数允许试图这样表现自己的市民和陌生人自由进出的人则更是疯狂。

苏格拉底：阿尼图斯，有哲学家冤枉过你吗？或者说，你为什么要如此严厉对待他们？

阿尼图斯：不，对宙斯发誓，我从来没有见过他们中的任何一位，我也不会允许我的随从去见他们。

苏格拉底：那么，总体来说，你没有任何和这些人接触的经历？

阿尼图斯：愿我继续保持下去。

苏格拉底：那么，这位先生，如果你根本没有接触过他们，你又如何知道他们的指示里有任何好的事物呢？

阿尼图斯：很简单，无论我是否与他们接触过，我还是认识他们的。

苏格拉底：阿尼图斯，你或许是男巫吧，因为我想知道，除了你本人说的之外，你还有什么办法去了解这些事情。不过，让我们放弃寻找会让美诺变得顽皮的人——如果你愿意，假设他们为哲学家好了——不过，请告诉我们，也是为了让你这位家族朋友受益，在这么大的一座城邦，他应该向谁获取我刚才描述的美德，到什么程度才是值得的？

阿尼图斯：你为什么不自己告诉他？

苏格拉底：我已经提过了我认可的教师，但你认为不对，那么，或许你是对的。现在，你来告诉他在众多的雅典人中，他应该求助谁，告诉他你认为合适的任何人的名字。

阿尼图斯：为什么要告诉他某个人的名字？他可能遇到的任何一个雅典绅士——如果他愿意被说服——都会比哲学家对他的改变要多得多。

苏格拉底：这些绅士不用向任何人学习，就已经自动拥有美德了吗？他们能够教授其他人他们本身从未学习过的东西吗？

阿尼图斯：我认为这些人已经跟其他绅士学过了；难道你不认为这座城邦里有很多好人吗？

苏格拉底：阿尼图斯，我相信这里有很多人擅长处理公共事务，过去也出现过很多这样的人，但他们是自己的美德好教师吗？这是我们正在讨论的要点——并不是现在有没有好人，也不是过去有没有好人——我们就美德是否可教已经探究过一段时间了。在这个探究的过程中，我们询问了现在和以往的好人是否知道如何传递他们自己已经拥有的美德，或者说，一个人是否无法将它传递或者是从另一个人那里接受它，这就是美诺和我花时间探究的问题。现在从你所说的视角来看待这个问题，你不会说地米斯托克利是一个好人吧？

阿尼图斯：是的，即便他是最好的人。

苏格拉底：那么，他是否会因为自己具有美德而成为好教师？

阿尼图斯：我想是这样，如果他自己想要成为教师的话。

苏格拉底：但是你认为他不想其他人成为有价值的人，特别是他自己的儿子吗？你认为他不愿意把他的美德传给他的儿子吗？你听过地米斯托克利教他的儿子克列奥潘托斯如何成为一名优秀的骑马者吗？他可以在马背上保持上身直立、投标枪、做许多其他非凡的事情，这些都是他父亲教给他的，他也因此精通这些技艺。难道你没有从你的兄长那里听说过这件事吗？

阿尼图斯：听说过。

苏格拉底：因此，一个人不能因为儿子美德上的失败而指责他可怜的天赋？

阿尼图斯：或许不能。

苏格拉底：不过，你是否有听人说过地米斯托克利的儿子克列奥潘托斯像他父亲那样善良、睿智，和他父亲有同样的追求？

阿尼图斯：闻所未闻。

苏格拉底：如果确实美德能被教会的话，假定地米斯托克利的教育宗旨是让自己的儿子们在其他技艺上取得成就，而不是为了让他们具备跟自己相同的智慧，比他的邻居做得更好。如若这样假设，不就说明美德能教吗？

□ 雅典人放弃地米斯托克利

地米斯托克利（公元前525年—前460年），古希腊最杰出的政治家、军事家，雅典人。他主政期间，打造了一支强大的雅典舰队，建造了比雷埃夫斯港及连接雅典城的"长墙"。希波战争中，他指挥萨拉米海战大败波斯舰队。后来，他被雅典贵族们认为会对雅典民主制度构成威胁而遭流放，流亡于波斯，晚年因不愿帮助波斯对雅典作战而自杀身亡。

阿尼图斯：可能并非如此，我向宙斯发誓。

苏格拉底：而他也是过去教授美德的最好的教师之一，你也同意这种观点吧。让我们考虑另一个人——阿里司提戴德，雷西马克的儿子。难道你并不赞同他是一个好人？

阿尼图斯：是的。

苏格拉底：他也给儿子最好的雅典教育，而这是教师的差事，你认为他做得比其他人好吗？你是他的同伴，你明白他是怎样的人。或者以伯里克利为例，他是一个极具智慧的人，你知道他养了两个儿子——巴拉洛斯和科桑西普斯吗？

阿尼图斯：我知道。

苏格拉底：你也知道他把他们教成了和其他雅典人一样好的骑马者，他教他们美术、体育以及所有其他技能，让他们达到和其他雅典人一样精通的地步。但他不想他们成为好人吗？我认为他是想的，但这个东西很难传授。（至少你认为只有少数最下等的雅典人在这方面无能为力,修西得底斯[1]同样也抚养了两个儿子——美利西阿斯和斯特凡努斯,他在其他所有的领域都把这两个儿子教得非常好。)修西得底斯的两个儿子除了拥有其他本领外,还是雅典最好的摔跤手。这是因为修西得底斯把一个儿子送到山提奥斯那里去学习,而把另一个儿子托付给欧陀罗斯,这两个人都是当时公认的雅典最好的摔跤手。你不记得了吗?

阿尼图斯:我记得我听过。

苏格拉底:显然,他不会教他的孩子们需要花费金钱去学来的东西,但是又未能教他们不用花费金钱的东西——如果让他们成为好人是可教的? 你该不会告诉我说,修西得底斯是一个不值一提的人,他在雅典和那些结盟的城邦中都没有什么朋友吧?事实上,他不但出生于一个声名显赫的家族,而且他的整个家族在此地和希腊其他地方都是一股庞大的势力。那么,如果美德可教,而他因为受到公众关注而没有时间,那么,他就可能会找一个人来将他的儿子塑造成好人,无论这个人是市民还是陌生人。不过,阿尼图斯,朋友,美德是不可教的。

阿尼图斯:苏格拉底,我想,你很容易诋毁别人。我要向你提出建议,如果你愿意听取,说话时请小心一点。或许在另一座城邦,在那里,让人受伤比让人受益来得容易得多,我想你是知道的。

苏格拉底:美诺,我想阿尼图斯生气了,我一点也不惊讶。开始的时候,他觉得我是在诽谤他人,他认为自己是其中之一。如果他分析过诽谤是什么,他很快就会平息怒火,但他现在还不知道。你告诉我,在你认识的人当中是否有不值得尊敬的人?

美诺:当然。

苏格拉底:那么,他们愿意去教年轻人吗?他们同意当教师吗?他们认为美德可教吗?

美诺:不,苏格拉底,我对宙斯发誓。但有时候你会听说它可教,有的时候又会听说它不可教。

---

[1]美利西阿斯的儿子修西得底斯,非历史学家修西得底斯,雅典政治家,伯里克利的对手,于公元前440年被放逐。

苏格拉底：我们应该称他们是这个学科的教师，而他们甚至都不同意这点，对吗？

阿尼图斯：苏格拉底，我不这么认为。

苏格拉底：进一步讲，你认为这些哲学家（他们自称哲学家）是美德教师吗？

美诺：苏格拉底，关于这一点，我最崇拜高尔吉亚，你从来不会听到他做出这样的承诺。事实上，听到其他人这样宣称，他还嘲笑过他们。他认为，人应该让他人成为聪明的演讲者。

苏格拉底：那么，你不认为这些哲学家是教师？

美诺：苏格拉底，我无法回答；就像大多数人一样，有时候我觉得他们是，其余的时候我觉得他们不是。

苏格拉底：你知道吗？不是只有你和其他公众有时候认为美德可教、有时候认为美德不可教，诗人塞奥格尼斯[1]也说过同样的事。

美诺：在哪里？

苏格拉底：在他的挽歌中："和他们同吃喝，与他们作伴。让那些大人高兴，因为你们将从好的事物中学到善良。如果你与恶为伍，你甚至会失去拥有的智慧。"看到了吗，他的说法就好像美德可教一样？

美诺：看上去是这样。

苏格拉底：在其他地方提及美德时他做了一些改动："如果能够做成这件事……智慧会被爱灌输。"在某种程度上，那些可以做成此事的人"会拥有大量的财富"，更进一步，"虎父无犬子，因为他会被智慧的语言说服，但你永远也无法通过教学来感化一个坏人"。这位诗人在同一个论题上互相矛盾，你意识到了吗？

美诺：他看上去是这样。

苏格拉底：你能再提出其他人的话题吗？他们自称教师，却并没有得到他人的认可，是他们自己也不具备相应的知识，还是他们在自称可教授的领域内表现

---

[1] 塞奥格尼斯，公元前十六世纪的诗人。下面的引文来自他的挽歌第33—36行、第434—438行（迪尔）。

很差？或者是一些得到认可的有价值的教师的案例，他们为何有时称它可教，有时称它不可教？你会说对于一个话题感到困惑的人却能成为教授该话题的教师吗？

美诺：不，我对宙斯发誓，我不会。

苏格拉底：如果哲学家和那些自身具有优秀品质的人都不是美德的教师，我敢肯定其他人也不是；如果连教师都没有，那么也不会有学生。

美诺：的确如此。

苏格拉底：我们一致同意的观点是没有教师和学生的科目不可教？

美诺：我们都同意。

苏格拉底：那么现在看起来就没有美德教师了？

美诺：正是如此。

苏格拉底：如果没有教师，那就没有学生了？

美诺：似乎是这样。

苏格拉底：美德不可教吗？

美诺：如果我们的研究无误，那显然是不可教的。苏格拉底，我想知道，是否不存在好人，或者说什么样的条件下会诞生好人。

苏格拉底：我们可能只是可怜的样本，你和我，还有美诺。高尔吉亚还未完全使你开化，普罗迪库斯也没有对我进行充分的教育。我们必须不计一切代价将注意力转向自己，并找到会使我们变好的人。我的这番话是基于最近的研究，我们竟然没有看到人类只有在知识的指引下才会成功，这可能就是为什么好人的知识被我们忽视的原因，这很荒谬。

美诺：苏格拉底，这是什么意思？

苏格拉底：我的意思是，好人是有益的，我们的这个观点是正确的，但反过来却无法成立。是吗？

美诺：是的。

苏格拉底：如果它们在我们处理事务时给予我们正确指引，那么它们将是有益的。我们也同意这一点吧？

美诺：是的。

苏格拉底：但如果一个人没有知识，那他就无法正确地被指引；这样，我们的论点似乎就不正确了。

美诺：这是什么意思？

苏格拉底：我来告诉你。一个人认识通往拉里萨的路，或者是你喜欢的别的什么地方，那人去往那里并给他人指路，他指的路一定又好又正确吗？

美诺：当然。

苏格拉底：如果有人对于走哪条路有正确的判断，但他既没有走过那条路，也实际上并不了解那条路，那他也能正确地指引吗？

美诺：当然。

苏格拉底：只要他对那件其他人拥有知识的事情拥有正确的意见，那么他也会像一名向导一样好，他相信真理，但并不知道真理。

美诺：没错。

苏格拉底：真实的意见与知识相比，同样能对纠正行为起引导作用。我们说只有知识能纠正行为，原因在于我们的研究忽略了美德的本质，而真实的意见也具有同样的作用。

美诺：似乎如此。

苏格拉底：那么，正确的意见和知识一样有用吗？

美诺：苏格拉底，在这个程度上而言，是的。但拥有知识的人总能取得成功，尽管他也有真实的意见，但那只会带来偶尔的成功。

苏格拉底：这是什么意思？只要他的意见是正确的，那么拥有正确意见的这个人就不会总是取得成功？

美诺：的确如此，苏格拉底，这让我好奇，如果事实就是如此，为什么对知识的重视程度要远高于正确意见呢？它们为什么不同？

苏格拉底：你知道你为什么会感到惊奇吗，或者让我来告诉你？

美诺：请务必告诉我。

苏格拉底：因为你对代达罗斯的雕像一无所知，但很可能塞萨利没有这样的雕像。

美诺：为什么会这样说？

苏格拉底：如果不把它们捆绑起来，它们就会逃跑；但如果捆绑起来，它们就会待在同一个地方。

美诺：是这样吗？

苏格拉底：获得一个未捆绑的代达罗斯的作品并没有太大的价值，就像获得一个逃跑的奴隶，因为它不会停留；但捆绑的雕像却很值钱，因为他的作品非常漂亮。我为什么会这样说？因为这是真实意见。只要固定在原处不动，它们就是一件好东西，它们能做有益的事，但它们不愿意过久停留，它们从人的大脑中溜走，它们值不了什么，直到有人解释它们为什么留下来。美诺，我的朋友，这就是记忆，我们之前一致同意的结论。在它们被留存下来后，首先，它们变成知识，然后它们就永远固定下来。这就是为什么知识得到的总是要多于正确意见，知识会留存，而正确意见不会。

美诺：是的，苏格拉底，看上去就是那样。

苏格拉底：的确，我正在这里使用的是比喻，而非知识。但我敢肯定的是，说正确意见和知识有区别并非仅仅是一种猜测。如果我声称我了解其他一切事物——我几乎不会对事物做出这样的声明——我会把它记下来，划归为我的已知领域。

美诺：苏格拉底，理当如此。

苏格拉底：那么，真实意见指导了每一个行为的过程，它和知识一样糟糕，这是不对的吧？

美诺：我同意你的这个观点。

苏格拉底：正确意见并不次于知识，在指导行为方面发挥的作用也并不小于知识，一个人的正确意见也不比他拥有的知识少。

美诺：的确如此。

苏格拉底：我们一致同意好人是仁慈的。

美诺：是的。

苏格拉底：从那时以来，知识和正确意见都被征用作为判断好人的标准，同时也对好人的城邦有益。知识和真实意见并非天赋，而是通过习得的，或者说，你认为这两者中有哪一个是生来就有吗？

美诺：我并不这样认为。

苏格拉底：如果它们并非生来就有，那么人类也并非天生如此。

美诺：是的。

苏格拉底：正如女神并非生来就有，接下来，我们探究它是否可教。

美诺：好的。

苏格拉底：我们认为它可教，如果它是知识的话？

美诺：是的。

苏格拉底：如果它可教的话，那么它就是知识吧？

美诺：的确。

苏格拉底：如果有这门科目的教师，那么它可教；但如果没有，那么它就不可教吗？

美诺：是的。

苏格拉底：我们一致认为美德没有相关的教师吗？

美诺：我们的确这样认为。

苏格拉底：于是我们一致认为它既不可教也不是知识吗？

美诺：的确如此。

苏格拉底：但我们非常肯定美德是一件好事吗？

美诺：是的。

苏格拉底：能够正确引导的事物有用而美好吗？

美诺：当然。

苏格拉底：只有这两个事物——真实信仰和知识——能够正确引导。如果一个人同时拥有它们，那他就能够给予正确引导。事物碰巧呈现的正确结局并非出自人类的引导，而是因为有真实信仰和知识才有人类正确引导的地方。

美诺：我想是这样。

苏格拉底：现在，因为它不可教，美德看起来不再是知识？

美诺：似乎不是。

苏格拉底：所以，这两个既美好又有用的事物已经排除了一个，而知识并不是公共事务的指引。

美诺：我也不这么认为。

苏格拉底：所以，就例如地米斯托克利以及刚才阿尼图斯提到的那些人，这样的人领导他们的城邦时，并不是靠某种智慧，也不是靠发挥聪明才智吧？这就是他们无法让他人成为他们的原因，因为并不是知识成就了他们。

美诺：苏格拉底，很可能就是你说的这样。

苏格拉底：因此，如果不是通过知识，那么唯一的替代选择就是政治家们通过正确的观点走上了城邦建设的正确道路。至于知识，宣布神谕的人和先知与预言并没有不同之处。受到启发时，他们也会占卜出许多真实的事物，但他们并不知道自己说的是什么。

美诺：很有可能。

苏格拉底：那么，美诺，这些人的言行事关重大，却没有任何理解意义，把他们称为神圣的合适吗？

美诺：当然。

苏格拉底：称我们刚才提到的预言家和先知以及所有的诗人为神圣的也是正确的，还有政治家，他们同样受到了上帝的影响和掌控，他们的言行成就了伟大的功业，但他们对自己的言论并不自知。

美诺：的确如此。

苏格拉底：美诺，女人称善人为神圣的，斯巴达人也一样，当赞扬善人时，他们就说"他是神圣的"。

美诺：他们似乎是正确的，苏格拉底，尽管这里的阿尼图斯可能会因为你的这番话而感到困扰。

苏格拉底：我不介意，我们要再和他谈谈。不过，如果我们在这整个讨论中的说话和研究方式是正确的，美德就既不是天生的，也不是后天可教的，而是降临在那些把它视为从宙斯那里获得的馈赠的人身上。这有点让人无法理解，除非我们的政治家中有一个人能够把另外一个人同样变成政治家。如果有这么一个人，那么他在活人中间实际上就像荷马所说的死人中间的提瑞西亚，即"只有他还保留着智慧，其他人则成为飘忽的魂影[1]"。就美德而言，这样的人就好比影子中的一个坚硬的实体。

美诺：你说得很妙，苏格拉底。

苏格拉底：美诺，美德来自同样的推理，它似乎存在于我们当中那些拥有上天馈赠的人之中。我们对此应当有清晰的认识，在我们研究它如何在人身上得到呈现之前，我们应试图找到美德的内核。但现在我该走了，你就用你已经信服的事物来说服你的宾客朋友阿尼图斯，让他相信你所信仰的事情是正确的。如果你成功了，你就是在为雅典人造福。

[1] 引自《奥德赛》。

蒂迈欧篇

《蒂迈欧篇》为读者呈现的是一出修辞表演，而不是一次哲学对话。在文中的场景对话中，苏格拉底重述了此前自己理解的理想城的制度（显然，是《理想国》中描述的那些制度）。但作品的剩余部分则是蒂迈欧围绕如何创造出该世界而发表的长篇演说。《柏拉图全集》中的其他作品在内容组成上比较类似，都是由单一演说构成：《申辩篇》是如此，《伦理篇》（未完的《蒂迈欧篇》的姊妹篇）和《门内克西纳斯篇》亦是如此。然而，《蒂迈欧篇》的不同之处在于它涉及了大量哲学内容。不同于柏拉图的大多数哲学著述，该篇所涉及的哲学并非实际的辩证调查，而是宏伟辉煌、修辞考究的关于整个宇宙的理论。与之类似的还有《斐德罗篇》，文中苏格拉底的两篇关于性爱的演说，尤其是第二篇，都给哲学辩题披上了华丽的修辞外衣，内容生动，跃然纸上。

蒂迈欧似乎是柏拉图创造的一个戏剧人物，他来自以拥有众多希腊数学家和科学家而闻名的意大利南部。他的宇宙论建立在柏拉图思想的基础上，类似于《斐多篇》和《理想国》，介于永恒不变的"形态"与它们在"感官变异"这个可感的物质世界中的不稳定"反射"之间。但他提出了"造物主上帝"的概念，也就是"造物主"（希腊文为demiurge）。这个造物主以上述形态为模板，为物质世界创造并建立了秩序——蒂迈欧并不认为塑造世界的是这些形态本身。他还发展了"容器说"，认为这个容器是物质的底座，而形态的模板则置于其上，就像是放在一个无特征的塑料板上。蒂迈欧强调，数学关系是宇宙秩序的基础。按照这种说法，他建立了天文、物理、化学和心理学的基础，包括认知生理学和心理学，并以身体、灵魂的疾病及其治疗方法作结。《蒂迈欧篇》在后古代和中世纪时是柏拉图主义的中心文本，几乎是仅存的柏拉图拉丁文本，同时也是很多论战的主题。蒂迈欧的虚构故事是否意味着世界是适时创造的？还是说，它仅仅是一个故事，表明按照当时的条件来看，世界需要永远依赖更高的现实，也就是形态？造物主在创造它的时候是不是真的脱离了现实？或者说，这些现实事实上仅仅是他神圣精神的内容？对于以这些问题以及其他关于传统柏拉图主义为辩题的辩论来说，《蒂迈欧篇》至关重要。

  多数学者都认为《蒂迈欧篇》是柏拉图晚期的作品，但也有少数人认为这是柏拉图的中期作品，创作时间与《理想国》的创作时间相近，甚至似乎要早于后者。那么在写成之际，这些作品又能涵盖多少他的哲学信念呢？蒂迈欧强调——事实上，由于上述跨度（不论是字面上还是内涵上的跨度）很大并且将我们与天堂，也就是剩余世界依赖的基础分割开来——我们最多只能得到关于世界结构的"类似故事"，而不是完整的、透明的真相。研究详细的理论可能会带来一些启发，但最多也只能让我们看到造物主在设计世界时可能采用的一些合理方式。除此之外，从《斐多篇》可知，巧于修辞的人所说的一切都基于完整的哲学事实，但是为了吸引并留住听众的注意，说服听众接受自己的核心观点，他们会对事实进行改动和润色。蒂迈欧可能就是柏拉图的发言人，但是如果柏拉图注意到斐多在组织演说语言时对修辞的苛责，那么从蒂迈欧的话到柏拉图自己承诺的细节，甚至是哲学原则的问题，我们都应该比平常更加谨慎地进行推理。蒂迈欧所说的"存有"和"感官变异""形态"和"反映""造物主"和"容器"，以及与之相关的论述中，到底哪些是用来吸引苏格拉底和他的其他听众，哪些是柏拉图现有理解下的事实？这段对话向我们提出了问题，但是要找到答案却并不是那么简单。

J. M. C.

苏格拉底：一、二、三……蒂迈欧，第四位客人去哪儿了？昨天你们四位是我的客人，今天要换我当你们的客人了。

蒂迈欧：苏格拉底，他突感不适。他肯定不是故意要错过这次对话的。

苏格拉底：好吧。那今天就由你和你的同伴来补他的空位，对吧？

蒂迈欧：这是当然，我们一定会尽力而为的。昨天我们受到了您的盛情款待，如果我们剩下的这三个人今天不能好好回馈您的话，那就实在是有失体统了。

苏格拉底：我让你们讨论的主题，你们都还记得吗？

蒂迈欧：记得一些。如果我们有遗漏的，还请您提醒提醒。要是您能不嫌麻烦的话，花点时间为我们从头梳理一遍，那便是最好的，我们也能记得更牢一些。

苏格拉底：好。昨天我谈论了政治，主要论点是城邦的政治结构种类以及什么样的人能促成最优的城邦政治结构。

蒂迈欧：是的，苏格拉底，我们都非常认同您的描述。

苏格拉底：我们是不是一开始就把城市中的农民和手工匠与城邦的守卫者区分开来了？

蒂迈欧：是的。

苏格拉底：我们遵循自然，给每个人都匹配了唯一一份工作，给每位工匠都设定了其最能胜任的手艺，城邦守卫者的职责则是保卫城邦。当外人或城邦公民意图与城邦其他多数人的利益背道而驰时，守卫者应公正温和地处置他们，因为他们是守卫者的朋友。但是当在战场上遭遇外敌时，守卫者则应更坚定严厉。

蒂迈欧：完全没错。

苏格拉底：正如我们所说，这些守卫者的灵魂在本质上同时拥有最高程度的感性和理性，所以他们可以根据不同的情况表现出不同程度的温和或严厉。

蒂迈欧：是的。

苏格拉底：那他们的训练呢？我们不是说他们须要接受体能和文化的双重训练，同时还要接受其他适宜的训练吗？

蒂迈欧：当然说过。

苏格拉底：是的，我们说过，接受过这种训练的人不应该将金、银或其他任何东西当作个人私有财产。他们只要认真履职尽责，从受他们庇护的人那里领取一份工资，工资不需多，能维持生计就足矣。我们也说过他们应该分享一切费用，过集体生活。同时，既然他们没有其他工作的烦扰，就应该将手头上的工作做到尽善尽美。

蒂迈欧：没错，我们也提到了这点。

苏格拉底：事实上，我们甚至还提到了女人。我们说到，女人的本质和男人的本质一样。所有的工作，不论是与战争相关还是和其他行业相关，都应该是男人和女人共同的责任。

蒂迈欧：我们也讨论了这点。

苏格拉底：然后我们讨论了孩子的生养问题。我们很难忘记这个主题，因为我们的论点非常新颖。我们认为，配偶和后代应该是公有的。同时，还应该建立一些体制来防止父母认养自己的亲生孩子。他们每一个人都应该相信，自己生活在一个大家庭中，同年龄段的人都称呼为姐妹兄弟，年长的则是父母或祖父母，年幼的就是儿女或孙儿女。

蒂迈欧：没错，这确实是个令人印象深刻的论点。

苏格拉底：我们还说，打从一开始我们就要保证他们的本质完美无瑕。统治阶级的男女应该由秘密抽签来决定自己的婚姻配偶。好男人和坏男人应该在各自所处的阶级中选择女性配偶。这样一来，每个人的机会都是均等的，也就自然没有怨念了。你们还记得吗？

蒂迈欧：记得。

苏格拉底：别忘了，我们还说过只抚养好父母的后代，而坏父母的后代则要秘密送往其他城邦。同时我们要持续观察这些孩子的成长过程，一旦发现孩子有希望变好，就要接回城邦，与那些不配在该城邦继续接受教育的孩子互换城邦。这个你还记得吗？

蒂迈欧：记得。

苏格拉底：好了，蒂迈欧，我们已经回顾完了昨天的讨论内容，或者说昨天的主要论点了。有什么遗漏的地方吗？

蒂迈欧：没有。苏格拉底，我们昨天就说了这么多。

苏格拉底：好的，那现在我要继续说说我对政治结构的看法了。我现在感觉像是一个在凝视某种高贵动物的人，不管它是画中的动物还是静止不动的活物，我都想看看它活动起来的样子，动一动也好，挣扎一下或是反抗一下也可以，只要能展现它出众的身体素质，怎么样都好。在谈论我们先前所描述的城邦时，我也有种冲动。我想听听人们是怎么描述我们的城邦是如何为了某些奖赏与其他城邦一决高下的。我想看看我们的城邦在走上战场并赢得胜利时有什么出众之处，想看看它是如何凭借所受的教育和训练，在语言和行动上与其他的城邦斡旋。克里提亚，赫墨克拉底，在这些事情上，我自知无能，我无法用合适的词汇来歌颂我们的城邦和人民，这也不是什么值得惊讶的事。但我的想法和诗人，不论是古代的还是当代的诗人，都一样。我无意冒犯诗人，但众所周知，模仿者最擅长模仿，而且模仿得最好的就是之前系统模仿过的事情。但是若要他们未经训练就在表演中模仿某一陌生事物，实在是强人所难。在表演中是如此，在对话描述中模仿更是难上加难。不过我一直认为诡辩派在发表长篇演说和做其他精巧的事情时都游刃有余。但是由于他们辗转于城邦之间，居无定所，恐怕很难完整呈现那些哲学家兼政治家的特点，后者不论是在对敌作战还是与敌斡旋时的形象都肯定会被诡辩派误传。

接下来说说你们这类人。你们在哲学和政治领域皆有良好的素养，并且经历过实战的考验。以蒂迈欧为例。他来自意大利的洛克里，一个秩序井然的城邦。他出身高贵，富可敌国，身居要位，荣耀加身。同时，在我看来，他在哲学领域也颇有造诣。至于克里提亚，他也因为博学多才而闻名雅典。赫墨克拉底同样也在天资和训练中表现突出，这一点大家是有目共睹的。昨天你们邀请我讨论政府事宜时我就已经发现这点了，这也是为什么我欣然应邀的原因。我知道如果接下来你们愿意发言的话，其精彩程度一定无人能及。今天由你们来描述我们敢打敢赢的城邦，那是再适合不过的了，只有你们才能想我们的城邦所想。现在我完成我这一部分的讨论了，你们这个团体已经思考过这个主题了，也同意要接我的力继续发言。你们的发言就是给我的见面礼，所以我今天盛装出席，没人比我更适合接受你们的这份礼物了。

赫墨克拉底：是的。苏格拉底，相信蒂迈欧已经告诉你了，我们现在心潮澎湃，我们是万万不会错过今天的发言的。昨天离开这里后，我们立即动身前往克里提亚的客厅，在路上时就一直在讨论这件事。克里提亚提到了他很久前听到的一个故事。克里提亚，你再说说这个故事吧，让苏格拉底看看这个故事是不是和

□ 梭伦

梭伦（公元前638年—前559年），出身于雅典没落贵族，是古希腊时期雅典城邦著名的改革家、政治家，"古希腊七贤"之一。他年轻时一面经商，一面游历，到过许多地方考察社会风情。他虽以经商为业，却坚信道德胜于财富。他是雅典城邦的第一任执政官，制定法律，进行改革，史称"梭伦改革"。他在诗歌方面也有很高的成就，是一位杰出的诗人。

我们今天的讨论相契合。

克里提亚：如果大家都同意的话，那我真应该讲讲。

蒂迈欧：当然同意啦。

克里提亚：那我就跟你讲讲这个故事吧，苏格拉底。这个故事虽然有点离奇，但是每一字每一句都如假包换。七贤之最的梭伦都为这个故事打过包票。他是我曾祖父德罗皮蒂的亲戚，也是密友。梭伦在他的诗歌中多次提到此事。德罗皮蒂为我的祖父大克里提亚讲了这个故事，而后者又按照自己的记忆把这个故事讲给我们听。故事大意如下：我们的城邦在古代曾盛极一时，但后来随着时间推移和人口流失而逐渐没落。我要讲的是这个城邦曾经最伟大的一个壮举。这个壮举我们应该好好讲讲，一来是在这个节日里向城邦献上赞歌，二来也是向女神[1]表达我们的感谢之情。

苏格拉底：太好了！那梭伦在诗中写的，大克里提亚跟你说的，这个城邦的壮举到底是什么？这还是我第一次听说。他们都说真有这个壮举吗？

克里提亚：让我来告诉你。跟我讲这个故事的人绝不是一个乳臭未干的年轻人。事实上，大克罗提亚跟我讲这个故事的时候已是耄耋之年。那时我差不多十岁，当时正值阿帕图瑞亚节[2]。按照节日传统，孩子们的父亲要举行吟诵比赛，他们要背诵不同诗人的作品，而孩子们则要吟唱梭伦的诗篇，当时这些诗篇还属于新作。我们听故事的人当中的一个人说他认为梭伦不仅是最睿智的人，也是诗

---

[1] 此处的女神指的是雅典的守护神雅典娜；这段对话很可能发生于泛雅典娜节时期。

[2] 阿帕图瑞亚节于每年10月至11月之间在雅典举行，孩子们要在第三天献上自己的表演。

人中最文明的人，这一点从他的诗作中就能看出来。这个人可能真的是在袒露心声，但也有可能是在讨好大克里提亚。接着大克里提亚就被逗笑了，这点我记得清清楚楚。他大笑道："没错，阿米南德尔。遗憾的是，他不像其他人一样认真，只把写诗当作一种消遣。更遗憾的是，他没有完成他从埃及带回的那个故事。要不是迫于城邦内讧混战和其他一系列的麻烦，他或许已经完成了这个故事。要不然的话，连赫西奥德和荷马都无法望其项背了。""大克里提亚，那这个故事是什么样的呢？"另一个人问道。"这个故事讲的是我们城邦有史以来最伟大的壮举，"大克里提亚回答道，"一个最值得被人们铭记的壮举。奈何时光流转，物是人非，这个故事已经佚失了。""请给我们从头讲讲吧，"另一个人说道，"梭伦所听的'真实故事'到底是什么？他是从哪儿听说这个故事的？谁告诉他的？"

大克里提亚答道："在埃及尼罗河三角洲分叉的顶端，有一个地方叫塞提克，这个地方的核心区叫塞斯。塞斯也是阿玛西斯王（贫民出身，后立为王，是古埃及第二十六王朝法老，被波斯所灭——译者注）的故乡。这个地方由一个女神所创，这个女神的埃及名为尼斯，希腊名为雅典娜。这里的人民对雅典非常友好，还声称与我们的人民有千丝万缕的联系。梭伦说他一到那里就受到了那里的人民的拥戴。而当他向当地熟知古代事情的祭司请教时，才发现自己关于希腊知之甚少，甚至一无所知。有一次，为了激起祭司们讨论古代史的兴趣，他决定先从

□ 美惠三女神　拉斐尔·桑西　意大利 1504年

美惠三女神是古希腊诗人赫西奥德写的神话诗《神谱》中提坦女神与神王宙斯结合后生下的三个女儿。她们分别代表美丽、爱情和贞洁。在古希腊人的心中，创作的灵感均来自美惠女神的恩赐。

□ 阿玛西斯法老

阿玛西斯也称雅赫摩斯二世，公元前570年—前526年在位，古埃及第二十六王朝法老。他是埃及被波斯征服以前最后一位伟大的统治者。在他统治时期，他极力发展与希腊的政治、经济以及文化交往。

☐ 特洛伊战争中的雅典娜

古希腊神话中的天空女神、军事女神、智慧女神。普罗米修斯造人的时候，只是造出了男人，并没有造出女人，但雅典娜赋予了人类灵魂和神圣的生命。她是一位和宙斯具有同等强大神力并拥有非凡智慧的女神。

☐ 丢卡利翁和皮拉的故事　壁画　米开朗基罗　意大利

宙斯决定用大洪水来惩罚人类的堕落和罪恶，普罗米修斯的儿子丢卡利翁和其妻子皮拉由于听从了普罗米修斯的劝告，建造了一艘方舟，等到大洪水来临之际，夫妻二人因此得以幸存。他们向诸神祭献以平息他们的怒气。他们向法律女神忒弥斯祷告并祈求让人类继续繁衍下去。女神忒弥斯因感动而答应其请求，夫妻二人遵照忒弥斯女神的谕示，他们将石块扔到身后。于是男人从丢卡利翁所扔的石头中长了出来，女人则从皮拉所扔的石头中长了出来。

希腊的古代史下手，于是他开始讨论起了甫洛纽斯。据说这是第一个人类。然后梭伦又开始说起涅伯，接着他又开始讲述丢卡利翁（神话人物，普罗米修斯和克吕墨涅之子，皮拉的丈夫，是第一个建立古希腊城市与神庙的人，同时也是第一位国王。古希腊人对他崇敬赞美之至——译者注）和皮拉（丢卡利翁的妻子，她与丈夫是仅有的两个躲过宙斯洪水的人——译者注）在洪水中逃生的故事。梭伦以这些人的后代为时间线讲着故事，并试图通过计算这些事件发生的间隔时间来确定各个事件的发生时间。这时，其中一位年老的祭司开口了：'啊呀，梭伦梭伦，你们希腊人怎么跟孩子一样？你们没有一个老人。'听到这话，梭伦说道：'什么？你什么意思？''你太年轻了，'老祭司答道，'你们所有人的灵魂都太稚嫩了，缺少对古代的信念，因为这些信念是通过传统代代相传的，你们的知识都没有经过时间的洗礼。为什么呢？各种各样的灾难通过各种各样的方式摧毁人类，过去是，将来也是。其中最严重的就是火灾和水灾，其他灾难的原因也是说不清的。太阳神之子法厄同驾驶父亲的战车，但是却无法控制神车按照父亲的路线行驶，因而将大地烧得精光，自己也因此遭受雷刑。这个故事有神话意味，但背后的真相则是：有一个绕地运行的天体偏离了轨道，从而引起

文化伟人代表作图释书系

大火，这场大火烧了很久，把大地烧得精光。灾难发生时，相比临河而居或是傍海生活的人而言，首当其冲的便是生活在山间或是干燥高地的人。我们的尼罗河一如既往地是我们的拯救者，将我们从这场灾难中解救出来。另一方面，当宙斯试图用洪水荡涤人间时，生活在山间的牧羊人幸免于难，但生活在你那个地区的人们则被席卷入海。我们这里的水从来不会从高处倾泻而下，而是由低涨高。正因为如此，我们这里的历史最为源远流长。在我们这里，酷暑和严寒都无法毁灭人类，多多少少总还是有人逃过劫难。所有的事件，不论是你们那里发生的还是我们这里遭遇的，不论有多伟大，从最开始就被镌刻并保存在我们的寺庙中。而你们呢？每遭遇一次天灾，你们就要从头开始发展文字，重建城邦。这天灾就像是一场瘟疫席卷而来，瘟疫过后只留下愚昧蛮荒的人民。所有的人又一次变成了对古代史一无所知的婴儿，不论是你们自己的，还是我们的古代史。所以梭伦，你刚刚描述的家谱不过就是一个童话。首先，你们的人只记得一场洪水，而事实上，这种洪水数不胜数。另外，你并没有意识到在你们的国土上曾经生活着最伟大的民族。

□ 法厄同的坠落　彼得·保罗·鲁本斯　德国　1604年

法厄同是太阳神阿波罗的儿子，他希望像阿波罗一样驾着黄金马车巡游天地之间，阿波罗无法阻拦他。但法厄同却驾驭不了运载着太阳的黄金马车，马车失去控制，大地变成一片火海，宙斯大怒，用雷电将其击死，他因而坠落。

□ 大洪水

传说，在人类的青铜时代，世界的主宰宙斯看见人类的种种恶行，于是震怒了，决定要毁灭这个世界上所有的人。他降下狂风暴雨，用大洪水来灭绝人类。这时，宙斯的弟弟海神波塞冬也赶来帮忙，他掀起惊涛骇浪，将整个大地变成一片汪洋，人类在无边无际的洪水中四处逃离，苦苦挣扎。

你和你的人民，你们的城邦，都是从这个民族的一小部分幸存者手中传承而来。但是你们对此一无所知，因为一代又一代的幸存者并没有将这一切用文字记载下来。没错，梭伦，在那场大洪水之前，雅典的前身，也就是这座城邦不仅战无不胜，在城邦治理的方方面面也是无与伦比

240 | 柏拉图对话录 Dialogues of Plato

□ 大地女神盖亚

盖亚生了天神乌拉诺斯，而后与乌拉诺斯结合，生下了十二个提坦巨神及三个独眼巨人和三个百臂巨神。

的。据说她的成就和政绩是我们所知道的普天之下最伟大的。'

"梭伦听到这些后十分震惊，迫不及待地恳求那些祭司告诉他一切和古代人民有关的事情。'梭伦，我自然不会有所隐瞒。'祭司答道，'我会告诉你故事的全部，这是为了你好，为了你的城邦好，更是对我们共同的女神，也就是我们的养育者和指导者致以敬意。她从盖亚（希腊神话中的大地之神，众神之母，西方人常以"盖亚"为地球的代名词——译者注）和赫菲斯托斯（希腊神话中的火神与手艺异常高超的铁匠之神，奥林匹斯十二主神之一——译者注）手里接过种子，创造了你们的人民，建立了你们的城邦，而我们的城邦一千年后才由她创立。根据镌刻在我们盛典上的记载来看，我们的社会秩序自建立以来已有八千年了。所以你的那些同胞生活在九千年前。我会简短地为你介绍他们的法律和社会秩序。有空的话我再找个时间根据这些文献记载给你说说细节。'

"祭司继续说道：'我们先比较一下你们的古代法律和我们的现代法律，之后你就会发现你们过去有很多做法和我们先进的做法相同。首先，祭司们单独成一个阶层，与其他阶层相区分。其次，工人、手艺人阶层独树一帜，与其他阶层分开。从阶层来看，每一个群体，如牧羊人、猎人和农民的分工各有不同，互不干涉。值得一提的是，士兵阶层也和其他阶层相区分——按照法律规定，士兵阶层专司战事。他们使用的武器是矛和盾，在亚洲人中我们最先使用这两种武器自卫。我们的女神教我们使用这些武器，一如当初在你们的国土教你们一样。至于智慧，相信你也看到了，我们从最开始就十分重视智慧。学习世界秩序时，我们追溯了所有的发现，包括预言和保健药品，上至神明，下至凡人。在这个过程中，我们也掌握了所有其他相关学科。事实上，我们的社会秩序体制就是女神当初创立你们的城邦时所使用的。她选中了你们出生的那片土地，那里终年气候温和，在她看来，这有助于养育睿智之人。这位女神喜好战争和智慧，所以哪个地方最可能养育出像她一样的人，她就选择哪个地方并在那个地方创立城邦。正因如此，你定居在那个和这里体制一样的地方。事实上你们的体制比我们的还要完善，所以你们能够登上群山之巅，成为连神都艳羡的民族。你的城邦有很多可考的惊天动地的壮举，最值得一提的就是一举歼灭当时横扫欧亚的一股强大势力。这股力量来自大西洋的远方。当时的大西洋还是可以跨越的，因为那时被你们称为"赫拉克勒斯之柱[1]"的海峡前端尚有一个岛屿。这个岛屿比利比亚和亚洲加起来还要大，当时的人们可以通过岛屿到达其他岛屿，并继续到达另一端的整片大陆。这片大陆之外才是真正的海洋。"赫拉克勒斯之柱"海峡内部不过是一个出口狭窄的港湾，真正的海洋在这之外，而环绕着这片海洋的才有资格被称为大陆。当时，这个叫做亚特兰蒂斯的岛屿崛起了一股强大的皇家势力，在他们统治之下的不仅有这个岛屿，还有很多其他岛屿和部分大陆。他们的统治势力甚至深入海峡内部，越过利比亚到达埃及，越过

□ 火神的锻铁厂
迭戈·罗德里格斯·德·席尔瓦·委拉斯贵支
西班牙　1630年

赫菲斯托斯是众神之王宙斯和天后赫拉的儿子，奥林匹斯十二主神之一，古希腊神话中的火神、建筑之神、雕刻艺术之神与工匠之神。相传，他又丑又瘸，却娶了天地间最美的女神阿芙罗狄忒为妻。他的技巧异常高超，是诸神的工匠，制造了许多著名的武器、工具和艺术品。宙斯的闪电长矛、波塞冬的三叉戟、哈迪斯的双股叉、太阳神驾驶的太阳马车、丘比特的金箭及铅箭都是他铸制的。

□ 智慧女神雅典娜和战神阿瑞斯的争斗
雅克·路易·大卫　法国　1771年

在特洛伊战争中，智勇双全的智慧与军事女神雅典娜帮助希腊人攻打特洛伊，战胜了不可一世的战神阿瑞斯。

---

[1]指的是直布罗陀海峡。

□ 赫拉克勒斯的选择　安尼巴尔·卡拉奇　意大利 1596年

赫拉克勒斯是古希腊神话中的大力士、大英雄，在他还是婴儿时便用双手杀死两条毒蛇。成年后，他却不知道自己的人生道路该怎样走，这时，他遇到了两个女子，一个是美德女神，一个是恶德女神。他拒绝了恶德女神的引诱，决心遵照美德女神的劝告，一生为人民造福。他用自己的不可比拟的神力，把阿特拉斯山脉一分为二，开凿了直布罗陀海峡，打通了地中海和大西洋。阿特拉斯山脉残存的三座山峰，今日被称为"赫拉克勒斯之柱"。

欧洲到达伊特鲁里亚地区[1]。一天，他们集结了所有势力，誓要一举拿下海峡之内的所有领土，包括你我的国土。这时，梭伦，你的城邦向全人类展现了她的勇猛和伟大。她高贵的精神和战斗的能力无人能及，她率先成了希腊的领袖。之后，她遭遇背叛，孤军奋战，历经千辛万苦，终于击退了侵略者，夺取了战争的胜利。赫拉克勒斯国界以内被奴役的人民因她而得以解放，而尚未被奴役的人们也因为她免遭无妄之灾。之后，大地震和洪水频频袭来，终于，在那不堪回首的一天一夜过去之后，所有士兵全部沉入地底，亚特兰蒂斯岛也没入海中，就此消失，只留下那无法航行、无法探索的海洋，亚特兰蒂斯岛的断壁残垣也变成了浅滩淤泥。'"

　　苏格拉底，梭伦讲的克里提亚的旧事我已经大概跟您说了一遍。昨天你所谈论的政治还有描述的人民让我想起了这个故事。让人吃惊的是，机缘巧合，你说的情况非常中肯，和梭伦说的也高度一致。但是当时我没有点破，因为时间久远，梭伦的这个故事我已经记不全了，所以在给你们讲这个故事之前，我首先得好好回忆一下。在这种场合中，我们的发言不能辜负了大家的期望，而我认为这个故事能有所帮助。所以正如赫墨克拉底所言，昨天自从离开这里，我就在回忆这个故事，回去以后，我又想了一个晚上，总算是想起了整个故事。他们说童年所学的东西深埋在我们的记忆中，诚不我欺也。我不敢说我能记起昨天说的一切，但是我绝对不会忘记这个故事的任何细节，就算这个故事是我很早以前听

---

[1] 自地中海南端起，该帝国跨过北非，一直延伸至埃及西部边境，向北囊括了欧洲，东端与意大利中部接壤。

的。当时我还是个孩子，充满着好奇，那个老人也愿意回答我一个又一个问题，这个过程也给我带来了莫大的快乐。而那个故事也在我的心间生根，永不褪色。我一大早就把这个故事讲给了蒂迈欧和赫墨克拉底听，所以他们也能和我一样，找到今天发言的素材。

□ **亚特兰蒂斯国**

亚特兰蒂斯又译阿特兰蒂（提）斯，是位于欧洲到直布罗陀海峡附近的大西洋之岛，传说中是拥有高度文明的古老大陆、国家或城邦，最早的描述出现于古希腊哲学家柏拉图的著作《对话录》里，据称其在公元前一万年的史前大洪水中被毁灭。

苏格拉底，我做的这一切都是为了给你讲梭伦的这个故事，复述这个故事的所有细节，而不是梗概。我们会把你所描述的公民和城邦由神话变为现实——你说的就是古雅典呀。我们也认为你想象中的那些公民就是刚刚祭司们提到的那些人，也就是我们真正的祖先，在历史上真实存在过。这样一来，就不难理解你的观点了。我们也会尽力佐证你的观点。你认为怎么样，苏格拉底？我们这样发言可以吗？还需要我们再重新找一个故事吗？

□ **史前大洪水**

史前地球上，曾经发生过多次席卷全球的特大洪水，亚特兰蒂斯文明就毁于史前大洪水之中。

苏格拉底：克里提亚，难道还有更好的吗？我们现在正在庆祝女神的节日，今天这个发言就和女神相关，所以再适合不过了。更重要的是，这并不是一个虚构的故事。如果弃之不顾，我们还能上哪儿找到更好的故事？怎么找？找不到的。现在继续你们的发言吧，祝你们好运！现在轮到我坐下来好好听听你们的发言了。

克里提亚：好的，苏格拉底。你觉得我们送你的见面礼怎么样？我们觉得蒂迈欧是我们几个人中的天文学专家，专攻宇宙本质，所以他应该第一个发言，从宇宙起源讲起，以人类本质作结。既然蒂迈欧讨论了人类起源，之前你也说过这其中的一部分人会接受高等教育，那我便要让他们当着我们的面，根据梭伦的故事和他制定的法律，像在法庭上那样亮相、发言。我认为他们就是我们的公民，就是那些由于年代的缘故而被遗忘、所幸被神庙祭司记载下来的远古时代的雅典人。这一点我们必须当做确定的史实来对待。

苏格拉底：看来接下来会有一场发言盛宴，我能得到的回报真不少啊。很好，蒂迈欧，按照顺序，请开始发言吧。在此之前，还是按照习惯先向神灵祷告吧。

蒂迈欧：好的，苏格拉底。稍微有点头脑的人，在开始做事前，不论大事小情，都会先祈求神灵庇佑，我们也一样。接下来我们要讨论的是宇宙，不管宇宙有没有起源，只要我们的发言没有离经叛道，那么在发言开始前我们都要呼唤神灵，祈祷他们能准予我们所说的一切——我们接下来就要这么做。就让这成为我们对上帝的祈祷吧，祈求神灵让我们接下来的学习能够顺顺利利，祈求我能尽可能地讲清楚我的观点。

在我看来，首先我们须要作出以下区分：什么是永恒真实不变化的存在？什么是永恒变化不真实的存在？由理性的思考推理所得的就是永恒真实不变化的存在；由非理性的感觉把握所得的就是永恒变化不真实的存在。变化[1]皆有因，无因不成变。所以当造物主[2]以永恒真实不变化的事物为创造模板时，就能复制它们的外形和特征，因而最后造出的东西也一定是完美的；但当造物主以永恒变化不真实的事物为创造模板时，他最终的作品也就会缺乏美感。

现在来看整个宇宙秩序或世界秩序（这两个词哪个适合用哪个），这是我们首先要思考的一个问题。人们在探寻任何一个事物时都需要首先解决这个问题。它是无端永恒存在的吗？还是有某个起源呢？变化后它又把什么作为新的起源呢？我认为它是有起源的，因为它是可见可摸的，还有真实的形体——所有类似的事

---

[1] 此词以及其他地方的"发生"和"存在"二词，都是由相同的希腊单词（genesis）及其同根词翻译过来的。这个词和英文中的comes to be并不是一个意思，并不是说一旦某个事物被创造出来后便即告存在（is）或称为存在物（being）。

[2] 对应希腊词dēmiourgos，译为"造物主"，下文有时也译为"创造者"或"缔造者"——在《蒂迈欧篇》中，读者可以加深对神圣的造物主（Demiurge）的理解。

物都是可感的。前面我们说过，可感知的事物都是通过感觉来把握的，所以说它们都是变化的，是被创造出来的事物。我们还说过，变化皆有因，但要找到宇宙的造物主非常困难，就算我们找到了，也很难跟所有人解释清楚。所以我们必须回到这个关于宇宙的问题：造物主创造宇宙时到底采用了两种模板中的哪一种？是那个永恒真实不变化的，还是那个永恒变化不真实的？如果认为我们的世界很美好，造物主也不错，那很明显他用的就是永恒真实不变化的模板；如果斗胆说不是这样的话，那他用的就是另一个模板。很显然，他用的就是永恒真实不变化的模板，因为我们的宇宙是最美丽的，造物主也必然是最优秀的。世界就是这么来的：它是一件工艺品，以永恒真实不变化的存在为模板，通过理性的思考，也就是智慧得到的。

既然如此，这个世界[1]也必然是某个事物的摹本。探寻任何事物时都要从最原始的出发点开始，所以我们必须明确摹本和模板的区别：我们对事物的解释都是基于事物本身的特点进行的，也就是说，如果某些解释是永恒的、固定的、直白的话，那事物本身也就是永恒的。所以我们要尽可能保证我们的解释无懈可击。从另一方面来看，如果我们的解释是一种近似现实的解释，那只能是因为解释的是一种可能性，而且这些解释和之前的解释相似。我们的重点在于说服力。苏格拉底，如果我们时常无法解释很多永恒真实的事情，比方说众神或者宇宙的变化，请不要惊讶。如果我们能够解释它们的可能性的话，那就该知足了，因为我们、你、发言者、法官们都是区区凡人。所以我们不如接受这种种可能性的解释，不要奢求太多。

苏格拉底：你说得非常好，蒂迈欧！非常好！我们确实应该像你说的那样接受那些解释。你的开场白说得非常好，现在请继续，我们洗耳恭听。

蒂迈欧：好的。现在我们来谈谈造物主创造整个宇宙的理由：因为他非常伟大，而伟大的人从来不会妄生妒忌。也正是因为这种与世无争的心境，万物才能遂他所愿，变得尽可能像他。事实上，智者会告诉你，这就是为什么世界自起源后会趋于完善的最重要的原因，你最好将这句话听进去。造物主希望万事万物

---

[1] 希腊语为ouranos，亦即"天堂"。

都能尽可能地完美无瑕，所以他将所有可见的事物都纳入考察范围，但这些事物并不是静止的，而是处于一种混乱无序的运动状态中。他为这些杂乱无章的事物建立了某种秩序，因为他相信不论怎样，秩序井然总要比乱作一团要好。最优秀的人只能做最优秀的事情，以前是这样，以后也是这样。所以造物主在经过论证后得出结论：一般而言，对自然可见的事物来说，非智慧的存在远不及智慧的存在。他还进一步指出：没有灵魂的存在是不可能变智慧的。在这种论证的指引下，他把智力放入灵魂，又把灵魂放进躯体，然后就创造了宇宙。他希望创造一件尽可能优秀完善的作品。根据这种可能性解释，我们认为我们的世界是一个有灵魂、有智力的真实生命体，是神的恩赐。

现在我们要开始谈谈接下来发生的事情。当造物主创造我们这个世界时，他是以哪种生物为样板的呢？我们万不可说这个生物是个"四不像"，它是不同生物不同部分的拼接体，因为用不完整的生物作为样板创造出来的东西是不可能有美感的。我们不如说世界更像一个广义的"生命体"，各个生物，不论是个体还是群体，都是它的组成部分。这个"生命体"囊括了所有的智慧生物，正如我们的世界包含了我们和其他所有的可见生物。造物主希望这个世界成为一个方方面面尽善尽美的最优智体，所以他索性将这个世界塑造成一个唯一的可见生命体，其中包括所有本质一样的生物。

谈及宇宙时，我们一直都说"一个宇宙"，这种说法是否正确？或者，我们是否更应该认为宇宙其实有很多，甚至有无穷多？如果是临摹而建的话，宇宙应该只有一个，不可能再有第二个包含所有智慧生物的生命体了，否则就意味着第一个生命体并没有包含所有智慧生物；也就是说，还应该有另一个更广义的生命体，用来囊括这两个包含所有智慧生物的生命体了。这样一来，宇宙就不应该由这两个生命体组成，而应该由这个更广义的生命体组成。考虑到完整广义生命体的单一性，造物主不可能创造两个甚至更多个世界。相反，我们的世界只能有一个，再不会有第二个了，现在是这样，以后也是这样。

被造物必须要有一个实在的物体形态，是可见可触的。但是除了火以外，再没有什么东西能"变得"肉眼可见；如果没有一个实在的载体，也没有什么东西能"变得"伸手可触；同时，如果没有土壤，就没有实在的载体。这就是为什么神祇用火和土来将宇宙各部粘在一起。但是话说回来，如果没有一个第三方介质，火和土也不可能自发地粘紧，所以二者之间一定存在某种介质。最佳的介质是能够粘合万物，同时也可与万物融合在一起，要做到这一切就须要找到连续的对应关系。比方说，不管是对立方数[1]还是平方数而言，任何一个三位数都有一个首位数、中位数和一个末位数。任选其中两位数，那么对于首位数而言，中位数就是末位数；同样，对于末位数而言，中位数就是首位数。这样一来，中位数既是首位数也是末位数，而首位数和末位数也可以是中位数，三位数字之间的关系相等，三位一体。

如果宇宙是一个二维平面，一个中位数就足以将其前后的数字联系在一起。但是如果宇宙是一个立体，这时就需要两个中位数了。因此造物主又在火和土之间增加了水和空气，并调整好了它们之间的对应关系，这样一来，火与空气的关系就像空气与水的关系，而空气与水的关系又像水与土的关系。这样一来，造物主就将各个元素联系在一起，创造一个可见可触的宇宙。这就是为什么需要四个元素来组成世界的机体，使之成为一个和谐的比例体[2]。各个元素之间的比例关系[3]恰如其分，自成一体，因此，除了造物主以外，再没有其他人能够分解这个世界。

这四种元素在创造世界时已经悉数用尽，每一种元素的能力都被造物主发挥到了极致。这样做的原因有三。首先，世界作为一个生命体，应该尽可能完整完善，组成世界的各部分也应该尽可能完整完善。其次，本来就应该只有一个宇宙，如果四种元素在创造第一个宇宙时全部用尽，那创造第二个宇宙的计划就只会因为材料不足而流产。最后，宇宙应该是长生无恙的。造物主知道，一旦酷热、严寒或者其他力量强大的外来势力围攻这个合成物时，它就会衰老、生病，最终分崩离析。也正因为如此，他才认为自己应该将世界塑造成唯一的大整体，

---

[1] 立方数（例如：$2×2×2$，或8）。

[2] 符合柏拉图要求的成比例序列最简单的例子便是2，4，8。因此，$2:4=4:8$（首项和中项之比等于中项和尾项之比，尾项和中项之比亦为中项和首项之比），$4:2=8:4$或$4:8=2:4$（中项变成了首项和尾项，而首项和尾项变成了中项）。然而，既然世界是三维的，其组成部分只能由"立方数"来代表（见前一个注释），这需要两个中项。

[3] 可参见《高尔吉亚篇》："……智者称契约和友谊……组成了天与地……这就是为什么人们称整个宇宙为'世界秩序'……"

一个包含所有小整体的大整体，兼容并包，长生无恙，同时他也对此进行了论证。之后他就根据世界的特质确定了它适合的形态。对这个包含所有生命体的广义生命体来说，合适的形态就是能够兼容生命体里任何生命形态的形态。所以他把世界塑造成圆形，塑造成了一个中心点与圆周各点距离相同的球体。这种形状是最完整的，与自我相像的，因为他相信相像要远胜于不相像。这个球体的表面之所以被塑造得圆滑，也是有很多原因的。它没有眼睛，因为在它之外再没有什么可见之物了；它也没有耳朵，因为也没有什么可听之物；它没有空气笼罩，因为它不需要呼吸；它也没有用于进食或者排泄的器官。它的外围是一片虚无，无物进，无物出。它自给自足，所做或所经历的一切都是自发或自主的，因为造物主相信自给自足总比依赖他物要好。

既然世界不需要抓什么或赶什么，造物主也就认为无需给它加上手。同样，它也不需要脚来站立。事实上，造物主根据它的形状赐予了它最适合的运动方式，也就是七大运动方式中与理解和理性关系最为紧密的一种运动方式。按照造物主的设定，它在同一个地方不停旋转，绕着自身不停旋转。造物主把其他六种运动拿走了，因此它不会漫无目的地游走。由于它不需要脚来完成圆周运动，所以造物主也没有为它创造腿或脚。

基于以上一系列的原因，世界这个有限的生命体之神在永生造物主的设计下，被塑造成了一个周身圆滑、圆周各点与中心点距离相等、囊括了所有完整机体的完整完善的机体。造物主在它的中心设置了一个灵魂，这个灵魂渗透至机体各处，并将这个机体包裹起来。造物主还为它设定了一个圆形的运行轨迹，并使它成为唯一的一个宇宙，优越卓著，不求同伴，因为有它自己和它自己的理性就足够了。正因为如此，造物主创造的这个世界就是一个尊贵的神。

至于整个世界的灵魂，即便我们是在对它的机体做出了解释后开始解释它，我们也不能因此说造物主所创造的世界的灵魂要比其机体年轻。因为上帝并没有将二者统一，将年长的那一方置于年幼的那一方的控制之下。我们在整场演讲中都比较自然而随性，这无疑显示出我们作为一个整体所具有的自然随性的精神。然而，上帝却给了灵魂优待，并且让它具备更深的资质，这不但体现在其产生过程中，更体现在其优秀等级上，由此，我们可以说灵魂作为肉体的女主人，对其起着不容置喙的统摄作用。

灵魂的组成部分以及诞生过程如下所述：在不可分割、变动不居的存在物

（Being）与可以分割的、存在于凡俗世界的存在物之间，造物主混入了第三种居间形式的存在物，这第三种存在脱胎于前两种存在。他以相似的方式造出了一种叫做"同一"（Same）的混合物，以及另外一种名为"不同"（Different）的混合物，这一对混合物是作为不可分割的以及凡俗的、可分割存在物的对应物存在的。随后，造物主将这三种混合物混合在一起，形成了另外一种均匀的混合物，使得难以混合的"不同"得以和"同一"协调在一起。造物主就是这样将二者和"存在"混合在了一起，而这三者又形成了一种单一的混合物，而后，按照任务要求[1]，他又将整个混合物分成了尽可能多的部分，每一部分都是"同一""不同"和"存在"的混合物。他是这样分配的：首先，他从整体中取走一部分，然后又取走先前两倍大的第二部分，取走的第三部分是第二部分的一倍半、第一部分的三倍那么大；第四部分是第二部分的二倍，第五部分是第三部分的五倍，第六部分是第一部分的六倍，而第七部分是第一部分的二十七倍。

在这之后，造物主通过从混合物中切分出更多的部分，将它们置于中间来填充双倍和三倍间隔，如此一来，每个间隔都有了两个中项，一个中项超过第一个极限的额度和它被第二个中项超过的额度都是极限的分数，而另外一个中项超过第一个极限的额度和它被第二个中项超过的额度也是相同的。如此一来，原来的划分里就多出了3/2、4/3和9/8等数。他进而用9/8来划分各个4/3区间。在这些被分割的区间里还有一个比数，即256/243。通过切分这些小份，造物主便将混合物最终用尽。

接下来，他将两者中的全部合成物沿着较长的那面切开，将切开的两半中心交叉形成一个X形，然后把它们弯折成一个圆圈，使得每一半的两端首尾相连，并且与另一半的末端相向连接在一起。再然后，使它们在同一个地方进行相同的旋转运动，由此产生外圈和内圈的区别。随后他断言，外圈的运动遵循的是"同一律"，而内圈的运动遵循的则是"不同律"[2]。他让同一律控制下的星体沿着一

---

〔1〕在铸造灵魂时，按照相关几何学比例，不但世界的三体结构需要和谐的秩序，天以及天空中的星体尤其需要这种秩序。

〔2〕外圈掌管恒星的持久日常旋转——因此形成"同一律运动"。内圈则主导黄道带中的"漫游"星体（月亮、太阳和古人所知的其他五个行星）沿着相反方向的运动——从而形成"不同律运动"。

侧向右旋转，遵循不同律的星体沿着对角线向左旋转。遵循同一律的星体，亦即进行相同运动的星体成为主导的力量，因为这部分是不可分割的，而内圈被分割了六次，由此产生七个形状不等的圆圈[1]。这种分割以若干两倍或三倍间隔为单位，每部分都包含三个。他让这些圆圈沿着相反方向运动：三个以相同的速度旋转，其他四个的运动速度不但彼此之间各不相同，与另外三个按照相同速度旋转的星体也不同。然而，它们的速度彼此都是成比例的。

当整个灵魂获得了令他满意的外形之后，赋予其形态的那个人则着手装饰其有形的内部，在将中心相连之后，他使得两部分耦合在一起。灵魂和肉体由内而外地交织在一起，向各个方向伸展至宇宙的最外层，并且覆盖了外部所有的空间。由于内部的旋转，某种永恒的智慧生命开始踏上其神圣的旅程。由于宇宙的本体开始显形、为人所见，灵魂也变得"可见"了。但是即便如此，由于其自身的理性和和谐，灵魂成为他所创造的所有事物中最卓越的存在，一如他自己是所有可理解的恒常事物中最巧夺天工的存在那般。

由于灵魂是同一律、不同律和存在律（我们业已描述过这三种合成物）的混合体，并且按照不同比例进行过分割和黏合，又沿着自身进行旋转，所以每当它和可被粉碎的东西以及其他不可分割的事物相互碰触时，它内在的灵魂便都会被唤起。它会昭告世人这件事究竟和什么相同、和什么不同，在何种层面上、以何种方式表现出相同性和不同性，什么时候会变为相同的、什么时候呈现不同的状态以及其性质究竟该如何定义。这不仅适用于那些正在形成的事物，而且适用于那些已经存在并且恒常不变的东西。它的工作方式是默默无声地进行着自身的运动，无论是在相同的圈还是在相异的圈之中，它都会同样精准地作用于万物。亦即它在感性世界和按照不同律运动的圈里拥有均等的亲密性和敏锐度，具备清晰的意识以及真实的认知。另一方面，当这种解释牵涉任何理性之物时，遵循同一律的那个圈就会运转良好，而后自我暴露，其所带来的必然结果就是理解和知识。如果任何人将这二者所裹挟的东西称为除了灵魂之外的其他什么东西，他说

---

[1] 这些圆圈或轨道负责黄道带中星体的自转，包括月亮、太阳、水星、金星、火星、木星和土星这七大"漫游星"。太阳、金星和水星是"按照相同速度"旋转的三大星体。

的每一句话都会是真的。

　　当创造了整个宇宙的造物主观测整个生机勃勃地运行着的巨大球体时，他会看到一个为永恒之神准备的神殿已经悄然生成，对此，他颇为满意，并且决定要让它看起来更接近其静止的模型。由于模型本身是一种永恒的存在物，造物主开始着手赋予整个宇宙以永恒这种特性。然而，即便存在物的本质即为永恒，但是赋予所有生成物永恒之属性却是不可能的。因此造物主开始思考制作一种移动的永恒的图景；同时，由于他给予了宇宙秩序，他便可以创造出这种永恒的图景，这图景会根据某种数量法则来运行，而这种运行又是同一而永恒的。这种数量法则就是我们现在所称的"时间"。

　　在天地诞生之前，地球上并没有白天和夜晚的概念，亦没有月份和年份的区分。但是现在，随着造物主给天裱上了框，他也设计好了种种天体诞生的时间。这些都是时间的组成部分，而"过去是"和"将来是"都是时间的诸多形式。我们可能不假思索地就会把这些概念运用到永恒的存在物身上，但是其实这么做是不正确的。我们可能会说什么事"曾经是""现在是"或"将来会是"，但是事实的真相却是，只有"现在是"是对现存事物的正确描述。"曾经是"和"将来会是"是对时间隧道中生成之物的描述，因为这是两种动态。但是那些总保持相同状态、不曾移动的东西在时间的长河中却不能够有年岁方面的增或减——它过去不是这样，现在不曾变得这样，将来也不会成为某种特定的状态。总而言之，感知领域内产生的、造物主所赐予的种种特性对它来说都不适用。反之，这些都是时间的形式——按照数的规律对永恒和时空进行模拟的时间。此外，我们还会这样描述事物：存在的事物已经存在，正在成形的事物正在成形，该到来的事物迟早会到来，而不具备某种属性的东西永远都不会拥有这种属性。然而上述这些表达全部是错误的。即便如此，我不认为现在是对这些事物做出深究的最佳时刻。

　　时间和宇宙一道存在，如果有什么东西可以消解它们，它们也会如一起诞生那般，一起被消灭。时间是参照其永恒的模型被创造出来的，并尽可能地与模型类似。由于其模型是某种永恒存在的事物，它便也具有了永恒的属性——过去是这样，现在是这样，以后也将永远是这样。这便是造物主创造时间的原因，也是他创造出太阳、月亮和其他五大行星的原因所在。这七个星体合称"漫游星"，它们存在的目的就是对时间的长短做出限制并且扮演守护者的角色。当造物主为每件事物都创造出形态之后，他将这些形态安放进按照不同律运行的

□ 墨丘利和阿耳戈斯　彼得·保罗·鲁本斯　德国
1636年

水星又叫墨丘利星，墨丘利在希腊神话中又名赫尔墨斯，他是众神的使者，奥林匹斯十二主神之一。他机智勇敢，巧妙地运用计谋砍下了百眼怪阿耳戈斯的头，救出了因怕赫拉报复而被宙斯变成白色母牛的伊娥。

轨道之中——七个轨道，即七个天体。他将月亮放进了第一个圆圈之中，毗邻着地球；将太阳放在了第二个圆圈里，在地球之上。晨星（启明星，亦即金星）和与赫尔墨斯相关联的那颗星（亦即水星）按照与太阳持平的速度呈圆环形运转，尽管它们的力量相反。因此，太阳、水星和金星彼此追赶。如果要我说出来它们的形态、它们被安放的位置，以及它们被造物主如此安置的原因——讲到这儿可能有些偏题了，但是解释这两点无疑是颇为艰难的。也许当我们以后有空的时候会好好论述这点。

当这些能够合力产生时间的天体开始负重运行，当它们受到灵魂的感召时，它们便开始拥有生命、了解自身的使命，它们开始遵循不同律展开运转，而这种运转是倾斜的、遵照同一律运动、受到同一律的约束的。有些天体运转的圆圈较大，而有些则较小；前者运行得较慢，而后者运行得快一些。由于同一律运动，那些围绕它较快运转的天体会被运转较慢的天体所赶超，即便事实上来说它们是互相追赶、互相超越的关系。天体的这种运动让所有圆圈都产生一定的螺旋式的倾斜，因为它们在同一时间朝着两个相反的方向运动。这种不同方向的运动是分离式运动，但是由于运行速度极快，分离速度便慢下许多，从而使得众多天体看上去仍然紧密如一。

对天体运行的迟缓存在某种明晰的测量方法，如此一来，天体才能够完成八种运转。在与地球相隔一条轨道的那条轨道上，造物主点燃了一道光，这便是我们现在俗称的阳光。它的主要工作是照亮整个宇宙、对在时间轴上被同一律和统一律管辖的所有生物予以合理滋养。基于这些原因，昼夜交替便产生了，其所经历的时间恰恰是地球完成一次运转的时间。月球完成一次自转、被太阳追赶上所经历的时间是一个月；而太阳完成一周自转的时间则是一年。

至于其他天体运转所经历的时间，只有为数不多的记录可供参考。没有人给出过它们的名字或者对它们进行过相应的数字测量。因此人们忽略了这样一个事实：时间不过是由这些天体的漫游产生的，这些天体体量庞大、种类繁多，令人惊叹。事实上，其他天体运行一周所经历的时间是更为精确的时间量度，虽计算起来更为艰难，却并非不能够弄清。也就是说，如果按照八个天体以相关运转速度在相同和相似运动中完成运转所需的时长进行计算，得到的完善的时间就是完善的一年。其目的就是通过模仿其永恒性，让存在的事物尽可能近似于那个完美而有感知的绝对存在。

在时间诞生以前，宇宙已经被塑造得在多种层面而言都和造物主所制作的那个模型类似，但这种相似性并不足以容纳其间所有将诞生的生物。于是造物主继续劳作，试图将世界塑造得更贴近那个完美的模型。于是造物主决定，按照敏锐智慧的要求，让手头正在制作的所有生物都具有和实际的生物相同的种类和数量。这些生物一共包含四个种类：第一类是神圣的神灵；第二类是有翅膀、可以在天上翱翔的生物；第三类是生活在水里的生物；第四类是有双脚、可以在陆地上生活的生物。神灵多半是用火塑造出来的，它们显得最明亮、最耀眼[1]。他按照宇宙的格局，塑造出通晓各个领域的神灵，并且将他们放置在拥有智慧的主宰圈之中（也就是同一律圈），以和宇宙的轨迹保持一致。他将神灵安置在整个苍穹之中，使之成为天的装饰品（kosmos），极尽精妙之能事。他赋予这些神灵两种运动。第一种是循环，它是一种在相同的地方的恒常运动，由此保证神灵对相同事物始终具备相同的看法。第二种是旋转，它是一种按照同一律和统一律、以圆周运动为主导的前进运动。在其他五种动作方面，神灵则是静止不动的，以使得诸神尽可能接近完美。

这就是所有永恒的、固定星体产生的原因——那些在相同的地方进行着不加变化的运转的神圣生物由此诞生；而发生偏转，进而在宇宙中漫游的星体的产生过程如前所述。

造物主将地球塑造成人类的养育者，由于它沿着贯穿整个宇宙的轴线盘桓，

---

[1]指的是五大恒星，也就是除了月亮、太阳和行星之外的已经存在的星体。

□ 宙斯与赫拉

宙斯是希腊神话中的奥林匹斯众神之王，他出生后威力无比，推翻了父亲克洛诺斯的统治，成为了第三代神王，并娶了其美丽的姐姐赫拉为自己的第七位妻子。赫拉被封为天后，掌管婚姻和生育。她易怒、爱嫉妒，常对情敌和子女进行迫害打击。

它还成为了白天和黑夜的制造者和守护者。在宇宙内已经存在的诸神中，地球是最为重要的，其资历也是最老的。

去描述这些神灵的旋转、并列和循环往复运动，分辨出哪些神灵在结合处彼此相连，他们中有多少是相互对立的，以及它们按照什么顺序、在什么时刻从彼此前后经过，如此才产生了那些无法解释的灾难和预兆——不借助任何可视模型便想得出这些结果都会是徒劳无功的。在此，不妨姑且这么解释，并以此来结束我们关于可见的神的本质的讨论。

至于其他灵性存在体（daimones），其产生的过程则是超出我们的认识和讨论域了。我们应该真诚地接受古代那些自称是诸神后裔的人的说法。他们关于自己的祖先一定所知甚多。因此我们不得不相信他们——诸神的后代，即便他们的说辞缺乏切实可行的或是强有力的证据。即便如此，我们也应该依循传统，相信他们，因为他们所描述的事情和自身是密切相关的。让我们接受他们关于诸神是如何产生的说法，并且把这种说法传承下去吧。

天和地产生了奥切安和泰西丝，这二者又产生了福耳库斯、克洛诺斯[1]、瑞亚和其他同时代的诸神。克洛诺斯和瑞亚的结合产生了宙斯和赫拉，以及其他为我们所知的兄弟姐妹。宙斯和赫拉的相互结合又产生了下一代诸神。无论如何，当所有的神明都诞生后，他们中刻意履行自己的使命以及只按照自己的意愿进行自我展现之辈都会被宇宙之父叫去对话。宇宙之父是这样说的：

"神明呵，我是那一切神圣之物的创造者和缔结者，经由我双手产生的东西只能由我来毁灭。即便所有缔结出来的事物都难免会被消解，但由于你们被安

---

[1] 克洛诺斯是古希腊神话中的第二代众神之王，泰坦十二神中最年轻的一个，通常人们认为他是古希腊的时间之神。

排得如此妥善,并且运作得如此协调,去摧毁你们便无异于莫大的罪行。这就是你们这些物种被创造的原因,你们既不是完全长生不朽的,也无法免除被摧毁的风险。即便如此,你们也不会被毁灭,或是遭受死亡的折磨,因为你们是含着我的祝愿降生的——这种纽带比起你们出生时所含有的更为强烈、更有自主性。因此,请记住我将要对你们说的话。除了你们自己之外,还有三种尚未成形的凡俗之物;只要它们尚未诞生,宇宙就仍然是不完整的,因为它缺乏达到完美状态所必须具备的所有种类的生物。但是一旦这些生物被我的双手创造出来,它们便会对诸神产生威胁。因此,你们必须肩负起改造这些生灵的重任,这是你们的本性所要求的。如此一来,它们才能具有凡俗性(终将面临一死),整个宇宙也才能够真正成为一个整体。你们要模仿我在创造你们的时候赋予你们的力量。只要它们拥有与我们的名字'不朽'相同的东西,也就是那些被描述为神圣的、对那些按照正义和你们的意旨行事的人起到统摄作用的东西,我就会播下种子然后交给你,剩下的任务就交给你们去完成了。让这些凡俗的生物具备凡俗性,对它们进行改造,赋予它们生命;给它们食物,让它们慢慢成长,当它们消亡的时候,把它们带回原处。"

当他结束这场演讲的时候,他转向曾经所用的搅拌钵;他就是在这个碗里将宇宙的灵魂进行混合和搅拌的。他把剩余的原料倒入其中,并且以同样的方式搅拌它们,尽管这些原料已经失去了曾经的独特性和纯净性,纯净度降了二或三个等级。当他完成搅拌后,他将混合物按照星体的数量分成若干灵魂,并且将每个灵魂指派给每个星体。他将灵魂安置在一个笼子里,告诉它们宇宙的真相。他向它们描述预定的法则:它们的初始生命都只有一条,如此一来所有人都会得到他同等的对待。接着他会把所有的灵魂按照时间的维度撒播下去,在此,它们将获得生物具备的最虔诚的本质,而由于人类拥有双重属性,高等的那一类从此将获得"人类"的称谓。因此,一旦灵魂被植入身体内,随着身体不断承受着外界事物的到访和离开,它们的第一个先天能力也由此获得,亦即感觉,其来自于外界强有力的干扰。所有生物都拥有这一能力。第二个能力是爱,交织着快乐和痛苦的爱。它们同样还会拥有恐惧和勇敢,以及其他天然对立的情感。一旦它们可以掌控这些情感,它们的人生就会变得公正平衡,否则它们的人生就会失衡。如果一个人活着的时候表现良好,他死时就会回归到其在伴星时的栖身之所,在那儿,他会重新开始一种与其性格相契合的、快乐的生活。但是如果他生前过得不好,他就会重新转世为人,第二世变成女人。如果第二世的他仍然不能摆脱邪恶力量的控制,他就会继续投胎,这一世他将变成具有和他生前的邪恶性格相同本性的动物。如此不断轮回,一直到先前那些混乱的火、水、气、土受到其自身所具有的同一律和整体律运动的制约,方能通过理性的控制回到其原始的完善状态。

在向灵魂展示了这诸多法令之后——这样做是让自己免于承受人类作恶所酿成的苦果——造物主开始着手撒播这些灵魂:有些被安置进了地球,有些进入了月亮内,其他的也纷纷踏进了不同的时间维度。在安置好这些灵魂后,造物主将制造肉身的任务交给了年轻一代的诸神。他命令他们在制作肉身时赋予其灵魂所需的其他要件,以及可能随之诞生的诸多事物。他将统治这些生灵的任务交给了这些年轻的神,并要求他们给予这些生灵最精妙的、最好的指导,而不用负责这些生灵可能带来的种种罪恶。

造物主指派完这些任务之后,便回归到他惯常的那种平静状态中去。他的后代立即着手执行父亲给予的使命。既然他们知道了凡间生物所遵循的不灭法则,他们便开始效仿那些制造这些生灵的能工巧匠的做法。他们从凡间借来一些火、土、水和空气,并且承诺会归还这些原料;接着,他们把这些东西粘在一起,使其成为一个整体,而这个整体区别于诸神之处在于它没有那些不可分解的部位。他们将很多几乎不可见的细小铆钉注入肉身中,让每个肉身都成为由诸多部分组成的完整体。随后,他们在这些肉身中加入了不朽灵魂运行的轨道——物体经由这些轨道得以进出。这些轨道现今被一条强大的河流沟通着,然而这些轨道既不能掌控这条河流,亦不能被其所掌控;这条河流来来往往、冲来冲去,使得自身运动杂乱无章。因此,生物作为一个整体而言是可以移动的,但是移动的方式却是无序的、随机的、没有理性的,且将六种运动[1]全部囊括进去。它会前前后后、来来回回、左左右右、上上下下地不停移动,沿着六个方向不断徘徊。裹挟着滋养物的巨浪在涌动时异常凶猛,而更为凶猛的则是对生物造成的干扰所产生

---

[1]蒂迈欧是在描述一个初生动物的不受控制的运动。他接下去会描述在初始感觉控制下灵魂所产生的那种混乱状态。

的湍流。当肉身与外部的火（肉身之外的火）接触碰撞，或者当地面凸起、浪涛汹涌，抑或当肉身被急行的风所裹挟时，这种湍流就会出现。由这些碰撞所导致的运动会经肉身蔓延至灵魂，对其产生冲击（这也就不难理解为什么这些随之而来的情感被称为"感觉"，其称谓一直沿用至今）[1]。在开始阶段，这些骚乱规模极大，力量极强，它们和内在运动联结为一体，猛烈地冲击灵魂的运行，以相反的力阻止同一律轨道的旋转，使之失去支配力。此外，这些骚乱还会破坏不同律的运动，使得三个双倍数列（即1，2，4，8）和三个三倍数列（即1，3，9，27）中的中数及其连接数如3/2，4/3，9/8等都变得彻底交错混乱，圆圈破裂无序。然而，这种晃动并不能够将灵魂消灭，因为除了把它们缔结在一起的那个人之外，没有任何人能够将它们彻底摧毁。它们无所不用其极地切断并毁坏那些圆圈，如此一来，那些圆圈就不能聚合在一起，即便它们仍处于运动状态中，但是彼时的那种状态却是完全没有节奏、没有任何理性的，有时候它们会朝着相反方向行进，有时候则会歪向一旁，有时候甚至会上下颠倒——就像一个头朝下倒立在地面上、双脚倚靠着某种矗立物的人一样。呈现这种姿态的人将他身体的右侧展现给自己以及从左侧望向他的人，而从右侧注视他的人则能观测到他身体的左侧。这种姿态以及其他类似的姿态赋予灵魂的运转极为强烈的戏剧效果。当然，这些运动不可能对同一律和不同律的运动产生致命的冲击——只有造物者才能这样做。在较为严峻的情况下，当灵魂的运行和外界接触时，不管面对的是同类还是异类，在其谈论中都是和真实情况恰好相反，完全错误及至愚蠢的；其运动中也没有引导或指导的力量。当感觉强行附着于灵魂之上时，其运行便会受到感觉的控制，而灵魂却以为自己才是主导者。这些动荡很好地解释了为何时至今日（并非仅仅在一开始的时候），不论灵魂怎样与肉身进行整合，其首先缺乏的都是智慧。但是，随着裹挟着动力和滋养物的那股洪流慢慢消退，随着灵魂的轨道再度沉寂下去、重回其正确的航线并且随着时间的流逝而变得越发稳固，它们的运动也越发步入正轨，并且和每个圆圈在自然轨迹中的构造相互契合。然后它们才能正确地识别出什么是

---

[1] aistheseis（感觉）一词的词源不详。也许柏拉图（错误地）认为aisthesis和aissein一词在词源学上相互关联，引作"晃动"之意。

相同的、什么是不同的，并且赋予人类以智慧。有一点须要明确，那就是：如果一个人所得到的滋养能够和他所受到的教育相得益彰，他的身体就会变得完整而健康，不受那些致命疾病的伤害；但是如果他不予以足够重视，他的人生就会变得坎坷崎岖，以一种未开化、无知的状态结束这一生。

但是这都是随后发生的事情，而我们现在所讨论的主题需要更为深度细腻的剖析。我们必须着手处理前面所提出的问题——关于身体和灵魂是怎么一部分一部分产生的。诸神在创造身体和灵魂的时候究竟怀着怎样的想法和期盼呢？在讨论这些问题的时候，我们应该仅仅抓住最有可能的答案，循序渐进地展开分析。

仿照宇宙的旋转形状，诸神将两个神圣的轨道糅合成一个球形部分，也就是我们今天所说的头部。这是我们全身上下最神圣的部位，掌控着身体的其他部分。接着，诸神又对身体的其他部位进行了配置，将其他所有部位都置于头脑的掌控之下。他们这样设计是为了让头脑能够进行各种运动。为了避免头部滚落到地面上以至无法再恢复其原有的制高点或是无法再向低处延伸，诸神给头部配置了一个身体，这样行动起来会更加方便。这就是为何身体呈现出一定的长度，同时还长有可以弯折和伸展的四肢，目的就在于让它能够四处走动。在四肢的帮助和支撑下，身体能够前往各个地方，而毋庸置疑的是，位于身体顶部的那个部分，也就是头部，是我们全身上下最为神圣的部位。我们之所以能够长出双臂和双腿便也是由于这个原因。考虑到身体正面比起背部来说门面作用更为突出、更占据主导地位，诸神给予了我们向前运动的能力。毋庸置疑，人类应该让自己的正面尽可能和后背有所区别，于是乎，诸神通过将脸置于头部的正面来区分两者。诸神将诸多器官放置于身体内部，以保证灵魂的完整性，并且将人的正面作为主导的部分。

眼睛是诸神首先着手装饰的器官，它承载着汇聚光的功能。这就是为什么诸神让双眼紧紧地贴在人脸上。按照他们的构想，人的身体能够适应每一天的光线变化。火并不是为了燃烧，而是为了提供柔和的光，我们身体里的火和自然界的火是"表亲"的关系，它们经由眼球得以流淌。之所以将眼睛设计成闭形纹理、光滑浓密的形状——眼睛的中间部分这种特征尤为明显，是为了屏蔽掉所有粗糙的东西，让那种特定的火能够自行游走。按照视觉中的同类相通定律，同类物质就会聚合其他物体，形成与视觉方向一致的单一同质体。每当身体内部的火开始灼烧并且敲击着外部触碰到的物体时，这种现象就会产生。由于火通体一致，因此所受到的影响也就是一致的，它将自身接触到的所有东西以及与它发生碰触的所有东西的动能都传递给整个身体，直到它们到达灵魂。这便产生了我们称之为"视觉"的那种感觉。然而，在晚上的时候，这种火焰便会熄灭，视觉流也随之被阻断。它逸出时只能接触到和自己不同的东西，它再也不能够和周围已经丧失了火焰元素的空气组合在一起，所以它不得不发生改变，直至消亡。于是人的视觉被关闭，并且开始进入睡眠状态。当眼睑闭上的时候——诸神设计眼睑是为了确保眼睛的安全，它们是在身体内火的作用下被关闭的，接着，身体内部的运动会慢慢减弱并且保持持平，达到这种持平状态后，一种安静的状态就会随之到来。如果这种安静的状态比较深入，人就进入无梦的睡眠。但是，如果某种强烈的运动状态仍在持续，便会产生和这种运动类别和数目皆相似的图像，所产生的图像是一种内在的复制，有质有量有方位，使得我们醒来后依然记得，以为是真实发生过的。

这也就不难理解图像是如何在镜面上以及其他光滑的、具有反射功效的表面上产生的了。在这些情况下，身体的内火和外部的火交织在一起，形成一个光滑的表面，在这个表面之上，两种火交会形成的一股火焰会以无数种方式得到重现。一旦面部的火和来自于某个光滑明亮表面的火相互交融，你就会无可避免地看到这类图像。左边的图形会出现在右边，因为眼睛里的那部分火与表面相对的那部分火相互碰撞，这种碰撞和通常意义上的碰撞是相反的。但是另一方面，在碰撞的过程中，如果入射光线和与其发生碰撞的光线互换了方向，右侧的事物仍然会出现在右侧，左侧的事物也还是会保持在左侧的位置。当镜子的光滑面沿着两侧发生弯折时，这种现象便会出现。因此，由视线发出的、位于右侧的火便会向左偏移，而左侧的火则会向右侧偏移。当这个光滑的镜面沿着长的那边进行翻转时（也就是垂直翻转），整个物体都会呈现倒置的状态，因为它把光线的下半部分朝上弯折，而上半部分则向下弯曲。

上述都是人类供奉造物主的辅助原因，因为造物主尽了自己最大努力塑造出最为完美的世界。但是由于他们让事物变得冷热不同，对它们进行了压缩或扩散，并且产生各种类似的效果，大部分人都把它们视为万事万物存在的真正动因，而不是辅助原因。然而，诸如此类的事物并不具备任何理性，也没有对任何事物进行分析理解的能力。我们必须声明的一点是，灵魂是唯一具备恰当理解力的东西。灵魂是不可见的，而火、水、土和空气都是可见的实体。因此，任何喜欢思考、热爱知识的人都必然探求属于自然属性的主要原因，以及受他物影响的和让他物静止不动的所有居于次要位置的原因。我们也必须这么做：我们必须对两种原因都进行描述，将具有理解力的事物和一旦脱离智力控制便会催生危险和无序的那些事物区分开来，并且对美好的、正义的事物进行修饰。

　　让我们由此结束对其伴随作用的辅助原因的探讨，正是它们让我们的双眼拥有了现在的力量。我们必须接着讲一讲上帝赋予我们的最为卓越的功能。如前所述，视力是我们所拥有的最大的优势之一，如果我们不曾见过任何星体、太阳或天堂，就不可能做出上述关于宇宙的种种判断。而我们观测周日交替、年月流逝和春分秋分的视觉能力使得数字得以被创造出来，让我们有了时间观念，并且打开了我们探索宇宙本质的旅程。这种种求索使我们拥有了哲学这一造物主给予凡间的价值连城的礼物。我可以毫不犹豫地断言，这是我们的视力给予我们的至善之物。那么，我们为什么要对那些次等的好东西进行歌颂呢？为什么要像不幸致盲的非哲学那样"徒劳无功地悲叹和哀怨[1]"呢？反之，我们应该昭告天下，这种至善的原因和目的就在于：造物主创造了视力并且将它赠予人类，如此我们才能观测到宇宙中具有智慧的天体运行的轨迹，并且将它们运用到我们理解事物的过程中来。这二者之间存在某种相似性，尽管我们自身的运动总是受到外在事物干扰，而宇宙中的天体运行则是不受任何外物干扰的。因此，只要我们领会了它们，并且具备按照自然法则进行正确计算的能力，我们就应该通过模仿诸神的运动使得我们自身的运作得以稳定下来。

　　同样的，声音和听力也是造物主赐予我们的礼物，其目的和视觉一样，也是为了取得相同的结果。演讲正是为了这个目的而设计的，它在取得既定结果（打动听众）中发挥着最重要的作用。所有的遣词造句所造就的悦耳声音也是为了表达一种和谐，同样也是为这个目的服务。作为缪斯馈赠给人间的礼物，和谐的运行与我们灵魂的轨道类似。我们同它的相处是受理性指导的，而不是为了非理性的快乐。现在，人们对它的利用却往往是不受理性指导的，只是为了让我们灵魂中那些不和谐的轨道变得协调起来，并且与自我进行和解。节奏也是如此，它是缪

---

[1] 引用自欧里庇得斯的《腓尼基女人》。

斯基于相同的目的而赠予我们的，以使我们的人生变得更加美好，因为我们大多数人现在都失去了谨慎意识，而且缺乏风度。

除了我刚刚说的那段简短的话之外，我还介绍了智力所创造的东西。但是为了完成这一论述，我还需要引入某种与必要性的产物相关的参照物。因为这个看似有序的世界其实是诸多混合物的结合：它是必要性和智力珠联璧合所产生的"后代"。智力通过劝说必要性将多数事物引向其最佳的轨迹从而凌驾于必要性之上，

□ 缪斯女神

缪斯女神是希腊神话中主司艺术与科学的九位古老的文艺女神的总称。她们代表了传统的音乐和舞蹈。神话传说中，她们总是会出现在众神或英雄们的聚会上，为聚会歌舞助兴。

这种必要性屈从于智力的过程使得宇宙得以初步建立。因此，如果我要讲述宇宙形成的真实过程，我还必须介绍这种偏离原因的特性——它是如何使事情发生偏离的。接着，我还必须重拾脚步，在适用于这些相同事物的第二个出发点的指引下，再次回到原点，然后从那里展开调查，一如我之前所做的那般。

我们必须对天出现之前的火、水、土和空气的固有属性和它们具有的特性展开一番探究。迄今为止，没有任何人对这四种物质产生的过程进行过表述。我们倾向于将它们比作宇宙的基本"字母"，并且告诉世人它们还构成了宇宙的"原则"，当然，这是建立在人们知道火以及其他三种物质是什么的基础上。然而事实上，它们和音节没有任何可比性，想来只有极少数愚昧无知的人才会做出这种比较。因此，让我以下面的方式继续我的研究。就目前来讲，我并不能够说明"绝对原则"或者万事万物的"原则"究竟是什么，也不能说清我是如何看待它们的，原因就在于，如果我遵循现有方法展开调查的话，我很难说清我的观点究竟是什么。所以，请不要指望我会那么做。我甚至不能劝说自己相信履行这样一项意义非凡的任务是正确之举。在所有可能的解释的指引下，我会坚持自己开头所言的，并且尝试从源头开始讲述这些事情，私人的也好，公共的也好，哪怕存在一丝可能性我也要尝试——事实上，可能性会比我之前所想的更大。因此，在陈述我的观点之前，让我们呼唤造物主现身，作为我们的救星，保佑我们能够平

安度过这场陌生而不同寻常的旅程，并且得出合理化的结果。现在，请允许我重新陈述我的观点。

在对宇宙进行解释这一方面，我现在的出发点比之前的还要复杂。先前我们明确了两类事物，但是现在我们还要引入第三类全然不同的事物。前两类事物用来解释我们先前的观点绰绰有余：第一类事物指的是一种模型，明白易懂、不易变幻；第二类事物则是对模型的仿效，它包含着某种变化过程，是可以被肉眼所看见的。当时我们并没有区分出第三类事物，因为我们以为总结出前两类事物已然足够。然而，现在看来，要想做出合理的解释，我们不得不尝试对这第三类晦涩而模糊的事物做出阐述。它是用来做什么的？它是什么样子的？答案就是：它是一种容器，是所有发生过程诞生所倚赖的温床。

即便这种说辞听起来颇有道理，我们也必须对其做出更明确的解释。这绝非易事，因为它的矛头首先便会指向火和其他三种物质。

解释这四种物质的每一种都是相当困难的——以一种可靠而稳定的方式做出解释——分清被称之为水而不是火的究竟是哪一种物质，或者明白应该如何称呼它们中的某一个而不是其中的任意一个。那么，它们给我们提出了什么问题，我们又可能以哪些方式来解决呢？我们应该如何、通过何种方式来继续讨论这第三种物质呢？

首先，我们看到（或者说我们以为能看到）我们刚刚称之为水的那种物质在被压缩后流向石头和土壤。接着，我们看到这同一种物质被溶解、消散后飘向风和空气，而当空气被点燃时，火便诞生了。随后，我们看到火被压制、扑灭，复归为空气的形态，而空气在摩擦、稠化后转变成云和雾。这些物质被再度压缩后则变为我们所看到的流水，而流水又会重新流向土壤和石头中。它们便是这样从一种形态转变为另一种形态，循环往复——或者至少从表面上来看是这样的。既然这些物质从来都不会维持原状，那么我们就可以断言它们中的某一种就是那种特定的物质，而不是别的什么吗？没有人可以这样做。迄今为止最为稳妥的便是以下面这种方法来谈论这些物质：它们在不同的时间段内观察起来是不同的。以火为例，我们不应该用"这"来表征火，而是每一次都用"这是什么"来形容；在提到水时不说"这个"，而是称其为"这是什么"；也不要用"这"来指称其他任何事物，即便它具有某种稳定性，当我们用"那个"和"这个"来指代事物时，我们似乎是在指定某些东西。因为它没有遵守"那个"和"这个"这种称谓，或者其他任何指明它的稳定性的表达方式。事实上，最安全的办法是不要用这些表达方式来指代事物。相反，在每一个案例中，我们不妨都说"这是什么"——它一次又一次地出现，意义近似于"这是怎么回事呢"。在火的例子中——以及对所有呈现出当前状态的事物——最安全的办法是称其为"这一切究竟是怎么回事"。但是由于它们都不断出现，并且继续存在下去，这是唯一可以用"那个"和"这个"这样的词语来表示的东西。不论是热的还是白的，或是任何一个对立的东西，所有由"这些东西"构成的东西，都不应该被称为"这些东西"（即"这个"或"那个"[1]）。

我必须加倍努力将事情描述得更加清晰。假设你正马不停蹄地将金子铸造成各种形状，做完一个形状接着去做下一个。如果有人指着其中的一个问你"这是什么"，本着真实的原则，此时最为稳妥的回答不是"三角形"或是其他由你手中的金属锻造出的形状，而是"金子"，原因就在于，即便在你回答的那一刻它们看起来呈现出三角形等若干形状，下一秒钟它们的形状可能就会发生了改变。然而这个回答也算是差强人意了，只要你设定的"这是什么"的回答符合金子当前的形状，这也是有一定稳妥性可言的。

事实上，同样的解释也可以用于揭示所有事物的本质。我们必须用相同的词语来指代它，亦即那个能承受一切的有形体的、同一的存在，因为它从来不会和自身的属性相割裂。它不但一直接纳所有事物，还不会以任何方式呈现出与进入其内的物质相似的特征。它的本质是能够让所有事物都能留下痕迹，会被进入其中的物质所修改、塑形和重新塑形。正是这些事物使得它在不同时刻呈现出不同的面貌。进入其内部而后离开的东西是对那些恒常事物的模仿，以某种难以描述的奇妙的方式留下印记。这个问题我们另找时间讨论。此时此刻，我们应该明

---

[1] H. F. Cherniss给出了另一种译法："既然这些东西从来都不会各自相同，我们可以断言某个事物就是这个特定的事物，而不是别的什么吗？这是不可能的。最稳妥的办法是用下面这种方式来谈论这些物质：它们在不同的时间段内呈现出不同的状态。以火为例，我们不应该用'这'来表征火，而是用'它在任何场合下都是这样，这便是火'来形容；在提到水时不说'这个'，而是称其为'它总是呈现这种状态，这便是水'。永远不要用'这'来指代其他任何事物，仿佛它是具有持久性的东西，也不要用'那个'和'这个'来指代我们叫做'其他的事物'的那种事物。"

确三个问题：即将形成的事物来自何处，按照什么被塑形以及其来源是什么。事实上，我们可以将接受物比作母亲，将来源比作父亲，将介于两者之间的本质比作他们的后代。我们必须明白，如果要使印记呈现出各种各样的品种，那么这个印有印记的东西不可能被事先设定——如果它自身不缺乏任何从别的地方吸纳的特征。因为如果它与任何进入它的东西相似，它就无法成功地复制出这些东西的对立事物，也不能在它要接受它们的时候复制完全不同性质的事物，这也是对自身面貌的呈现。因此以各种形式呈现出来的东西本身却是没有形状的。想想那些制作芳香药膏的人吧，他们运用自己的技术，独具匠心地制作出一些像这样的东西（中性碱基），以便随时随地都能展开工作，他们将溶解香料的液体尽可能做得无味。或者想想那些用软材料压印图形的人，他们十分抗拒所有已经具备一定样式的材料；相反，他们会让它们变得尽量平坦而平滑。同样的，如果某件事情想要重复接受可理解对象的形象，那么那些恒常不变的事物如果要成功的话，它们就应该没有任何固有特性。诚然，这就是为什么我们不应该以母亲或者容器来指称那些已经存在的事物、可见的事物以及以其他某种方式可触碰的事物，这些事物既不能和土、气、火或水，又不能和它们的复合物以及产生它们的元素同日而语。但是如果我们把它们比作某种不可见的、没有特性的东西，某种可以接纳一切事物、以某种近乎扭曲的形式为人所感知到的东西，某种极其难以理解的事物，我们就不会被误导了。在前述基础上，我们可以对它们的本质作出总结，最正确的方法为：被点燃的部分每次都会以火的形式出现，被弄湿的部分以水的形式出现，接受这些模仿的部分则以土或空气的形式出现。

  但是我们必须通过理性的辩论来解决问题。因此，我们应该将事物区别开来：世界上有可以单独存在的东西吗，譬如说火？这些我们称为某事的事物真的可以"单独"存在吗？还是说所有我们用眼睛看到的、通过身体感觉到的东西都具备某种真实可感知性，因此这世界上除了这些东西之外不存在其他任何东西？我们可以一劳永逸地说，每个空洞的姿势背后都有可以感知的绝对形态，然而最终都会化为乌有、只能沦为我们口中的谈资吗？我们绝对不会对眼前的问题等闲视之，不会让它变得悬而未决、无法判定，也不会坚称这些事物真的存在，我们也不应该再偏题太远，让对话持续太长时间。然而，如果可以用三言两句就将事物区别开来，那么对当前的我们来说就是再好不过的了。因此，我会这么说：如果理解和真实的观点是不同的，那么"单独的"事物就是确实存在的——这些形态不是由我们的感官感应到的,而是仅仅存在于我们的理解中。但是有些人可能会这么想,如果真实的观点和理解之间并没有什么区别,那么所有通过我们的身体感官感觉到的事物就一定会是最稳定的事物了。但是我们不得不把理解和真实的感觉视为两种不同的东西,因为我们可以不依靠另外一方获得某一方,而且这某一方和另外一方也是并不相同的。我们是在他人的引导下拥有的理解能力,通过劝说的方式拥有某种信念。理解总是涉及某种真实的解释,而信念却缺乏有说服力的证据。通过劝说得到的某种理解力通常是固定不变的,信念却往往会因别人的劝说而动摇。不得不说的一点是,信念人人都有,但是理解力却是诸神和少部分人的特权。

既然事实如此,我们必须同意说可以保持自己形态不变的、尚未存在的,而且不能被摧毁的,既不能从任何地方接受任何外来事物、自身也不能进入其他任何事物的东西,是第一种东西。它是不可见的,不能通过任何感觉来感知,只能通过理解力来感受它。第二种东西则和第一种东西拥有相同的名字和形貌。它可以通过感觉来感知,而且已经存在了。它处于持续的生成过程中,此刻存在于某个地方,然后很快便会消亡。我们可以通过观念来理解它,其中所涉及的就是感觉。第三种东西则是空间,它总是存在、不能被摧毁。它为所有即将诞生的东西提供了恒常的栖身之所。它自身可以通过某种推理让人感知,而不需要应用感觉,而且它从来不会是被人指摘的对象。当我们说所有现存事物一定存在于某处、占据着一定的空间时,以及当我们说某些东西一定不存在时——无论是天上地下都没有它们的踪迹,我们仿佛是在梦中看到它们。

我们不能将它们自己和相关的事物完全区别开来,即便是那些真实存在的、不是在梦里的东西——因为我们的梦境让我们无力醒来,无法诉说这样的事实——某种已经存在的图像并不是固有的形象,它处于不断生成的状态中,以对某种其他的东西进行复刻,我们有理由说这种图像存在于别的东西中,是某种真实存在的东西,或者它根本什么都不是。但是真正得到的东西是从准确而真实的解释中得到的,只要某事和另一件事不同,它们任何一个都不会存在于另外一个之中,它们既不会同时成为某种同样的事物,也不会成为两件事物。

以上便是我所要作出的解释。在宇宙形成之前,存在三种不同的东西,即:存在、空间和生成。

随着生成的温床变得湿润又炽烈,容纳了土和空气的性征,并且具备同时而来的所有特性，它就会呈现出很多可以人眼可见的形态。但是由于它充满了力量，那些力量既不彼此相似又不均匀，于是它的每一部分之间都彼此不平衡。一旦受到外来事物的冲击，它就会朝着各个方向没有规则地晃动，同样，它也会转而去触发那些事物。那些事物不断地漂移，有的朝着某个方向，其他的朝着其他的方向，就这么彼此分离着。它们像是被扬谷器或其他什么工具筛选的谷物一样，四处飘移。当它们稳定下来后，密度大、重的部分落在了一个方向，而密度小、重量轻的部分则去向了其他地方。

这就是四种东西在同一时间被接收器晃动的过程，接收器本身就像一架振动机一样摇晃不止，把最不相似的东西分隔得最远，而让那些种类接近的东西聚合在同一个地方。这就解释了为什么在宇宙秩序建立并且由这些东西构成之前，不同的东西便处在不同的空间地域了。事实上，在此之前，这四种东西缺乏一定的比例和尺寸，当时，宇宙的秩序也处在建立之中，火、水、土和空气才刚刚具有当今的形态和特征，它们实则处于被造物主遗弃的状态中。因此，当发现它们处于这种混沌的状况中时，上帝首先做的事情便是用不同的形态和数量赋予它们不同的外形。

我们必须始终坚持这样一种假设：造物主尽最大可能将这四种东西制造得完美而优秀，而它们之前并不是这样。现在，我的任务就是向你们解释这四种东西的结构，以及这些结构是怎么形成的。我的解释听来可能会有些匪夷所思，但是既然你们都是受过良好教育的人，所以我必须将我的阐述进行到底，我相信你们一定能跟得上我的思路。

首先，我相信大家都知道，火、土、水和空气都是实体，它们不但拥有体形，而且拥有深度。深度必须从表面中感觉，每个直线构成的表面都是由三角形组成的。每个三角形又都是由两个三角形脱胎而来的，这两个三角形每个都包括一个直角和两个锐角。在这两个三角形中，其中一个（等腰直角三角形）两条直角边和斜边组成的角的度数是相同的，这是由其两边相等决定的；另一个三角形（不等边直角三角形）两条直角边分别和斜边组成的角的度数是不同的，这是由其两边不等决定的。我们可以把这点理解为火和其他物质所要遵循的初始原则，我们在解释必要性的时候就作出了类似的假设。看起来原则似乎是只有上帝才拥有和掌握的东西，对凡人来说则有些沉重了。

我们接下来说说这四种非凡的物质到底是什么。它们各不相同，有些能够分解成其他的东西，或是能够由其他东西分解后转化而来。如果我们的解释足够中肯，我们就能够说明土、火以及与它们成比例的中型物（亦即水和空气）是怎么来的了。如果有人说这世界上还存在着比这四种物质更非凡的东西，我们是无论如何都不会苟同的，因为这四种东西每一种都是无与伦比的存在。因此，我们必须用尽全身力气去适应这四种非凡的物质，并且昭告天下我们已经研究透了它们的本质。

在这两个（直角）三角形中，那个等腰三角形只有一种本质，而不等边的却有很多本质，无法一一枚举。为了较好地导入这个问题，我们必须从那无穷多的特质中找到一个最有代表性的来论述。如果有人说他可以从中找到一个突破口来阐释这几种物质的构造，并且成功将问题解释清楚，那么我们无疑该将他视作盟友，而非敌人。在诸多不等边三角形中，我们把可组合为等边三角形的三角形视为最优秀的三角形，作为第二个图形。为什么这么选，解释起来太过繁琐；但是如果谁能够证明事实并非如此，我们会对其表示衷心祝贺。那么，在被选作火和其他物质构成成分的两个三角形中——等腰直角三角形和不等边三角形，后者长直角边的平方总是短直角边平方的三倍（即短直角边等于斜边的一半）。

此时此刻，我们应该对前面表述不清晰的部分作出更为精确的定义。表面上看，四种物质能够通过分解而彼此相互转化，然而这其实是一种错觉。这样来解释：两种三角形产生了四种物质，其中三种物质由不等腰三角形构成，剩下的一种物质则由等腰三角形构成。如此一来，它们不可能全部通过分解而彼此转化，既不能由许多小物体合成较大物体，或是反过来。而其中三种物质是可以这样转化的，因为它们由同一种三角形构成，当一个大物体被毁坏时，会分解出许多小物体，拥有各种相应的图形。小物体进而分解为原始三角形，这些三角形的再次组合便形成一种新的大图形，即一个物体。它们之间的变换就是这么回事。

如此，我们关于这四种物体是如何相互转化的介绍就到此为止。下面让我们讨论一下这四种物体会呈现什么样的外形，以及组成它们的数量关系是怎样的。

让我们从四面体这种基本形态讲起，它是最小的结构，在构成它的基本三角形中，斜边是短（直角）边长度的二倍。现在，将一对这样的三角形以斜线（斜边）为对称轴组合，如此操作三次，然后它们的斜边和短边相交于同一点，作为中心点，如此便产生了单个的等边三角形，其由六个基本三角形构成。当四个这样的等边三角形组合时，一个单一的多面角便在三个平面角的结合处产生了。如此，便产生了从最不锋利的平面角中演化而来的角[1]。当四个这样的多面角形成时，我们就得到了最简单的四面体，它将一个完整的维度（也就是它存在的空间）切割成相同相等的若干部分。

第二个物体是八面体，它是由同样的等边三角形构成的，然而，该种三角形如今共有八个，形成由四个平面角组成的单一多面角。当六个这样的多面角形成后，第二个物体即告完成。

第三个物体（二十面体）是由一百二十个基本三角形和十二个多面角组成的，每个多面角都带有五个平面等边三角形。这种结构有二十个等边直角面。让我们再将视线转回基本三角形，上述三种物体的形成和相互转化都是由同一种基本三角形完成的；而另一种基本三角形，即等腰直角三角形，它可以生成第四种结构——立方体。在中心以直角相连的四个等腰三角形形成单个等边四边形（即正方形）。当六个这样的四边形被组合在一起时，便产生了八个多面角，每个多面角由三个平面直角构成。这样构成的物体的形状是一个立方体，它有六个正方形的等边面。

除了上述四种结构之外还有第五种结构，造物主用它来比喻整个宇宙，在它上面可以绘制各种图案。[2]

读到此处，你们可能会感到困惑，世界到底只有一个，还是存在着不计其数个呢？如果你困惑的话，不妨认为答案是"不计其数个"吧，因为你认为自己应该"完成"或已经"完成"的事，其实永远都不会"完成"。我们不应该再问世界只有一个还是有五个，不应该对此再有任何困惑。根据"可能的解释"，世界只有一个，上帝也只有一位——即便有些人由于把其他因素考虑入内会持有不同的意见。然而我们对此无须理会。

让我们将刚才所讨论的结构——赋予在火、土、水和空气身上。土的结构可以理解为是立方体，因为在全部四种物质中，土是最固定而柔软的——比起其他物体，固体的面必然是最安全的。在我们原先假设的直角三角形中，与属于具有

---

[1]该多面角是三个60°平面角的结合，合起来180°。
[2]正十二面体是最后一种正多面体。在蒂迈欧的故事中，它在空间中最接近球体——也就是宇宙的形状。

不等边的三角形的面相比，属于具有相等边的三角形的面的自然稳定性更大。由两个三角形组成的面，亦即等边四边形（正方形），它比等边三角形具有更大的稳定性，无论是作为部分还是整体。因此，如果我们将这种稳定的结构指定在土身上，那种"可靠的解释"便得到了印证。至于剩下的固定结构，我们会按流动性从低到高指定给水、空气和火——水的流动性最小，火的流动性最大，空气介于二者之间。这意味着火的体态最小，最大的是水，中间的一个是空气；边缘最尖锐的是火，最不锋利的是水，空气介于二者之间。现在，拥有的面数最少的物质必然也是最稳定的，原因就在于它比其他任何物质所拥有的边缘都锋利，最适合沿着任何方向进行切割；它同时也是最轻的，因为组成它的相同部分数量最少。排在第二位的物质在这些属性方面也排第二，排在第三位的物质在这些属性方面也位列第三。因此，我们先前的解释不但是有可能的，同时也是正确的，我们将所看到的金字塔的固定形态当作火的结构，将第二种当作空气的结构，将第三种视为水的结构。

□ 土与水　彼得·保罗·鲁本斯　德国 1618年

土与水孕育了万物，也创造了万物。

　　在我们的理解中，这些物质的体态都很小巧玲珑，因此每种类型都可以为肉眼所见。然而，当数量很多的这些物质聚集在一起的时候，我们看到的就是一具庞然大物。有一点须要注意，在它们的数目、运动和其他特征方面，我们必须假设造物主把它们塑造得如此完整而完美（符合必要性所提出的要求），而它们合在一起又是那么的成比例。

　　鉴于我们前面所说的元素体的种类，我们最有可能得到以下的结论：当土遇到火并被火的锐利所分解时，它会漂移——不论分裂是发生在火自身内部，还是在大量的空气或水中——直到它的组成部分再次在某处相遇，重新组合后变成土。其原因就在于，土的组成部分永远不会变成其他任何形式。但是当水遭遇火或空气而分解成若干部分时，这些部分很可能会重组，成为一小团火和两簇空气。空气的碎片可以从任意某个破碎的粒子中产生两个火团。然而，一旦少量的火被大量的空气、水或者土所笼罩，它就会在移动的过程中产生内部晃动，即便抵抗力再强，它也会受到击打、碎裂成片；而任意两团火都可以结合形成一种单一的空气形式。当空气被压制和分解时，两个半以整体形态出现的空气就会被整合成一个整体形态的水。

我们对于这些物质变形的描述可以概括为：当其中一种物质遭遇火的攻击、被火的尖角锐边劈成碎片时，如果它能变身为火，就能免于再度被切割的命运。原因就在于，任何一种具备相似性和统一性的东西都不能改变或受到任何类似的东西的影响。然而，在变形过程中，只要有某种东西的强度超出它的承受范围，它的分解过程就会一直持续下去。同样的，当数量较小的微粒被数量较多的较大微粒包围时，它们就将分解和碎裂。而当这些较小的物体甘愿被压制它们的那种物体所同化时，碎裂反应就会停止，因此，当火被压制时就会变成空气，当空气被压制时就会变成水。但是，如果这些较小的微粒正在转化的过程中，它们遇到其他种类的物质并将其卷入这种转化过程，分解作用就会持续进行下去，直到它们被完全压破、分裂，逃到自己同类那里；另外一种命运就是被击垮，从多种成分融合为一体后被压制它们的那一方所同化，并且从此和它们厮守在一起。另外，当它们经历这些过程的时候，它们的领土也在进行交换：在容器的冲击下，大量的同种物体相互分离，每一种都盘踞在自己的领土上；但是，由于同一种类的若干组成部分时不时地就会变样，变成像其他种类的物体，它们就会被大量自身显示出同化趋势的该类物体吸纳过去。

这些就是纯粹的基体产生的原因。拥有各自独立形式的不同种类的物体都是由基本三角形构成的，这一点已经得到了证实。这两个结构所包含的三角形的尺寸不一而足，既有大的也有小的，在给定的形式中有多少种类的物体，三角形的数量便有多少。这就是为什么当它们混合在一起时会显示出无限的多样性，对于那些学习自然科学的人来说，这无疑是值得注意的一点。

至于这两种物体的运动和静止，除非其方式和条件已经被探究、确定下来了，否则我们在接下来的推理过程中必然会遇到很多难题。尽管我们已经讨论过这些事情，我们依然要说：在均匀的状态下不可能存在任何运动。因为那会是极其困难的，甚至可以说是不可能的：存在要运动的物体但却缺少能让它运动的东西，或是存在能让它动起来的东西但是却没有运动的物体。缺少任何一种东西，物体都无法运动，但是（当它们都存在的时候）让它们保持均匀却也是几乎不可能的。那么，不妨让我们假设在这样一种均匀的状态下其余的条件都已具备，并将运动归因于不均匀性。静止则是由不均性引起的，其来源我们已经讨论过。[1]

然而，各种各样的小颗粒为什么无法达到彼此彻底分离的状态，以使得它们向彼此的转化和运动（朝着自己的区域）不得不停止？下面让我们转回到这个问题上。如果宇宙的外围是由这四种物质组成的，那么，由于它是圆的，而且有着自我聚合的驱使力量，它就会压缩这四种物质，不允许其中留有任何空间。这就是为什么比起其他三种物质，火的渗透性最强，接着是空气，因为空气在微妙程度上也排第二，其余的也依次而列。由最大的部分组成的物体在被建构时会留有最大的缝隙，而体积最小的物体留有的间隙最小。当它们汇聚时，在压缩过程控制下，小的部分会被吸纳进大的部分的空隙中。由于小的部分被放置在大的部分之中，而小部分倾向于分解大的部分、较大的部分倾向于使较小的部分合并，因此它们都会上下移动，进入到各自的区域中。每一次数量上的改变也会引起区域位置的变化。这就是不均匀性的发生会被永远保留下来的过程和原因，其目的就是让这些物体永不停歇地运动，不论是在现在还是在遥远的未来。

接下来我们应该注意到，火的种类有很多。例如，我们不但知道有火焰，还知道由火焰变化而来的火流，后者虽然不能燃烧，却能照亮人的双眼。此外还有火焰的残渣，它存在于火焰燃烧殆尽之后的灰烬中。最明亮的那种火我们称之为"以太"，最暗淡的则称之为"迷雾"和"黑暗"。火还有很多种类，不胜枚举，都是由于三角形的不均性产生的。水的种类首先被分成两种，液体的和液化的。由于前者所包含的水不但不均匀而且体量还小，它便具有流动性——不但自身包含，而且当其作用于其他物体的时候也会表现出这种流动性。第二种类型的水，其组成部分体量大而且均匀，因此它的流动性较弱而且重量较大，并且由于自身的均匀性而牢牢压紧。但是当火穿过第二种类型的水，对其进行分解时，它就会失去这种均匀性，一旦均匀性消失殆尽它便极有可能进入运动状态。当它具备了流动性后，便开始在周围空气的压迫下喷向地面。每一种变化都有自己的名

---

[1] 参考来源不明。

字：体积由大变小的这种分解称为"溶解"，喷向地面的称为"流动"。但是相反的，火对它却是排斥的，因为火不能够化为乌有，会有压力施加在周围的空气上，结果就是使得流动的庞大水流被压缩到原本被火占据的地方，并且和火混合在一起。作为不均性代表的火因被压缩而离开了，水流则重新获得均匀性，而后重归原本的状态。火的离去被称作"冷却"，当火离去时发生的那种压缩现象则被称为"凝结"。在所有类型的液化水中，组成部分最精细、最均匀、最浓稠、种类最独特、呈现亮黄色的那种便是我们最珍贵的财富——金，由于它经过了岩石的过滤冲刷，紧致性特别好。由于密度的关系，金的分支极其坚硬，呈现出黑色，因此被称作坚石。另外一个分支含有适量的金，种类不一而足。在密度方面，这第二个分支比金的密度更大，含有小部分精土，因此要更加坚硬。但是它却比金轻，因为其内部有很大的缝隙。这指的便是铜了，它是明亮的、凝结水的一种。随着时间的流逝，一旦这种混合物中的土和其他材质分离，被称作铜锈的那一部分就暴露出来为人所见了。

  沿着当前的思路对其他这类物质作出解释并不是什么复杂的事情。如果某人稍事休息一下，停止对周遭的事物的分析，从探究事物存在的种种压力中释放出来，他的人生就会出现某种适度而合理的转向。那么，我们是不是也应该稍微转移下注意力，去探究下一个话题：和火进行混合后的水。混合后的物体细腻、清澈，由于它的流动性和它在地面上流淌的方式，它被称为"液体"。此外，它还非常柔软，这是由于组成它的各个部分不如土那么坚固。当这种水和其中的火、空气分离而隔绝后，它变得更加均匀，每当有物体从它表面流过，它都会被进一步压缩。这种水紧缩性很强，当它停留在空气中时，最容易受到上述压缩效应的影响从而变成冰雹，而在地面上的那部分水则会变成冰。有些水受到的影响没有这么深，只是呈现半紧缩的状态。在空气中的这种水就会变成雪，而在地面上则会变成"霜"，而霜又是由露凝结而来的。

  互相混合形成的多种多样的水统称为"树液"，因为它们都经过了从土里长出来的植物的过滤。由于是混合后形成的，每一种水都拥着程度不同的不均匀性。很多种类我们甚至连名字都叫不出来，而有四种水内里掺杂了火的成分，变得引人注目了起来，还有了自己的名字。第一种就是酒，它不但能温暖人的身子，还能让灵魂燃烧起来。第二种是种类繁多的油，每一种都很光滑，甚至能够分离光线，正由于这个原因它们看起来十分明亮耀眼：这些油包括树脂、蓖麻油、橄榄油和其他具有同样特征的油。第三种则是惯常所称的蜂蜜，其中一种蜂蜜的味道经由味蕾的稀释而变淡，回归其自然的初始状态，而另一种蜂蜜在这种特质的传导下可以产生一种甜甜的味道。第四种则是酸汁，和其他三种都极为不同，它是一种泡沫类的物质，具有腐蚀性，因此对人体有害。

至于土的种类，第一种在水的过滤下成为一种如石头般坚硬的物质，其过程如下：在混合过程中，当混入了土的水解体时，会首先呈现出空气的形态，一旦它变成空气，便会朝着自己的领地猛烈地向上撞击。由于上面没有空隙，它便把旁边的空气推搡开来。而当这种沉重的气体被压缩、灌注在大块土地上时，它受大地强烈的挤压，被压缩去填补刚刚形成的空气所空出的空间。受到空气压缩时，土不溶于水，自身保持石头一样的坚硬。在所有种类的石头中，比较漂亮的是透明的、由同等均匀的部分组成的那种，比较难看的则是拥有相反特征的那种。第二种土中的湿气在快速燃烧的火的侵袭下消失无踪，因此，比起第一种土，第二种土的结构较为脆弱。这种土我们称其为"陶"。然而，有些时候，火并不能完全将湿气排除，湿气还会有些残余，此时的土就具有了可被火溶解的性质。这种土被冷却后会变成黑色的石头（亦即熔岩）。第三种土又可细分为两个种类，它们看起来很像是由大量水形成的混合物的残渣。它们咸咸的，由土中最精细的部分组成，呈现出半固体化、溶于水的特征。其中一种便是苏打，可以用来清除油和灰尘；另一种则是盐，可以用来调配多种味道，并且颇受神明的喜爱——这一点是有确凿证据可证明的。

土和水的混合物有很多，它们溶于火但是不溶于水[1]。它们之所以被压缩成这样，是出于以下原因：空气和火都不能溶解大量的土。因为空气和火都是由天生便小于土壤缝隙的部分组成，因此，它们在土壤的缝隙中穿过时不受任何阻碍，从而使得土壤能够保持原来的形态、不被溶解。但是由于水的组成部分体量比较大，它们必须破除一切阻碍前行，这样一来便使得土壤遭到破坏而溶解。水单独便可以将不能强制压缩的土溶解掉，但是当土被压缩后只有火才能溶解。这是因为火是唯一一个能够穿透土的物质。因此，也只有火才能够分散被极大的力

---

[1] 比如玻璃、蜡和类似的物质；见下文。

量压缩的水，而火和空气都可以驱散较为轻慢的水。空气依靠穿透缝隙将水分散，而火则通过打破构成水的三角形物质来实现这一点。分解受到大力压缩的空气的唯一方法就是将空气分解成基本三角形；而对于没有受到压缩的空气，也只有火能溶解它。

因此，对于这些水和土的混合物而言，只要给定土壤中的空隙被自身的水所占据、水被紧紧地填充在这些空隙中，那么试图从外部灌注的水就没有办法进入土壤，因此只好围着土壤流动，使其不溶解。然而，火却能穿过水中的空隙，同样的，水也能穿过土壤的缝隙。这些土和水的复合物不仅包括其中水的成分少于土的物质，譬如玻璃和可溶解的石头类合成物，还包括水的比例多于土的物质，也就是和蜡或香拥有相似性质的物质。

对于可由多样的形状、合成物和内部转化过程加以区分的各类物质，我们的论述到此结束。现在，我们必须开始解释究竟是什么让它们具有了这些属性。首先，我们在讨论每一个步骤时都须要激活自己的感官，但是，到目前为止，我们尚未讨论过肉体的形成、和肉体相关的事物以及不朽的灵魂。然而，实事求是地说，在不参考它们的感知特性的前提下，我们并不能对这些问题给出合理圆满的解释，而且，在不参考前者的前提下我们也无法对后者作出令人满意的解释，对它们等量观之也是不可能的。因为，我们必须从假设其中一方或另一方开始，然后再回答先前所做出的假设是否为真。就先假设肉体和灵魂是真实存在的吧，这会让我们对于物质的种种属性的解释和我们对于它们基本类型的论述承接起来。

首先，让我们考察一下我们通常所说的热究竟是怎么一回事。不妨这样来审视这个问题：通过分离和切割，我们留意到火是如何在我们身上起作用的。我们都非常明白，这种体验绝非什么好的体验。其边缘的精细、其角度的锐利、其各部分的精密以及其动作的迅疾——这一切都让火变得如此有穿透力，以至于它无论撞到什么物体上都会留下锋利的伤痕——当我们思考它的形状是怎么产生的时候必须将这一点考虑入内。这种物质能够穿透我们的身体，将我们的肉体撕裂成小块，因此，我们对它们的特征（以及它们的名字kermatizein）感受最深刻的便是热（thermon）。

和热相反的特征是什么？这再明显不过了。然而，我们也不能有任何疏忽或遗漏。由于我们身体周围的湿气较大部分会渗入我们的身体，将体内较小部分的湿气推出体外——但这些较小部分湿气空出的空间它们却无法占据，它们便压缩我们体内的水分，并且在均匀性和压缩效应的帮助下，使之凝固，使之处于静止状态，而不是运动不均匀的状态。但是，被不自然地压缩的所有物质都有抵抗这种压缩的天然趋向，这种趋向使得物质将自身朝着相反的方向向外扩充。这种抵抗、这种晃动被称为"颤抖"和"战栗"，整个体验及其所引发的感觉就被称为冷。

能让我们的肉体妥协的即为坚硬；而向我们的肉体臣服的便是柔软。这就是它们彼此之间的相互关系。站在一个小的基座上，任何东西都会让步。然而，由四边形组成的物体由于其基部非常牢固所以最不容易发生位移，而被压缩至最大密度的物体则最难被移位。

若想最好地解释"轻"和"重"这一对对立关系，我们最好把它们与"上"和"下"比照起来。认为"上"和"下"是两个天然分割的独立区域、彼此分离、完全相反的想法是极其错误的。其中一个区域称为"下"，任何有质量的物体都趋于向它移动；另一个区域为"上"，所有物体都只能在强力作用下才能靠近它。考虑到整个宇宙是球形的，所有位于与中心相等距离处的极端点本质上都必然是同样的极端点，我们必须接受这样的观点：与极端点等距的中心位于与所有极端点相反的点上。如果这就是宇宙的自然构造，那么，在不使用完全匪夷所思的语言来形容的情况下，刚才提到的哪一点可以用"上"或"下"来表示？把宇宙的中心区域描述为某个天然的"高地"或"低地"是没有丝毫道理的；我们只能说它"位于中心"。毋庸置疑，周边的地区不是中心，但是它的任何一个部分与其他任何部分也并不是互相区别的，而是以某种特定的方式与中心相关联，它的任何部分都不是与中心相对的部分。对于在各个方向来看都是天然相同的东西，你能想到相反的词语去形容它吗？如何使用这些词语才是合适的呢？再则，如果宇宙中心存在着某种固体，如果宇宙中心是均匀分布的，它就不能向任何极端点移动，因为这些极端点在各个方向看去都是相似的。但是，如果你能够在一个圆圈里来回走动，那么你在相对位置的两处地点就会重复出现，你会将这两个完全相同的部分的其中一个称为"在上"，另一个称为"在下"。如我们刚才所言，整个宇宙是一个球体，那么，将这个球体的某个区域称为"上面"，将另一个区域称为"下面"，是根本说不通的。对这些词语的来源和这些主题真正适用的领域——这解释了我们如何慢慢习惯了用这些词语来割裂我们生存的这个完整的世界，我们必须通过下面的假定来解释：想象一下，一个人来到了宇宙中的某处，那个地方恰为火的故乡，聚集着世界上最多数量的火，其他地方的火也汹涌澎湃地朝其涌来。接着想象一下，他拥有移动某部分火并把它们放在天平上的力量。当他举起横梁，用强力将火焰拖进不相容的空气中时，很显然，数量较少的火更容易对他的力量妥协。因为当某种力量需要两方参与时，数量较少的一方更容易对所施加的力量妥协，而数量较大的一方（产生的阻力较大）则不太容易妥协。数量较大的一方可以被形容为"重"和"朝下"移动，而数量较小的一方可以用"轻"和"朝上"移动来形容。这件事我们自己也必须亲身感受。当我们站在大地上，取出某种类似土的物质，或者有时候取出土壤本身，我们其实是在用蛮力取出这些东西，将它们置于不相容的空气中——这和它们的自然趋势相违背。这两者都倾向于靠近和它们有亲缘关系的物质，尽管比起较大的一方，较小的一方对将其拽进这种不相容物料中的力量会更快也更甘愿妥协。这较小的一方我们称之为"轻"，我们强迫它进入的那个区域叫做"上面"；而和其相反的那面我们则称为"重""下面"。这些东西（具备上述任意一种称谓）必然是相互不同的，因为各种各样的元素组成的集合占据了相反的区域：在一个区域内轻、重、低或高的东西，在与其相反的区域内从某种角度、某个任意方向上看去，都是或者都会变为完全相反的东西。事实上，在上述所有情况下我们都应该理解这一点：某种事物自身的发展也就是它变"重"的原因，而它所移动的目的地则是"下面"，而另外一套词组（"轻"和"上面"）则用来形容表现形式相反的东西。这就是我们对事物沾染这些属性的原因的解释。

　　至于光滑和粗糙，我认为所有人都可以分辨出它们的特征，并且和其他人沟通：粗糙是硬度和不均匀性结合的产物，而光滑是均匀对密度做功的结果。

　　关于对整个身体有共同影响的属性，最重要的一点是了解在我们所描述的种种情境下快乐和痛苦产生的原因，以及所有身体部位都产生感觉的情况，同时所有这些部位还都伴随着痛苦和快乐。无论是否能感应到这每一种属性，我们都应该以下面的方式来解释快乐和痛苦产生的原因，在此过程中，我们会回忆起刚才对很容易移动和不容易移动的物体之间的区别所做的论述。这就是我们追求的所有希望了解的事物的方式。当最轻微的干扰对那些自身很容易移动的事物产生影响的时候，这种干扰就会带来连锁反应，以自身被影响的方式去影响其他的事物，直到它抵达意识的中心，并对产生这种反应的特征作出汇报。另一方面，难以移动的事物会保持固定不变，除非连锁反应传递到其身上，否则它几乎体验不到这种干扰。它不会干扰任何相邻的部分，因此，当能够将这种干扰传递给其他部分的某些部分缺失时，影响它的初始干扰就不能进入整个生物体内，同时它们还保证这种干扰不被察觉。我们的骨头、头发和其他大部分由土组成的事物都是如此。但是，前者对我们的视觉和听觉尤为如此，其原因在于它们主要的内部力量就是空气和火所拥有的能量。

这便是我们对快乐和痛苦的理解：裹挟着巨大的力量和力度对我们施加的非自然干扰使我们无比痛苦，而当这种干扰抽离后，回到自然状态的我们则会感到十分快乐。一种状态是温和而渐进、难以被察觉的，而另一种状态则会遭致相反的干扰。此外，容易发生的那种状态完全可以被感知到，尤胜其他任何事物，虽然其中既没有快乐也没有痛苦。比如视线所产生的影响。前面我们谈到，光线中的立体和我们身体中的立体两者的结构是非常接近的，这种射线的分割、灼烧或其他任何变化都不会来带来痛苦，而它回归到原先的状态的这一过程也不会带来任何快乐。它受到的影响越大，所邂逅、交流的事物的数量越多，它的感觉就越生动明晰，原因在于射线的切割和恢复都无需强力。然而，各组成部分体积较大的物体却不会轻易屈服于外界作用。当它们在抵抗时，影响会传递至全身，人体便会感觉到痛苦和快乐；人体被迫离开常态则为痛苦，恢复正常状态即为快乐。假如脱离常态或者力气耗损的过程是渐进的，而充实是突然的、高强度的，那么我们就能感觉到充实，而无法感觉到力气损耗，如此一来便可为灵魂的可朽部分赋予极大的快感，而非痛苦。譬如我们闻到香味时所感受到的那般。如果常态是突然被打乱的，而恢复却艰辛而迟缓，则情况便恰好相反，一如身体被割破或烧伤。

对于以惯常的方式影响整个身体的诸多干扰，以及应用于产生这种种干扰的媒介的术语，我们已经做出了充分的论述。如果可以的话，现在我们必须开始讨论对我们身体特定部分产生干扰的事物以及它们产生的原因，亦即在何种媒介的作用下引发了哪些干扰。首先，我们需要对讨论味觉时遗留下来的问题进行讨论，这些是和舌头密切相关的属性。它们似乎和其他多数属性一样都是收缩和膨胀的结果，但是除此之外，这些和舌头相关的属性与粗糙和光滑的关系比它们与其他所有属性的关系都更为密切。当形似地球的部分渗透到起着测试舌头作用的微小血管的周围区域并到达心脏时，它们会对舌头上湿润而柔软的肉起到冲击作用，并被融化。在此过程中它们会被压缩，从而变得干枯。当它们变得较为粗糙后，我们就品尝到了"酸"；不够粗糙时则尝起来较为"咸腥"。如果分量较多，"苦"则能冲漱血管、洗净舌头周围的整个区域，同时还能溶解舌头的某些部分，苏打也能起到这种作用。当它们没有苏打那么强烈时，冲漱作用则会大打折扣，此时它们尝起来是"咸"的。它们不似苦味那般酸涩难忍，味道颇为宜人。有的东西靠吸收唇部的热让自身也变得光滑，它们在被点燃后将火也传递给点燃它们的媒介。由于自身的轻盈，它们能够上升至头部的感官中，在此过程中它们会切割所有出现在眼前的东西。由此产生的感觉便是"辛辣"。另一方面，还有些东西在分解的过程中得到提纯，而后侵入狭窄的血管。它们与血管内所含的土和空气是成比例的，从而搅动土和空气部分，使它们彼此扰动。当这些东西被搅动的时候，它们彼此包围，当一种物质的一部分浸入另一种物质的一部分时，它们会形成包围着里面部分的空洞。所以当一个包裹着湿气的洞被拉伸至空气中时，无论其是土质的还是纯净的，我们都会得到空气中湿润的水珠。其中一些水珠形成由纯水分组成的透明外壳，被称为"气泡"；另一些水珠，水分中含土、能一瞬间搅动并上升，被称为"泡腾"和"发酵"。引起此类搅动的东西被称为"酸"。

我们刚刚讨论过的所有干扰作用都有与之相反的干扰，那便是相反原因的效果。当进入舌头血管的润湿部分与舌头的自然状态一致时，进入血管的这些部分让粗糙的部分变得平整润滑，让那些经异常扩张或收缩的部分在某些情况下收缩，而在其他情况下扩张。它们让所有这些部分恢复到自然位置，丝毫不拖泥带水。因此，它们被证明是（刚刚讨论过的）对付激烈干扰的一种手段，对所有人来说都是十分愉悦而惬意的，这种感觉被称为"甜"。

味道的部分到此为止。至于鼻孔所具有的力量，我们无法进行类别的区分。这是因为某种气味总是"混血的"。没有任何一个基本形状具有产生气味所需要的比例。嗅觉器官中的血管对土和水而言太过狭窄，而对土和空气的部分种类而言又略显宽大。因此，没有人真切地体验过这些基本物体产生的任何气味。在返潮、腐蚀、融化或蒸发的情况下，事物能够产生气味；此时或是水变为空气或是空气变成水，气味便在转移的过程中产生。所有的气味合起来组成蒸汽或雾，当空气变成水时便产生雾，水变为空气时则为蒸汽，这就是为什么气味要比水精致，又不像空气那么粗糙。当一个人试图通过使用对呼吸道有阻塞作用的东西来呼吸时，这种特征会表现得更为明显。此时不会有过滤的气味，产生的仅仅是呼吸本身，不会有任何气味。

所有这些气味可以分为两组，而每一组都难以命名，因为其下属气味类型的数量并不明确。我们不妨就从它们最为明显的差别入手，将它们概括为令人舒适的和有攻击性的。对从头部到肚脐部分的上半身而言，后者起到的完全是刺激和侵略作用，而前者对该区域则是起到疏解安抚作用，帮助其回归自然状态。

我们想要讨论的第三种感觉便是听觉。我们必须对听觉相关属性产生的原因加以描述。通常我们会这样认为：声音来源于空气的震动，经由双耳传输至大脑，而后传递到血液中，并最后和灵魂产生触碰；听力是由震动产生的，这种震动始于头部，止于肝脏所在的部位。我们应该这样认为：当这种震动较快时，声音听起来音调较高，震动较慢时音调也相应变低。常规的震动产生的声音是均匀平滑的，而非常规震动引发的声音则是刺耳的。有力的震动产生的声音很大，而虚弱无力的震动产生的声音则是柔弱的。至于声音的和谐度，我们稍后再予以论述。

第四种也就是最后一种感觉涉及的变体数目庞大，因此需要细分。我们将这些变体合称为"颜色"。颜色好比从各种各样的物体中流出的火焰，其组成部分与我们的视线成比例，从而产生感觉。在我们先前的论述中我们仅仅讲过光线产生的原因；现在我们则要对颜色进行合理认真的剖析了。

在某些情况下，来自于其他物体的、和视线产生碰撞的部分颜色体态较小，而在其他情况下则略显庞大，某一些情况下和视线本身的部分尺寸大抵相等。和视线相等的那部分颜色极为细微，我们通常称之为"透明的"。体态较大的那部分会压缩视线，而较小的那部分则会放大视线，这和我们在讨论肉体时引出的冷暖概念、在讨论味觉时涉及的酸以及在其他案例中产生热量的那些事物都是同类事物，我们把它们称为"辛辣的"。因此，"黑"和"白"所对应的特性分别是收缩和扩张，尽管等级不同，但和其他特征并无二致，这就是为什么它们呈现出不同的外貌。我们应该这么称呼它们："白色"是对视线的扩充，而"黑色"则相反，它是对视线的收缩。

当一种不同类型的火渗透得更为猛烈而在视线上迸射并扩张到眼睛、穿过眼球内部的通道并将其熔化时，它从这些通道中排出一团火和水的混合物，我们称之为撕裂。这种渗透运动自身包含火，当它从相反方向和火触碰时，一种火会像闪电一样从眼中流泻，而另一种火会进入眼中而被周围的湿气扑灭，由此便产生了各种各样的颜色。产生的这种干扰我们称之为"炫目"，而干扰的母体则称为"明亮"和"灿烂"。

另一方面，介于白色和明亮之间的火是一种能接触到眼睛里的水分并与之融合的火，即便如此，它却并不灿烂。当火照耀着和其混合的水分时，就会产生血一般的颜色，我们称之为"红色"。当明亮和红色、白色混合的时候，我们就得到了橘色。但是试图说明白其间的比例却不是什么明智之举，即便我们知道这种比例。对这些问题给出可能的解释或证据几乎是不可能的。

当红色、黑色和白色混合时，我们就得到了"紫色"。将这种紫色调浓，再加入更多黑色，我们就有了"紫罗兰色"。"灰色"是黑色和白色的混合物，橘色和灰色的混合物则呈现出"琥珀色"。"米黄色"是白色和橘色的混合。白色和明亮的颜色混合后再浸入饱和黑色便得到了"钴蓝色"，而钴蓝色加入白色则为"蓝绿色"。琥珀色和黑色会生成"绿色"。至于其他的颜色，从上面的调色方案里我们可以大致分析出它们是由什么混合而成的，基本上可以得到"以假乱真"的成果。但是，如果有人要对这些事情进行亲自验证，他无疑将会显示出人类和神明之间巨大的差异，而他对这种差异却是茫然无知的。神明不但知道如何将多种物质混合成单一统一体、如何将统一体稀释为多样物质，而且还切实具备这种能力，而人类既不具备这种知识也没有这种能力，不论是现在还是在将来的任何时刻。

所有问题便得到了解答，它们的性质是由最精巧、最优秀的工匠决定的，当这些东西产生的时候，那个自给自足、最完美的神便也随之出现。即便他也利用了那些相关的辅助原因，但除了他之外，却再也没有人能把存在之物设计得如此巧妙。这就是为什么我们必须对两种原因进行区别，也就是对预言和必然的原因进行区分的原因。首先，如果我们要按照自然的要求快乐地生活，我们就必须在所有事物中寻求那种预言；其次，在预言的召唤下，我们必须追寻生命中的必然。原因就在于，离开了必然性，我们所关注的其他物体就不能单独被识别出来，因此也不能以任何方式被我们所理解或参与。

到目前为止，我们已经对不同种类的原因进行了归类，其重要性之于我们就如同木材之于木匠。由此我们可以将零零碎碎的解释拼凑起来了。让我们简略地回顾一下开头的观点，然后一路快速前行，直到到达我们目前所处的位置[1]。让我们试着对我们的解释进行最后的收尾，这和我们以前的讨论是相辅相成的。

在鸿蒙开辟之初，当造物主通过各种方式对万事万物配置比例时，所有的事物都处于混沌无序的状态中，让每个事物自身和其他事物都成比例，如此一来事物才有可能变得完美协调。当此之时，事物没有任何比例性可言——除非它们偶然拥有了比例；它们也没有任何性质，无法通过我们目前所称的火、水等来表征。上帝首先让这些事物拥有了秩序，而后在此基础上开始创造整个宇宙，在这个生机勃勃的宇宙中生存着所有或凡俗或灵性的生物。上帝自己动手制造神性生物，而让子孙后裔负责装饰凡间生物。

他的子孙在装饰凡间生物时仿效了造物主的做法：他们赋予人类不朽的灵魂，然后把灵魂放在一个圆圆的凡俗的容器里（头部），接着又给人类安装了身体，作为灵魂的载体。在身体内部，他们又安装了另一种灵魂，亦即凡俗灵魂。这个凡俗灵魂内部含有许多令人恐惧但又是必不可少的侵扰物：首先是快乐，这是最让恶魔垂涎的诱饵；然后是痛苦，这是一种让我们逃避美好的力量；除此之外，还有勇气、恐惧、愚蠢等各种品质；还有难以熄灭的怒火以及很容易让人误入歧途的希望。他们在这种种侵扰物中注入了未加思量的感觉以及胆大包天的诱惑，按照要求铸造了这种凡俗灵魂。在面对这些侵扰物的时候，他们踌躇着，不敢对神圣的灵魂加以玷污，除非是在无处可躲的必要的情况下。为了防止这种玷污，他们为凡俗灵魂在身体的另一部分提供了栖身之所，这个地方和神圣灵魂相去甚远，他们在头部和胸部之间筑起一道屏障——这便是将二者分割开来的脖子。在胸腔内部以及躯干内他们接着对凡俗灵魂进行装配。由于凡俗灵魂的某一部分天然优越于另一部分，他们在躯干内分段挖了很多洞，据此将男人和女人区别开来。他们将上腹部置于身体某两段之间，以发挥隔离物的作用。（他们将承载着刚毅和血性气质的那一部分凡俗灵魂，也就是雄心勃勃的那部分置于头部附近，具体说来是在上腹部和脖子之间，这样一来，它就能够听从理性的安排，并且共同对负责嗜好的部分加以管束，如果后者拒绝服从头脑中生成的理性的安排的话。）他们将心脏置于胸

---

[1] 参见前文。

腔内部——狂野地沸腾着的血液从静脉中喷薄而出，而后流经身体各个组织，而心脏则是将静脉聚合在一起的器官。这样一来，如果偾张的血液循环脱离理性的束缚，导致某种波及全体成员的不当行为发生——从外部发生的某事，或是内部管辖着嗜好的部分产生的某事——那么每个敏锐的身体器官都可能经由狭窄的血管感应到；在这种情况下，某种警示或是威胁信号便会产生，而罪魁祸首便会乖乖被制伏。如此一来，它们中最好的部分就能够发挥主导作用。

他们预知到心脏的猛烈跳动（当某人产生害怕心理或是血气上涌时，如同热情的膨胀那般）是由火导致的。因此他们设计了另外一个器官来缓解这种躁动：这便是肺。肺是柔软的、不充血的，此外，它内部还有很多像是海绵一样的气孔。这使得人体得以呼吸、吸收水分，并且使得心脏得以冷却，让它能够在兴奋烦躁时平复下来。这就是为什么他们让气管直通肺部，让肺部像是衬垫一样环绕着心脏，如此一来，当心脏内的气血高涨时，其猛烈跳动会受到遏制，使得沸腾的血液得以冷却。在运动量较少的情况下，心脏能够更好地和血气一起发挥理性的作用。

灵魂的一部分负责满足食欲、响应肉体的其他需要，他们将这一部分灵魂置于上腹部和肚脐的边缘之间。在这整个区域中，他们安装某个类似水槽的部位，负责摄取身体所需的营养品。他们将这一部分灵魂贴在身体的下部，看起来就像是野兽一般，但是这部分灵魂对于生物的生存发展来说却是不可或缺的。他们之所以把它放在那儿是为了让它从水槽处得到给养，使其和负责思考的那部分灵魂尽可能隔离，并且尽量少产生混乱和噪音，如此一来，至高部分的灵魂才能平静地思考问题，思考对于整个身体来讲什么才是有益的。他们知道这部分灵魂不会理解理性的要求，即便它可能会通过这种或那种方式稍微感知到理性的曙光，它也无法感受到日日夜夜出现的影像和幻影。因此，造物主通过给人身安装肝脏使其渐染这种能力，将肝脏置于灵魂的栖身之所。他把肝脏弄成某种浓密的、光滑的、明亮而香甜的东西，尽管其属性仍然是苦的，这样一来，从头部释放的思维的力量就能附着于其上，就像是能够接受影像并且反射可视图像的一面镜子。因此，当思维的力量利用自己作为与肝脏的苦涩相适宜的部分、对其发布苛刻的命令时，它便能对这部分灵魂产生威慑作用。通过将苦涩输送至肝脏，它可以将胆汁的颜色投射在其上，使得整个肝脏收缩，让它变得布满褶皱、粗糙不平。它可以让肝脏的叶片变得弯曲、萎缩，阻隔并关闭肝贮器和门静脉缝隙，如此便引发了疼痛和恶心的感觉。倘若理性发出柔和的指令，形成不同于上述的画面时，肝便能借此从痛苦中解脱出来，它不会招惹麻烦，也不会做出有悖自己本性的事情。相反，它会通过使自己趋向和自己的本性相合的甜，恢复自己的平滑无阻，从而使居住在其中的那部分灵魂安详健康。在夜晚的时候它会表现得非常恭谨，因为它没有理性和理解力，它便通过做梦的方式来训练占卜术。我们的创造者回忆起他们父亲要求其将人类塑造得完美的嘱托后，便在我们身体的基础部分注入了占卜术，如此一来，我们便能感知到某种程度的真理。

造物主将占卜术作为一种礼物赐予人类是有充分的证据支撑的：当一个人头脑正常时，不论他受到怎样的启迪，他都不具备任何占卜术；而当他睡着时，或是生病时，抑或某种让人着迷的事物使得他内部发生了改变时，这种理解力便显现了。另一方面，拥有智慧的人会开始回忆并思考这种占卜术或着迷的状态带给他的启迪，不论是在他入睡时还是清醒时。它让人对所有能看见的景象进行分析，以此来决定这对过去、现在或未来起着怎样或好或坏的预示作用，这种预言又是针对什么人的。但是，只要这种天赐的占卜术存在，他便不能够通过自己的眼睛和声音来判断和预测。正如那句古语所言，"只有具备健全头脑的人才能认识自己，掌控自己的行为"。这就是为什么指派特定人员来裁定神明的启迪成为了一种惯例。"预言家"这一叫法是那些对自身诠释者的身份一无所知的人发明的，这些人其实分明可以对那些看起来是谜一样的声音或画面进行解读。比起"预言家"，正确的叫法应该是"对神明之事做出解释的人"。

以上便是对肝脏为何具有这样的特性以及它为何被置于身体那个特定部位的解释——是为了占卜的需要。当每个生物都还活着的时候，这样的一个器官就会露出相当清楚的记号，但是一旦生命消失，这个器官就会随之枯萎，由于太过暗淡而无法再显示出清晰的标记。此外，和其相邻的、位于左侧的器官能使肝脏保持明亮干净的结构，就如同将一块除灰布放置在镜子旁边以备时刻擦拭镜子一样。因此，一旦导致身体染疾的这种或那种杂质附着在肝脏上时，脾脏——一个松散的、带有不含血的空洞的器官便会将它们全部清除并吸收。结果便是：它会被已经清除掉的杂质充满，膨胀至极大的尺寸，而后腐烂化脓。接着，当身体完成清洁，肿胀便会消退，脾会再次缩至正常大小。

在有关灵魂的问题上——它在何种程度上是凡俗的，又在何种程度上是神圣的；它的各个部分是如何分布的，和什么器官相互关联，以及它们为什么彼此分割——如果我们拥有占卜的本领，我们便能验明这所谓的真相究竟是否属实。但是我们只能冒险说我们的解释看起来是"可能的"，不论是现在，还是在其后对事物进行更加审慎的探索时。不过暂且先这么认为吧。

下一个话题按照前面的方法进行论述，即描述身体的其他部分是怎么形成的。下述对其构成的分析可能是最为合理的一种。造物主知道我们在饮食方面不加节制，他们知道贪食会使得我们的消耗量远超实际的需求量。因此，为了防止人类由于疾病而太快灭亡，为了避免人类过早衰亡，他们远见卓识地创造了小腹这一器官，用以储存过量的食物和水分。他们把肠子绕成圈，以防止因养分过快流失而使得身体以同样快的速度渴望摄取养分，从而变得贪得无厌。这样的贪食会使得整个人类无法从事哲学和艺术创作，也无法好好看护我们身体里的神性。

下面讲讲我们的肉、骨头和身体的其他机理。首先要说的就是骨髓的形成。只要灵魂依然依附于身体，生命的链条就深植于骨髓之中，从而使得人类可以存活。骨髓独立于其他身体构件而存在。这是因为上帝将构成骨髓的未曾弯折的、平滑的基本三角形从其他三角形中抽离开来，从而使得骨髓能够很好地与火、水、空气和土融合在一起。上帝按照合适的比例将这些物质融合在一起，由此构成了骨髓——所有凡间生物的"种子"。接着，他在骨髓内植入了各种各样的灵魂，让灵魂与骨髓紧紧贴合。做好这些初始配备后，造物主忙不迭地按照灵魂的类型为之分配数量和种类皆匹配的形状。随后，造物主开始用模子制作接受神圣种子的"运动场"，该运动场圆圆的，被称为"大脑"。每个生命体在完成时都配备有一个脑袋，作为骨髓的容器。然而，造物主将承载剩余的凡俗灵魂的部分切割成圆而细长的形状，将它们合称为"骨髓"。为了保护我们的灵魂，上帝为骨髓安装了很多纽带，而后沿着骨髓构建身体的其他部位，首要的便是作为骨髓遮盖物的骨头。

造物主是按照下面的方法构建骨头的：他挑选出纯净而光滑的土壤，揉捏，然后将其泡在骨髓里。接着，他将这种混合物置于火中，而后又用水浸泡，随后再置于火中，如此反复。经过火与水的洗礼，该混合物变得不可溶解。他利用这种物质塑造出了包裹大脑的圆而瘦的球形物体，并为其留出了一条狭窄的通道供其出入。接着上帝用模子做出包裹脖颈和后背处骨髓的脊椎，把它们一个挨着一个地摆放，从头部开始沿着整个躯干向下蔓延，以发挥身体支柱的作用。为了最大限度地保护所有的种子，造物主用某种坚硬的"围场"将其包围。在这个围场中，上帝安装了具备不同特征的关节，以使得骨髓能够自由地移动和收缩。

此外，造物主认为这样造出的骨头太过脆弱且不够灵活，而且过热和过冷的转变又会让它容易分解，使得其中的骨髓迅速受到破坏。这就是为什么上帝又造出了筋和肉。他将四肢和筋绑在一起，筋既能收缩又能扩张，使得整个身体可以沿着脊椎伸缩，而筋亦能得以舒展。造物主安在人体上的肉既能抵御夏天的酷热，又能抗御冬天的严寒。此外，它还能抵御外伤，像我们身上穿的毡制遮盖物一般柔软，且可轻盈地移动。我们体内所含的温暖的水分在夏天时会挥发，起到排汗作用，通过润湿裸露在外的身体，将身体自身的寒气传递至身体各个角落；而在冬天时这种水分在火的作用下会起到适度的防御作用，能够很好地抵挡身体外部所结的霜的入侵。以下便是上帝为我们设计筋和肉的过程，像是上蜡一样：他用水、火和土造出一种混合物，并对这种混合物进行调整，接着他又造出了一种又酸又咸的复合物——发酵混合物，并将其和前一种混合物结合在一起，由此便产生了黏稠而柔软的肉。上帝用骨头和未发酵的肉的混合物制成了筋这种单一的黄色物质，作为二者的中介物。这就是为什么筋比肉弹性更好、更牢固，却比骨头更柔软湿润。造物主用筋和肉包裹住骨头和骨髓。首先，他用筋将骨头相互连接，然后在它们上面铺上一层层的肉。

造物主将含灵魂成分较多的骨头用很薄的一层肉包裹起来，而对那些灵魂含量较少的骨头则覆盖以一层较厚的肉。在骨头的结合处，由于它们看起来似乎不需要肉，因此造物主仅仅覆盖上一层很薄的肉，这样一来，关节的伸缩能力就不会受到妨害，否则的话身体会很难移动。而另外的一个原因是：如果覆盖上比较厚的肉，骨头结合处就会变得极为厚重，身体的灵活度便会降低，从而使得人的思考能力变得迟缓而模糊。这是造物主绝对不愿意看到的。

这就解释了为什么大腿和小腿、臀部、双臂（上臂和下臂）和其他不含关节的部位以及内部骨骼全部溢满了肉，因为它们的骨髓里灵魂含量非常少，因此也就缺乏智慧。相较之下我们会发现，所有拥有智慧的身体部位都不是那么肉嘟嘟的，只有一个部位除外——舌头，因为它是作为一种感觉器官被创造的。但是在大多数情况下，拥有智慧的身体部位都不会是肉乎乎的。因为在必然性的作用下，任何拥有着敏捷锐利的感觉的事物都无法容下粗壮的骨头和厚厚的肌肉。若不是这两种性质（敏捷和锐利）的排斥反应，我们的头部就不会成为今天这个样子,否则的话,顶着由筋和肉作为屏障的头部的人类就会拥有两条生命,甚或更多,而多出来的生命会比我们现在仅有的一条要更为健康、更少承受痛苦。然而,造物主在权衡利弊之后——究竟是该让人类拥有更长但却稍显不美好的生命,还是缩短其寿命提高其质量——最终决定,后者在任何方面而言对人类都是最好的。这就是为什么诸神在制作头部时只用了稀疏的一层骨头——没有肉或筋,主要是鉴于头部并没有任何关节。基于这些原因,头部被塑造得颇为灵敏而聪慧,但是同时,它也比身体其他部位脆弱得多。考虑到这点,上帝绕着脖子为头部的边缘装了若干根筋,让它们均匀地契合。造物主让颚骨的尾部紧紧贴着脸颊下部。其他的筋则按照关节连着关节的原则沿着四肢分布。

造物主为我们的嘴配备了牙齿、舌头和嘴唇,这样做不但是必要的而且好处多多:经过这样的设计,嘴不但能吸入那些必要的物质,而且能够输出最好的东西。必要的物质指的是吸入嘴里、能为身体提供养料的东西,而从嘴里流出来的言语——这无与伦比的智慧的工具,则是最好、最精妙的。

此外,考虑到季节性冷暖交替的极端性,头部不可能仅仅由骨头造成,而不含其他任何东西。另一方面,任何藏匿其中的肉都可能让大脑变得不那么灵敏聪慧,这是万万不被允许的。于是,一层大得不成比例的外层(现在称之为皮)从没有完全干燥的肉中分离出来。大脑片区里的水分使得这一外层皮肤能够自动聚拢在一起,并且在头部周围快速地生长。在缝合线下面,水分将它们浸湿,并让它们紧紧靠近头部,像打结一样将它们结合在一起。在(头部)运转和营养的影响下,缝合线差别很大:运转之间的冲突越大,缝合线越多;冲突越少,数量越少。

紧接着,神圣的部分(大脑)便开始用其神圣之火刺破皮肤周围的整个区域。一旦皮肤被刺破、水分向外渗透出来,体内的湿和热便被释放了出来。在这个动作的吸引下,和皮肤具有相同组成的部分便被拉长到皮肤外面很远的地方,但厚度不超过被刺破的洞(其所通过的孔)。然而,它移动非常缓慢,因此,周边的空气便向内后方推搡它,让它在皮肤下面卷曲起来,并在此安营扎寨。这就是毛发在皮肤上生长的过程。毛发是纤维状物质,和皮肤的组成成分一样,但是在冷却过程中制毡效应的作用下,毛发要更坚硬、更浓密;一旦毛发和皮肤分离,它便冷却了下来,黏合在了一起。

由于长出了头发,我们的头部变得毛茸茸的;造物主之所以这么设计的原因前面已经提过。在造物主看来,头部不应该是光秃秃的,应该有一个保护层来遮挡：它是轻盈的，夏天时可以为头部遮阴，冬天可以御寒，如此一来头部的灵敏度才能不受任何阻碍或破坏。

手指和脚趾尾部的筋、皮肤和骨头是交织在一起的。这三者的混合物干燥后会形成一种单一的物质，亦即一层硬皮，情况无一例外。然而这些只不过是其形成的辅助原因——其产生的根本原因乃是为了后代着想：我们的缔造者非常明白，有一天女人以及所有的野兽都会由男人来生育，而出于很多原因，男人的这些后代会需要指甲、爪子或蹄子。这就是为什么造物主在创造人类的时候十分留意保存指甲的基本形状——他们一开始便这么做了。正是由于这些原因，他们为人类配备了在肢体末端生长的皮肤、毛发和指甲。

如此一来，凡俗生物的所有组件、所有肢体就宣告制作完成了，它们共同构成了一个自然的整体。然而，人的生存环境依然是由火和空气组成的，这会导致人类日渐衰退、枯竭，最终灭亡。因此造物主造出了某种东西来保护人类。他们造出了另一种混合物，并赋予了这种混合物某种和人类相仿的性情，尽管其拥有不同的特征和感觉，也是因为这不同的属性它们才成为另外一种生物。这便是可栽培的树、植物及其种子，它们为农业艺术所驯化而来，供人类使用。但是一开始的时候只有野生的树、植物及其种子，并没有人工栽培的。我们之所以称这些物种为"生物"，是因为所有有生命的东西都拥有着被称为"生物[1]"的不可辩驳的权利。事实上，我们现在所谈论的这种生物构成了第三种灵魂，这种灵魂位于我们的下腹部和肚脐之间。这种类型的灵魂完全没有观念、理性或理解力，即便它拥有感觉，能够感受到快乐和痛苦，并且还拥有欲念。在这种灵魂的整个生命历程中，它都是消极的，造物主在它的生成过程中并没有赋予它辨识和思索自身特征的禀赋，它不能通过内部和自身的运动来排斥外来运动并且形成自己的固有运动。因此，即便它是活着的、是生命体，但是它总是保持静止不动，静静地扎根在土里——一切的一切都是因为它缺乏自动。

---

[1] 此处对应的希腊词为zoa（其实更为合适的译法是"动物"），它在蒂迈欧的字典中和"生命"是同根词。在他看来，因为植物拥有生命，它们便可以被称为zoa，即便它们事实上并不是动物。

所有这些植物都是我们的主人栽培的，目的就是为了滋养我们。做完了这些后，造物主又继续在我们的身体内切割出很多通道，就像园子里的水管一样，以使我们的身体能够得到外部来的流水的灌溉。首先，他切出了两条静脉，两条隐藏在和肉连接的皮肤下面的通道，让它们沿着后背向着相反方向下流——身体是一体两面的，既有左侧又有右侧。他让这些静脉沿着脊椎分布，并且在中间放上了维持生命的骨髓，使它得以最好地生长，并让血流能够顺畅地从这个地方向下流出、均匀地灌溉身体的其他部位。他接着把这些静脉和头部区域分开，并且让它们彼此交织，沿着相反的方向将它们交叉在一起。他们把这些静脉从身体的右侧转移到左侧，又把左侧的静脉转移到右侧，这样一来，它们便和皮肤一道发挥着稳固头部的纽带作用——因为头部并没有相连的筋来保护它。他之所以这么做，最重要的是确保身体感官接收到的来自身体两侧的种种刺激能够作用于整个身体。

造物主是按照如下方式继续装饰灌溉系统的。如果我们首先同意这一点的话，事情会更加容易理解：由较小的部分构成的东西能够容纳较大的部分，而由较大部分构成的东西却不能容纳较小的部分。在四大物质中，火是由较小的部分组成的，这就是为什么它可以穿过水、土和空气以及这三者的合成物。然而，没有任何东西能够容得下火，同样的道理适用于我们的腹部。当食物和饮品下沉到腹部时，腹部能够装得下它们，但是却装不下空气和火，因为空气和火是由较小的部分组成的。因此，造物主便利用火和空气让腹部生成能够流向（两条）静脉的水分。他用空气和火织出了一条看起来很像渔栅的交叠结构体，其入口处有一对"烟囱"，而后他又将其中一个"烟囱"拆分成两个。上帝又从这些"烟囱"里面抻出了一些"芦苇"，这些"芦苇"遍布整个结构体、一直蔓延到其末梢。上帝用火制作这个网的内部；而"烟囱"和外壳则用空气做成。

造物主按照下面的方式将这个网格体铺到生物上面。他将"烟囱"部分插进嘴里，鉴于一共有两个"烟囱"，造物主便让其中一个沿着气管一直下通到肺部，而让另外一个沿着气管直通腹部。造物主将第一个"烟囱"一分为二，每一个都插到鼻孔里作为排气管，这样一来，当气流不能通过其中一部分从嘴里排出时，就可以通过另外一部分得以释放。造物主让网的另一部分——也就是外壳，沿着身体的中空部分生长，而后他又让整个外壳一起轻轻地流到"烟囱"上（对它们进行压缩），因为它们是由空气构成的——当"烟囱"回流时（再度膨胀），造物主让交叠结构体沉入并穿过整个身体——身体内有很多空洞，而后再次向外传递[1]。他让身体内部挨边捆绑的火线（外壳内）沿着空气向两个方向流通。只要凡间生物一息尚存，这个过程便不会停止；这便是造物主（我们是这么叫的）所说的吸气和呼气的现象。整个作用和反作用的模式在灌溉和冷却我们的身体的同时，为我们供给营养，滋润我们的生命。原因就在于，每当与吸进或呼出的气息结合在一起的内火按照这种模式沸腾的时候，它就会不断地上下跳动，进入腹中，在那里摄取食物和水。它会溶解或分解成微小的部分，然后穿过其前行的出口通道，并将它们输送到静脉中，如同泉水中的水被转移到水管中一般。如此一来，静脉中的血便如流过导管一样流经整个身体。

让我们接着思索一下呼吸是怎么一回事，是什么导致了它具备现在的特质？事情是这个样子的。由于移动的东西中没有任何可进入的空间，而我们呼出的空气却在远离我们向外移动，空气便不可能进入空隙中，而是将旁边的空气挤出其原本的位置。当这种空气被挤出时，其旁边的空气也会被顺带出去，如此循环往复，周围的空气便不可避免地流入了原来的空气被挤出的地方，将那个地方重新填满。这些都在转瞬之间发生，就像轮子的转动那样迅速，因为空气中并不存在任何空隙。结果就是，每当我们呼出一口气，胸腔和肺部区域很快便被身体周围的空气重新填满，此处的空气指的便是不断经历替代循环而渗透至中空的肉之间的空气。当空气再次转头并穿过身体向外输送时，它会通过嘴巴和鼻孔向内推动呼吸的生成。

这些过程是怎么启动的呢？我们必须做出下述假设：对每一个生命体而言，其内部靠近血和静脉的部分是它温度最高的部分——因为其内部存在一个由火组成的喷泉。我们可以将它比作渔栅这种交叉结构体；我们已经说过，它是完全由火构成的，其中部呈现出整体延展的形态，而剩余的部分，也就是外部各部分则是由空气形成的。毋庸置疑，热的东西有着向外移动至合适的、和其亲近的区域的自然趋向。在此情况下，向外的通道有两条，一条经由身体（的毛孔），另外一

---

[1] 在蒂迈欧眼中，"外壳"是躯干外部包裹着的由空气组成的一层东西，随着人呼气吸气，这层外壳沿着身体的缝隙进入体内，而后又再次被挤出。

条则经由嘴和鼻子通向外部。因此，每当有热空气从其中一条通道中挤出，它便会将周围的空气推进另外一条通道中，被推向周围的空气遇到火便会变热，而被推到外面的空气则会冷却下来。随着温度的变化，在其中一条或另外一条通道中穿行的空气会变得越来越热，而空气越热，越趋向于沿其前行的通道折返回去，由于它不自觉地就会朝着和自身相似的东西移动，周围的空气便被它推向另外一条通道。空气也是这样被影响的，每次都会产生同样的效果；在这些原则的作用下，它会产生一种前后摆动，由此推动吸气和呼气的发生。

我们应该继续照此思路研究医疗拔罐和吞咽相关现象的原因，以及所有发射到空中和沿着地面射弹的抛射物的运动。此外，我们还应该研究所有的声音，无论其快慢与否——我们听到的音调或高或低的声音。有时候，当它们朝我们移动时，若在我们内部产生的动作缺乏一致性，则产生的声音便是不和谐的；而在其他时候，当这些动作具备一致性时，声音便是和谐的。（后一种情况是这样的。）较慢的声音之所以能追上较早和较快的声音的动作，是因为后者已经消失，并且已经到达与其后产生的较慢声音引发的动作一致的点。较慢的声音在追赶它们的时候，并不会侵扰它们，尽管它们会产生另一个动作。相反的，它们将与其相符的、较慢的声音嫁接到较快的、正在慢慢消失的动作上，由此便产生了某种单一的效果——高音和低音的混合。它们由此为傻瓜带来乐趣，而为聪明人带来快乐——通过凡俗动作中所蕴含的神圣的和谐之意来表达。

此外，每一种水流，即便是雷电的产物以及琥珀和天然磁石所带来的神奇的"吸引力"，在所有这些情况下都不存在吸引力。细心的研究者会发现它们没有空隙；这些事物把自己推向彼此；所有事物都通过交换位置来移动，不论是在混合过程还是在溶解过程中。研究者会发现这些"巧夺天工之作"不过是这些现象之间相互关系的产物。

呼吸现象便是个恰当的例子，可以为此提供解释。上述便是其存在的原则和原因，如我们前面所述。火切割开食物（在我们腹中），它会随着呼吸在我们的体内来回振动。随着振动的持续，火将切成小块的食物从腹中抽出，把它们挤进静脉里。这便是养分在所有生物体内流动的机制。这些新鲜的食物是从上帝为了供养我们而创造的水果或是蔬菜的同类食物中切割下来的，这些食物混合在一起后形成了各种各样的颜色，占据主导地位的是一种微红色，该颜色是火在水分作用下切割和着色的结果。这就是为什么我们体内流动的液体的颜色呈现红色；这种液体被我们称为"血液",它供养着人体的肉和其他组织。血液滋养着身体的各部分,为被损耗的部位补充养分。补充和损耗两种过程都遵循宇宙内部所有物体运动的方式:它们都朝着自己的同类前进。在这种情况下,外部环境不断地损耗我们,通过把每一种(基本)种类分配给自己的同类来为我们身体的各部位做出配置。随后,我们血液中的养料被切碎了,被单个生物体所包围,就如同被宇宙的框架所包围那般,而其必然会模仿宇宙的运动。所以,由于每一个被切碎的部分都朝着自己的方向移动,那个刚刚耗尽的区域便再次得到了补充。在每一种情况下,每当流出体外的东西多过流入(对它进行补充)的部分,身体便会萎缩;而当流出体外的部分少于流入的分量,身体便会生长。因此,当一个生命体的结构比较稚嫩时,构成其的基本三角形便也是"刚刚才切割完成",这些三角形紧紧地锁在一起。因为这些三角形才刚刚从骨髓中间长出来,并且被喂足了养分,因此其整体架构是柔软的。当构成年轻生命体所需的食物和饮料的这些三角形从外部进入体内并被包围在其中时,身体自身的新三角形会开始切割并压制其他比自己年长而羸弱的三角形。生命体由此得到数量巨大的同类部分的滋养,开始越长越大。但是,当三角形的根由于多次冲突而松动时,它们已经与数目众多的对手进行了旷日持久的冲突,因此,它们无法再将进入其内的、提供食物的三角形切割成与自身相符的形状。它们被侵略者在外部轻而易举地摧毁。每一种生物体都会在失败的时候衰竭,进入我们所说的"老年"状态。最终,骨髓周围紧紧锁在一起的三角形再也无法支撑,于是就在压力下溃不成军,当这种情况发生的时候,它们就会释放灵魂的纽带。随后,灵魂以一种自然的方式放飞自我,感受自由翱翔的愉悦。我们前面说过,所有不自然的东西都是痛苦的,而所有自然而然发生的东西都是愉快的。死亡也是如此:疾病或受伤导致的死亡是痛苦的、被迫的,但随着老化过程的终结而自然降临的死亡则并不怎么痛苦——这种死亡是愉快的,并不是痛苦的。

　　疾病是如何产生的?我认为其过程再明显不过。鉴于身体是由土、火、水和空气四种元素构成的,某种元素可能会以损害其他种类元素为代价非自然地增长。这些元素或许会交换位置,每一种元素都会离开自己原有的地方,移动到其他元素所在的区域。由于火和其他元素的种类不止一个,某个特定的身体部分可能会容纳下原本并不契合的特殊种类的元素。在这些情况下,冲突和疾病便会接踵而至。原因就在于,一旦出现任何非自然改变,原本冷的身体部分会变热,原本干燥的部位会变得潮湿，原本轻盈的部分会变得沉重，不一而足。它们以各种各样的方式经历着各种各样的改变。我们其实是这样认为的：只有当到达或离开身体特定部位的东西与该部位相同时，身体才会保持平稳、健康、有生气。另一方面，任何越过这些界限的入侵都会导致多重变化的状态，从而引发多种多样的疾病和衰败。

此外，由于自然界中还有许多次生结构有待挖掘，任何意图研究疾病的人都必须学习一系列课程。由于骨髓、骨头、肉和筋是由基本物质构成的——血也是由四种基本物质构成的，虽然形成的方式不尽相同——大多数疾病都是经由上述方式导致的。但是最严重、最具致命性的疾病却是在促进结构形成的过程被颠倒时发生的。当这种情况发生时，疾病便会恶化。血液形成肉和筋是一种自然过程，其中，筋是由纤维（和血液是一种物质）构成的，而肉是由筋分离而凝结的那部分血液构成的。某种黏而多油的物质会反过来从筋中冒出来，而肉不但使骨头和肉粘在一起，还会对骨髓包围的骨头自身予以给养，使得其更好地生长。由于骨头密度很大，渗入的那部分物质就像最纯净、最光滑、最油腻的三角形一样，在骨头内部形成液滴，并且融化骨髓。当每一种情况都是这样时，健康通常会随之而来。

然而，如果事情向着相反的方向发展，疾病就会不期而遇。当被耗损的肉将其损耗传递回静脉中时，静脉里包含的就不仅仅是空气了，还有多种多样的冗余的血。这种血会呈现出许多颜色，但是尝起来却是苦的，甚至还会是酸的或咸的，其中会包含各种类型的胆汁、血清和痰。这些都是有摧毁作用的产物和中介物。它们不但会腐蚀血液，而且以后再也不会为血液提供营养了。它们沿着静脉到处移动，再也不遵循自然循环的秩序。它们对彼此皆是有害的，因为没有任何一方能够从对方身上享受到任何好处，而对守身如玉、坚守自己阵地的身体组成部分，它们又合力发动了一场破坏性极强、惨绝人寰的"战争"。

尽管肉体最衰老的部分已经遭到了损耗，它依然顽强地抵抗着同化作用。受迟滞的燃烧过程的影响，它通体变黑，又在全身被吞噬的情况下变得苦涩难当，于是它便开始对尚未遭到破坏的身体其他部分展开猛烈的袭击。有时它身上的苦涩能被极大程度地冲刷掉，其黑色的外表便呈现出酸性，替代了原本的苦涩。而其他时候，苦涩则在血液中越积越多，此时血液便越发呈现红色，在和黑色混合后变成了青草绿色。此外，当被燃烧的火焰分解的肉体较为稚嫩的时候，其和苦涩混合后的颜色呈黄橙色。此类物质被称为"胆汁",这个名字或许是医生起的,又或许是其他目光如炬的人起的——这种人能够从纷繁复杂的不同类事物中看出一致性所在,从而给它们一个统一的名称。至于所有可以称为胆汁的东西,每一种根据其颜色都有独特的定义。以血清为例:血液中含水的那部分血清,是良性的;而黑色、作为酸性胆汁一部分的血清则是恶性的,因为热气使得它沾染了咸的属性,这种物质被称为酸痰。此外,当由嫩软的肉分解而来的物质暴露在空气中,随风吹动并且被水分包裹时,便产生了气泡,这些气泡单个太小、肉眼并不得见,而组合起来后便成为肉眼可以看见的巨大的物质。在泡沫溢出后,这些气泡便显露出白色。分解后的嫩肉和空气发生这种反应产生的物质被称为白痰。此外,刚刚成形的痰内含有构成汗和泪的水分,以及其他每天身体都会排出的杂质。一旦血液并非以自然的方式由食物和饮品中的营养物质来补充,而是以违背自然的方式从相反的来源中得到补充时,所有这些东西便都会成为疾病的来源。

当肉体的特定部分被疾病腐蚀分解时,只要肉的基底尚未被侵害,身体遭受灭顶之灾的概率便大大降低,因为此时仍存在快速愈合的可能性。但是,一旦将肉和骨头粘在一起的物质发生病变,并且这种物质由于和肉、骨头以及筋分离开来而无法再给养骨头或无法再让肉和骨头粘在一起,它便在坏的摄取物的作用下从光洁、光滑、油滑而变得粗糙、咸腥甚至萎缩。在这种情况下,所有受到上述影响的物质都会分崩离析,缩回肉和筋里,并和骨头分离。随之崩坏而离开根基的肉使得筋变得光秃而充满盐水。肉体自身则向血流屈服,在二者的共同作用下,前面提到的疾病就变得更为恶劣。

这些过程已然颇为严峻,而更为严峻的则是那些影响更多基础组织的病痛。当肉的密度阻碍了骨骼换气时,骨骼便会发霉,导致其自身变得过热。坏疽因此开始形成,骨头再不能摄取营养。而后它开始碎裂,并在逆向过程的作用下被分解成随后会被肉体吸收的养分,当肉陷入血液中时,所有先前提到的疾病会变得更加狰狞。但是最糟糕的情况是疾病侵入骨髓,这既可能由某种缺损所致,也可能是某种物质过剩的结果。这会导致人患上最剧烈、最具致命性的疾病,使得所有的机体过程向后倒退。

此外,还存在第三类疾病,其产生方式可以分为三种。第一种来源于空气,第二种来源于痰,第三种则是由胆汁导致的。第一种情况:当作为向身体输送空气的分配器的肺部被体液所阻时，它们便无法再发挥这种清洁通道的作用。有些地方空气无法进入，而其他地方可允许进入的空气的量却会变得异常之大。在前一种情况下，身体的某些部分由于无法呼吸而开始衰退，而在后一种情况下，空气通过静脉前行，将静脉弯折得仿若绳索一般。空气试图挺进身体的中心区域，亦即包含着上腹部的区域，却吃了个了闭门羹，于是身体便开始受到损耗。这种种因素会让身体罹患无穷无尽痛苦难熬的疾病的折磨，每每使得人汗流如注。通常而言，当肉在身体内部分解时，空气便在此处产生，但是却无法排出去。此时，空气会像外部涌入的空气那般，给身体带来钻心刺骨的痛苦。当空气停泊在筋和静脉周围时，所带来的痛苦是最为剧烈的，此外，空气还会使得筋和静脉肿胀起来，将"挡板"（肩膀和臂膀的大筋）和与它们粘在一起的筋向后拉。毋庸置疑，破伤风和角弓反张这两种疾病的名字的由来正是受到了这种拉伸现象的启发。这两种疾病很难治愈。事实上，发热是这种疾病得到缓解的最佳预兆。

第二种情况：至于白痰，只要身体内含有这种物质，在其气泡内的空气的作用下，事情便会十分棘手。但是，如果有办法可以将这种白痰排出体外，情况就会变得乐观得多，即便它会让身体满布白色的、鳞状的斑点，并且引发相关的疾病。如果将它和黑色的胆汁相混合，而后将混合物撒向头部的神圣回路中，那些脑回路就会陷入困惑混乱的状态之中，这种作用在人入睡时比较温和，但是如果在人清醒时出现，便会让人难以摆脱。鉴于这种疾病发作于身体中的神圣部位，将其称为"神圣的"疾病是完全中肯的（比如癫痫）。

酸性和咸性的痰是由血液灌注产生的所有疾病的罪魁祸首。这些疾病的名字多种多样，这是因为血液流入的身体区域也是多种多样的。

第三种情况：身体的所有炎症（之所以如此命名是因为它们会呈现灼烧或"燃烧"的状态）都是由胆汁引发的。如果胆汁有向外排泄的渠道，它便会沸腾，长出各式各样的肿块，但是，如果它在身体内部被阻塞住，便会导致很多炎性疾病。当胆汁和干净的血液混合在一起、破坏血液中遍布的身体纤维的排列时，最糟糕的情况便会出现。这些纤维起着保持薄度和厚度平衡的作用，防止血液因为体温过高而流动过快，而从身体的毛孔中渗出，同时也能防止血液变得太过浓稠而变得笨拙并难以在静脉间循环。在其自然成分的作用下，这些纤维可以在这些情况下保持某种合适的状态。即便人死后，当血液冷却后，如果纤维（从血液中提取）被收集起来，其残留物仍然会维持黏软的状态，但如果它们留在血液中，便会同周围的血液一起立即凝固。那么，考虑到纤维对于血液有这种影响，尽管胆汁——作为原始血液的来源，在肉的作用下再次液化成血液——由于少部分入侵到血液之中，最开始呈现热而流动的状态，而后在纤维的影响下凝固，在其凝固、释放热量的过程中会导致身体内部由于寒冷而打寒噤。但是随着涌入的胆汁越来越多，它便凭借自己的热量战胜了纤维。它沸腾不休，把它们搅得鸡犬不宁。如果它能够将这种能力保存到最后，它便会渗入到骨髓中将其烧光，由此使得支撑灵魂的夹板出现松动，从而让灵魂得到释放。但是如果胆汁的数量较少、身体尚能抵御被其分解，胆汁自身就会变得能量过剩，要么被整个身体所驱逐，要么被静脉压缩至上腹部或下腹部后被驱逐出身体之外，就像一个在内乱中被城邦驱逐出境的流犯一样，导致腹泻、痢疾和其他同类疾病。被过剩的火折磨的身体会处于持续不断的高温和发热状态中；被过多空气折磨的人则会每天经受发热的折磨；而被过剩的水折磨的人则每隔一天就被发热所侵蚀，这是因为水比空气和火都稍显迟钝些；被过剩的土（四种物质中行动最迟缓的）折磨的身体则会在四倍的时间周期内得到净化，产生每四天出现一次的发热现象，而这种发热是极难被克服的。

以上解释了身体疾病是如何产生的。下面说说身体状况导致的灵魂抱恙是怎么一回事。毋庸置疑，精神缺失是灵魂染疾的罪魁祸首，而精神缺失可以分为两类。一类是癫狂，另一类是无知。如果一个人呈现出其中某一种状态，我们就可以断定他的灵魂患病了。

我们必须承认，对灵魂构成最大威胁的疾病乃源自于过量的快乐和痛苦。当一个人寻欢作乐太过，或是遭受的痛苦太多，而这个人依然不合时宜地沉浸于其中一方、对另一方采取回避的态度，我们就可以说他缺乏正确的判断（用眼睛看或是用耳朵听）能力。他会开始胡言乱语，这时的他是最缺乏理性思维能力的。如果一个人的骨髓的种子长得太过繁盛，像是一棵树结出了数量太过庞大的水果，那么他便要开始承受一系列突如其来的痛苦或快乐的折磨了，这种痛苦和快乐是由欲望和现实之间的不协调而产生的。这些极端的快乐和痛苦让他疯狂，即便是他的身体让他的灵魂染疾、丧失智慧，人们却不会认为他生病了，而是觉得他自甘堕落、变得邪恶了。但是纵欲过度的真相却是：它是灵魂所患的一种疾病，之所以产生这种疾病，首先是因为在骨头的多孔性下，某种单一物质会潜入体内，让身体变得潮湿。实际上，过分沉溺于欢愉之中被认为是该受到谴责的，仿佛那些人是有意作恶一般。但是为此谴责别人其实是不对的，因为没有人愿意作恶。一个人若变坏了，要么是因为身体出现了一种或多种不好的状况，要么是因为在成长过程中没有受到良好的教育。遭受这些恶劣状况折磨的人也并不愿承受这些痛苦。

灵魂之所以会痛苦，也是身体出毛病导致的。当人体内的酸性和盐性黏液，或者那些苦涩恶心的体液在身体内四处游走，因为找不到外泄通道而郁结在体内时，就会将它们产生的气和灵魂的运动混合在一起，灵魂也因此出现各种严重程度不等、发病频率不一的疾病。在攻击灵魂的三个区域时，这些疾病中的每一个都能在攻击区引发暴躁、抑郁、无力或胆小的行为，健忘和迟钝更是频发。另外，当拥有这些糟糕身体构造的人们受同一个糟糕政府的统治时，人们的公开言论或私下讨论也不会好到哪里去；他们从小就没有思考过能够根除这个问题的良方。我们中的坏人变坏就是这两个远远超出我们控制的原因导致的。所以，该受责备的应该是父母长辈和养育者之流，而不是子女后辈和被养育之人。就算如此，人们还是应该尽可能地驱恶扬善，通过他人的教育也好，通过自身的探寻也罢。关于这点，在这里我们不作讨论。

现在我们要开始反过来讨论如何进行身心保健，毕竟比起消极的主题，人们还是更愿意谈论一些积极的主题。好的就是美的，就是比例得当的。所以我们必须承认，好的生物是不存在比例失调这个问题的。我们能够察觉并计算一些次要的比例，但是至关重要的比例却超出了我们的计算和理解范围。在界定健康和疾病，好与坏时，灵魂和身体之间的比例关系是最为重要的，但是我们却忽视了这点。同时，我们也没有意识到，当强大优秀的灵魂只有一个虚弱无力的身体作为载体时，那么这个生命体整体就会丧失美感，因为它最重要的比例失调了，反之亦然。然而，如果一个生命体同时拥有强大的灵魂和有力的身体时，它将成为其伯乐眼中最美丽动人的存在。试想，如果一个身体某处比例失调了，比方说腿太粗了或某处太大了，那它不仅丑陋，更会遭受各种无妄之灾。由于身体不协调，它变得孱弱多病，走起路来也是东倒西歪，摔倒也是常事。这就是为什么我们应该多想想那些有资格被称为生物的存在，想想它们的灵魂和身体是如何匹配结合的。当灵魂的力量大过身体时，一旦灵魂开始躁动，它就会搅乱整个身体结构，引发疾病。当它专注于某一种疾病或是某一种研究时，整个身体就会垮掉：在进行公开或私人教导，或是进行舌战时，剑拔弩张的氛围和争强好胜的灵魂会让身体进入兴奋状态，从而产生各种代谢物，导致绝大多数所谓的医生出现误诊的情况。另一方面，如果身体的力量强过灵魂，也就是说，如果灵魂太软弱无力，那么，由于人类有两种渴望——一种是身体对食物的渴望，一种是灵魂对智慧的渴望——力量更强大的那一方就会占据主导地位，并将自身利益无限放大。这样一来，灵魂就会变得愚钝健忘，并引发最严重的后遗症，那就是无知。

事实上，我们有一种方法来应对以上两种情况，但绝不是通过光锻炼弱小的一方来达到保健的目的，比方说，光锻炼灵魂，或者光锻炼身体，要实现二者的平衡，才能最终保全身体和灵魂。数学家或其他脑力运动的狂热爱好者也应该练练体操，锻炼身体；而身体强健的人也应该陶冶情操，学习知识，强化灵魂。这样的人才对得起智勇双全的称号。身体的各个部位也应该按照这个方法进行锻炼，以模仿宇宙的构造。体内的外来之物能够使得身体或冷或热，体外之物则能够使得身体或干或湿，这些外来之物或体外之物的运动还会带来身体的后续变化。如果人们对这些运动无动于衷，坐以待毙的话，身体就会垮掉。但是如果效仿宇宙对我们母亲般的养育，坚定不移地抵抗任何形式的消极停滞，持之以恒地调动身体的各个细胞，那么人们内在和外在的运动将同时达到自然的平衡状态。如果对身体细胞的调动是经过精心计算的，那人们体内的那些四处游走的基本元素就能重拾秩序，就像之前我们描述的宇宙恢复秩序一样。而这个人体内的相克之物也不会激发战争，引发疾病。相反，他体内的元素将和谐相处，带来健康。

最好的运动就是自我的运动、自发的运动。这种运动方式和理性思考同宇宙运动最为相似。一旦有第三方介质的参与，运动的优势就会大打折扣。最次的运动方式就是被动地靠外物来带动各部分陆续运动。这也是为什么体育运动是排毒保健的最佳方式。其次就是车船颠簸这种不会使人疲劳的运动。再者就是用药通便，这种方式仅适用于特殊情况，正常人是不会随便乱用这种方法的，因为误用乱用会加重病情。每一种疾病都和自然生物一样，有着特定的组织结构。事实上，它们自始至终都遵循着既定的规律，所有的物种都是这样，不管是物种整体还是单一个体。如果没有不可抗因素的话，其中每一个物种都有着自己固定的生命周期。这是因为每一个生命的三角形自起源之初就已成型，从而保证物种有限的生命周期实现最大化。如今的疾病都有着相似的组成，所以当人们企图用药物使之灭绝时，小病就会变成大病，偶发就会转为频发。这就是为什么人们一有时间就要密切关注这些疾病，而不是用药物来激化痼疾。

至此，我们将不再讨论生命这个整体、身体各部以及如何才能靠自己实现最优的理性生活。我们须要格外重视的就是实现上述目的的主导因素，保证这个主导因素能够完美地胜任其工作。如果要彻底讨论这些话题，那工程量将会非常大。但是如果我们仅将其视为一个副题，就像之前的解释说明一样，那么就可以用以下的观察结果来完成相应的解释。

我们已经说过很多次，我们体内的灵魂有三种不同形态，每一种都有着独特的运动方式。我们现在也必须做一个简短的说明，在这三种形态中，懒惰被动的那个只会越来越虚弱，而持续运动的那个则会越来越强大。为此，我们必须将它们各自的运动方式控制在合适的比例之内。

现在我们必须承认，灵魂中至高无上的那部分是造物主的恩赐，是我们的灯塔。毋庸置疑，这部分位于身体的最高层，将我们从大地的束缚中解脱出来，使我们得以进入天堂一探究竟，此时的我们如同植株，扎根于天堂，而不是受制于大地。我们说的都是真的。我们的灵魂源自天堂，这一神圣的部分存在于我们的头脑中，也就是我们的根中，让我们的身体能够发芽成长。所以一旦人开始沉溺于欲望和野心，并为此变得不择手段时，那他也就沦为了凡夫俗子。他不达目的不罢休，他的俗念在这个过程中越积越多，所以他彻底沦为凡夫俗子也成了一件顺理成章的事。相反，如果人主动投身于追寻知识和真知的实践中，将其作为毕生所求，那么他寻得真理之日就是他得道升天之时。如果人能得道升天，那么他也必然能够持之以恒地照顾体内神圣的部分，而指点他前行的灯塔也将永不熄灭，这样的他肯定是最幸福的。照顾万物的唯一途径就是为它们提供养分，找到合适的运动方式。而与我们的神圣部分关系最紧密的运动方式就是宇宙的规律和运转，这也是人人须遵循的。我们大脑的运转在出生的时候被打乱了，若要将其复归原位，我们须要学习宇宙的和谐和运转，并将我们思考的官能与正确的思考对象重新联系起来，使之恢复原样。当这种正确联系建立起来后，我们应该就可以实现我们的目标了，也就是造物主恩赐的最佳生活，不论是现在的还是将来的。

现在我们似乎差不多快要完成最开始提出的任务了，那就是追溯宇宙的历史，直至人类起源。现在我们要继续简短谈谈其他生物的起源，这个话题本身内容不多。这样一来，我们也能通过这个讨论更好地了解我们自己。

那接下来我们就用下面这种方式来谈论这个话题。根据我们之前的可能性解释，所有懦弱或无能的男人在来世都会投胎为女人。这就是为什么造物主在创造人类时为他们设计了性欲，在男人体内安放了一种生命力的东西，在女人体内安放了另一种。它们的构造如下：（男人）体内有一个供体液流出的通道，这种体液流经肺部，一路向下先后到达肾脏和膀胱，并最终在气压的作用下喷射而出。从大脑流经颈部和脊椎的精髓在这个通道内与上述体液相融合。事实上，这个精髓就是我们之前所说的"种子"。现在，有了灵魂和外泄的通道，这精髓逐渐有了播种的欲望，有了在合适之处喷射而出的欲望，有了繁殖爱之结晶的欲望。当然，这也是为什么男性生殖器和脱缰野兽一样，恣意妄为，完全屈从于私欲，企图征服一切。女人亦是如此。女人的体内有一种叫子宫的东西，它也是一种有生育欲望的生命体。如果长期不受孕，它就会变得狂躁不安，在身体内到处游走，堵塞女人的呼吸道，置她于死地并引发一系列的病痛，直至女人和男人在各自欲望的驱使下有了肌肤之亲。此时，就像是从树下摘下果实，他们在女人子宫这块犁好的地上播下种子，播下肉眼尚不可见且尚未成形的小生命。当这个生命成形后，他们还会为之继续提供养分，待其一天天成长，最终呱呱坠地。

这就是女人和其他雌性的生育过程。至于鸟类，它们是一种变态的产物。它们只有羽毛，没有体毛，是纯真无邪、头脑简单的人变化而成。这些人研究过天体，但同时也幼稚地只相信肉眼看到的一切。野外的陆栖动物则源自那些不问哲学，不谙宇宙的人，它们早已忘却理性思考，只屈从于胸中之灵。正因如此，它们的四肢和脑部都朝着地面——地面特征和它们的本性共通。它们脑部顶端变长，形状各异，大脑的思考能力退化到哪种程度，脑袋就变成什么样子。这也是为什么这类走兽拥有四条甚至更多腿。越笨的动物需要越多足肢来支撑，躯体与地面也靠得越近。最笨的动物索性趴在地上匍匐前行，由于它们不再需要腿，造物主也就让它们的足肢全部退化。第四种动物，即水生动物则源自那些愚不可及，从不思考的人。造物主认为这类人的灵魂已经完全被污染，再不配呼吸纯净的空气，所以让他们堕入水中，在污泥浊水中苟延残喘。这就是鱼贝动物以及其他所有水栖动物的由来。它们不知好歹，生活在这种地方实为报应。这就是迄今为止各类动物的演变过程，也是它们或变聪明或变愚钝的过程。

至此，我们对宇宙的解释就在这里结束了。我们的宇宙接纳并养育了种类丰富的生物，长生不老的和转瞬即逝的。它就是一个饱含可见之物、可感之神和可知生命体的可见生命体，它的伟大、优秀、美丽和完善都是无可比拟的。

克里提亚篇

  在《蒂迈欧篇》之初，苏格拉底、克里提亚、蒂迈欧和赫摩克拉底交流了彼此的言论。为了让他人理解过去，苏格拉底解释了共和国理想城市的制度构建。但是要真正达到他们理想的卓越世界的程度比那种理论性描述需要的多得多：我们须要看到这些制度在城市的现实生活中，尤其是在城市氛围最严峻的考验时期——战争时期，充分发挥着作用。克里提亚（雅典人）表示，假设九千年前的雅典在苏格拉底描述的城市制度统治下，如同他所听到的埃及神话所叙述的那样（这里的克里提亚或者是柏拉图的母亲的表亲——同时是查米德斯、普罗塔戈拉和厄里克夏斯的表亲，或者是柏拉图母亲的表亲的祖父），他将讲述古代雅典战争与亚特兰蒂斯岛居民的故事。亚特兰蒂斯岛是位于大西洋附近的一个岛屿，离地中海的入口不远。在他们的国王的统治之下，技术先进的亚特兰蒂斯征服了欧罗巴，远达意大利，直到非洲的埃及边界。但是爱好自由、治理良好的雅典人击败了这些亚特兰蒂斯的闯入者，并且拯救了地中海人民，使其免受外部统治。战争胜利结束后，亚特兰蒂斯岛在地震中被摧毁，岛上居民和所有雅典战士——雅典的成年男性，均沉海而亡。

  《蒂迈欧篇》是从蒂迈欧关于世界创造的初始记录开始，到以大西洋战争期间的雅典人成为典范的人类为结束。在听了之前的讨论后，克里提亚讲述了雅典和亚特兰蒂斯之间冲突的故事（或者说是故事的一部分——柏拉图所留下的对话并不完整，还没有涉及战争）。显然，克里提亚的演讲按照起初计划应该是完整的，但是，《克里提亚篇》之初，苏格拉底提出的建议让人迷惑不解，他建议对话中的第四位人物，锡拉库萨城的一位将军、政治家赫摩克拉底能够发言，尽管苏格拉底也没有表明他的主题是什么。如果这标志着柏拉图计划的转变，他显然没能开展。

J. M. C.

蒂迈欧：苏格拉底，完成如此长久的辩论是多么快乐！我体会到了旅者在漫漫旅途结束后所能体会的轻松。现在我向神祈祷，向在我们的故事中很久以前就存在的神祈祷，求神能够把所有我们已经说过的话都如实保留下来。但是如果我们说了不和谐的话，尽管我们的意图是好的，神还是会施加适当的惩罚。对于触碰错误音符的音乐家来说，适当的惩罚能够让他重归和谐。因此，为了确保将来我们以我们应该谈论的方式那样谈论诸神的起源，我们祈祷他给予我们最好、最完美的补救——理解。现在，我们献上我们的祈祷，保持我们一致的观念，并按照我们的正确顺序，将演讲交给克里提亚。

克里提亚：很好，蒂迈欧，我接受这个任务，但在开始前，我要提出同样的请求，一如你之前所提出的那般。鉴于这个题目十分宏大，我必须恳求你们给予我理解甚至是迁就。考虑到接下来我将讲述的内容，我甚至觉得自己比你更有权力提出这样的要求。其实我完全明白我的要求听起来既冒昧又不得体，但我不得不这样做。对于你刚才的发言，我想任何一个头脑正常的人都会觉得精妙绝伦。然而我接下来要阐述的内容则更难把握得多，所以我需要你们尽可能包容、迁就我。蒂迈欧，其实你也知道，人们谈论诸神要比谈论你我这样的凡夫俗子容易许多，而且谈论诸神会带给听众更大的满足感。倘若听众对某些事情不甚熟悉甚至完全无知，那么谈论者无疑捡了极大的便宜。就诸神之事而言，我们当然明白自己对此拥有多少知识。为了使我的意思更清晰，请你们紧跟我的思路，听我展开阐述。

我认为，我们所说的一切都是一种表达和尝试的相似性，这些都是不可避免的。让我们想想画家描绘神像和人像的难易程度，以及画家在充分展现艺术能力的情况下打动观众的相对难易度。首先，我们会发现，只要一位艺术家能够展现，即便是轻微程度上展现土地、山川、森林以及所有世间上存在的、运动的物体，只要他所创作的画与原型相像，我们就对他感到满意。其次，由于我们对这些原型没有确切的认识，所以我们不会仔细审查这些画作，也不会对它们有过多的挑剔，我们满足于接受这样一种暗示和幻想的艺术，就像艺术本身充满模糊性和欺骗性。但是，当画家试图描绘我们的身体时，我们却能够很快发现其中的缺

陷，这是因为我们熟悉与我们自身终生相伴的身体，我们能够对画家提出严苛的批评，认为他们并没有完全重现每一个细节。我们必须将言论视为同样情况，我们热切欢迎关于天堂和神圣的讨论，即使所说的是不合情理的，只要是关于人类的讨论我们就能提出很中肯的批评。

对于我接下来所阐述的内容，也请你们务必保持这种态度。如果我不能完全恰当全面地表达我们的主题，我应该得到你们的同情。你们必须要认识到，人生不是一个容易表达的话题，如果我们要满足人们的看法，人生就是一个相当难表述的主题。我想提醒你，苏格拉底，当你倾听我要说的话的时候，不要忘记一丝我的请求，而要多一些同情和理解。如果你认为我对这一请求是公正的，那么就给予它善意的回报吧。

苏格拉底：克里提亚，我们为什么要犹豫给予善意呢？让我们支持赫摩克拉底，他将是在你之后的第三位演讲者。很明显，轮到他发言时他也将说出同你和蒂迈欧同样的要求。为了让他有一个新的开场白，不再重复蒂迈欧和你所说的，轮到他发言时，让他发言，因为他知道我们理解他。但是现在，我亲爱的克里提亚，我必须要提醒你，多多留意这个剧场里你的听众的态度：比赛中第一位诗人有如此出色的表现，如果你想要在他之后同他竞争，你就需要极大的迁就。

赫摩克拉底：你对克里提亚的劝告也同样适用于我，苏格拉底。但是，即便如此，克里提亚，没有信心就赢不得胜利。你必须勇敢地继续展开你的演讲，祈求佩安[1]和缪斯能够让你在你的赞美诗中展现赞扬你们古代雅典市民的那种英勇。

---

[1] 阿波罗，医治者。

□ 缪斯诞生　让·奥古斯特·多米尼克·安格尔　法国　1856年

　　缪斯女神又名第六感女神，是宙斯与泰坦记忆女神摩涅莫辛涅所生的九个女儿的总称。她们司掌科学与艺术，每一位分别掌管着从绘画到音乐、舞蹈等诸多艺术中的一种，她们最能激发艺术家的创作灵感。她们最先是守护赫利孔山泉水的水仙，属于宁芙仙子。后来人们将太阳神阿波罗当成她们的首领。她们分别和英俊的阿波罗保持着恋人般的关系，阿波罗的别名又叫"缪斯歌特斯"，意思为缪斯的领袖。

　　克里提亚：亲爱的赫摩克拉底，你的发言靠后，但是尽管有人先于你发言，你仍然自信。当你在我的位置上时你会发现，这种勇气是必需的。但是我必须注意你的劝告和鼓励，除了你刚才提到的神明，还须要祈求其他神明，尤其是向摩涅莫辛涅[1]祷告。我们的发言中涉及的每一件事的公正与否极为重要，这取决于这位女神。如果我们能够充分回忆并叙述由祭司们所传，并由梭伦带给雅典人的许久之前的故事，在场的听众就会发现我的自信，发现我们值得称赞的表现，发现我们圆满地完成了我们的任务。话不多叙，现在我们必须开始我们的故事，不要再拖延了。

　　我们应该从最开始回忆，粗略地算那是九千年前，赫拉克勒斯之柱两边的居民爆发战争时，所有居民都参与其中。现在我必须描述这场战争。

---

[1] 九位缪斯女神的母亲，记忆之神。

□ 大海的礼物　汉斯·马卡特　奥地利

　　现代科学发现，在大洪灾之前，地球上或许真的存在过这样一片大陆，这片大陆上已具有高度的文明，在一场全球性的大灾难中，这片大陆沉没在大西洋中。近来，不断有考古学家在大西洋底找到了史前文明的遗迹，似乎印证了这个假说。人们把这片陆地叫做"大西洲"，把这个史前的文明国度叫做"大西国"。这片神秘消失的大陆的命名，沿用了柏拉图所提出的名字：亚特兰蒂斯。

　　现在人们说雅典市民是地中海人的统治者，在整个战争中持续战斗。人们也曾说亚特兰蒂斯岛的国王是其他民族的统治者。我们提到的[1]这个岛曾经某一时期比利比亚和亚洲合起来[2]都要强大。但是现在由于地震，亚特兰蒂斯岛已经沉入大海，形成了一片广阔的泥海，封锁了希腊海到大洋的海峡，因此该岛已经不能通航了。

　　至于当时野蛮人和希腊人的部落各有多少，随着我接下来的叙述，你们便会知道相关的各种细节了。在故事的开端，我们先要描述那个时代的雅典人和他们的战争对手的状况，以及他们各自的权力和各自的宪法。而在这两个方面，我们必须先谈谈我们的同胞。

　　在远古的时候，众神把整个大地划分为若干区域，各区域间也没有发生冲

────────────

〔1〕见《蒂迈欧篇》。
〔2〕对克里提亚同时代的人来说，亚洲是以尼罗河和达达尼尔海峡流域定义的，利比亚环绕了尼罗河以西的整个撒哈拉非洲海岸。因此，对欧洲人来说这些就是已知世界的另外两部分。

突。声称诸神不知道什么是各自应得的，是不恰当的；说诸神认识到某些东西归于他人，而有些神则试图通过争斗攫取属于其他神的东西，也是不正确的。接受公平的分配后，他们开始安置土地。一旦诸神安顿下来，他们就开始像抚养奴隶和牲畜一样抚养我们，就如同牧羊人牧羊。但是他们没有用暴力加害于我们的肉体而强迫我们，就像牧羊人驱赶羊群那样，那样的驱赶是最简单的；他们采取的是为我们把舵，从而指引我们，仿佛他们把握着信念的船舵来指引我们的灵魂。就这样，他们像船上的舵手一样指挥凡人。

□ 阿波罗在牧人中　约翰·戈特利布·希克
1806—1808年
阿波罗是一位多才多艺的神祇，他不仅代表光明，还保护农业，医治疾病，向人民预言未来。

现在，当众神纷纷到达各地时，他们开始改善各自的财产状况。就赫菲斯托斯和雅典娜而言，因为他们有着共同的父亲，又因为他们对智慧和艺术有着热爱而且有共同的追求，因此他们都把这片土地作为他们的一部分。他们接受这片土地，因为这片土地与他们志趣相投，同样卓越和智慧。他们在这片土地上塑造优秀的人，并教他们如何治理社会。这些第一批居民的名字存留了下来，但是他们的事迹却因为那些大灾难和漫长的时光流逝而泯灭了，他们的继承人也毁灭于灾难中。

正如我以前所说[1]，那些在连续的灾难中幸存下来的种族中，只剩下一些不识字的山民，他们只听过国家统治者的名字，却不知晓他们的业绩。现在，他们很乐意把这些统治者的名字传给他们的后代，尽管他们不清楚他们祖先的美德和制度——除了一些关于他们的模糊传说。这些幸存者和他们的孩子世世代代为生存而挣扎，只考虑到他们的需求。因为只谈论当前的需要，他们对过去遥远的事

---

〔1〕见《蒂迈欧篇》。

件毫无兴趣。只有人们的生活必须品得到保障、有了闲暇时间后才能关注神话和过去的事情，而在此之前则是不可能的。

这就是为什么祖先的名字流传了下来，而他们的业绩并没有留存。我可以担保这么说是千真万确的，梭伦的言论可以为我作证。他说，在埃及祭司对当时战争的叙述中，流传下了大部分祖先的名字，例如刻克洛普斯、埃瑞克修斯、厄里克托尼俄斯和厄律西克同[1]，以及史籍中有记载的忒修斯以前的大部分人物的名字。女人的名字也是如此，比如女神雅典娜和她的地位即可说明。那个时代，对男人和女人的军事训练都很普遍。因此，按照当时的习俗，这位女神的形象被刻在头盔上，以展现这个古老的习俗，这表明在共同生活的族群中的女性和男性都可以很好地追求共同的东西。这也是可能的，每个种族都有其特殊才能。

□ 戎装的雅典娜　菲狄亚斯
古希腊

雅典娜是古希腊神话中最伟大的女战神，是被希腊雅典人所景仰并且供奉的守护神。

那时候，住在我们这个城市的其他阶级的市民，都忙于从事各种技艺和耕作活动，而那些战士阶级的人从一开始就被那些神圣的人将其与众人分开，单独居住。他们得到了一切适合他们的培训和教育。他们之中没有一个人拥有私人财产，除了他们生活所必需的物品，他们将一切物品都视为公共财产，他们对其他市民别无所求。他们所有的活动就是我们昨天，也就是我们的理论提到卫士的时候所提到的所有活动。

埃及祭司关于我们领土的记录是合理且真实的。首先，那时它的疆域直到科林斯地峡，大陆向北延伸到西塞隆山和帕尔内山顶峰，它从东边经过俄罗比亚地区直抵海边，从阿索波斯河延伸到大海。我们的土地丰饶肥沃，远超其他地

---

[1] 雅典和阿提卡早期历史中的神话人物，前三位是国王。

□ 丰收　汉斯·马卡特　奥地利
丰饶肥沃的土地给亚特兰蒂斯带来了丰盛的财富。

区，因此能够供养一大批不从事土地生产的战士。关于这项优势，有着令人深信的证据。

现在这片土地上遗留并且生存下来的作物可以与任何其他土地上的庄稼一样，供养着各种动物草场，而且它们在种类和质量上也可与其他土地上的相媲美。但是那个时候，我们的土地所生产的作物不仅质量高，而且丰富。你可能会问这是否可信，以及我们现在的土地如何能被称为我们早期土地的遗迹。

从内部看，这片土地整个延伸到海里很长一段距离，好像突出了一个海角。附近整个周围海域都陡然下沉。这片土地发生了很多次大规模的洪水，在这九千年里——就是从那时到现在的年数——在这连续的自然灾害期间，泥土被从高处冲刷下去。它并没有像其他地区那样形成大量冲积物，但它消失在深海中，就像洪水一次又一次地从四面八方冲刷进大海一样。现在实际留下来的是小而贫瘠的岛屿，与过去的岛相比，如今的阿提卡（希腊中东部地区名，首府雅典，东南濒临爱琴海，公元前13世纪时已建独立居民点，可进行海上贸易，公元前11世纪时以巨型画瓶艺术著称，盛产油橄榄、无花果、葡萄等果品——译者注）就像是一种消耗症后所显示出的骨架，一旦所有丰富的表层土壤被侵蚀，就只剩下那薄薄的土地遗迹。但是在那个时代，我们的土地尚未退化，山区里有茂密的森林；我们现在所称的岩石荒漠还覆盖着厚厚的肥沃土壤。在山上还有茂密的森林，现在那里还有清晰的证据。现在我们的一些山只能勉强供养蜜蜂，但在不久之前（那里还生长着高大的树

□ 暴风雨和遇难船　克洛德·约瑟夫·韦尔内　法国

世界上很多民族都有大洪水的传说，人类学家在研究中发现，美索不达米亚、希腊、印度、中国、玛雅等诸多文明中都有过相似记载，远古时期曾经多次发生过世界性的特大洪水，毁灭了史前文明。

□ 九级浪　伊凡·康斯坦丁诺维奇·艾瓦佐夫斯基　俄国　1850年

滔天巨浪，滚滚而来，船与人在风浪之中颠簸挣扎，大自然表现出了不可抗拒的强大力量。

木）[1]，在那里仍然可以找到从树上伐下的完整的椽子，伐下的椽子用于那些最大的建筑项目。那里还有许多培育的果树，为绵羊和山羊提供了无限的饲料。

每年都有一场宙斯降雨带来的收获。雨水并没有像如今这样流逝，从坚硬的地表流入大海，而是由深层的土壤吸收了雨水，土地将雨水储存起来，形成了一个上有泥土覆盖的水库；就这样水从较高地区分布到低洼的地方，为这个国家各个地区的泉源和河流提供了丰富的水源。甚至如今的一些古老泉水处还有一些神圣古迹，证明了我们所说的我们国家曾经的真相。

以上就是国家的自然条件。我们可以合理地推测，土地是由农民——真正意义上的农民——运用巧妙的技巧精心耕种的，这些农民全身心地投入这唯一的职业中。那些农民热爱美，有真正高贵的天性，此外，他们还拥有最肥沃的土地和丰富的水源，以及这片土地上最宜人的气候和四季。

至于雅典这个城市本身，那时它是如我现在描述的来制订计划的。首先，雅典卫城与现在非常不同。一晚的暴雨剥离了雅典卫城的土壤，雨水伴随着地震将

---

[1]这段手稿中残缺一些单词。

泥土冲刷殆尽，岩石裸露出来。在丢卡利翁大洪水之前，这是第三次大灾难性的洪水暴雨。在过去，雅典卫城能够延伸到厄里达努河畔和伊利苏斯河畔，把普尼克斯山包括在内，与吕卡伯托斯山相对。除了少数高处的地方，其他土地都完全被土壤覆盖。在雅典卫城之外的山麓下，住着一批工匠和那些在邻近土地耕作的农民。而山顶上的战士们与其他人隔绝而居，就好像他们属于一个家庭一样，他们围绕着雅典娜和赫菲斯托斯的圣殿建了一道花园墙，并在墙内而居。在雅典卫城最北边，他们建造了公共住宅和冬季食堂，这些建筑与普通建筑无异。他们拥有建造这些房屋所需的全部材料，只是没有金银装饰品，因为他们在任何情况下都不会把金属用于这种用途。而在豪华和卑微中间，他们采取了一种中庸之道，建造了高雅的房子。当他们老后，他们可以在子孙的陪伴下颐养天年，并把这些住处一代一代地传给如同他们一样的后人。到了夏季，他们离开果园、体育馆和食堂，来到雅典卫城的南面活动。

□ **海神波塞冬　詹博洛尼亚**
意大利　文艺复兴后期

柏拉图曾说希腊人就像住在池塘边的青蛙。海王波塞冬是重要的奥林匹斯神、大海的统治者，他手持三叉戟，只要他的手轻轻一挥动，就能掀起滔天巨浪。他是科林斯和许多大希腊地区城邦的保护神，也是柏拉图提到的亚特兰蒂斯的守护神。

在当时的雅典卫城中有一处温泉，但是如今它已经被（那晚）地震带来的残骸堵塞，现在只有涓涓细流流过环城的城墙。当时温泉坐落于城中一处冬天不冷、夏天不热的地方，能给那时的人们提供丰富的水源。

这就是他们的生活方式：他们是他们市民的守卫者，希腊世界中其他自愿追随他们的地区的领导者。他们在能力范围内保持人口数量的稳定——包括男人和女人——一代又一代，保持到达参军年龄和还在服役年龄的总人口在两万人左右。

总之，这就是这个民族的个性和他们的生活，一代又一代人以公平正义治理雅典卫城和希腊。他们身体健美，德行完善，盛名传遍亚细亚和欧罗巴所有地区。他们的行为和名声是那个时代所有国家中最好的。

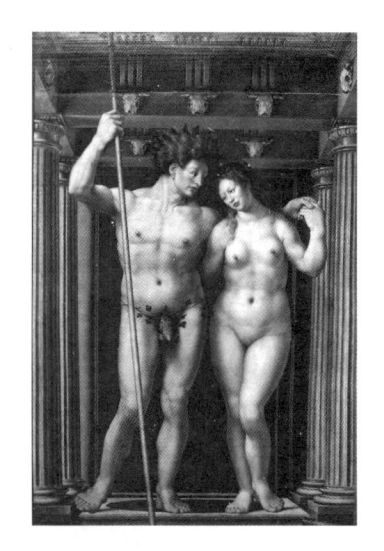

□ 波塞冬和安菲特里
扬·格萨尔特（玛布斯） 荷兰
1516年

安菲特里是海王波塞冬的夫人，希腊神话里的海仙女。在赫西奥德的《神谱》里，她是涅柔斯和多里斯的女儿；而根据阿波罗多洛斯的描述，她是大洋之神俄刻阿诺斯和沧海女神泰西丝的女儿。当波塞冬第一次在纳克索斯岛见到她和其他海仙女在一起的时候，就被她的美貌和舞姿所打动，将她强行携回宫殿。

至于那些与他们对战的国家和那些国家的起源，我的朋友，我现在将要把这段历史作为朋友间的共同财产，将要揭开这段我们孩童时听过的、至今还没有遗忘的历史。在展开历史之前，我必须解释一下，当你们听到频繁使用的非希腊人的希腊语称呼时，请不要惊讶。下面你们将了解这些称呼的起源。当梭伦思考创作关于这段历史传奇的史诗时，他探究了这些名字的意义，并发现最初提到这些名字的埃及人已经把它们译成了自己的语言。梭伦在重新找到这些名字的意义后将它们翻译成希腊语。这些珍贵的手稿曾经流传到我的爷爷那里，现在已经传到了我手中。当我还是孩子的时候，我认真地学习了手稿。接下来，当你们听到听起来像是希腊名字的称呼时，请不要惊讶，你们会理解它们的含义的。

接下来，就是我曾经听过的长长的历史。正如我以前所说的，诸神分配土地，整个土地划分为几个区域，有大有小，他们在土地上建立他们的圣殿。波塞冬得到了亚特兰蒂斯岛，这是他的领域之一，他在这个岛上某处为他与一个凡人女子所生的孩子建立了住处，接下来我将描述这个地方。

沿着整个岛屿的中部，面朝大海的地方是一片平原，据说那里是所有平原中最美丽肥沃的地方。在岛的中部，距离平原大约50斯塔德[1]的地方有一座低矮平坦的小山。在山上居住着一个这个岛上的人，他是由大地诞生的，他的名字是厄维诺，他与他的妻子琉喀珀居住在一起。他们仅有一个女儿，名为克利托。当这

---

[1] 在《克里提亚篇》中，岛上有三种计量单位：希腊尺、普莱斯龙（100希腊尺）和斯塔德（600希腊尺）。

个女孩儿成长到适婚年龄时，她的父母便双双去世了。这个时候波塞冬得到了她的爱情，并与她结为伉俪。为了她能安全不受外人侵袭，波塞冬将大大小小的海域和陆地交替围绕成一个个圈。他做的有些地方宽，有些地方窄。他做了两道这样的陆地圈和三道这样的海洋圈，就好像用罗盘布置的一样。

圈与圈之间的距离完全相同。这样，山就变成了凡人无法进入的地方。而那时船舶和航海技术还没有诞生。

波塞冬大大地美化了这个他所创造的岛屿，使之成为适合神居住的地方。因为他是神明，他做起来毫不费力。他将两条地下溪水化为二股清泉。一股涌出温暖的泉水，另一股则是冷水喷泉。在土地上他制造出各种各样的作物，对他的岛来说足够丰盛。他们生下五对孪生儿子，并将其养大成人。他将整个亚特兰蒂斯岛分为十个区域：他把孩子母亲的住处和这个环形岛赐给第一对孪生子中的头生子，因为它们是最大也是最好的地方。波塞冬还封大儿子为其他人的国王。其他的儿子被封为亲王，波塞冬还赐给每人许多民众和大片土地，让他们管辖。

□ 作海神尼普顿状
阿尼奥洛·布伦齐诺　意大利
1550—1555年

波塞冬是古希腊神话中的海神，奥林匹斯十二神之一，宙斯的哥哥。波塞冬愤怒时海中就会出现海怪，当他挥动三叉戟时，不但能轻易掀起惊涛骇浪，更能引起风暴和海啸，使大陆沉没、天地崩裂，还能将万物打得粉碎，甚至引发大地震；当他的战车在大海上奔驰时，波浪会变得平静，并且周围有海豚跟随。罗马神话中，波塞冬被称为尼普顿。

他为每个儿子都起了名字。最大的儿子即封为国王的儿子，名为阿特拉斯。这整个岛和附近的海域也取自于他的名字，因为他是那个时代最早的国王。岛被命名为亚特兰蒂斯岛，海就是大西洋。他的孪生弟弟被赐予了与赫拉克勒斯之柱相对的岛的一角，与如今被称为伽狄拉（今日西班牙的卡迪斯海港——译者注）的地区相对，他被赐予的名字用雅典语翻译过来就是"洛斯"，但是在亚特兰蒂斯语中是"伽狄鲁斯"。从中我们也可以看出来他的名字也是加的斯这个地区名字的来源。第二对孪生子的名字分别是安斐瑞斯和厄维蒙。第三对孪生子，大的叫涅塞乌斯，小的叫奥托克松。第四对孪生子，大的叫厄拉西普，小的叫麦斯托。第五

对孪生子，大的叫阿扎厄斯，小的叫狄亚瑞佩。他所有的儿子都居住在岛上，儿子的儿子和许多代后代也是如此。他们是亚特兰蒂斯岛及附近海岛的统治者，正如我说过的[1]，他们甚至将统治领域拓展到地中海，到达与我们相近的伊特鲁里亚和埃及。

阿特拉斯的族群大大增加了，也备受尊敬。王位的传递采用的是长子世袭制，自阿特拉斯开始传递了许多代。他们积累了比以往任何国王统治时期都多的财富，以后的国王也无法跟他们相比。凡是城市或是岛上其他地区所需要的资源，他们都有。他们的帝国从外部带来了许多进口物资，岛上也提供了绝大部分他们生活所需要的东西，首先是那些出产坚硬又易熔的矿石的矿山。在岛上许多地区他们开发到这种对我们来说仅有名字，但确有其物的矿石——山黄铜[2]。在那个时代，它的价值仅次于黄金。岛上还有大量可供工人砍伐的树木，树木可用于建筑。岛上还有大量丰富的家畜和野生动物，甚至还出产许多大象。在沼泽地、湖泊、河流、山坡和平原上都有足够多的牧场可供动物生存，即使耗费最多饲料的动物，也有足够多的食物。

岛上还出产现今世界上仍可见到的各种香料。这些精美的香料可提炼自茂盛生长的且气味芳香的草根、草茎、药草、乔木以及花和果的汁液。

岛上还生产有我们人工培育的谷物和其他我们作为食物赖以生存的作物。岛上还生产一种我们称之为"匏斯"的庄稼，还有能产树汁、果实和油脂的树木，还有一种在树顶上生长出来的可供我们欣赏但是难以保存的果实，这种果实能够

□ 丰饶的土地
柏拉图所描绘的亚特兰蒂斯不仅景色迷人，还蕴藏着非常丰富的自然资源，有当时极其稀有的山黄铜。

﹝1﹞见《蒂迈欧篇》。
﹝2﹞山黄铜，或者说是黄色的铜矿。

做成小菜，食用后有助于餐后消食。这座沐浴在阳光下的小岛物产丰富、品质优良。人们利用这些来自大地的物产建造了神殿、宫殿、港口和船棚，按照我现在所描述的计划，他们改良了其余的土地。

首先，他们建造了连接海洋环的桥梁，周围环绕着古代的大都市，并且建造了一条通往宫殿的道路。他们的第一项工程是在神和他们祖先的故居上建造宫殿。每当一位国王继位，新国王就大兴土木，让原本就很美丽的宫殿更加恢弘壮丽，竭尽他所能超越前任国王们。他们不断完善工程，直到宫殿达到了惊人的规模而又富丽堂皇。他们开挖了一条宽300希腊尺、深100希腊尺、长50斯塔德的运河，以连接最外面的海洋圈。他们将通往海洋圈的运河开凿到足够最大的船只进入的宽度，仿佛是一个港口，这样就打开了一个海洋通向内部的通道。因为岛屿环被海洋环分开了，他们在海洋上建起了桥梁，这样就能够在水上将岛屿环连接起来。运河足够宽，能够让一艘三列桨座战船驶入海洋环中。此外，他们又在三道海沟的两圈陆地上开凿水道（在桥梁之间），又将水道覆盖，形成地下航路，因为陆地圈的两岸要比海平面高出许多。如此一来，船只也可以在桥下通行。将最大的海洋环与海洋连接的运河有3斯塔德宽，第二个陆地环也是同等宽度。下一个内向的海洋环和陆地环是2斯塔德宽，和第一个一样，陆地环和海洋环等距。最后，围着中心岛的海洋环有1斯塔德的距离。

以宫殿坐落的岛屿为中心，整个区域是一个直径为5斯塔德的圆形。他们绕着岛用坚固的石头做成围墙，也用石头为陆地圈砌墙，用石头砌成1普莱斯龙宽的桥梁。他们在桥上能看到海洋环的地方建造了塔楼和大门。他们从环形岛的地下开采石头，并用来为中心岛和里外的环形岛屿砌墙。石头的颜色有三种：白色、黑色和红色。当他们开采石头时，他们利用开采的地方塑造了一个可遮挡两艘船的地下船坞，以岩石作为棚顶。

有一些建筑是他们用同一种颜色的石头建造的。但是为了愉悦自己，另一些建筑他们用不同颜色的石头做成如织锦一般，把各种颜色混合起来，使其发挥出自然的魅力。他们把最外圈的陆地环的围墙用青铜装饰起来，仿佛青铜护岸是一种明亮的染料。他们把最中心的岛的围墙涂上锡，把其他围绕着卫城的陆地环围墙涂上山黄铜，使其像火焰一样熠熠发光。

现在我将描述卫城内的宫殿建筑。城中心是克利托和波塞冬神殿。它被一面金子墙包围，一直被供奉着，不允许任何人进入。正是在这里，波塞冬和克利托诞生了十位国王。也正是这个圣地，十个部族在每年的节日上将这一年第一个成熟的果实供奉给部族的十位国王。波塞冬神庙在这个区域，它长1斯塔德，宽3普莱斯龙，高度与它的长和宽相匹配，但它的外表有些原始。他们把整个庙宇的外表都装饰了银，山花雕像座上他们镀了金；内部屋顶是用象牙制作，镶了金、银和山黄铜；他们把神庙的其他地方镀上同样的金属，如内殿墙、柱子和地板。他们在寺庙内放置了金像，雕刻了波塞冬站在一队六匹长着翅膀的马拉的

□ 海神的凯旋　尼古拉斯·普桑　法国　1634年

海神从宙斯那里分得了海域，并把古代地方性海神涅柔斯等排挤到次要地位，得胜而归。海神右手执三叉戟，左手驾着金鬃铜蹄马车在飞驰着，中央是其妻子安菲特里忒和众女神们，她们驾驶着由海豚牵引的贝形船。

战车上。这个雕像非常高，波塞冬的头触碰到了神庙的屋顶；周围有100个骑着海豚的涅瑞伊得斯（在地中海居住、同波塞冬做伴的海仙女，古希腊神话中的海洋女神。她们是有蓝色头发的涅柔斯和多里斯的50个女儿。她们经常护佑在狂风暴雨中航行的古代水手。她们之中最有名的是忒提斯，是珀琉斯的妻子和阿喀琉斯的母亲——译者注）围绕着他——对于那个时代的人来说，他们认为海仙女的数量就是100个，还有许多私人贡献的其他雕像。

在神庙的外围，塑有十位国王和他们的妻子的所有后代的金像，还有许多由国王或者亚特兰蒂斯城的市民以及来自附属地区的人民进献来的雕像。那里有一座与神庙相同规模的祭坛，其制作工艺也同样奢侈。宫殿也极尽宏伟壮观，与宏伟的帝国、庙宇和神殿相称。

他们从两处泉水获得水源——一处涌出冷水，一处涌出热水。两处水流都很充沛，水质新鲜优良，各有其用途。他们在泉水周围建造了喷泉房，并种下了适应水温的树木。他们还在泉水周围建起了浴池。有些浴池是露天的，而北面的浴池位于室内，这样可以保证水温。国王的浴室与其他人的是分开的。有些浴室专供妇女使用，其他的则用来洗马和其他役畜，每种浴池都配有相应的设备。浴后的废水会被引到波塞冬森林，滋养肥沃的土壤，森林里长着各种各样异常高大和美丽的树木。他们还通过桥梁边的沟渠将水灌溉给外圈的陆地环。

除了众多祭祀诸神的神庙，他们还建造了许多花园和运动场。在两个岛环上，都有供人们使用的体育场，供马匹奔跑的跑道也被分别设立出来。最显眼的是，在中心最大的岛屿上，他们为马匹建立了一个单独的赛马跑道，有1斯塔德宽，长度为绕岛一周。位于跑道两侧的是皇家守卫的宿舍。

最可靠的士兵的驻地建立在小环岛上，这个岛屿离雅典卫城最近。在雅典卫城围绕着皇宫附近建造了一些宿舍，供那些最可靠的士兵居住。船坞停了三艘桨座战船，码头上放满了这些战船所需配套的各种装备，一切都井然有序。这些就是在王室（住所）周围所建造的建筑。

□ 土耳其浴女　让·奥古斯特·多米尼克·安格尔　法国　1862 年

妇女们在专供女人们使用的浴室里沐浴，休憩，欢歌曼舞。

当你经过三个海洋环，就会来到一个环形的城墙，墙从海边起始，与最大的陆地圈和海港的距离均为50斯塔德，城墙衔接着通往海洋的运河的出口。墙内的地区人口稠密，房屋鳞次栉比。港口和运河中泊满了船只，来自世界各个地方的商贾在这里云集，喧嚣熙攘的人群昼夜不绝。

我已经相当如实地回忆起当时（对梭伦）所说的关于首都和古老王宫的描绘。但现在我将要回顾国内其他地方的状况及其发展的方式。首先，据祭司们说，整个国家地势都非常高，海岸十分陡峭。城市周围是一片平原，平原周围被绵延到海边的高山环绕。平原完全呈矩形，它的长边约3000斯塔德，从海边计算，宽超过2000斯塔德。这片内陆坐北朝南，因此它不受偏北风的影响。平原周围的群山，在数量、规模及美丽程度上都令人称奇。今天留存下的山脉没有一座能与它们相媲美。在山坡上和山谷里都有很多人口稠密又富庶的村庄。这些地方还有河流、湖泊和草地，能够为家畜和野生动物供给足够的食物。灌木和树木种类丰富，数量可观，能够充分满足各种建筑的需要。

现在我将叙述这个平原是如何在这样的自然条件下和历代国王的经营下发

□ 雅典军队　保罗·乌切洛　意大利　1436—1440年
骑马持长矛进行激烈战斗的雅典军队。

展的。总的来说，这个平原生来是长方形的。他们在这块土地的四周挖了一条大运河，使原来不够整齐的地方变整齐了。如上所述，运河的深度、宽度和长度都令人难以置信，因为它是由人力所建，并且与其他工程相比工程量如此之大。不过，我必须准确地重复我们当时所听到的故事。这条大运河的深度有1普莱斯龙，整条运河均宽1斯塔德，围绕着平原，全长约10000斯塔德。城市背部朝着山峦的内陆上开凿了一条笔直的运河，横切平原，流入汇往大海的水道。支流之间相距100斯塔德。他们还挖通了一处海峡，让运河与另一运河以及城市相连，这些运河不但可用于把木材从山里运到城里去，还可在生产中发挥舟楫之便。

他们每年收获两次。冬季时他们依靠宙斯降雨带来的雨水，夏季时他们用土地里储存的水，将水引入沟系来灌溉庄稼。

至于他们的人数则可以这样计算：每块军事区域都有一名军事小头领进行管辖，面积约为100平方斯塔德，份地的总数达6万。至于山区和国家其他地区的人口，数目大到难以计算。细化到地区和村庄，所有适合服兵役的人都被分配到6万个军区中的1个去，并服从于那个军区的指挥官。在战争时期，每个指挥官都要提供以下人员和物资：战车共有10000辆，每位将军可获得六分之一份额；此外还有2匹马和2名驭手，1对没有战车的马匹，2名后备骑手，1名可以用小盾战斗的徒步战斗兵，这个战斗兵可以作为战车的御者，可骑上任1匹战马；2名重装备步兵，2名弓箭手，还有2个投手；3名轻装战士和3名标枪兵。他还要提供4名水手。他们统领着在12000艘战船上作战的船员。这些就是皇城中的军队配备。其他9个城市的配备各不相同，描述它们需要很长的时间。

□ 忒休斯与牛头怪

忒休斯的父亲是雅典国王埃勾斯（波塞冬的儿子），雅典每年须向克里特国王进贡七对青年男女供牛头怪食用。为了拯救七对青年男女的生命，忒休斯赴克里特杀死了半人半牛的怪物，并带回了帮助他杀死牛头怪的克里特公主。

　　一开始，亚特兰蒂斯的权力和荣誉的秩序如下：在各自的遗产和城市中，10位国王都对其子民和法律有统治权，他可以随心所欲地惩罚或赐死其子民。但是，在他们共同的帝国和联邦里，国王和亲王是受世代传承下来的波塞冬法律约束的，这些法律由第一批国王和亲王刻在了山黄铜柱子上。这个碑文被放置在岛中央的波塞冬神庙中。每五年或者六年，国王和亲王在这里相聚，年份交替着，表示对奇数和偶数的同样尊重。一旦他们相聚，就会一起商议他们共同关心的事宜，并审判他们之中是否有人违背了法律，并作出判决。当他们准备宣布判决时，他们首先以以下方式进行宣誓：当10位国王和亲王独自在波塞冬神庙时，庙里的公牛允许自由奔跑，国王和亲王共同祈祷，询问神明哪个公牛最适合作为祭品祭献给他。他们不用铁器和武器，只用棍棒和套索捉住公牛，然后将捉到的公牛牵到柱子[1]旁，在柱子顶端屠宰公牛，并让公牛的鲜血流满碑文。柱子上除了所记录的法律，还有一句祈求神力降祸于违法者的诅咒。当他们通过这个仪式献祭公牛后，他们将公牛的四肢烧掉，将公牛的血放在一碗酒中调制，然后将血在

---

〔1〕块状或板状，上面有胜利、祭献、条约、法令等记录。

□ 神王宙斯

气势恢宏的奥林匹斯众神之王——宙斯的坐像雕塑。

每一位国王和亲王的头上点一下。当他们将柱子擦洗净后，剩余的牛血则被倒入火中。

然后，他们用自己的金杯从大碗中舀出血酒。当把牛血倒入火中时，他们会依据柱子上的法律铭文进行宣誓，保持公正，惩处自上次他们相聚之后违法的人。他们发誓说，今后他们不会违反铭文上的任何规定，他们也不制定或遵循除祖先法律外的其他任何诫命。当全部国王都发誓并保证自己及其后代都遵守誓言的时候，他们就在神庙里喝下血酒，并将金杯献给神庙。当吃过晚饭、做完其他所有应做的事情，且黑夜降临，祭献祭品的火焰熄灭后，他们就都穿上最华丽的深蓝色长袍，然后坐在祭品余烬旁边的地上。晚上，他们把神庙中闪烁的火焰熄灭，审判所有被指控违反法律的人，并审判他们自己。审判后，等到天亮，他们就将自己的审判结果记录到一块金牌上，并把金牌和他们的长袍作为纪念一并奉献给神庙。

关于约束每个王的特权的其他特定的法律还有许多，但其中最重要的是：禁止他们同室操戈。当城市中有人试图推翻神圣家族时，他们要互帮互助，要共同商讨，就像他们的祖先那样；当涉及战争和其他行动上的决定时，他们要把领导权交给亚特兰蒂斯王室；最后，如果国王不能获得其余九位亲王或亲王中大多数人的赞同，那么国王就无权处死任何一名亲王。

这就是当时在那个遥远地区存在的那种伟大、非凡的政权，这就是神明召集并与这些（地中海）地区相对抗的政权。他们侵犯我们的缘由是我下面将要描述的。在许多世代中，他们的神性得以保留时，他们就顺服他们的律法，并且很好地展现他们所亲近的神性。他们拥有真实而完全崇高的观念。对待偶尔的灾难和与其他国家时常有的摩擦时，他们表现得温和而谨慎。因为除了美德之外，他们鄙视一切，轻视他们所获得的繁荣。他们毫不费力就拥有大量的黄金和其他财产，他们把这些当作是一种负担。他们没有陶醉于奢侈的财富，并没有失去自制力，陷入衰退，而是清醒地认识到他们的财富是随着美德而增加的。他们看到，

□ 堕落的罗马人　托马斯·库蒂尔　法国　1847年
　　亚特兰蒂斯人的物质生活十分丰富，他们在祖先们建造的金碧辉煌的宫殿中尽情享乐，渐渐变得自私贪婪，只追求权力和财富，最后丧失了正义和神性，因而受到神祇的惩罚而毁灭。

随着人们对财产的追求，财富和和谐会衰退，美德也会随之一起消亡。

　　正是因为他们的思想以及他们所保留的神性，他们曾像我们已经提到的那样繁荣昌盛。但是当他们的神性因掺入杂质而渐渐变弱，人性逐渐占为优势时，他们就无力承担他们的幸运，而变得混乱无序了。对于那些视力正常的人来说，他们开始变得愚蠢，因为他们正在失去曾经最珍贵的财富中最好的东西。但是对于那些看不清什么是通往幸福的真正生活之道的人来说，这个时候他们貌似有着至高无上的美好和幸福，他们表现出了对财产和权力的不公正的欲望。但是，作为诸神之神并依照法律统治诸神的宙斯清楚地看到了这种状况，他观察到这个高贵的种族堕落到卑鄙的境地，并决定惩罚他们，从而使他们重归正道，变得更加谨慎和和谐。为此，他把所有的神明召唤到了他最荣耀的住处来开会，此处位于宇宙中心，并且能够俯瞰一切有生命的事物。当他把他们聚在一起时，他说……（柏拉图只留下了《蒂迈欧篇》和《克里提亚篇》的开头——译者注）

文化伟人代表作图释书系全系列

第一辑

《自然史》
〔法〕乔治·布封 / 著

《草原帝国》
〔法〕勒内·格鲁塞 / 著

《几何原本》
〔古希腊〕欧几里得 / 著

《物种起源》
〔英〕查尔斯·达尔文 / 著

《相对论》
〔美〕阿尔伯特·爱因斯坦 / 著

《资本论》
〔德〕卡尔·马克思 / 著

第二辑

《源氏物语》
〔日〕紫式部 / 著

《国富论》
〔英〕亚当·斯密 / 著

《自然哲学的数学原理》
〔英〕艾萨克·牛顿 / 著

《九章算术》
〔汉〕张苍 等 / 辑撰

《美学》
〔德〕弗里德里希·黑格尔 / 著

《西方哲学史》
〔英〕伯特兰·罗素 / 著

第五辑

《菊与刀》
〔美〕鲁思·本尼迪克特 / 著

《沙乡年鉴》
〔美〕奥尔多·利奥波德 / 著

《东方的文明》
〔法〕勒内·格鲁塞 / 著

《悲剧的诞生》
〔德〕弗里德里希·尼采 / 著

《政府论》
〔英〕约翰·洛克 / 著

《货币论》
〔英〕凯恩斯 / 著

第六辑

《数书九章》
〔宋〕秦九韶 / 著

《利维坦》
〔英〕霍布斯 / 著

《动物志》
〔古希腊〕亚里士多德 / 著

《柳如是别传》
陈寅恪 / 著

《基因论》
〔美〕托马斯·亨特·摩尔根 / 著

《笛卡尔几何》
〔法〕勒内·笛卡尔 / 著

第七辑

《蜜蜂的寓言》
〔荷〕伯纳德·曼德维尔 / 著

《宇宙体系》
〔英〕艾萨克·牛顿 / 著

《周髀算经》
〔汉〕佚 名 / 著 赵 爽 / 注

《化学基础论》
〔法〕拉瓦锡 / 著

《控制论》
〔美〕诺伯特·维纳 / 著

《福利经济学》
〔英〕A.C.庇古 / 著

中国古代物质文化丛书

《长物志》
〔明〕文震亨 / 撰

《园冶》
〔明〕计 成 / 撰

《香典》
〔明〕周嘉胄 / 撰
〔宋〕洪 刍 陈 敬 / 撰

《雪宦绣谱》
〔清〕沈 寿 / 口述
〔清〕张 謇 / 整理

《营造法式》
〔宋〕李 诫 / 撰

《海错图》
〔清〕聂 璜 / 著

《天工开物》
〔明〕宋应星 / 著

《髹饰录》
〔明〕黄 成 / 著 扬 明 / 注

《工程做法则例》
〔清〕工 部 / 颁布

《鲁班经》
〔明〕午 荣 / 编

"锦瑟"书系

《浮生六记》
刘太亨 / 译注

《老残游记》
李海洲 / 注

《影梅庵忆语》
龚静染 / 译注

《生命是什么?》
何 滟 / 译

《对称》
曾 怡 / 译

《智慧树》
乌 蒙 / 译

《蒙田随笔》
霍文智 / 译

《叔本华随笔》
衣巫虞 / 译

《尼采随笔》
梵 君 / 译